Inhalt

200

Klar/Mieth/Weiß · Chirurgische Forschung

Chirurgische Forschung

25 Jahre Ordinariat Christian Herfarth

Professor Christian Herfarth ist seit 25 Jahren Ordinarius – ein Jubiläum, das in der akademischen Welt keine offiziellen Weihen besitzt. Zudem ist der Jubilar selbst ein durch und durch perspektivisch denkender Charakter, der sein ganzes Leben immer im Blick nach vorne strukturiert hat. Erreichtes war für ihn immer Basis für die Weiterentwicklung und nie Anlaß zur selbstzufriedenen Rückschau. Somit scheint eine Darstellung des wissenschaftlichen Werkes von Professor Herfarth aus dem konventionellen und individuellen Rahmen zu fallen. Der aufmerksame Leser wird jedoch leicht die übergreifende Bedeutung der dargestellten Publikationssammlung erkennen. Diese widerspiegelt auf der einen Seite die klassische Entwicklung eines erfolgreichen akademischen Chirurgen, zum anderen sind wesentliche Facetten des Fortschritts der modernen Deutschen Chirurgie dokumentiert. Dieser Aspekt hat uns, die Schüler von Professor Herfarth, dazu bewogen, die Früchte seiner akademischen Arbeit in der vorliegenden Form darzustellen.

Die erste Originalarbeit von Christian Herfarth datiert aus dem Jahr 1958 und stellt die Publikation seiner „summa cum laude" Promotion zum intracapillären Bindegewebe des Glomerulum der Niere dar. Für den Chirurgen mit großem Ziel war früher ein Assistentenjahr in der Pathologie selbstverständliche Grundausbildung – ein chirurgischer Grundstock, der zum Nachteil für den Lernenden aktuell mehr und mehr in den Hintergrund tritt. Dieses Jahr absolvierte Christian Herfarth bei Edmund Randerath am Pathologischen Institut der Universität Heidelberg, dokumentiert durch Publikationen zum akuten Nierenversagen und klinisch relevanter, anatomischer Variationen der V.thoracica lateralis. Nach Beginn seiner chirurgischen Ausbildung bei Max Schwaiger in Marburg sind die verschiedenen Stationen der klinikinternen Rotation anhand entsprechender Publikationen nachvollziehbar: Therapie der arteriellen Embolie, Commissurotomie mit und ohne Dilatator, Problem des postoperativen Ikterus, Behandlung gelenknaher Frakturen, Erfahrungen mit dem Leistenhernienverschluß nach Gross-Ferguson, Verschluß der V. subclavia durch retrosternale Struma, onkologische und thoraxchirurgische Eingriffe bei Kindern. Christian Herfarth hat die klinische Expertise immer als unentbehrliche Basis für jede weitere Aktivität des akademischen Chirurgen angesehen. Die manuelle Fertigkeit ist dabei das Maß aller Dinge. Untrennbar mit der optimalen chirurgischen Therapie verknüpft ist jedoch die Schärfe der Indikation und die geistige Strukturierung des Operationsablaufs. Die intellektuelle Durchdringung scheinbar banaler Routinefälle kristallisiert sich als Stigma Christian Herfarths bereits in seiner wissenschaftlichen Frühphase heraus und wird später in Verbindung mit einem Instinkt für verborgene Besonderheiten und Komplikationen zu den Hauptcharakteristika des exzellenten Klinikers.

Die Pathophysiologie der Leber nach Operationstrauma oder Hypothermie als Thema der Habilitation begründet die basisorientierte wissenschaftliche Tätigkeit, die im folgenden auf Organkonservierung und systemische Endotoxineffekte gerichtet ist. Der Schwerpunkt der Publikationen liegt in den weiteren Jahren jedoch erneut im klinischen Bereich und hier besonders in der Onkologie. Dieser rote Faden zieht sich durch die Periode als Oberarzt in Marburg und Freiburg (1966–1973), über das Ordinariat in Ulm bis zur Übernahme der

Heidelberger Universitätsklinik 1981. Christian Herfarth hat die eigentliche Basiswissenschaft nie als persönlichen Schwerpunkt definiert. Er hat jedoch gerade in dieser Hinsicht während seiner Heidelberger Zeit die Stigmata des Ordinarius schlechthin entwickelt: perspektivische Denkweise, Gespür für moderne Entwicklungen, Einschätzung der Realisierbarkeit an der eigenen Klinik, Definition und Motivation geeigneter Mitarbeiter für die Umsetzung seiner Ideen, Aufbau und Pflege interdisziplinärer Vernetzung. In der Kooperation mit der Abteilung für Experimentelle Chirurgie unter der damaligen Leitung von Konrad Meßmer wurde der basisorientierte Wissenschaftsschwerpunkt der Mikrozirkulationsforschung an der Heidelberger Chirurgischen Klinik etabliert und über die folgenden Jahre konsequent ausgebaut. Bereits Anfang der Achziger Jahre setzte Christian Herfarth die heute allgemein akzeptierte Erkenntnis in die Tat um: solide chirurgische Forschung kann keine Freizeitaktivität sein sondern nur im Sinne einer Freistellung motivierter Mitarbeiter von der Klinikroutine betrieben werden. Von einer Basis adäquater Vorleistungen ist es dann möglich, Drittmittel einzuwerben und die Projekte in Kontinuität auch nach Rückkehr in die Klinik weiterzuführen. Dieses Prinzip lag der Wissenschaftsstruktur der Heidelberger Chirurgie zugrunde und hat die Etablierung der für unsere Klinik prägenden Forschungsbereiche ermöglicht: Pathophysiologie und Therapie der akuten Pankreatitis sowie des Ischämie-/Reperfusionsschadens, Immunologie von chronisch entzündlichen Darmerkrankungen und Lebertransplantation sowie molekularbiologische Diagnostik und Therapie in der Onkologie und bei hereditären Präcancerosen, insbesondere FAP und HNPCC. Vor diesem Hintergrund war es möglich, DFG-unterstützte internationale Kooperation zu namhaften amerikanischen Kliniken und Forschungseinrichtungen zu etablieren wie dem Massachusetts General Hospital, Harvard Medical School in Boston (A. L. Warshaw), der University of Houston (F. G. Moody) und der University of North Carolina, Chapel Hill (R. G. Thurman). Diese Wissenschaftsaktivität konnte nur auf dem Boden klinischer Schwerpunkte entstehen. Hier hat Christian Herfarth zum richtigen Zeitpunkt innovativ gehandelt und damit weitreichende Impulse gegeben mit der Etablierung einer Professur für Onkologische Chirurgie 1982, dem Aufbau der Transplantationschirurgie und dem Beginn der Lebertransplantation 1987 sowie der Einrichtung einer Sektion für Molekulare Diagnostik und Therapie 1995. Gerade die Molekularbiologie ist paradigmatisch für das Grundprinzip in der Klinikführung von Christian Herfarth. Der klinische Bezug chirurgischer Forschung muß erkennbar bleiben. Idealerweise begründen klinisch definierte Probleme die Fragestellungen im Labor; entsprechende Lösungsansätze werden dann zum Wohl der Kranken in die Klinik rückgeführt.

Das vorliegende Buch ist somit keine Auflistung einzelner Publikationen gar mit dem Ziel, numerisch zu beeindrucken. Es steht vielmehr allgemeingültig für ein lebenslanges Streben nach der causalen Analyse chirurgischer Erkrankungen, nach objektiven Kriterien für das eigene Handeln, nach Abstraktion in der Alltagsroutine, nach nie erlahmender Innovation und charismatischer Motivation der jüngeren Generation. Jeder Chirurg, der Christian Herfarth auch nur auf kleinen Abschnitten dieses Weges begleiten konnte, ist dankbar und stolz.

Ernst Klar
Heidelberg, September 1998

Danksagung

Der vorliegende Jubiläumsband wurde ermöglicht durch die großzügige Unterstützung folgender Firmen:

Baxter Deutschland GmbH, Unterschleißheim
Essex-Pharma GmbH, München
Hoffmann-LaRoche AG, Grenzach-Wyhlen
Wyeth/Lederle, Münster
Pfizer GmbH, Karlsruhe

Besonderer Dank gilt dem J. A. Barth-Verlag, Heidelberg · Leipzig, repräsentiert durch Herrn Norbert Krämer für die offene Akzeptanz und zielgerichtete Umsetzung unserer Ideen.

Zeitschriftenbeiträge

1 ■ Zur Frage eines interkapillären Bindegewebes im Glomerulum der Niere des Menschen.
Bohle, A., Ch. Herfarth
Virchows Arch. path. Anat. 331, 573-590 (1958)
Es wird über Untersuchungen von 5 gesunden menschlichen Nieren zur Klärung der Frage, ob im Glomerulum ein intercapilläres Bindegewebe existiert, berichtet.
Die Untersuchungen wurden an 2-3 μ dicken Serienschnitten durchgeführt, die vorwiegend nach der Perjodsäure-Silber-Reaktion gefärbt worden waren. Folgende Ergebnisse konnten erzielt werden:
1. Am Gefäßpol befindet sich zwischen den vom visceralen Blatt der Bowman'schen Kapsel manschettenartig umhüllten Hilusgefäßen ein perivasculäres Gewebe, das sich kontinuierlich bis auf die ersten Verzweigungen der Hilusgefäße verfolgen läßt.
2. Im Glomerulumzentrum und in der Peripherie des Nierenkörperchens finden sich Strukturen, die wie ein Mesangium oder ein intercapilläres Gewebe aussehen. Hin und wieder besteht zwischen diesen Strukturen und dem perivasculären Bindegewebe der Hilusgefäße ein kontinuierlicher Zusammenhang. Andere, vorwiegend in der Peripherie des Glomerulum gelegene, wie intercapilläres Bindegewebe aussehende. Strukturen zeigen keine direkte Verbindung mit dem perivasculären Bindegewebe des Gefäßpols. Ob es sich bei diesen Strukturen um Bindegewebe oder Endothelzytoplasma handelt, kann nicht sicher entschieden werden.
3. Die Befunde, die für und wider die Existenz von Bindegewebe im Zentrum und in der Peripherie des Glomerulum sprechen, werden diskutiert.

2 ■ Zur Frage eines interkapillären Bindegewebes im Glomerulum der Niere des Menschen.
Bohle, A., Ch. Herfarth
Verh. Dtsch. Ges. Path. 42, 242-244 (1959)
Die Frage nach der Existenz eines interkapillären Bindegewebes im Glomerulum der Säugetiere schien durch die gründlichen Untersuchungen von K. W. Zimmermann endgültig in dem Sinne beantwortet, daß in jedem Nierenkörperchen ein interkapilläres Bindegewebe, von Zimmermann als Mesangium bezeichnet, vorkommt.
Erst in den letzten Jahren wurden, vor allem unter dem Eindruck der licht- und elektronenmikroskopischen Arbeiten von V. B. Yall die Befunde von Zimmermann für Fehldeutungen gehalten (Elias, Mueller), d. h. von diesen Autoren wird bestritten, daß in dem Nierenkörperchen ein interkapilläres Bindegewebe vorhanden ist.
Da es vor allem bei der Interpretation pathologischer Prozesse in den Nierenkörperchen von entscheidender Bedeutung ist, ob eine Schädigung im Gefäß liegt oder auch bzw. nur in dem die Gefäße stützendem Stroma, schien es uns lohnend zu prüfen, wieweit die Ansichten von Hall, Mueller und Elias zu Recht bestehen.
Bei diesen Untersuchungen gingen wir zunächst vom Gefäßpol der Nierenkörperchen aus und versuchten an 2 - 3μ dicken Schnitten die Beziehungen zwischen den Hilusgefäße und der Bowman'schen Kapsel darzustellen.

3 ■ Beitrag zur Morphologie der Niere beim akuten Nierenversagen.
Bohle, A., Ch. Herfarth, H.J. Krecke
Klin. Wschr. 38, 152-164 (1960)
Die pathologische Anatomie und Physiologie des akuten Nierenversagens wurde vor allem in den letzten Jahren intensiv beachtet. Zahlreiche Autoren haben, zum Teil mit Hilfe des Tierexperimentes, versucht, die Funktionsstörungen auf besonders charakterische morphologische Funktionsstörungen zurückzuführen, ohne daß dies bis heute überzeugend gelungen wäre.
Randerath und Bohle (1959) haben nun im Rahmen ihrer Untersuchungen über „Morphologische Grundlagen akuter extrarenal bedingter Nierenfunktionsstörungen" darauf hingewiesen, daß beim akuten Nierenversagen relativ häufig eine Dilatation der Tubuluslumina bobachtet werden kann. Von Ihnen wurde betont, daß dieser Befund bei der Deutung der im Anschluß an Schockzustände verschiedenster Ätiologie auftretenden Oligurie bzw. Anurie stärkere Beachtung verdient als ihm bisher zuteil geworden ist.

4 ■ Über die Mondorsche Krankheit.
Wagner, A., Ch. Herfarth
Münch. med. Wschr. 102, 1197-1202 (1960)
Mondorsche Krankheit ist die heute gebräuchliche Bezeichnung für eine Strangbildung von etwa Stricknadeldicke im Bereich der V. thoracalis lateralis oder ihrer Äste. Die Länge des Stranges wechselt zwischen 10 und 42 cm. Meist werden Pat. zwischen 20 und 50 Jahren betroffen. Eine signifikante Bevorzugung eines Geschlechtes besteht nicht. Die linke Seite scheint etwas häufiger betroffen zu sein. Außer einem Spannungsgefühl oder leichten Schmerzen beim Heben des Armes oder bei tiefer Inspiration bestehen keine weiteren Beschwerden. Lokale entzündliche Veränderungen wie Schmerzen, Rötung, Temperaturerhöhung fehlen genau wie Senkungsbeschleunigung, Blutveränderungen usw. Die histologischen Untersuchungen ließen in den meisten beschriebenen Fällen typisch-thrombophlebitische Veränderungen vermissen. Die Erscheinungen traten oft nach einförmigen, ungewohnten, längerdauernden oder anstrengenden Beschäftigungen auf, so daß in Analogie zu bekannten Krankheitsbildern wie z. B. dem Paget-v.-

Schroetter-Syndrom vermutet wird, daß es sich um einen Spasmus bzw. einen tonischen Verschluß der V. thoracalis lateralis handelt. Eingreifende Behandlungsmaßnahmen sind nicht erforderlich, da sich die Erscheinungen nach oft wochen- oder monatelangem Verlauf spontan folglos zurückbilden.

5 ▪ Beitrag zur peripheren arteriellen Embolektomie.
Herfarth Ch., K. Hupe, K.H. Müller
Bruns' Beitr. klin. Chir. 204, 425-432 (1962)
Es werden die Früh- und Spätergebnisse von 53 Embolektomien bei 40 Patienten beschrieben, wobei kurz Ätiologie, Embolielokalisation und Diagnose berücksichtigt werden. Bei insgesamt 64,3% der Fälle konnte zunächst eine befriedigende Wiederherstellung der Durchblutung der betroffenen Extremität erreicht werden. Der Einfluß des Zeitintervalles zwischen Embolieeintritt und Embolektomie, des Grundleidens und zusätzlicher Krankheiten auf die Prognose des Eingriffes werden diskutiert. Abschließend werden Möglichkeiten zur Verbesserung der Operationstechnik durch Modifikation der Arteriennaht mit einem Teflon-Flap und der Nachbehandlung mit einer die Fibrinolyse aktivierenden Substanz (Streptokinase) besprochen.

6 ▪ Histologische Befunde bei der Thrombolyse arterieller Emboli durch Streptokinase.
Hupe, K., K.H. Müller, Ch. Herfarth
Langenbecks Arch. klin. Chir. 303, 476-485 (1963)
In der Behandlung der peripheren arteriellen Embolien werden zwei Methoden diskutiert: Die operative Embolektomie und die konservative Behandlung mit Antikoagulantien, in letzter Zeit auch mit „direkten" Fibrinolytica. Die Indikation für die einzuschlagende Therapie war vor Einführung der Fibrinolytica fest umrissen und mit wenigen Ausnahmen allgemein anerkannt: Operatives Vorgehen bei Embolie größerer Arterienäste und bei einem zeitlichen Bestehen des Verschlusses bis zu 10 Std. konservative Antikoagulantienbehandlung bei Embolie kleinerer Gefäße und bei länger bestehendem Verschluß größerer als auch kleinerer Arterien. Die Einführung der „direkten"; Fibrinolytica in die Therapie läßt nunmehr an die Möglichkeit einer intravasalen Thrombolyse denken, wie sie z. B. auch in der Behandlung des frischen Herzinfarktes unter Streptokinase-Infusionen auf Grund klinischer Beobachtungen und tierexperimenteller Untersuchungen diskutiert wird. Entsprechend ist auch bei einer arteriellen Embolie die Frage zu stellen. ob eine ausschließlich fibrinolytische Therapie zu einem Erfolg, d. h. zur vollen Wiederherstellung der Gefäßdurchgängigkeit, führen kann. Zur Klärung dieser Frage haben wir die bei Embolektomien entnommene Gerinnsel untersucht.

7 ▪ Beitrag zur kombinierten instrumentellen, transventrikulären Mitralklappen-sprengung: 1. Untersuchung zur Frage einer postoperativ elektrokardiographisch nachweisbaren umschriebenen Myokardschädigung.
Müller, K., Herfarth Ch., Schölmerich, P.
Verh. Dtsch. Ges. Kreislaufforsch. 28, 339-342 (1963)
Die transventrikuläre Kommissurotomie mit einem Dilatator, die von LOGAN und TURNER mit einem von TUBBS entwickelten Spreizer wieder eingeführt wurde (1954), ist nach Ansicht einer Großzahl von Autoren [COOLEY und STONEBURNER (1959), GERBRODE (1960), MOSKOW und BRAUNWALD (1961), REID, BERGER und STEVENSON (1960) u. a.] der transaurikulären digitalen Commissurotomie überlegen, da erheblich größere Sprengweiten erzielt werden können, die den Erfolg der Mitralstenosenoperation entscheiden. Der Vorschlag, transventrikulär vorzugehen, ist nicht neu, er wurde 1902 von BRUNTON beschrieben und später im Tierexperiment von BERNHEIM (1909), JEGER (1910) u. a. angewandt. 1923 wurde erstmals ein 12jähriges Mädchen erfolgreich nach dieser Methode operiert (CURTLER und LEVINE).

8 ▪ Beitrag zur Therapie der peripheren arteriellen Emboli.
Müller, K.H., Ch. Herfarth
Ärztl. Mitt. - Dtsch. Ärztebl. 60, 2089-2090 (1963)
Die arterielle Embolie ist ein akutes lebensbedrohliches Ereignis, das eine sofort einsetzende wirkungsvolle Behandlung erfordert. Es gilt, den embolischen Verschluß zu beseitigen, ehe es in dem vom Blutstrom abgesperrten Körperabschnitt zu irreversiblen Gewebsschädigungen, vor allem Läsionen der Intima, gekommen ist. Mehrere therapeutische Möglichkeiten stehen zur Verfügung, die in ihrer Wirksamkeit und Zweckmäßigkeit gegeneinander abgewogen werden müssen. Der Wert der Antikoagulantien für die Thromboemboliebehandlung ist wohl unumstritten, jedoch gelten für die Therapie der arteriellen Embolie einige Besonderheiten. Wegen ihrer langen Anlaufzeit bis zum Wirkungseintritt scheiden Dicumarol-Analoge von vornherein aus, und es bleiben als Mittel der Wahl Heparin bzw. Heparinoide. Das Heparin entfaltet seine Wirkung auf die gesamten Faktoren des Gerinnungssystems sofort bei i.v. Injektion (Abb. 1). Zu betonen ist dabei seine besondere Wirkung auf die Thrombozyten. Die Förderung der Fibrinolyse ist wohl, wie auch A s t r u p meint, so zu erklären, daß es durch die Verminderung des Gerinnungspotentials zu einem relativen Überwiegen der körpereigenen fibrinabbauenden Komponente im Gleichgewicht der latenten Gerinnung (L a s c h) kommt.

9 ▪ Elektrokardiographie Vergleichsuntersuchungen bei Commissurotomie mit und ohne Dilatator.
Schmidt, E., F.W. Schmidt, Ch. Herfarth
Thoraxchir. Vask. Chir. 10, 363-376 (1963)
An 30 transaurikulär (digital) und 30 transventrikulär (mittels Dilatator bei transaurikulärer digitaler Kontrolle) operierten Mitralstenosen werden prä- und postoperativ folgende Fragen untersucht: Häufigkeit der Rückbildung des P mitrale, Änderung des Winkels alpha des QRS-Flächenvektors, Manifestation einer Außenschichtschädigung („Perikardreaktion") und Zeitpunkt des Eintritts dieser elektrokardiographischen Veränderungen nach der Commissurotomie. Dabei ergeben sich folgende Befunde:
1. Die Rückbildung des P mitrale mit gleichzeitiger Rechtsablenkung des Vektors für P ist bei beiden Operationsmethoden die gleiche.
2. Der Winkel alpha des QRS-Flächenvektors läßt bei transventrikulärer Operationsmethode häufiger (38 %) eine Linksablenkung des QRS-Flächenvektors um mehr als 30° erkennen als bei der transaurikulär operierten (20%).
3. Die Häufigkeit des elektrokardiographischen Bildes einer Außenschichtschädigung („Perikardreaktion") ist bei transventrikulärem Vorgehen häufiger (77 %) als bei transaurikulärer Methode (36 %). Diese Veränderungen sind aber zur Hälfte innerhalb von 6 Wochen, in fast 100 % innerhalb von 6 Monaten rückgebildet.
4. Bemerkenswert ist der rasche Eintritt der Rechtsablenkung des Vorhofs- und der Linksablenkung des QRS-Vektors in den ersten Tagen nach der Commissurotomie. Daraus läßt sich folgern, daß nicht allein muskuläre Ventrikelhypertrophie, sondern die aktuelle Druck- und Volumenbe- oder entlastung für die Ablenkung des QRS-Vektors verantwortlich sind.

10 ▪ Beitrag zum Problem des postoperativen Ikterus. I. Mitteilung. Sonderformen des postoperativen Ikterus.
Herfarth Ch., K. Körner
Chirurg 35, 206-208 (1964)
In jüngster Zeit erschienen verschiedenste Untersuchungen zur Frage des Ikterus nach operativen Eingriffen. Im wesentlichen wurden bestimmte Ikterusformen hervorgehoben, die nach ihrer fraglichen Genese unterschieden wurden. Pichlmayr und Mitarb. stellten den klassischen Ikterusformen (extrahepatischer Verschlußikterus, intrahepatische Cholestase, hepatocellulärer Ikterus, hämolytischer Ikterus) den bilirubinostatischen Ikterus in Verbindung mit einem operativen Eingriff nach Verwendung von alten Blutkonserven als besondere Ikterusform auf chirurgischem Gebiet gegenüber. Vor allem amerikanische Autoren berichten über postoperative Gelbsuchtsfälle im Rahmen von ausgedehnten Leberzellnekrosen nach Halothannarkosen.

11 ▪ Beitrag zur operativen Behandlung gelenknaher Frakturen.
Herfarth Ch., D. Franke
Med. Welt 22, 1203-1205 (1965)
Die Behandlung gelenknaher Frakturen - Brüche im Bereich der Epi- und Metaphyse - bietet besondere Schwierigkeiten und Probleme. Schon die Reposition gelingt oft nur ungenügend oder überhaupt nicht, da die Einwirkungsmöglichkeiten auf das gelenknahe Fragment von außen begrenzt oder überhaupt nicht gegeben sind. Gerade bei gelenknahen Frakturen ist aber eine achsengerechte Reposition die Conditio sine qua non für eine spätere ausreichende Funktion, ebenso wie die Wiederherstellung einer anatomisch exakten Gelenkkonfiguration, falls die Fraktur bis in die Gelenkfläche ausläuft. Die Gelenknähe eines Bruches bedeutet auch oft, daß der Bandapparat des benachbarten Gelenkes schwer in Mitleidenschaft gezogen wurde oder gar zerstört ist. Inkongruenz der Gelenkflächen und nicht behebbare Subluxationen auch nur geringsten Grades beeinträchtigen die spätere Gelenkfunktion schwerstens und führen zur Arthrose. Es kommt hinzu, daß gerade die gelenknahe Fraktur unter konservativer Behandlung lange ruhiggestellt werden muß und die frühzeitige Bewegung des betroffenen Gelenkes in der Regel ausgeschlossen ist.

12 ▪ Der kindliche Leistenbruch: Erfahrungen mit der Operation nach Gross-Ferguson.
Herfarth Ch.; Kohl-I; Streicher-HJ
Bruns-Beitr-Klin-Chir. 1965 Sep; 211(2): 231-9.
Die operative Behandlung des kongenitalen Leistenbruchs beim Säugling und Kind ist heute praktisch unumstritten. Eine Therapie mit einem Bruchband muß abgelehnt werden, da mit einer Spontanobliteration eines einmal klinisch offenen Processus vaginalis peritonei nur noch in seltensten Fällen und überhaupt dann nur bei Kindern in den ersten Lebensmonaten zu rechnen ist (Oberniedermayr 1950, Gross 1953, Larsen 1955, Morger 1961). Ein Bruchband kann eine Inkarzeration verschleiern, es führt zu Ekzemen und oberflächlichen Hautdefekten, die eine eventuelle Notoperation gefährden, und es kann durch den dauernden Druck auf die Samenstranggefäße die Ausbildung einer Hodenatrophie begünstigen. Auch wird ein Kind durch die Schonhaltung, die ihm das Bruchband auferlegt, in seiner körperlichen und seelischen Entwicklung beeinträchtigt (Larsen 1955, Schwaiger 1958).

Die Indikation zur Operation eines kindlichen Leistenbruchs ist mit Auftreten der Hernie unabhängig vom Alter des Kindes gegeben (Duckett 1952, Gross 1953, Dunavant u. Wilson 1954, McLaughlin u. Klaeger 1956, De Boer 1957, Grob 1957, Koop 1957, Brüning 1962, Brandesky u. Howanietz 1963). Eine gute Anästhesie vorausgesetzt, wird die Operation bei steigender Gewichtskurve auch in den ersten Lebenswochen gut überstanden (Oberniedermayr 1950, Potts, Riker u. Lewis 1950, Larsen 1955, Packard 1963). Da psychische Engramme beim Säugling noch nicht wirksam werden, hat die Frühoperation außerdem den Vorteil, daß das Kleinkind an den Krankenhausaufenthalt keine Erinnerung behält, während das ältere Kind oft ein nicht unerhebliches seelisches Trauma erleidet (Fischer u .llumenthaler 1958).

13 ▪ Beitrag zum Problem des postoperativen Ikterus. II. Mitteilung.
Herfarth Ch.; Korner-K
Chirurg. 1965 Jul; 36(7): 313-6.
Die Vielfalt der Ätiologie des postoperativen Ikterus ist bekannt, sie wurde in jüngster Zeit von NISSEN und FAHRLÄNDER, JOHNSTONE, BENNIKE u. Mitarb. erneut herausgestellt. Über Einzelformen des postoperativen Ikterus, die auf die Unterschiedlichkeit der Pathogenese hinweisen, berichteten HERFARTH und KÖRNER. Mit der Beschreibung fraglich halothanbedingter Gelbsuchtfälle ist die Frage der postoperativen Bilirubinerhöhung wieder besonders diskutiert worden (Übersicht bei PICHLMAYR und PICHLMAYR, BLACKBURN u. Mitarb.).
Das Leitsymptom „Bilirubinerhöhung" wird in den meisten Fällen unter dem allgemeinen Begriff der postoperativen Leberschädigung als Folge des direkten oder indirekten Lebertraumas (BRAASCH und PREBLE, GLENN und HAYS, ZAMCHECK u. Mitarb., RAVDIN und VARS, EDLUND und ZETTERGREN, GELLERT und TAGNON, WARD u.a.), der Bluttransfusionen (PICHLMAYR und STICH, SEVITT, LUTZEYER, BERGMANN u.a.), einer Kreislauf- oder respiratorischen Insuffizienz (ELLENBERG und OSSERMAN, BRUNSON u. Mitarb. u. a.) oder als Folge einer direkten oder indirekten Einwirkung von Präparaten (Übersicht s. JOHNSTONE, auch DÖLLE und MARTINI) angesehen. Die verschiedenen Formen des postoperativen Ikterus ätiologisch und pathogenetisch abzugrenzen, erscheint daher in praktischer und theoretischer Sicht als ein wichtiges Problem, das in den meisten Fällen nicht befriedigend gelöst wird. So lassen sich viele Fälle bei den sog. halothanbedingten Ikterusformen auf Grund zu weniger Meßwerte überhaupt nicht einordnen (BURNAP u. Mitarb., BARTON, VOURC'H u. Mitarb., TEMPLE u. Mitarb.), andere entsprechen eher einer Hepatitis (Halothanhepatitis: HEIDENBERG, LINDENBAUM und LEIFER, BRODY und SWEET) oder zeigen vorwiegend das Bild einer intrahepatischen Cholestase (LINDENBAUM und LEIFER, LOUW u. Mitarb.). Aufgabe der eigenen Untersuchungen war es, an Hand von systematischen prä- und postoperativen Messungen (Leberstatus nach SCHMIDT) zu versuchen, die nach chirurgischen Eingriffen häufig auftretende Bilirubinerhöhung ätiologisch und pathogenetisch zu differenzieren.

14 ▪ Verschluß der Vena subclavia und Vena brachiocephalica bei retrosternalen Strumen.
Herfarth Ch.; Hettler-M; Lessen-H-van
Langenbecks-Arch-Chir. 1966; 316: 120-2.
Routinemäßige Phlebographien des Abflußgebietes der oberen Hohlvene bei Strumaträgern zeigten in einer hohen Fallzahl einen Verschluß der Vena subclavia bzw. der Vena brachiocephalica. Klinisch äußerte sich der Verschluß oft nur durch vermehrte Venenzeichnung im Bereich der Thoraxwand oder eine Schwellneigung eines oder beider Arme. Röntgenologisch erschien der retrosternale Anteil der Struma bei derartigen Fällen meist nicht besonders groß.

15 ▪ Verschluß der Vena subclavia und Vena brachiocephalica bei retrosternalen Strumen.
Herfarth Ch.; Hettler-M; Lessen-H-van
Med-Klin. 1966 Jun 3; 61(22): 885.

16 ▪ Zum Verhalten einzelner Substrate und Enzyme beim Ileus.
Herfarth Ch.; Staib-I
Bull-Soc-Int-Chir. 1966 Mar-Apr; 25(2): 101-7.
Bei hohem und tiefem Obturations- und Strangulationsileus (Tierexperiment Hund und Ratte) zeigen die Substrate im Blut einen konstanten metabolischen Status an. Der De Ritis-Quotient weist eine Abhängigkeit von der Ileuslokalisation auf. Die tiefe Strangulation führt zu einem prognostisch ungünstigen Anstieg der leberspezifischen Enzyme im Serum und zu einer Verschiebung der Enzymmuster in der Leber als Anzeichen einer Umstellung in den Stoffwechselketten. Ähnliche Veränderungen in der Muskulatur fehlen.

17 ▪ Studien zum Austritt von Zell-Enzymen am Modell der isolierten perfundierten Rattenleber.
Schmidt-E; Schmidt-FW; Herfarth Ch.
Enzymol-Biol-Clin-Basel. 1966; 7(1): 53-72.
Nach Angaben über die Perfusions-Technik wurden die angewendeten Aufbereitungs- und Bestimmungs-Methoden beschrieben. Anhand des Enzym-Anstiegs in den Perfusions-Medien Periston, Haemaccel und substrathaltiger Albumin-Tyrode-Lösung wurde die

rechnerische Korrektur der Meßwerte dargestellt, die infolge der extracellulären Veränderungen der Enzymaktivitäten notwendig war. Der Einfluß dieser Korrektur auf das extracelluläre Enzymmuster wurde gezeigt. Der Vergleich der drei Perfusionsmedien ergab, daß die Perfusion mit Albumin-Tyrode-Lösung den durchschnittlich geringsten Enzymanstieg im Medium bei kleinster Enzym-Aktivitäts-Abnahme in der Leber hervorrief. Weiterhin wurde die Übereinstimmung der Enzym-Muster verschiedener Lappen der Rattenleber untersucht und gefunden, daß die individuellen Schwankungen von Tier zu Tier im gleichen Lappen größer sind, als die Unterschiede zwischen Lobus sinister und Lobus caudatus beim selben Tier.

18 ▪ Studien zum Austritt von Zell-Enzymen am Modell der isolierten perfundierten Ratten-Leber.
II. Mitteilung: Untersuchungsmethoden und Studien über Wahl des Perfusions-Mediums und Vergleichbarkeit der Enzym-Muster verschiedener Leber-Lappen.
Schmidt-E; Schmidt-FW; Herfarth Ch.; Dettmar-KH; Fabel-H
Enzymol-Biol-Clin-Basel. 1966; 7(3): 167-84.

19 ▪ Studien zum Austritt von Zell-Enzymen am Modell der isolierten, perfundierten Ratten-Leber.
III. Mitteilung: Analyse des bei Perfusion unter Hypoxie entstehenden extra-cellulären Enzym-Musters.
Schmidt-E; Schmidt-FW; Herfarth Ch.; Opitz-K; Vogell-W
Enzymol-Biol-Clin-Basel. 1966; 7(3): 185-202.
Das extracellulär entstehende Enzymmuster bei hypoxischer Perfusion der isolierten Rattenleber wurde in Beziehung zu bekannten und zu gleichzeitig untersuchten Größen gesetzt. Dabei zeigte sich, daß die Austrittsraten der einzelnen Enzyme in erster Linie vom Konzentrationsgefälle Leberextracellularraum, in zweiter Linie vom Molekulargewicht der Enzyme und in dritter Linie von ihrer intracellulären Lokalisation abhängen. Weiterhin wurde der aus dem Typ des extracellulären Enzym-Musters gezogene Schluß, daß die Einzelzellschädigung hierbei nur leicht bis mäßig sei, durch das Verhalten der Metabolit-Spiegel im Perfusionsmedium und die morphologischen Befunde an der Leber bestätigt.

20 ▪ Zur Pathophysiologie des mechanischen Ikterus. II. Experimentelle Untersuchung über das Verhalten einzelner Substrate und Enzyme.
Staib I; Herfarth Ch.
Bruns-Beitr-Klin-Chir. 1966 Aug; 213(1): 107-25.
Unter Flüssigkeits- und Elektrolytsubstitution zeigt die enzymatisch bestimmte Glukose am Hund keine Änderung durch die beiden hohen und tiefen Ileusformen. Gleiches gilt für die Bestimmung an verschiedenen Rattenkollektiven mit tiefer Okklusion nach unterschiedlichen Narkosen. Die Substrate Laktat und Pyruvat lassen keinen Zusammenhang zu Ileusform und -höhe erkennen. Bei prämortalen Abnahmen oder bei schlechtem Allgemeinzustand findet sich eine Erhöhung des Laktats und dadurch eine Vergrößerung des Laktat-Pyruvat-Quotienten über 20. Einzelbeobachtungen lassen eine Laktaterhöhung als Nachwirkung der Barbituratnarkose möglich erscheinen. Bei der hohen und tiefen Okklusion und hohen Strangulation fehlen wesentliche Enzymveränderungen im Serum. Im Verlauf einer tiefen Strangulation kommt es zu einem Anstieg vor allem der leberspezifischen Enzyme im Serum, der eine angedeutete Abhängigkeit von der Gangrängröße zeigt. In der Leber findet sich bei tiefer Strangulation eine Umstellung der Enzymverteilungsmuster. Die gleichen Enzymmuster zeigen bei hoher und tiefer Okklusion und hoher Strangulation keine wesentlichen Verschiebungen der Leber. In der Muskulatur fehlen typische Veränderungen bei sämtlichen Ileusformen. Die Veränderungen werden diskutiert und mit den anderen Meßgrößen (Zur Pathophysiologie des mechanischen Ileus) verglichen.

21 ▪ Pädochirurgische Diagnostik: Kolon und Rektum.
Herfarth Ch.
Ärztl. Praxis 24, 1967 (1972)

22 ▪ Chirurgie endokriner Organe. II. Mitteilung
Herfarth Ch.
Dtsch. Ärztebl. - Ärztl. Mitt. 64, 978-981 (1967)

23 ▪ Chirurgie endokriner Organe. (Auszug aus der Antrittsvorlesung vom 14-12-1966) I. Mitteilung
Herfarth Ch.
Dtsch. Ärztebl. -Ärztl. Mitt. 64, 918-923 (1967)
Dem Allgemeinchirurgen sind aus dem Gebiet der Endokrinologie heute einige ganz entscheidende, umgrenzte Krankheitsbilder für eine operative Therapie zugänglich geworden. Während sich anfänglich die Indikationen der operativen Therapie endokriner Organe allein nach dem morphologischen Befund richteten und die nachträgliche histologische Untersuchung nur beschränkt einen Hinweis auf die Funktion geben konnte, steht jetzt am Anfang die Funktionsanalyse, die den operativen Weg vorschreibt. Nur noch in einem Teil der Fälle erfolgt der Eingriff wegen Verdrängung oder Irritation der Nachbarorgane oder wegen des Vorliegens einer malignen Neubildung, im Vordergrund der Indikationsstellung steht die funktionelle Störung mit ihrer Auswirkung auf den Stoffwechsel anderer Organe. Es ist so

schließlich der Begriff der funktionskritischen Operation am endokrin wirksamen Organ entstanden. Während Fleim (1961) und Zukschwerdt (1962) den Begriff der funktionskritischen Operation bzw. des gezielten Eingriffes nur für die Strumachirurgie herausstellten, läßt er sich jetzt ohne weiteres auf sämtliche Eingriffe an endokrinen Organen anwenden, da hier Funktionsanalyse neben genauer Lokalisation der pathologischen Veränderungen die unbedingte Voraussetzung zur Operationsindikation bedeutet. Eingriffe an endokrinen Organen als Palliativmaßnahme beim fortgeschrittenen Karzinom, zum Beispiel die Ovariektomie bei Mammakarzinom, bleiben hier unerwähnt.

24 ■ Beurteilung des Lebertraumas - Beitrag zur Differentialdiagnose der stumpfen Bauchverletzung.
Herfarth Ch.
Unfallheilk. 94, 98-101 (1967)
Bei stumpfen Bauchtraumen ist die Früherkennung einer Leberruptur oft nicht möglich, Aussagen über die Größe eines Lebertraumas sind gar nicht zu erlangen. Es liegt nahe, zwischen Größe der Leberverletzung und Aktivitätszunahme einzelner Enzyme im Serum eine Korrelation anzunehmen, die ein günstiges Mittel zur Früherkennung einer Leberruptur bieten würde. Eine derartige diagnostische Hilfe wäre vor allem bei simultanen Thorax- und Abdominalverletzungen günstig, da bei diesen Kombinationstraumen klinisches Bild, Lokalbefund und posthaemorrhagische Leucocytose nicht sicher zu verwerten sind. Um eine derartige Untersuchungsmethode einzuführen, müssen jedoch folgende Punkte geklärt sein:
1. Kann die Enzymelimination aus dem Serum das Aktivitätsmuster in den für die Diagnose wichtigen ersten Stunden erheblich verfälschen?
2. Besteht eine Korrelation zwischen Traumagröße der Leber und dem Verhalten der Enzymaktivitäten im Serum?
3. Lassen sich die Ergebnisse ohne weiteres beim Menschen anwenden?

25 ■ Enzym- und Substratverhalten unter Endotoxineinwirkung. Untersuchungen zur Pathophysiologie des Ileus.
Herfarth Ch.; Brobmann-G; Staib-I
Bull-Soc-Int-Chir. 1967 Nov-Dec; 26(6): 1-7
Untersuchungen über die Pathophysiologie des Ileus hatten bei Strangulation im Bereich des terminalen Ileum eine deutliche Umstellung des Enzymverteilungsmusters in der Leber gezeigt. Als deren Ursache wurde eine Endotoxineinwirkung diskutiert. Die intraperitoneale Endotoxingabe führte zu einer ähnlichen Enzymaktivitätsmusterumstellung in der Leber bei fehlenden Aktivitätsveränderungen in der Muskulatur. Diesen Umstellungen parallel verlief ein Laktat- und teilweise Pyruvatanstieg im Blut. Die sich gleichenden Veränderungen nach Endotoxingabe und beim Strangulationsileus werden diskutiert und Folgerungen für die Klinik gezogen.

26 ■ Intrazelluläre Electrolyt-Änderungen nach intraperitonealer Endotoxingabe.
Staib-I; Mikosch-H; Herfarth Ch.
Bull-Soc-Int-Chir. 1967 Nov-Dec; 26(6): 513-9.
Die Kaliumänderungen in Serum, Muskulatur und Lebergewebe werden vergleichsweise bei tiefem Okklusions- und Strangulationsileus und nach Applikation eines standardisierten Endotoxin-Präparates (aus E. coli, O26: B6 Difco-Lab.) an der Ratte untersucht. Hierbei läßt sich eine deutliche Zeit- und Dosisrelation der Endotoxinwirkung durch Verminderung der intracellulären Kaliumkonzentration in der Leber demonstrieren. Die Fähigkeit der Leber, Endotoxindosen zu entgiften, wird durch die geringen oder fehlenden Kaliumänderungen im Lebergewebe bei wiederholter Applikation subletaler Dosen nachgewiesen. Auf die Bedeutung unserer Stoffwechseluntersuchungen für die klinische Diagnostik und therapeutischen Maßnahmen wird kurz eingegangen.

27 ■ Direktes Lebertrauma und Enzymaktivitätsverhalten.
Herfarth Ch.
Bruns-Beitr-Klin-Chir. 1968 Aug; 216(5): 460-9.
1. Die experimentell bestimmte Elimination der einzelnen Enzyme verläuft nur für die GPT ausreichend langsam, um ihre Aktivität in den ersten Stunden nach Lebertrauma zur Beurteilung des Traumaausmaßes heranzuziehen. Das Muster der anderen Enzyme wird durch ihre schnelle Inaktivierung erheblich verzerrt.
2. Im Tierexperiment besteht eine Korrelation zwischen Traumagröße und Anstieg der GPT im Serum. Die Höhe ihrer Aktivität erlaubt nach der Beziehung mU/g Frischg. Leber eine Berechnung des Traumaausmaßes der Leber. Die Aktivitäten der anderen gemessenen Enzyme im Serum sind entweder auf Grund ihrer intrazellulären Lokalisation, ihrer Organunspezifität oder ihrer Eliminationsgeschwindigkeit nicht zu verwerten.
3. Beim Patienten mit Verdacht auf ein Lebertrauma empfiehlt sich die Messung der GPT. Die gleichzeitige Bestimmung eines Enzymmusters könnte zusätzlich eine Aussage über die Art der Leberläsion (Nekroserate) geben.

28 ▪ Enzymologische Untersuchung zur Frage der postoperativen Leberschädigung.
Herfarth Ch.
Bruns-Beitr-Klin-Chir. 1968 Oct; 216(6): 504-16.
Während in der inneren Medizin die Enzymaktivitätsbestimmung im Serum eine Routinemethode geworden ist, hat sie in der Chirurgie zunächst nicht Fuß gefaßt. Zwar diente sie nach herzchirurgischen Eingriffen mit und ohne extrakorporale Zirkulation zur Beurteilung postoperativer Störungen, im wesentlichen beschränkte man sich aber darauf, einzelne Enzymveränderungen im Serum zu beschreiben, ohne Enzymaktivitätsmuster zu bilden und zu deuten. Gerade mit der Gegenüberstellung von Mustern bei verschiedenen Affektionen der Leber oder des Herzens steigt jedoch der Aussagewert gegenüber der Einzeluntersuchung.
An Hand des postoperativen Enzymaktivitätsverhaltens im Serum bei verschiedenen Eingriffsgruppen wird die Frage einer indirekten Leberbeteiligung diskutiert. Das Enzymaktivitätsverhalten in der Leber bei Oberbaucheingriffen ergibt keinen Anhalt für eine wesentliche Leberschädigung.

29 ▪ Untersuchungen zur Leberregeneration nach Leberresektion. (Enzymaktivitätsverhalten in der Leber)
Herfarth Ch., E. Plache
Zschr. Experim. Chir. 1, 239-246 (1968)
Im Tierexperiment (Ratte) wird nach Hemihepatektomie der Regenerationsablauf an Hand des Verhaltens einzelner Enzymaktivitäten in der Restleber verfolgt. Nach einem anfänglichen Abfall der Enzymaktivitäten bis zum 5. Tage kommt es zu einer langsamen Normalisierung innerhalb von 3 bis 6 Wochen. Eine Ausnahme zeigt die Laktat-Dehydrogenase, deren Aktivität in den ersten 5 Tagen als Zeichen für die zunehmende anaerobe Glykolyse ansteigt.

30 ▪ Enzym- und Substratverhalten unter Endotoxinwirkung.
Herfarth Ch., G. Brobmann, I. Staib
Langenbecks Arch. klin. Chir. 320, 146-154 (1968)
Untersuchungen über die Pathophysiologie des Ileus hatten bei Strangulation im Bereich des terminalen Ileum eine deutliche Umstellung des Enzymverteilungsmusters in der Leber gezeigt. Als deren Ursache wurde eine Endotoxineinwirkung diskutiert. Die intraperitoneale Endotoxingabe führte zu einer ähnlichen Enzymaktivitätsmusterumstellung in der Leber bei fehlenden Aktivitätsveränderungen in der Muskulatur. Diesen Umstellungen parallel verlief ein Lactat- und teilweise Pyruvatanstieg im Blut. Die Veränderungen nach Endotoxingabe und beim Strangulationsileus werden diskutiert und Folgerungen für die Klinik gezogen.

31 ▪ Leberszintigraphie als Hilfsmittel der chirurgischen Diagnostik und Therapie.
Herfarth Ch., H. Würdinger
Bruns' Beitr. klin. Chir. 217, 185 (1969)
An dem chirurgischen Krankengut der Universitätsklinik Marburg wurde bei folgenden Patientengruppen routinemäßig eine Leber-szintigraphie durchgeführt:
1. Lokalisation von Lebertumoren oder -zysten
2. Lokalisation von intrahepatischen oder subphrenischen Abszessen.
3. Präoperative Diagnostik und postoperative Nachsorge in der Karzinomchirurgie.
4. Besondere Fragestellungen in der Lebertraumatologie.
Es werden charakteristische Beispiele aus den verschiedenen Gruppen aufgeführt, die vor allem zeigen, daß das durch die Szintigraphie vermittelte topographische Bild das chirurgische Vorgehen bestimmen kann. In der Karzinomchirurgie dient es besonders zum Ausschluß von Lebermetastasen vor second look-Eingriffen und zur allgemeinen Verlaufs-beobachtung nach Eingriffen wegen eines Karzinoms. Die Beispiele demonstrieren, daß mit der Einführung der Leberszintigraphie dem chirurgischen Vorgehen sich weitere Möglichkeiten eröffnet haben.

32 ▪ Kriterien zur Funktion auto- und homolog transplantierter Nieren im Tierexperiment. (Kurzreferat)
Herfarth Ch., I. Staib, G. Rodeck, H. Halbfass
Bruns' Beitr. klin. Chir. 216, 383 (1968)
Die direkte Messung der Elektrolytkonzentration und Enzymaktivitäten im Gewebe zeigt entsprechend früherer Untersuchungen, daß pathologische Einwirkungen auf den gesamten Organismus unterschiedliche Alterationen der Gewebsenzyme und Elektrolyte bewirken. An über 50 Hunden in 4 Kollektiven wurde der Einfluß der Auto- und Homotransplantation mit denselben Untersuchungsmethoden geprüft. Bei der Homotransplantation wurde je ein Kollektiv mit und ohne immunosuppressive Therapie untersucht. Es zeigte sich, daß die beobachteten Veränderungen allein auf die Ischämie und nicht ohne weiteres auf Abstoßungskrisen zurückzuführen waren.

33 ▪ Biochemische Kriterien zur Konservierung von Organen.
Herfarth Ch.; Hirschhauser-C
Langenbecks-Arch-Chir. 1968; 322: 1124-9.
Enzymaktivitäten im Gewebe ließen sich nicht als befriedigendes Kriterium zur Beurteilung der Güte eines Organkonservierungsverfahrens heranziehen. Eine bessere Beurteilungsmöglichkeit bietet die Messung des Enzym- und Kaliumaustrittes, die eine Gegenüberstel-

lung verschiedener Konservierungs verfahren erlaubt. Die Güte eines Organkonservierungsverfahrens wird am ehesten durch Wiederaufnahme der Funktion nach Reimplantation des konservierten Organs beurteilt. Dieser biologische Test birgt jedoch Unsicherheitsfaktoren -Beeinflussung des Ergebnisses durch unterschiedliche technische Schwierigkeiten, Einwirkung der Narkose - und bei vielen Versuchen bleibt die Ursache der Funktionsstörung nach der Reimplantation ungeklärt.

34 ▪ Änderungen der intra- und extrazellulären Enzymaktivitäten nach Auto- und Homotransplantation der Niere (Hund).
Herfarth Ch.; Staib-I; Rodeck-G; Hausmann-L; Halbfass-HJ
Bruns' Beitr. klin. Chir. 217, 550-558 (1969)
Es wurde an Hunden nach Auto- und Homotransplantation der Niere neben anderen Parametern das Verhalten einzelner Enzymaktivitäten in der Nierenrinde und im Serum überprüft. Die Aktivitäten in der Nierenrinde fielen als Folge der Ischämieperiode während der Operation signifikant ab. Typische Veränderungen infolge einer Abstoßung ließen sich nicht nachweisen. Die Enzymaktivitäten im Serum zeigten ebenfalls keine eindeutige Abhängigkeit von einer möglichen Abstoßungskrise. Die immunosupressive Therapie führt jedoch auf Grund der Hepatotoxizität des Imurans zu einem Anstieg leberspezifischer Enzyme im Serum. Die für die Klinik sich daraus ergebenden Folgerungen werden diskutiert.

35 ▪ Stoffwechseluntersuchungen zur Ischämietoleranz der Niere an der Ratte.
Staib, I., Ch. Herfarth, L. Hausmann, R. Kaut
Zschr. Experim. Chir. 1, 263-271 (1968)
An der Ratte wurde in drei verschiedenen Kollektiven die Stoffwechselwirkung einer 45 min dauernden Ischämie in der Nierenrinde untersucht. Als Parameter dienten intrazelluläres Kalium, das Enzymmuster von ALD, GLDH, GOT, GPT, LDH und MDH (bezogen auf Feuchtgewicht und Extraktprotein). Die Befunde zeigen, daß nach 48 h eine weitgehende funktionelle Erholung des Gewebes erreicht ist. Nach Gabe von Actihaemyl zeigen die zytoplasmatischen Enzyme durchschnittlich keine Alteration gegenüber ihren Nullwerten.

36 ▪ Elektrolytkonzentration in Leber und Muskulatur unter Endotoxineinwirkung. Untersuchungen zur Pathophysiologie des Ileus.
Staib-I; Mikosch-H; Herfarth Ch.
Langenbecks-Arch-Chir. 1968; 320(2): 137-45.
Die Kaliumänderungen in Serum, Muskulatur und Lebergewebe werden vergleichsweise bei tiefem Okklusions- und Strangulationsileus und nach Applikation eines standardisierten Endotoxin-Präparates (aus E. coli, O26: B6, Difco-Lab.) an der Ratte untersucht. Hierbei läßt sich eine deutliche Zeit- und Dosisrelation der Endotoxinwirkung durch Verminderung der intracellulären Kaliumkonzentration in der Leber demonstrieren. Die Fähigkeit der Leber, Endotoxindosen zu entgiften, wird durch die geringen oder fehlenden Kaliumänderungen im Lebergewebe bei wiederholter Applikation subletaler Dosen nachgewiesen. Auf die Bedeutung unserer Stoffwechseluntersuchungen für die klinische Diagnostik und therapeutischen Maßnahmen wird kurz eingegangen.

37 ▪ Influence of hypothermia on the liver. 3. Isolated perfusion of the acutely predamaged liver in hypothermia.
Herfarth Ch.; Schmidt-E; Schmidt-FW
Bruns-Beitr-Klin-Chir. 1969 Jun; 217(4): 363-73.

38 ▪ Untersuchungen zum Einfluß der Hypothermie auf die Leber. II. Mitteilung: Verhalten der isoliert perfundierten Leber in Hypothermie unter Einfluß toxischer Substanzen.
Herfarth Ch.; Schmidt-E; Schmidt-FW
Bruns-Beitr-Klin-Chir. 1969 Aug; 217(5): 454-62.
Zur Überprüfung des Verhaltens der Leber in Hypothermie unter Einfluß toxischer Substanzen wurde das isolierte Organ mit einer Albumin-Tyrodelösung mit Zusatz folgender Stoffwechselblocker perfundiert: Na-Desoxycholat, 2-4-Dinithropenol, K-Cyanid, Monojodacetat. Es zeigt sich, daß bei Temperaturen von 20° C der Enzymaktivitätsaustritt erheblich zurückgeht und sich trotz der verschiedenen Angriffspunkte der toxischen Substanzen aneinander angleicht. Das Enzymaktivitätsmuster im Durchströmungsmedium ähnelt dabei dem bei der toxinfreien Perfusion. Die Auswirkungen der Stoffwechselblocker auf den metabolischen Status ist bei 20°C gegenüber Normothermie deutlich geringer.

39 ▪ Untersuchungen zum Einfluß der Hypothermie auf die Leber. III. Mitteilung: Verhalten der isoliert perfundierten akut vor- geschädigten Leber in Hypothermie.
Herfarth Ch.; Schmidt-E; Schmidt-FW
Bruns-Beitr-Klin-Chir. 1969 Aug; 217(5): 463-71.
Die Unterkühlung der mit Thioacetamid (TAA) und Tetrachlorkohlenstoff (CCl4) akut vorgeschädigten Leber zeigte bei 20° C Perfusion nur für das TAA-geschädigte Organ eine schützende Wirkung. Der bereits irreversible Zellschaden mit Zellnekrosen bei der CCl4 Leberläsion wird durch die Temperatursenkung nicht mehr

beeinflußt. Allerdings läßt sich, an Handdes Laktat-Pyruvat -Quotienten überprüft, in Hypothermie ein noch günstigerer metabolischer Status halten. Allgemeine Schlußfolgerungen für die Leber in Hypothermie unter Schädigungseinfluß werden gezogen.

40 ■ Untersuchungen zum Einfluß der Hypothermie auf die Leber. I. Mitteilung
Herfarth Ch.; Schmidt-E; Schmidt-FW
Bruns-Beitr-Klin-Chir. 1969 Jun; 217(4): 363-73.
Es wird zunächst an Hand von methodischen Voruntersuchungen die Wahl des geeigneten Perfusionsmediums und der passenden Hypothermietemperatur getroffen. Die isolierte Leber zeigt bei Perfusion unter 20° C mit einer Albumin-Tyrode-Lösung an Hand des Enzymaktivitätsaustritts in die Durchströmungsflüssigkeit und des Verhaltens der Substrate Laktat und Pyruvat einen gegenüber Normothermie deutlich verminderten Enzymaktivitätsverlust und nach anfänglicher Überschußlaktatbildung einen konstanten metabolischen Status. Die Quotienten der Austrittsraten zwischen Normo- und Hypothermie der einzelnen Enzyme folgen nicht der RGT-Regel.

41 ■ Leberszinitigraphie als Hilfsmittel der chirurgischen Diagnostik und Therapie.
Herfarth Ch.; Wuerdinger-H
Bruns-Beitr-Klin-Chir. 1969 Feb; 217(1): 60-6.
An Hand des chirurgischen Krankengutes der Marburger Klinik wird über verschiedene Indikationsmöglichkeiten der Leberszintigraphie berichtet. Bei charakteristischen Patientengruppen kann die Leberszintigraphie das weitere Vorgehen bestimmen:
1. Lokalisation von Lebertumoren oder -zysten
2. Lokalisation von intrahepatischen oder subphrenischen Abszessen
3. Präoperative Diagnostik und postoperative Nachsorge der Karzinomchirurgie
4. Besondere Fragestellungen der Lebertraumatologie
Aus den einzelnen Gruppen werden typische Beispiele angeführt.

42 ■ Das Mammakarzinom. Übersicht
Schwaiger, M., Herfarth Ch.
Actuelle Chirurgie 3, 161-168 (1969)
Diagnostische Exstirpation jedes verdächtigen Knotens
Mammographie
5-Jahres-Überlebensquote unbehandelt 15-22%
Tumor-Grading prognostisch wertvoll
Altersabhängigkeit unwesentlich
Standardeingriff Ablatio mammae mit Axillaausräumung und Pectoralis-Exstirpation
Vorbestrahlung nicht bewährt
Nachbestrahlung obligat
Hormontherapie nur bei Metastasierung
vor Menopause nur therapeutische Ovariektomie

43 ■ Komplikationen nach örtlicher Cortisoninjektion.
Staecker-AD; Herfarth Ch.
Hefte-Unfallheilkd. 1969; 99: 151-2.
Die lokale Behandlung mit Corticoiden bei degenerativen Gelenkerkrankungen oder Überlastungs- und posttraumatischen Schäden am Bewequngsapparat ist ein seit Jahren bekanntes und erfolgreich angewandtes Verfahren. Dieser Therapie wohnen jedoch erhebliche Gefahren inne, wovon heute bereits mehrfach gesprochen wurde. STELZNER hat schon 1960 im Tierexperiment den Nachweis geführt, daß die Durchblutungsstörung das Primum movens der gefürchteten Infektion ist. Diese Voraussetzung ist im bradytrophen Gewebe gegeben. Wir sind daher an der Marburger Klinik mit der lokalen Hydrocortisontherapie extrem zurückhaltend. Innerhalb eines Jahres sahen wir vier Staphylococcas-aurens-Infektionen, die nach außerhalb durchgeführter typischer lokaler Infiltrationstherapie aufgetreten waren.

44 ■ Welche Bedeutung haben Enzymaktivitätsmessungen im Serum beim chirurgischen Noteingriff ?
Herfarth Ch.
Langenbecks-Arch-Chir. 1970; 327: 1065-8.
Die Messung von Enzymaktivitäten im Serum kann als eine Routinemethode bei einer Reihe von chirurgischen Erkrankungen zur präoperativen Diagnostik, Indikationsstellung und Verlaufskontrolle in der postoperativen Phase angesehen werden. Beim Noteingriff ist eine verwertbare Aussage nur unter bestimmten Voraussetzungen zu erwarten:
1. Es ist zu einer größeren Gewebszerstörung in einem enzymatischen und gut durchbluteten Organ gekommen (z. B. Lebertrauma, akute Pankreatitis).
2. Nach einem ischämischen Schaden eines Organs setzt eine gute Wiederdurchblutung ein, so daß die Enzyme aus den geschädigten Zellen abströmen können.
3. Aussagen über die Prognose bei Unfallpatienten anhand der Enzymaktivitäten im Serum sind nur beschränkt möglich.

45 ■ Indikationsfehler bei Lungenatelektasen von Neugeborenen und Säuglingen.
Herfarth Ch.
Langenbecks-Arch-Chir. 1970; 327: 593-6.
Eine Lungenatelektase beim Neugeborenen oder Säugling kann die verschiedensten Ursachen haben, immer ist sie ein gefährdendes Symptom und eine ernste Kom-

plikation. Differenziertes chirurgisches oder konservatives Vorgehen ist erforderlich. Anhand einiger Atelektaseformen soll auf die Möglichkeiten falscher Therapieindikationen eingegangen werden:
1. Lungenatelektase nach Oesophagusatresieoperation
2. Lungenkompression bei angeborenem Zwerchfelldefekt
3. Atelektase bei solitärer Lungencyste
4. Pneumothorax beim mit Lungenatelektase Neugeborenen.
Während bei der Atelektase nach Oesophagusatresieoperation und Zwerchfelldefektverschluß ein forciertes Vorgehen nicht angezeigt ist, muß bei der Lungencyste mit Atelektase und dem Spannungspneumothorax möglichst frühzeitig operiert werden.

46 ■ Chirurgische Therapie des Mammakarzinoms.
Herfarth Ch.
Med-Klin.1970 Oct 9; 65(41): 1770-4.
Hinsichtlich des histologischen Typs verläuft die Reihe vom medullären Karzinom als ungünstigster Form über das solide Karzinom zum Szirrhus und von da zum Adenokarzinom. Besonders günstig ist das Komedokarzinom und der Paget-Krebs. Der histologische Typ charakterisiert jedoch noch nicht ausreichend den biologischen Charakter der Geschwulst, und es hat nicht an Versuchen gefehlt, mittels eines „Tumorgrading" nach Grad der Zelldifferenzierung, Kerngröße und Häufigkeit der Mitosen eine Malignitätsskala aufzustellen. Diese in der Hand des einzelnen sehr wirksame, jedoch auch subjektive Beurteilungsmöglichkeit erlaubt eine Differenzierung. So konnte z. B. gezeigt werden, daß nach fünf Jahren noch 22 % der Patienten mit einem unbehandelten Karzinom mit Malignitätsgrad I lebten.

47 ■ Notfalleingriffe bei Neugeborenen, Säuglingen und Kleinkindern.
Herfarth Ch.; Lessen-H-van
Med-Klin.1970 Mar 27; 65(13): 619-26.
Die Mehrzahl der beschriebenen Notsituationen im Neugeborenen- und Kleinkindesalter sind unmittelbar lebensbedrohend und haben bis zur Klinikaufnahme schon zu schweren Funktions- und Stoffwechsel-störungen geführt. Daher ist die erste Maßnahme in der Regel das Anlegen einer Venae sectio, um auf parenteralem Wege Kreislauf und Ernährung steuern zu können. Nur in engster Zusammenarbeit mit dem Pädiater, dem Röntgenologen und dem Anästhesisten kann der Chirurg die Operation optimal planen und ausführen. Für den günstigen Ausgang des postoperativen Verlaufes ist die aufopfernde Pflege erfahrener Kinder- und Säuglingsschwestern ebenso wichtig wie die ständige ärztliche Überwachung.

48 ■ Indikation zur operativen Behandlung akuter dyspnoischer Zustände.
Herfarth Ch.
Z-Allgemeinmed.1971 Jun; 47(18): 937-9.
Es wird eine chirurgisches Übersicht über die akuten thorakalen Notzustände gegeben, die ein direktes Eingreifen erforderlich machen können: Thoraxverletzungen, entzündliche pleuropulmonale Erkrankungen und Ateminsuffizienz bei Neugeborenen infolge von Mißbildungen.

49 ■ Biochemische Untersuchungen zur Organkonservierung.
Herfarth Ch.; Staib I
Bull-Soc-Int-Chir.1971 Jan-Feb; 30(1): 1-7.
Enzymaktivitäten im Gewebe liessen sich nicht als befriedigendes Kriterium zur Beurteilung der Güte eines Organkonservierungsverfahrens heranziehen. Eine bessere Beurteilungmöglichkeit bietet die Messung des Enzym- und Kaliumaustritts, die eine Gegenüberstellung verschiedener Konservierungslösungen erlaubt. Für die Leberkonservierung lassen sich dabei als günstigste Lösung das Basalmedium nach Eagle und die Lösung nach Largadier mit Zusatz von K-Mg-Asparaginat nachweisen.

50 ■ Die Differentialdiagnosen der Pubertas praecox.
Helwig-H; Oehlert-W; Herfarth Ch.
Dtsch-Med-Wochenschr.1972 Aug 25; 97(34): 1248 passim.
Bei einem 41/4 Jahre alten Jungen, der eindeutige Symptome der Pubertas praecox aufwies, fand sich eine Erhöhung der GonadotropinAusscheidung im Harn. Die Untersuchung eines Probeexzisats aus dem vergrößerten linken Hoden ergab makroskopisch und mikroskopisch den Befund einer herdförmigen Leydig-Zellhyperplasie. Nach linksseitiger Orchidektomie normalisierte sich die Gonadotropin-Ausscheidung. Im Gewebe des Hodentumors konnte Gonadotropin-Aktivität nachgewiesen werden. Es handelte sich somit um eine tumorbedingte Pseudopubertas praecox. Da die vermehrte Gonadotropin-Sekretion nicht immer hypophysären Ursprungs sein muß, sondern auch vom Tumorgewebe ausgehen kann, ist die Abgrenzung einer zentralen von einer tumorbedingten Pubertas praecox allein aufgrund einer erhöhten Gonadotropin-Ausscheidung im Harn nicht mit Sicherheit möglich.

51 ■ Thoraxchirurgische Eingriffe bei Kindern.
Herfarth Ch.
Dtsch. Ärztebl.-Ärztl. Mitt. 69, 3212-3216 (1972)
In der Neugeborenenperiode sind Zwerchfellhernie und

Zwerchfellrelaxation die wichtigsten Indikationen für einen chirurgischen Eingriff. Dabei hat sich der transabdominale Zugang gegenüber dem transthorakalen bewährt.
Differentialdiagnostisch ist eine Zwerchfellrelexation meist nicht von einem Zwerchfelldefekt abzugrenzen. Ausgedehnte Defekte zu schließen kann mitunter schwierig sein. Im Säuglings- und Kleinkindesalter können sekundäre Ösophagus-perforationen infolge Fremdkörperaspiration sowie Lungenmetastasen eine Thoraxoperation notwendig machen. In letzter Zeit sind auch nach Drainage therapieresistente Empyeme wieder häufiger geworden. In diesen Fällen sollte mit der chirurgischen Sanierung nicht zu lange gewartet werden.

52 ▪ Zur Operationsindikation bei kindlichen pleuropulmonalen Eiterungen.
Herfarth Ch.; Luthardt-T
Fortschr-Med.1972 Aug 17; 90(22): 814 passim.
Während das kindliche Pleuraempyem jetzt nahezu unbestritten hochdosiert mit Antibiotika und durch die interkostale Pleurasaugdrainage behandelt wird, falls die einmalige Punktion nicht zur Ausdehnung der Lunge führt, ergibt sich bei besonders schweren Verlaufsformen der pleuropulmonalen Eiterung zwangsläufig die Indikation zur Thorakotomie. Es führen dabei ganz charakteristische Komplikationen zur chirurgischen Indikationsstellung: Pyopneumothorax, rezidivierender Spannungspneumothorax, Lungensequestrierung, „Destroyed Lobe", chronische Pneumatozele. Der Erfolg des operativen Eingriffs läßt sich durch funktionelle Kontrollen mit Hilfe des Lungenszintigramms objektivieren.

53 ▪ Kindliche Lebertumoren. Probleme der Diagnostik und Therapie.
Herfarth Ch.; van-Lessen-H
Fortschr-Med.1972 May 4; 90(13): 494-6.
Therapeutischer Nihilismus bei malignen Tumoren der Leber ist nicht angezeigt. Voraussetzung für chirurgisches Vorgehen ist jedoch die genaue Kenntnis der anatomiegerechten Lobektomie, da eine Tumorenukleation wegen mangelnder Radikalität nicht angezeigt ist. Grundlage der Operationsindikation ist eine sichere histologische Diagnose. Der operative Eingriff ist nur bei bester intraoperativer Überwachung erlaubt.

54 ▪ Das histologische Bild der transplantierten Schweineleber in seiner Beziehung zu Autoaggressionskrankheiten der Leber.
Oehlert W; Herfarth Ch.; Zimmermann-WE; Halbfass-HJ; Hirschauer-M; Korner-H; Puff-G; Schafer-H; Schneider-N
Beitr-Pathol.1972; 145(1): 37-50.
Die in der homolog-orthotop transplantierten Schweineleber ohne nachfolgende immunosuppressive Behandlung sich entwickelnden Gewebsveränderungen sind z.T. unspezifischer Art, z.T. Ausdruck einer Abstoßungsreaktion. An unspezifischen Veränderungen wurden gefunden: hypoxische Leberzellnekrosen, zentrale Leberzellnekrosen als Ausdruck einer rechtskardialen Stauung, bzw. einer venösen Abflußbehinderung, sog. granulozytäre chirurgische Einzelzellnekrosen und verschiedentlich auch eine eitrige Cholangitis. Die Abstoßungsreaktion entwickelt sich in der Leber stets vom Periportalfeld aus und schreitet dann in Richtung auf das Läppchenzentrum fort. Sowohl die Veränderungen im Bereiche des Periportalfeldes als auch die intermediären und zentralen Abbauvorgänge am Parenchym mit lymphoplasmazellulärer Infiltration und zytolytischen Leberzellnekrosen gleichen weitgehend dem histologischen Bild der chronisch aggressiven Hepatitis. Die im Bereiche der periportalen Gallengänge sich abspielende nichteitrige, destruierende Entzündung gleicht weitgehend derjenigen, die man in der menschlichen Pathologie zusammen mit dem Nachweis antimitochondrialer Antikörper beobachtet. Auffallend waren die Veränderungen im transplantierten Fettgewebe, die mit ihrem Fettabbau, der Ausbildung von Schaumzellen und der riesenzelligen Reaktion in der Umgebung von Fettzysten Parallelen zum Stadium II der Panniculitis nodularis boten.

55 ▪ Arteriographische Befunde bei der traumatischen Hämobilie.
Goerttler-U; Herfarth Ch.
Dtsch-Med-Wochenschr.1973 Nov 9; 98(45): 2135-8.
Innerhalb eines halben Jahres wurde bei drei Patienten eine traumatische Hämobilie beobachtet. Die Vermutungsdiagnose wurde aus dem klinischen Bild mit Oberbauchsymptomatik, Ikterus, Melaena und Gastrointestinalblutungen gestellt und arteriographisch gesichert. In zwei Fällen, die während der Blutung angiographiert wurden, konnte der direkte Blutungsnachweis durch Kontrastmittelaustritt erbracht werden, ferner der indirekte Nachweis einer Blutung durch Darstellung einer intrahepatischen Zerfallshöhle. Bei einem dritten Patienten, der im blutungsfreien Intervall arteriographiert wurde, konnte erwartungsgemäß nur der indirekte Blutungsnachweis einer partiell gekammerten, teils abgekapselten Hämobiliehöhle gelingen. Bei allen drei Patienten ließ sich eine Gallenblasenvergrößerung nachweisen, die in zwei von drei Fällen durch Tamponade der Gallenblase mit Blutkoageln verursacht worden war. Die Arteriographie hat

vor anderen Methoden derDiagnosesicherung den Vorteil, daß sie die Blutungsquelle direkt nachweisen und dem Chirurgen gleichzeitig die notwendige Orientierungshilfe geben kann.

56 ■ Antisera against subcellular lymphocyte fractions in rats and extension to horse antihuman ALS.
Halbfass-HJ; Staib-I; Heinze-V; Michaelis-W; Herfarth Ch.; Vonend-E
Bull-Soc-Int-Chir. 1973 Mar-Apr; 32(2): 186-94.

57 ■ Konnatale Mißbildungen von Kolon und Rektum: Indikationen zu chirurgischen Eingriffen.
Herfarth Ch.
diagnostik 6, 73-76 (1973)

58 ■ Allgemeine Nahttechnik.
Herfarth Ch.
Med. Mitt. (Melsungen) 47, 137-147 (1973)
Eine einwandfreie Nahttechnik ist Grundlage der Chirurgie. Sie ist heute an sich weitest standardisiert, so daß zwischen einzelnen Schulen und Operateuren nur noch unwesentliche Modifikationen bestehen, entscheidend ist die Erfüllung der Grundforderung, daß die Naht dicht, fest und spannungsfrei ist, möglichst steril angelegt werden kann und nur geringe funktionelle Störungen, vor allem bei Anastomosen keine Lichtungseinengung verursacht. Lassen Sie mich auf die allgemeinen Prinzipien der Nahttechnik, am besten anhand der einzelnen Schichten: Haut, Bauchwand und Intestinalorgane, eingehen.

59 ■ Rektumexstirpation oder Rektumresektion beim Mastdarmkrebs ?
Herfarth Ch., M. Betzler
Fortschr. Med. 99, 1973-1976 (1981)

60 ■ Überbrückung langstreckiger Oesophagusatresien ohne Colontransplantation (Verfahren nach REHBEIN).
Herfarth Ch., W. Pringsheim, P. Haussmann, J. Beck, H. Reinwein
Z. Kinderchir. 12, 197-206 (1973)
Es wird über die REHBEINsche Methode der Überbrükkung langstreckiger Oesophagusatresien anhand von drei Fällen berichtet. Bei zwei Kindern ließ sich eine voll befriedigend funktionierende Oesophagusrekonstruktion ohne Stenosierung erreichen.

61 ■ Oesophagusersatz durch lyophilisierte Dura. Tierexperimentelle Untersuchungen an jungen Hunden.
Mattes-P; Herfarth Ch.; Schadel-G; Schreer-I; Maier-H
Bull-Soc-Int-Chir. 1974 Sep-Dec; 33(5-6): 462-9.
Bei 25 jungen Hunden wurde ein Teil des thoracalen Oesophagus reseziert und durch einen Schlauch aus lyophilisierter Dura ersetzt. Die Prothese wurde dann oesophagoskopisch, röntgenologisch und cineradiographisch überprüft, schliesslich durch Autopsie. Unsere Untersuchungen zeigen, daß die Prothese als Tutor für das Einwachsen der tierischen Zellen dient. Die Dura mater ist in 3 Wochen zerstört und durch einen fibrösen Schlauch mit elastischen Fasern ersetzt. Eine Schicht Epithel bedeckt die innere Wand des Schlauches in 8-4 Monaten. Obwohl die Epithelialisierung nicht abgeschlossen ist, besteht die Tendenz zur Verkürzung und Verengerung der Prothese. Eine Stenose kann durch mechanische Dilatation in Intervallen von 2-4 Wochen vermieden werden. Nach der Epithelialisierung ist Bongierung nicht mehr möglich.

62 ■ Beitrag zum Krankheitsbild und zur Behandlung der nekrotisierenden Enteritis des Neugeborenen und Säuglings.
Merkle-P; Herfarth Ch.; Jacobi-H
Med-Welt. 1974 May 10; 25(19): 838-40.
Anhand von 5 Krankheitsfällen werden das klinische Bild und die therapeutischen Möglichkeiten bei der nekrotisierenden Enteritis dargestellt. Die verschiedenen pathogenetischen Vorstellungen werden diskutiert. Ausgehend von den eigenen Behandlungsergebnissen muß die Kontinuitätsresektion als Therapie der Wahl gefordert werden. Die frühzeitige Indikationsstellung ist jedoch entscheidend.

63 ■ A longitudinal radiological study of long range oesophageal atresia bridged without colon transplant
Reinwein-H; Pringsheim-W; Herfarth Ch.; Haussmann-P
Ann-Radiol-Paris. 1974 May-Jun; 17(4): 341-4.

64 ■ Rezidivierende Nahtinsuffizienz und Dünndarmnekrose beim Dünndarmkarzinoid.
Stremmel, W., Ch. Herfarth, C. Thomas
Bruns' Beitr. klin. Chir. 221, 250-271 (1974)
Fehlbildungen an Kolon und Rektum werden beim Neugeborenen häufig oberflächlicher diagnostiziert als jede andere kongenitale Anomalie. Dabei läßt sich doch in kürzester Zeit eine eindeutige Diagnose stellen, wenn man die Leitsymptome mit ihrer Differentialdiagnose und Zuordnung zu typischen Altersgruppen beobach-

tet. Der anschließende chirurgische Eingriff kann die Kinder rechtzeitig vor lebenslangem Elend und sozialer Isolierung bewahren.

65 ■ „Der inkurable Fall“: Dünndarmkarzinoid. Rezidivierende Nahtinsuffizienz und Dünndarmnekrose als Komplikationen.
Stremmel-W; Herfarth Ch.; Thomas-C
Fortschr-Med.1974 Oct 17; 92(29): 1175.
Karzinoide sind argentaffine, d.h. versilberbare Tumoren mit geringem Malignitätsgrad, sie werden als semimaligne Tumoren bezeichnet, da sie vorwiegend infiltratives Wachstum zeigen, jedoch selten zu Fernmetastasen führen.
Solche Tumoren, vorwiegend im Darmtrakt beobachtet, werden jedoch auch als Adenome in Lunge und Ovar beschrieben. Anthony fand bei 100 histologisch nachuntersuchten Karzinoiden 45 im Bereich der Appendix, 25 im Ileum, 25 im Rektum, 2 im Ovar, 2 in der Lunge und 1 im Magen lokalisiert.
Anfallsweise auftretende Kreislaufreaktionen, der sog. Flush, mit Erhöhung der Darmperistaltik sind wohl bekannt. Chirurgische Komplikationen sind in erster Linie die Obstruktion durch Fibrose, Retraktion, Kinking des Mesenteriums, Volvulus oder Invagination.

66 ■ Operative Verfahren bei seltenen Ursachen des Verschlußikterus.
Merkle, P., Ch. Herfarth
Langenbecks Arch. klin. Chir. 339, 689 (1975)
Die seltenen Ursachen für einen Verschlußikterus werden erörtert: Tumoren der Gallenwege und der Papille, entzündliche Ursachen, parasitäre Ursachen, iatrogene Ursachen, Kompression von außen und Hämobilie. Die operativen Verfahren sind von Ursache und Lokalisation abhängig zu machen. Zur Diagnostik ist die ERCP bestens geeignet. Als Therapie empfiehlt sich die biliodigestive Anastomose mit Hilfe einer Roux-Schlinge.

67 ■ Parathormone determination with synthetic human parathormone 1-34 (PTH) (author's transl)
Ziegler-R; Minne-H; Raue-F; Nobbe-F; Herfarth Ch.
MMW-Munch-Med-Wochenschr.1975 Jun 6; 117(23): 1005-8.
Using synthetic human parathormone 1-34, a radioimmunological method for measuring this hormone fragment was developed which, as the amino-terminal PTH assay, permits the measurement of the concentration gradient in the neighborhood of OTH-secreting tumors. The use of preoperative location diagnosis in primary hyperparathyroidism is demonstrated with some typical cases, especially in revision operations.

68 ■ Koordiniertes Vorgehen beim Mammakarzinom.
Betzler, M., W. Schreml, Ch. Herfarth
Ärztl. Praxis 28, 3975-3978 (1976)
In den Kliniken einer Universität sind verschiedene Abteilungen mit dem Problem des Mammakarzinoms befaßt. Im Bereich der Universität Ulm kann z. B. das Department Chirurgie, das Department Gynäkologie und Geburtshilfe, die Onkologische Ambulanz des Departments Innere Medizin oder das Department Radiologie die erste Anlaufstelle einer Patientin mit Mammakarzinom sein. Eine seiner wesentlichen Aufgaben sieht der Onkologische Arbeitskreis der Universität Ulm darin, die Diagnostik und Therapie der verschiedenen beteiligten Abteilungen so zu koordinieren, daß es für einen Patienten schließlich gleichgültig ist, in welches Fachgebiet er zunächst überwiesen wird. Die Maßnahmen laufen nach einem für alle Kliniken als verbindlich akzeptierten diagnostischen und therapeutischen Fahrplan ab.

69 ■ La maladie de Crohn recto-colique.
Herfarth Ch.
Lyon Chirurgical 72, 152-159 (1976)

70 ■ Therapeutic possibilities of calcitonin in pancreatic diseases.
Horn-J; Herfarth Ch.
Z-Gastroenterol-Verh.1976(10): 78-80.

71 ■ Preliminary observations on the clinical use of calcitonin. Treatment and postoperative prevention of pancreatitis
Horn-J; Merkle-P; Herfarth Ch.
Chirurg.1976 Aug; 47(8): 449-54.
Calcitonin was administered to 4 patients presenting with acute pancreatitis as well as to 6 patients presenting with postoperative pancreatitis. Prophylactic administration was performed in 3 cases consecutive to pancreatic interventions. Following calcitonin all patients showed considerable improvement of clinical course. Although 8 patients recuperated completely 2 patients died from independent complications. After prophylactic administration of calcitonin the postoperative course was uncomplicated without demonstrable increase in serum amylase. It is emphasized that only early case histories are reported; their verification will depend upon the results of a controlled survey presently being performed.

72 ▪ Criteria for the surgical treatment of hypothalamo-hypophyseal-dependent Cushing's syndrome

Ozyol-MB; Voigt-KH; Fehm-HL; Schmidt-K; Herfarth Ch.

Langenbecks-Arch-Chir.1976; Suppl: 87-90.

This article offers criteria for the surgical treatment of pituitary-dependent Cushing's syndrome. Patients (n = 6) who showed no secondary complications of Cushing's disease underwent an implantation of 90Y and/or 192Ir into the pituitary gland. After implantation the excessive secretion of ACTH was suppressed to normal values and the symptoms of Cushing's syndrome disappeared. Following operation several patients received substitute therapy with other pituitary hormones. Fertility was not always conserved. Total adrenalectomy as alternative therapy was performed in adults with threatening symptoms of the disease (n = 4) and in children (n = 4). The symptoms of Cushing's syndrome disappeared. In two cases the development of a Nelson's tumor was observed. One was treated by implantation of 192Ir into the pituitary gland; the second needs no therapy up to now.

73 ▪ Threshold situations of hyperparathyroidism: ectopic location of adenoma and paraneoplastic secretion of the parathyroid hormone

Ziegler-R; Minne-H; Raue-F; Nobbe-F; Herfarth Ch.

Verh-Dtsch-Ges-Inn-Med.1976; 82 Pt 2: 1885-7.

74 ▪ Autonomie der Hormonsekretion beim Insulom.

Beischer-W; Kerner-W; Raptis-S; Herfarth Ch.; Pfeiffer-EF

Verh-Dtsch-Ges-Inn-Med.1977 Apr 17-21; 83: 1410-3.

Bei Patienten mit extrapankreatischen hypoglykämisierenden Tumoren bestehen eine durch die Hypoglykämie bedingte Inhibition der Insulinsekretion mit pathologischer Glukosetoleranz und eine verminderte Ansprechbarkeit auf Tolbutamid. Eine Hyperglukagonämie oder ein vermindertes Ansprechen auf exogenes Glukagon war nicht nachweisbar. Somatostatin inhibiert die Glukagonsekretion und verstärkt damit die Hypoglykämie im Gegensatz zu den mit Somatostatin inhibierbaren Inselzelltumoren, bei denen die Hypoglykämie gebessert wird. Nach Exstirpation der Tumoren und Behebung der Spontanhypoglykämien bestand weiter eine pathologische Glukosetoleranz bei aber deutlich vermehrter Stimulierbarkeit der beta-Zellen durch Glukose und Tolbutamid.

Die Genese der Tumorhypoglykämie muß für jeden Fall einzeln geklärt werden, da mehrere Mechanismen dafür verantwortlich sein können. Eine insulinähnliche biologisch aktive Substanz konnte im Serum unserer Patienten nicht nachgewiesen werden. Ein solcher Mechanismus wurde von anderen Autoren diskutiert. Bei unseren Patienten konnte eine ungenügende Glukagonsekretion nicht nachgewiesen werden. Auch eine Hemmung der Glukoseabgabe der Leber ist unwahrscheinlich, da durch exogenes Glukagon ein prompter Blutglukoseanstieg erzielt wurde. Als mögliche Ursache der Hypoglykämien in den vorliegenden Fällen verbleibt eine Überutilisation von Glukose durch den Tumor.

75 ▪ Zur Frage der operativen Taktik bei der chronisch rezidivierenden Pankreatitis des Kindes.

Betzler, M., Ch. Herfarth, R. Heinrich

Kongreßbericht Österr. Ges. Chir., 848-850 (1977)

Die Einstellung des Chirurgen gegenüber dem Morbus Crohn ist in den letzten Jahren weitaus konservativer geworden. Die Indikationen zur Operation eines Morbus Crohn werden von der Schwere der Komplikation abhängig gemacht. Eine optimale chirurgische Therapie ist dann gegeben, wenn der Patient durch eine gute präoperative Vorbereitung konditioniert einem „kurativen" Eingriff unter Entfernung des makroskopisch befallenen Gebietes unterzogen werden kann. Hierbei ist es noch nicht erwiesen, ob es besser ist, radikal oder gewebssparend vorzugehen. Bei der Resektion ist auf jeden Fall der End-zu-End-Anastomose mit resorbierbarem Nahtmaterial der Vorzug zu geben. Beim toxischen Megacolon stellt die Schlingenileostomie mit Colonfistel die Therapie der Wahl dar. Anale Komplikationen des Morbus Crohn sollen schonend nur lokal angegangen werden. Für die postoperative Rezidivprophylaxe scheint sich ein günstiger Effekt durch die Gabe von Salazolsulfapyridin abzuzeichnen Eine chirurgisch-internistische Multicenter-Studie versucht die offenstehenden Fragen abzuklären.

76 ▪ Mammacarcinom - Wertigkeit diagnostischer Verfahren.

Herfarth Ch.

Langenbecks Arch. Chir. 345 (Kongreßbericht), 45-51 (1977)

In der Wertigkeit der diagnostischen Verfahren steht die klinische Untersuchung immer noch an der Spitze. Unter den apparativen Verfahren hat die Mammographie einen festen Platz in der täglichen Routine beim manifesten Mammacarcinom zur Dokumentation und Aufschluß multizentrischer Tumoren eingenommen. Sie ist die Schlüsseluntersuchung zum Nachweis okkulter Carcinome. Die cytologische Diagnostik kann bei Beherrschen der Methode eine wesentliche Erleichterung in der präoperativen Diagnosesicherung bringen

(Tripeldiagnostik). Die chirurgische Diagnostik in Form der diagnostischen Extirpation des Tumors mit Schnellschnittuntersuchung ist mit Ausnahme von Cysten stets bei umgrenzten Tumoren der Brustdrüse angezeigt.

77 ■ Chirurgische Therapie des Schilddrüsenkarzinoms.
Herfarth Ch.
Therapiewoche 27, 47-52 (1977)
Die chirurgische Therapie des Schilddrüsenkarzinoms richtet sich nach dem histologischen Typ des Tumors. Die Basis für eine sichere Operationsindikation ist daher eine klare prä- oder intraoperative morphologische Diagnose durch den Pathologen. Als generalisierte Richtlinie für die chirurgische Therapie gilt, daß stets die Schilddrüse radikal entfernt werden soll, da durch ein lokalisiertes Vorgehen, wie z.B. eine Lobektomie oder Tumorenukleation, der Weg für eine Radiotherapie erheblich erschwert wird. Außerdem muß davon ausgegangen werden, daß das papilläre, aber auch das follikuläre Karzinom multizentrisch in der Schilddrüse auftreten kann. Die modifizierte Neck dissection ist in erster Linie beim papillären Karzinom durchzuführen. Voraussetzung für eine befriedigende Chirurgie des Schilddrüsenkarzinoms ist die Kooperation in einer interdisziplinären Gruppe zusammen mit dem Internisten, Nuklearmediziner und Strahlentherapeuten.

78 ■ Billroth I-Resektion beim großen penetrierenden Duodenalhinterwand-Ulcus.
Herfarth Ch., P. Merkle, P. Mattes
Chirurg 48, 123-124 (1977)
Zur Resektionsbehandlung beim großen penetrierenden Ulcus der Duodenalhinterwand sind folgende Operationsmethoden gebräuchlich:
1. Magenresektion nach Billroth II mit Duodenalstumpfversorgung nach Bsteh bzw. Nissen, ferner der typische Duodenalstumpfverschluß distal vom Ulcus sowie die Resektion mit Belassung des Ulcus (Resektion zur Ausschaltung). Die postoperativen Frühkomplikationen wie Stumpfinsuffizienz und Pankreatitis sind beim Vorliegen eines „schwierigen Duodenalstumpfes" häufiger und bedingen ein Ansteigen der postoperativen Letalität.
2. Die terminolaterale Gastroduodenostomie als Modifikation der Magenresektion nach Billroth I wurde erstmals 1922 von v. Haberer, später von Winkelbauer beschrieben. Über ihre Anwendung und Ergebnisse berichteten in neuerer Zeit Schreiber u. Mitarb. [5] ausführlich. Bei dieser Methode ist eine ausgiebige Duodenalmobilisierung erforderlich; das Problem des Stumpfverschlusses bleibt bestehen.
Die von uns inzwischen bei 23 Patienten mit penetrierendem Duodenalhinterwand-Ulcus angewandte Operationstechnik der Billroth I-Resektion vereinigt die Vorzüge des Verfahrens nach Nissen mit einer geringen Rate an postoperativen Komplikationen und soll daher dargestellt werden.

79 ■ Die chirurgische Behandlung des Morbus Crohn.
Herfarth Ch.; Ewe-K
Chirurg. 1977 Sep; 48(9): 569-76.
Die Einstellung des Chirurgen gegenüber dem Morbus Crohn ist in den letzten Jahren weitaus konservativer geworden. Die Indikationen zur Operation eines Morbus Crohn werden von der Schwere der Komplikation abhängig gemacht. Eine optimale chirurgische Therapie ist dann gegeben, wenn der Patient durch eine gute präoperative Vorbereitung konditioniert einem „kurativen" Eingriff unter Entfernung des makroskopisch befallenen Gebietes unterzogen werden kann. Hierbei ist es noch nicht erwiesen, ob es besser ist, radikal oder gewebssparend vorzugehen. Bei der Resektion ist auf jeden Fall der End-zu-End-Anastomose mit resorbierbarem Nahtmaterial der Vorzug zu geben. Beim toxischen Megacolon stellt die Schlingenileostomie mit Colonfistel die Therapie der Wahl dar. Anale Komplikationen des Morbus Crohn sollen schonend nur lokal angegangen werden. Für die postoperative Rezidivprophylaxe scheint sich ein günstiger Effekt durch die Gabe von Salazolsulfapyridin abzuzeichnen. Eine chirurgisch-internistische Multicenter-Studie versucht die offenstehenden Fragen abzuklären.

80 ■ Ätiologie des pankreatogenen Aszites: Nachweis eines Pankreaslecks in die freie Bauchhöhle durch endoskopisch-retrograde Pankreatographie (ERP).
Hotz, J., H. Goebell, M. Probst, Ch. Herfarth
Verh. Dtsch. Ges. Inn. Med. 83, 489-492 (1977)
Ein gewöhnlich mäßig ausgeprägter hämorrhagischer Aszites tritt bei der akuten Pankreatitis in bis zu 40% der Fälle auf. Bei fortgeschrittenen Pankreascarcinomen ist mit der Entwicklung eines oft massiven Aszites in 10 - 20% der Fälle zu rechnen. Dagegen wird die chronische Pankreatitis nur äußerst selten durch einen Aszites kompliziert. Dieser ist dann in der Regel massiv ausgeprägt und meist klar.
Der pankreatogene Ursprung wird zu Beginn oft nicht erkannt, sondern meistens werden als Primärdiagnosen die Laennecsche Zirrhose sowie Peritonealcarzinose oder tuberkulöse Peritonitis vermutet.
In den letzten Jahren beobachteten wir 6 Fälle von benignem pankreatogenem Aszites, die hier unter folgenden Fragestellungen analysiert werden sollen: 1. Wel-

che Beschwerden und klinischen Befunde waren charakteristisch?
2. Welcher der 3 möglichen Entstehungsmechanismen war jeweils nachweisbar?
Diese 6 Fälle werden mit 94 ähnlichen Fallbeschreibungen der Literatur verglichen.

81 ■ Massive pancreatic ascites without carcinoma. Report of three cases.
Hotz-J; Goebell-H; Herfarth Ch.; Probst-M
Digestion.1977; 15(3): 200-16.
Three cases of benign pancreatic ascites have been added to 94 cases reviewed from the literature. Common characteristic of this syndrome were chronic alcoholism, intermittent abdominal pain, nausea, vomiting and considerable weight loss which occurred despite fluid accumulation. Markedly elevated protein and amylase levels in the ascitic fluid, hyperamylasemia and hypoalbuminemia were the major diagnostic clues as to the pancreatic origin of ascites. Predominant pathological findings were chronic pancreatitis with or without pseudocysts, pancreatic duct disruption, lesion which were considered to be the major pathogenic factor besides lymphatic obstruction by leaking pancreatic juice into the peritoneal cavity. Early laparotomy for diagnosis and treatment is essential. ERP might be of great value in diagnosis.

82 ■ Histo-topography of gastric mucosa changes in benign and malignant stomach diseases
Meister-H; Holubarsch-C; Schlag-P; Haferkamp-O; Herfarth Ch.
Chir-Forum-Exp-Klin-Forsch.1977 Apr: 55-7.
The incidence and distribution of chronic gastritis, chronicatrophic gastritis and epithelial dysplasia I-III have been investigated in 50 resected stomachs of patients suffering from duodenal ulcer, gastric ulcer, early or advanced gastric cancer. Only in gastric cancer epithelial dysplasia III has been frequently observed, particularly in the neighbourhood of gastric cancer. Distribution of chronic-atrophic gastritis was similar to the distribution of dysplasia I and II. These mucosal lesions were detectable with the same frequency in patients with or without gastric cancer.

83 ■ Newborn tetany: An indicator for maternal primary hyperparathyroidism.
Minne, H., D. Schäfer, F. Raue, Ch. Herfarth, R. Ziegler
Acta endocr. Suppl. 208, 102-103 (1977)
Primary hyperparathyroidism in pregnant women is known to be related to increased morbidity during pregnancy and increased morbidity and mortality of the children post partum. The present case report deals with a 34-year-old woman whose newborn suffered from tetany and who therefore was examined with respect to her calcium metabolism. Primary hyperparathyroidism was diagnosed, and as the patient first refused to be treated by surgery, removal of a parathyroid adenoma was performed during a second pregnancy, which thereby was not disturbed and was finished regularly by the delivery of another child.

84 ■ Criteria for surgical therapy of hypothalamo-hypophyseal Cushing's syndrome
Ozyol-MB; Voigt-KH; Herfarth Ch.; Fehm-HL; Teller-W; Petrykovski-Wv; Schmidt-K
Chirurg.1977 Apr; 48(4): 267-70.
This article tries to give criteria for the two possible modes of treatment of the pituitary-dependent Cushing's syndrome. Patients (n = 6) who show no secondary complications on Cushing's disease should undergo implantation of 90Y and/or 192Ir into the pituitary gland. After implantation, the excessive secretion of ACTH is suppressed to normal values. The symptoms of Cushing's syndrome disappear. Following the operation, certain patients must also receive hormonal replacement therapy. Fertility is not always preserved. Total adrenalectomy as the alternative procedure is performed in adults with advanced symptoms of the disease (n = 3) and in children (n = 3). Following removal of the adrenal glands, the symptoms of Cushing's syndrome disappear. The appearance of Nelson's tumor after adrenalectomy (10% in the literature) is discussed.

85 ■ Gruppe A-Streptokokkeninfektionen.
Bericht über eine Epidemie im Klinikum der Universität Ulm im Februar 1975.
Vanek-E; Kampshoff-E; Heymer-B; Thimm-B; Haferkamp-O; Herfarth Ch.
Med-Welt.1977 Jun 24; 28(25): 1118-23.
Es wird über eine A-Streptokokkenepidemie im Klinikum der Universität Ulm im Februar 1975 berichtet. Bei den Erregern handelte es sich um die M-Typen 3 und 4. Betroffen waren sowohl Patienten der Chirurgischen als auch der Medizinischen Klinik. Von insgesamt 15 erkrankten Patienten starben 4 an Streptokokkensepsis. Bei den operierten Patienten lagen 12-48 Stunden postoperativ manifeste Wundinfektionen vor. Als wahrscheinlicher Ausgangspunkt konnte Op.-Personal mit asymptomatischen Typ 3 und 4 Infektionen des Oropharynx ermittelt werden. Entsprechende Daten über die Infektionskette werden vorgelegt und die Abwehrmaßnahmen gegen derartige Hospitalepidemien diskutiert.

86 ▪ Verteilung lymphatischer Zellpopulationen im peripheren Blut bei Patienten vor und nach Tumorresektion.
Betzler, M., H.-D. Flad, P. Schlag, Ch. Herfarth
Therapiewoche 28, 1614 (1978)

87 ▪ Quantitatives und funktionelles Verhalten lymphatischer Subpopulationen unter einer adjuvanten intermittierenden Chemoimmunotherapie beim Mammacarcinom.
Betzler, M., H.D. Flad, R. Huget, W. Schreml, P. Schlag, Ch. Herfarth
Langenbecks Arch. Chir. (Suppl.) 227-230 (1978)
Bei Patientinnen, welche mit kurativem Ziel an einem Mammacarcinom operiert wurden und postoperativ im Rahmen einer prospektiven randomisierten Studie eine adjuvante intermittierende Chemotherapie bzw. Chemoimmunotherapie erhielten, wurden immunologische Verlaufskontrollen durchgeführt. Die verschiedenen Subpopulationen der Lymphocyten werden durch die cytostatische Therapie in unterschiedlicher Weise beeinflußt. Eine Korrelation zwischen einem der gemessenen Immunparameter und dem klinischen Bild ist bei Patienten, die unter Chemotherapie bzw. Chemoimmuntherapie stehen, nicht festzustellen. Eine Besserung des Immunstatus durch Laevamisole bei Patientinnen unter intermittierender kombinierter Chemotherapie ist umstritten.

88 ▪ Quantitative and functional response of a lymphatic subpopulation during adjuvant intermittent chemo-immunotherapy in breast cancer
Betzler-M; Flad-HD; Huget-R; Schreml-W; Schlag-P; Herfarth Ch.
Chir-Forum-Exp-Klin-Forsch.1978(1978): 227-30.
In this study, an attempt was made to describe and evaluate in vitro immune parameters in patients with breast cancer undergoing modified radical mastectomy and adjuvant chemoimmunotherapy. T and B lymphocytes and their in vitro functions were markedly reduced by intermittent combination chemotherapy with adriamycin and cyclophosphamide. Laevamisole was not found to influence immune parameters, neither when given between chemotherapy treatments nor when given after chemotherapy. Lymphocytes expressing Fc receptors and mediating antibody-dependent cell-mediated cytotoxicity were less affected and were even found to be elevated in some patients prior to initiation of therapy. Whether or not antibody-dependent cell-mediated cytotoxicity plays a role in patient defense against tumors remains to be investigated.

89 ▪ The cellular immune status in normal subjects, patients with and without neoplasms
Betzler-M; Flad-HD; Schlag-P; Herfarth Ch.
Onkologie.1978 Aug; 1(4): 133-6.
The distribution of lymphatic subpopulations in the peripheral blood of patients with malignant solid tumors has been studied in two steps. Firstly, it was investigated whether there are changes in the distribution of blood lymphoid cell populations in tumor patients (n = 101) compared to normal individuals (n = 39) and whether there is a correlation between the distribution pattern and the clinical stage of the disease. There was found a significant reduction of T-lymphocytes in patients with cancer, which was marked in the advanced tumor disease (n = 34). In a further step the influence of curative tumor-resection on the lymphatic subpopulations was studied, when 26 operated tumor patients were compared with 23 operated patients without neoplasia. In the group with non-malignant diseases there could not be found a significant pre- and postoperative difference concerning the T- and B-lymphocyte counts. Tumor patients showed after resection of the tumor a significant increase of the absolute and relative number of preoperatively reduced T-lymphocytes. The pathophysiological possibilities for the phenomena of a reversible reduction of T-lymphocytes by the curative resection of the tumor are discussed.

90 ▪ Breast neoplasms. Staging, therapy and after care
Betzler-M; Schlag-P; Schreml-W; Herfarth Ch.
Med-Klin.1978 Apr 28; 73(17): 633-40.

91 ▪ Indikationen zur operativen und konservativen Therapie des Morbus Crohn.
Dölle, W., Ch. Herfarth
Demeter Gräfelfing, 58-67 (1978)

92 ▪ Steroidproduktion isolierter Zellen aus menschlichen Nebennierenrindentumoren.
Fehm, H.L., K.H. Voigt, B.M. Özyol, R. Lang, Ch. Herfarth, E.F. Pfeiffer
Therapiewoche 28, 5561-5568 (1978)
Aufgrund der Art und der Lokalisation des biochemischen Defekts in der Tumorzelle muß man verschiedene Typen von NNR-Tumoren unterscheiden:
1. Der ACTH-Rezeptor und das Adenylzyklasesystem fehlen bzw. sind funktionslos. Die Steroidogenese kann dabei normal oder ebenfalls gestört sein. Da ein adäquater Stimulus fehlt, ist die Steroidproduktion in jedem Fall niedrig. Die Hypercortisolämie bei Trägern solcher Tumoren entsteht allein aufgrund der großen Masse an steroidproduzierendem Gewebe. Die Autonomie der Steroidproduktion ist damit nur vorgetäuscht.

2. Der ACTH-Rezeptor ist intakt, es besteht jedoch ein Defekt in der Steroidbiosynthese in den nachfolgenden Schritten. Auch hier ist die Stereidproduktion der einzelnen Zelle vermindert und die Autonomie nur vorgetäuscht. Die von uns untersuchte Patientin K. M. wäre in eine dieser beiden Gruppen einzuordnen.
3. Der ACTH-Rezeptor hat seine Spezifität gegenüber ACTH verloren. Der Zellmetabolismus kann durch eines oder mehrere Hormone unspezifisch stimuliert werden. Die Autonomie der Stereidproduktion in vivo ist wiederum nur vorgetäuscht.
Mit der Annahme dieser Konstellation ließen sich die bei den Patientinnen B. M. und G. G. erhobenen Befunde am ehesten erklären.
4. Eine wirklich autonome Steroidproduktion wie bei Patientin L. E. scheint dagegen eher die Ausnahme zu sein.

93 ■ Behavior of lymphatic subpopulations under cytostatic therapy
Flad-HD; Betzler-M; Schreml-W; Muller-H; Lohrmann-HP; Herfarth Ch.; Heimpel-H
Hamatol-Bluttransfus. 1978; 22: 25-40.
Die immunosuppressiven Eigenschaften von Zytostatika sind seit 1921 bekannt, als gezeigt wurde, daß Stickstofflost die Antikörperbildung von Kaninchen gegen Schaferythrozyten beeinträchtigte. Heute weiß man, daß alle Zytostatika, die beim Menschen gegen maligne Erkrankungen verwendet werden, auch immunosuppressiv wirken. Diese Feststellung beinhaltet aber auch gleichzeitig, daß die Immunfunktionen des Menschen definiert werden müssen, bevor Aussagen über die Wirkungen dieser Substanzen auf das Immunosystem gemacht werden können. In diesem Vortrag möchte ich auf folgende Punkte eingehen:
1. Der Angriffspunkt der wichtigsten heute gebräuchlichen Zytostatika im Immunsystem.
2. Eigene immunologische Befunde, die bei einer prospektiven randomisierten Studie an Patientinnen mit Mammakarzinom gewonnen wurden.
3. Möglichkeiten für eine verbesserte Anwendung der zytostatischen Therapie.

94 ■ Morbus Crohn - Indikation zur Operation
Herfarth Ch.
Leber Magen Darm 8, 212-217 (1978)
60 bis 90 % der Patienten mit Morbus Crohn müssen im Verlauf dieser Erkrankungen wegen auftretender Komplikationen operiert werden; die Hälfte hiervon erleidet ein Rezidiv. Zur Rezidivrate und den Faktoren, die diese beeinflussen können (Alter, Lokalisation und Dauer der Krankheit, Zeitpunkt und Technik der Operation) wird Stellung genommen. Die absoluten und relativen Indikationen zum chirurgischen Eingriff, wie auch die präoperative Vorbereitung, werden ausführlich diskutiert. Eine optimale Therapie des M. Crohn ist nur in enger Zusammenarbeit zwischen Gastroenterologen und Chirurgen möglich.

95 ■ Modell einer onkologischen Kooperation in der Chirurgie.
Herfarth Ch.
Chirurg. 1978 Sep; 49(9): 529-36.
Mit der Schilderung der Kooperation in einem Onkologischen Arbeitskreis kann anhand von Beispielen demonstriert werden, wie innerhalb eines Klinikums spezielles Fachwissen, Methodenarsen und Mittel zusammengeführt werden können, um Carcinompatienten zu betreuen und kliniknahe Forschung zu treiben. Voraussetzung ist natürlich eine sichere Kooperationsbereitschaft der mit dem Carcinomproblem besonders involvierten Kernfächer.

96 ■ Bedeutung der Papillotomie aus chirurgischer Sicht.
Herfarth Ch., N. Merkle
Therapiewoche 28, 8829-8835 (1978)
Es erfolgt eine Situationsanalyse der Bedeutung der chirurgischen im Vergleich zur endoskopischen transduodenalen Papillotomie. Die isolierte Papillenstenose mit Cholostase ist eine klassische Indikation zur endoskopischen Papillotomie. Zwischen den beiden Verfahren muß besonders abgewogen werden, wenn durch einen operativen Eingriff auf eine Papillotomie verzichtet werden kann. Ein chirurgisches Vorgehen soll immer dann gewählt werden, wenn durch die Operation eine Papillotomie vermieden wird, wie z.B. bei einer Choledocholithiasis, oder wenn eine weitere Sanierung erfolgen muß, wie z.B. eine Cholezystektomie. Eine endoskopische Papillotomie ist dann angezeigt, wenn gleichzeitig hohe Risikofaktoren bestehen und ein kausaler Effekt direkt durch die Papillotomie erreicht wird.

97 ■ Bleeding gastroduodenal ulcer: operative procedure.
Herfarth Ch.; Kiefhaber-P
Langenbecks-Arch-Chir. 1978 Nov; 347: 573-9.
The high mortality rate in bleeding of gastroduodenal ulcer is decreased by early operation or successful conservative treatment. Necessity and urgency of the operation are dependent on the individual risk factors, localization of the ulcer, intensity of bleeding, type of ulcer, and grading of the ulcerogenic lesion. The general operative procedure should be performed after emergency endoscopy: highly selective vagotomy with three vessel ligatures in duodenal ulcer, partial

gastrectomy in gastric ulcer, and intensive conservative treatment in acute ulcerations. If lasercoagulation is feasible, emergency operations are dramatically reduced in favor of elective surgery.

98 ■ Ceruletide in the Treatment of Postoperative Intestinal Atonia.
Horn, J., S. Altunbay, Ch. Herfarth
Scan. J. Gastroenterology 13, (Suppl. 49), 91 (1978)

99 ■ Duodenal ulcer of foreign workers
Horn-J; Herfarth Ch.
Med-Klin.1978 Oct 13; 73(41): 1417-21.
A comparative study of the patients with a duodenal ulcer in our clinic in the past 3 years has shown a greater incidence of the disease in foreign workers in Germany, aged between 20 and 30 years. This difference concerns men as well as women. The consequences of this kind of ulcer and the possibilities of an indication for operation are discussed in detail.

100 ■ Application of an artificial endocrine pancreas in surgery.
Kerner, W., E.F. Pfeiffer, Ch. Herfarth
Acta endocrinologica, (Suppl. 215), 63 (1978)
Blood glucose regulation in patients with disturbanees of carbohydrate metabolism (diabetes mellitus, insulinoma, paraneoplastic hypoglycemia) during surgical interventions offers several therapeutie problems. Conventional therapy cannot prevent hyper- or hypoglycemia episodes under these conditions. This is only achieved by blood glucose controlled infusion of insulin and/or dextrose.
Blood glucose levels in all patients with diabetes mellitus were kept within 80 and 150mg/l00ml before, during and after surgery despite parenteral infusion of glucose, sugar alcohols, and amino acids.
The application of the artificial endocrine panereas proved to be of special value in blood glucose control during and after total duodenopancreatectomy in patients with adenocarcinoma of the pancreas. It is well known that these diabetics are very sensitive to insulin administration and that the incidence of hypoglycemic reactions is rather high. For this reason, conventional therapy tends to attain relatively high blood glucose levels. On the other hand, high caloric nutrition with glucose and amino acids is very important in the early postoperative period. Under conventional insulin therapy with high blood glucose levels, the loss of glucose into urine will be rather high, diminishing the efficieney of parenteral nutrition. Normoglycemia, achieved by glucose controlled insulin infusion, solves this problem and results in adaequate glucose uptake by the organism.
In patients with hypoglycemic disorders, the Biostator was used as a glucose controlled dextrose infusion system. In all cases hypoglycemia was prevented before, during and after surgery. Dextrose infusion rates amounted up to 400mg/min in the preoperative period. During and after surgery, the decrease in dextrose demand indicated the effectiveness of the operation.
We conclude from these data that glucose controlled insulin and/or dextrose infusion can solve the problem of maintaining blood glucose homeostasis during surgery in patients with disorders of carbohydrate metabolism.

101 ■ Endoskopische Nd-Yag Lasercoagulation blutender akuter und chronischer Ulcera.
Kiefhaber, P., K. Moritz, F.W. Schildberg, G. Feifel, Ch. Herfarth
Langenbecks Arch. Chir. 347 (Kongreßbericht), 567-571 (1978)
Das eigentliche Problem der akuten gastrointestinalen Blutung ist der hämorrhagische Schock. Bei Verwendung höherer Nd-Yag Laserleistungen, die mit der Nathschen trikonischen Quarzfaser über das Endoskop transmittiert werden, können auch massive Ulcusblutungen, unmittelbar nach der Lokalisation, endoskopisch zum Stillstand gebracht werden. Von 202 blutenden Ulcera im oberen GI-Trakt konnten 193 = 96 % koaguliert werden. Dadurch war die Letalität bei blutenden akuten Ulcera von 58 % auf 36 % und bei blutenden chronischen Ulcera von 21 % auf 5,1 % zu senken.

102 ■ ERCP nach Cholezystektomie: Wegweiser zur chirurgischen Therapie.
Lauterbach, H.H., D. Belohlavek, Ch. Herfarth
diagnostik & intensivtherapie 3, 128-130 (1978)
Beschwerden nach Cholezystektomie („Postcholezystektomie") bedürfen einer sorgfältigen Diagnostik. Dabei spielt die endoskopisch retrograde Cholangio-Pankreatikographie (ERCP)eine zentrale Rolle. Mit ihrer Hilfe war es bei 65 von 100 Patienten möglich, den nach Cholezystektomie vorhandenen Beschwerden einen pathologischen Befund zuzuordnen. In 55 Fällen bedeutete das Ergebnis der ERCP die Indikation zur erneuten operativen Therapie.

103 ■ Situation-adapted surgery in duodenal ulcer. Retrospective analysis of a therapeutic concept
Merkle-N; Bezler-A; Herfarth Ch.
Med-Welt.1978 May 5; 29(18): 749-55.

104 ■ Corticosteroid production of isolated cells from human adrenocortical tumors.

Özyol,M.B., C. Meissner, Ch. Herfarth

Acta endocrinologica (Suppl. 215), 24 (1978)

Adrenocortical tumors causing Cushing's syndrome are characterized in vivo by their independence from ACTH and their capacity to secrete cortisol autonomously . Recent studies of the action of ACTH on steroidogenesis in isolated cells from human „autonomous" adrenocortical tumors revealed a dissociation of in vivo and in vitro „autonomy". This led to further investigation of the regulation of steroidogenesis in human adrenocortical tumors in vitro compared to the results obtained with hyperplastic adrenal glands.

Patients and methods: 4 patients with hypercortisolism due to adrenocortical tumors (3 benign adenomas, 1 carcinoma) and 5 patients with hypercortisolism secondary to inappropriate ACTH secretion by the pituitary («Cushing's disease") were studied. Clinically the „autonomy" of the adrenocortical tumors had been demonstrated by the failure of 12 mg dexamethasone to suppress plasma cortisol of urinary 17-hydroxycorticosteroids and by the finding of subnormal plasma ACTH levels in presence of elevated corticosteroid levels.

Isolated cells from adrenocortical tumors or hyperplastic adrenal glands, respectively, were immediately after operation prepared according to the method deseribed by Saliers et al for rat adrenal cells.

105 ■ Das künstliche endokrine Pankreas in Experiment und Klinik.

Pfeiffer, E.F., W. Kerner, Ch. Herfarth, A.H. Clemens

Dt. Ärztebl. 75, 547-554 (1978)

Voraussetzung zur Vermeidung diabetischer Spätschäden scheint die physiologische Blutzuckereinstellung zu sein. Mit den heute verfügbaren therapeutischen Möglichkeiten kann dieses Ziel nicht erreicht werden. Dagegen ist ein künstliches endokrines Pankreas als Glukose-Kontrolliertes-Insulin-Infusions-System in der Lage, bei Diabetikern unter den verschiedensten Bedingungen Normoglykämie herzustellen. Wenn auch die Möglichkeit der Implantation eines derartigen Gerätes zur Zeit nicht absehbar ist, ist es bereits jetzt für wissenschaftliche und klinische Fragestellungen anwendbar.

106 ■ Hypercalcitoninaemia in patients with pheochromocytoma.

Raue-F; Bayer-JM; Rahn-KH; Herfarth Ch.; Minne-H; Ziegler-R

Klin-Wochenschr.1978 Jul 15; 56(14): 697-701.

As pheochromocytoma sometimes is accompanied by medullary thyroid carcinoma (in the sense of multiple endocrine adonomatosis type II = Sipple-Syndrome), serum calcitonin (CT) was measured by radioimmunoassay in 4 patients with pheochromocytoma. Before extirpation of the adrenomedullary tumor, serum CT was distinctly increased to 3 and 30 ng/ml in 2 of 4 patients, respectively. After removal of the tumor, serum CT was normal in the patients and pentagastrin stimulation produced no exaggerated CT response. In hydrochloric acid extracts from the two corresponding pheochromocytoma tissues, immunoreactive-Calcitonin (IR-CT) was detected, the concentrations amounting 1 and 4 ng/mg wet tissue. These findings suggest that hypercalcitonism in patients with pheochromocytoma cannot always be ascribed to the thyroid, i.e. increased calcitonin levels do not necessarily indicate a medullary carcinoma of this organ.

107 ■ Magenfrühkarzinom: Treffsicherheit der röntgenologischen und der endoskopi-schen Untersuchung.

Schlag, P., P. Merkle, S. Wetzel, Ch. Herfarth

Diagnostik 11, 151-153 (1978)

Die Diagnostik des Magenfrühkarzinoms läßt sich durch den kombinierten Einsatz von röntgenologischen Magenuntersuchungen mit der Doppelkontrastmethode, Endoskopie und Biopsie erheblich verbessern: im Krankengut der Chirurg. Universitätsklinik Ulm stieg der Anteil der im Frühstadium diagnostizierten Karzinome von weniger als 4% im Jahre 1961 auf 15% im Jahre 1976. Die Treffsicherheit von Gastroskopie plus Biopsie liegt bei 92%. Das Röngenbild hat nach wie vor eine wichtige Funktion; eine exakte röntgenologische Vorinformation über Lokalisation und Art einer verdächtigen Magenläsion kann die Sicherheit der gastroskopischen Diagnose verbessern.

108 ■ Diagnostische und therapeutische Aspekte des Magenfrühkarzinoms. Eine retrospektive Analyse von 60 Magenfrühkarzinomen.

Schlag, P., P. Merkle, S. Wetzel, W. Rödl, H. Meister, Ch. Herfarth

Dtsch. med. Wschr. 103, 773-777 (1978)

Von 947 Patienten, die von 1961 bis 1976 wegen eines Magenkarzinoms operiert wurden, hatten 60 ein Magenfrühkarzinom. Außer zwei Patienten suchten alle wegen diverser Beschwerden den Arzt auf. Bei einem Drittel der Erkrankten wurde das Karzinom ein Jahr oder länger verschleppt. 26 der insgesamt 64 Krebsherde waren auf die Schleimhaut beschränkt. Die Veränderungen wurden röntgenologisch zu 60%, gastroskopisch zu 70% richtig eingestuft. Durch gezielte Biopsie konnte die

Treffsicherheit auf 90% gesteigert werden. Der verbleibende Anteil von falsch-negativen Befunden geht zu Lasten der ulzerösen Form des Magenfrühkarzinoms, die am häufigsten vorlag. Durch eine verbesserte Röntgenuntersuchungstechnik (Doppelkontrast) und obligatorische gastroskopisch-bioptische Untersuchung stieg der relative Anteil an Magenfrühkarzinomen von unter 4% im Jahre 1961 auf jetzt 15% kontinuierlich an. Die Diagnose des Frühkarzinoms kann nur nach subtiler histologischer Untersuchung des Operationspräparates gestellt werden. Daher gelten auch hier die uneingeschränkten Grundsätze der Karzinomchirurgie, wobei die Multizentrizität (5%) und die Möglichkeit von Lymphknotenmetastasen (10-20%) für das chirurgische Vorgehen berücksichtigt werden müssen.

109 ▪ Breast neoplasms. Diagnostic possibilities, requirements and limitations
Schlag-P; Betzler-M; Geier-G; Herfarth Ch.
Med-Klin.1978 Apr 28; 73(17): 609-14.
Nur 30% der Patientinnen mit Mammakarzinom werden durch die lokal radikale Therapie geheilt. Manifeste Spätmetastasierungen bis zu einer Latenz von 20 Jahren sind für diese Erkrankung typisch. Die Prognose des Mammakarzinoms wird in erster Linie vom Zeitpunkt der Diagnosestellung, d.h. vom Ausmaß des Karzinombefalls bei Therapiebeginn und nur bedingt durch die Art der Therapie beeinflußt. Nach statistischer Wahrscheinlichkeit hat ein Tumor von 1 cm Durchmesser bei 30% der Patienten bereits metastasiert. Bei der Mehrzahl der Mammakarzinome ist auch heute noch zum Zeitpunkt des Therapiebeginns das prognostisch günstige, lokalisierte Stadium überschritten. So kann vor allem nur durch Intensivierung der Frühdiagnose eine Verbesserung der Prognose erwartet werden. Die Kenntnis der Treffsicherheit und Grenzen der verschiedenen Untersuchungsverfahren sind dabei wichtigste Voraussetzung für deren sinnvollen und rationellen Einsatz, um so das Ziel einer Verbesserung der Mammakarzinom-Frühdiagnose zu realisieren.

110 ▪ Pretherapeutic cytostatic agent sensitivity testing of breast cancer
Schlag-P; Geier-G; Veser-J; Breitig-D; Betzler-M; Herfarth Ch.
Chir-Forum-Exp-Klin-Forsch.1978(1978): 231-4.
With and without addition of cytostatic agents, incorporation of radiolabeled precursors into the nucleic acid of breast cancer cells was determined in short-term culture. The labeling index, a measure of tumor proliferation, depended largely on cytologic differentiation. Incorporation of radiolabeled precursors in moderately and low differentiated breast cancers was significantly high, whereas only in a part of these tumors was incorporation inhibited by adriamycin and cyclophosphamide. Therefore a group of drug sensitive and metabolic drug resistant tumors could be defined in vitro. Primary resistance against the tested cytostatic agents has been proved in low proliferating and high differentiated breast cancer cells.

111 ▪ Mammakarzinom. Diagnostische Möglichkeiten, Forderungen und Grenzen.
Belohlavek-D; Merkle-N; Heil-T; Voss-U; Herfarth Ch.
Med-Klin.1979 Apr 27; 74(17): 655-61.
The study comprises 56 patients, who underwent transduodenal papilloplasty. More than 15% were symptom-free at least 4 years following surgery. All the symptoms the patients suffered from were nonspecific and the pathological findings of the blood samples were not correlated with the width of the orificium of the papilla of Vater or the diameter of the common bile duct. In 49 patients the ERCP was performed. In 48 cases the retrograde cholangiography was successful, in 1 case only the retrograde pancreatography was possible. In all patients we found normal efflux of contrastmedium out of the papilla. Bile stones, one localized in the common bile duct and the other in the cyst remnant were the most important findings. The diameters of the common bile ducts varied considerably and were not dependent on the velocity of the efflux of the contrast medium. Contrary to the observations of other authors, in only 15% of our patients free air bubbles were found in the bile tree. Peripapillary diverticula of the duodenum were detected in 15% of our patients, but did not lead to compression or obstruction of the common bile duct. Even without histologic examination of the liver, we believe that a broad papilloplasty of the papilla prevents an ascending cholangitis or other related complications.

112 ▪ The effect of parenteral nutrition on cellular immune status in patients with gastrointestinal cancer
Betzler-M; Gollwitzer-M; Flad-H; Herfarth Ch.
Chir-Forum-Exp-Klin-Forsch.1979: 161-4.
In a pilot study, the distribution of lymphocyte subpopulations in the peripheral blood and skin tests with recall antigens have been examined in 42 patients with gastrointestinal cancer before and during a perioperative parenteral hyperalimentation. Concerning the calories and the concentrations of amino acids and carbohydrates, two different solution regimens were applied. During parenteral nutrition with 2400 and 2200 kcal especially the absolute numbers of lymphocyte subpopulations increase reflecting the changes of total lymphocyte count. There was no marked difference

between the 2 groups. Both solutions are qualified to balance the preoperative catabolic situation indicated by preoperative lymphopenia. This kind of parenteral nutrition did not influence the patient's cellular immunological status which was tested by 3 recall antigens. It must, however, be considered that the physical i.e. nutritional situation of the patients was not reduced to an extent where the immunological status was impaired. Our results suggest that in the perioperative period cancer patients should be supported by hypercaloric parenteral nutrition. On the other hand more sensitive immunological tests such as DNCB for skin testing and functional assays for in vitro tests are necessary to assess the effects of this kind of therapy.

113 ▪ Colorectal carcinomas. Effect of early diagnosis on therapy
Betzler-M; Herfarth Ch.
MMW-Munch-Med-Wochenschr.1979 May 4; 121(18): 616-8.

114 ▪ Diagnosis and therapy of chronic inflammatory intestinal diseases
Dolle-W; Herfarth Ch.
Med-Welt.1979 Jul 27; 30(29-30): 1120-4.

115 ▪ Zum heutigen Stand der Immuntherapie maligner Tumoren.
Flad-HD; Betzler-M; Herfarth Ch.
Chirurg.1979 Jan; 50(1): 11-5.
In jüngster Zeit wird große Hoffnung auf eine Nutzung der tumorimmunologischen Kenntnisse für die onkologische Chirurgie gesetzt. Es ist jedoch die Frage zu beantworten, ob die klinisch faßbaren immunologischen Phänomene im tumorchirurgischen Krankengut eine echte pathophysiologische Auswirkung besitzen und als Kriterien für ein Tumorstadium bzw. die Tumormasse herangezogen werden können. Auch zu klären ist, ob die meßbaren immunologischen Variablen als wirksame Mechanismen der körpereigenen Abwehr gegen maligne Tumorzellen gedeutet werden können. Hieraus ergibt sich logischerweise die Frage, inwieweit aus den tumorimmunologischen Kenntnissen für die chirurgische Diagnostik und Therapie Konsequenzen abzuleiten sind.

116 ▪ A double-blind trial of synthetic salmon calcitonin in the treatment of acute pancreatitis.
Goebell-H; Ammann-R; Herfarth Ch.; Horn-J; Hotz-J; Knoblauch-M; Schmid-M; Jaeger-M; Akovbiantz-A; Linder-E; Abt-K; Nuesch-E; Barth-E
Scand-J-Gastroenterol.1979; 14(7): 881-9.
A multicenter randomized double-blind trial on the use of synthetic salmon calcitonin (SCT) was carried out in 94 patients with acute pancreatitis. In addition to strict standard treatment—without aprotinin, atropine, or antacids—50 patients received daily 3 x 20 micrograms = 300 MRCU SCT intravenously and 44 patients received placebo for 6 days. Mortality rate was not influenced, overall mortality being 5.3%. The number of patients without pain and with normalized serum amylase on a given day was significantly higher in the group treated with SCT. Other parameters such as doses of analgesics, leukocyte count, and normalization of seven defined clinical and laboratory criteria within 6 days showed a positive trend without reaching significance.

117 ▪ Therapie der Dickdarmpolyposis - chirurgisch oder endoskopisch?
Herfarth Ch.
Acron, 263-269 (1979)
Es sollte gezeigt werden, daß die Therapie der chronischen Darmerkrankungen eine enge Kooperation zwischen Internist und Chirurg erfordert, da sehr viele der Patienten schlußendlich operiert werden müssen, der ideale Zeitpunkt der Operation gefunden und eine entsprechende Nachbehandlung von vornherein eingeplant werden muß. Es muß festgehalten werden, daß von den beiden geschilderten Krankheitsbildern die Colitis ulcerosa einen ganz anderen therapeutischen Aspekt bietet als der Morbus Crohn: Die Colitis ulcerosa in ihrer ausgedehnten Form kann zwar durch einen sehr radikalen Eingriff absolut geheilt werden, der Patient muß jedoch immer ein Ileostoma in Kauf nehmen. Andererseits läßt sie sich internistisch entscheidend beeinflussen, so daß man den Zeitpunkt der operativen Therapie hinausschieben kann - nur nicht zu lang, damit keine Sekundärkomplikationen auftreten. Beim Morbus Crohn ist die Situation viel düsterer: Eine wirksame gesicherte internistische oder operative Therapie steht nur in der Behandlung des akuten Schubes und von Komplikationen zur Verfügung. Bei der Therapie während des Langzeitverlaufes sind nur negative Resultate bekannt, ohne daß dieses Problem als endgültig beantwortet angesehen werden kann. Aus dieser Situation resultiert Zurückhaltung bei der Indikation zur operativen Therapie des Morbus Crohn und ebenso der konservativen Behandlung.

118 ▪ Operateur und Nachsorge.
Herfarth Ch.
Langenbecks Arch. Chir. 349 (Kongreßbericht), 75-80 (1979)
Aufgabe der Nachsorge nach Operation wegen eines Carcinoms ist die Diagnostik und eventuelle Therapie von Folgen der Carcinomerkrankung, Folgen der Ope-

ration, Folgen für den Status des Patienten und eine Beurteilung des allgemeinen Therapieergebnisses. Anhand eines eigenen Nachsorgeprogramms werden die Erfahrungen der nachgehenden Fürsorge beim Mamma-, Magen- und Coloncarcinom beschrieben. Das Nachsorge-programm richtet sich hierbei nach einem Basisprogramm, einem Spezialprogramm und Zusatzuntersuchungen aus. Während die Nachsorge der Diagnostik und Folgen der Carcinomerkrankung und Konsequenzen des Eingriffes Entscheidendes leistet, bleibt die Frage offen, inwieweit durch die Diagnostik eines Rezidivs die Prognose für die einzelnen Tumorarten verbessert werden kann. Die Nachsorge erlaubt gleichzeitig jedoch eine Leistungskontrolle des Chirurgen.

119 ■ Morbus Crohn: Zurückhaltende oder aggressive chirurgische Therapie ? (Therapeutische Umfrage)
Herfarth Ch.
Med. Welt 30, 1337 (1979)

120 ■ Therapeutische Richtlinien bei Karzinomnachweis bei Dickdarm-Polypen.
Herfarth Ch.
Aktuelle-Probl-Chir-Orthop.1979(10): 47-9.
Bei Nachweis eines Karzinoms in einem Polypen muß das weitere chirurgische Vorgehen von der Invasionstiefe des Karzinoms und, falls möglich, von dem Differenzierungsgrad des Tumors abhängig gemacht werden. Für den einzelnen Patienten gilt in der Indikationsstellung der Vergleich des lymphogenen Metastasierungsrisikos mit dem Operationsrisiko des radikalen Karzinomeingriffs am Kolon.

121 ■ Tumorimmunologische Erkenntnisse - Konsequenzen für die Chirurgie.
Herfarth Ch.
Chirurg.1979 Jan; 50(1): 1-4.

122 ■ Mammakarzinom - Ziele der operativen Therapie
Herfarth Ch.
MMW-Munch-Med-Wochenschr.1979 Nov 2; 121(44): 1438-41.
Therapie, Indikation und Wahl der einzelnen Verfahren beim Mammakarzinom gehören zu den kontroversen Themen der Chirurgie, Radiologie, Gynäkologie und der internistischen Onkologie. Immer mehr setzt sich die Meinung durch, daß beim Mammakarzinom vom tumorbiologischen Standpunkt aus geschen nicht eine lokale Erkrankung vorliegt, die einzig durch örtliche Behandlungsmaßnahmen wie z. B. operativer Eingriff und Strahlentherapie behandelt werden kann. Dic Heilung der lokalen Erkrankung des Mammakarzinoms durch chirurgische Maßnahmen, gegebenenfalls additiv einer Strahlentherapie, kann bei Vorliegen eventueller Fernmetastasen das endgültige Schicksal der Patientin nicht beeinflusssen.

123 ■ Die Oesophagus-Myoplicatur in der Behandlung der dekompensierten Achalasie.
Herfarth Ch., P. Mattes, Th. Heil
Chirurg 50, 681-685 (1979)
Die Kardiomyotomie nach Heller oder eine ihrer Modifikationen sind in der Behandlung der Oesophagusachalasie III. Grades nicht ausreichend. Zusätzliche operative Maßnahmen sind zur Beseitigung der Elongation und Dilatation erforderlich. Bei 2 Patienten mit einer Oesophagusachalasie III. Grades wurde eine Kardiomyotomie in Kombination mit einer Oesophagus-Myoplicatur durchgeführt. 1 Jahr postoperativ erfolgte eine klinische, röntgenologische, manometrische, pH-metrische und endoskopische Kontrolluntersuchung. Die Ergebnisse zeigen, daß durch dieses Verfahren auch im dekompensierten Stadium der Achalasie ein zufriedenstellendes Operationsresultat erzielt werden kann.

124 ■ Esophageal myoplicature in the treatment of decompensated achalasia
Herfarth Ch.; Mattes-P; Heil-T
Chirurg.1979 Nov; 50(11): 681-5.
Heller's cardiomyotomy or one of the modifications are not sufficient in the third stage of achalasia. Additional surgery is required for reversion of the dilated and elongated esophagus. Two patients with third-grade achalasia were treated by cardiomyotomy in combined with esophagomyoplication and followed up for one year. The results were evaluated clinically, radiologically, manometrically, pH-metrically, and endoscopically. We concluded that esophagomyoplication satisfactorily completes cardiomyotomy in cases of third-grade achalasia.

125 ■ Immunologische Tumormarker bei Neoplasien und Präneoplasien.
Heymer, B., A. Quentmeier, Ch. Herfarth, O. Haferkamp
Verh. Dtsch. Ges. Path. 63, 368-372 (1979)
Thus far, only tumor-associated antigens such as AFP and CEA. but no tumor-specific antigens have been isolated in man. In the present paper the applicability of the immunohistologic determination of CEA for the morphologic characterization of pre-malignancies was evaluated. Not only were positive reactions observed in colon, stomach, breast carcinomata and colon-adenomata but also in many specimens of normal adult

colon-mucosa. Therefore, it is concluded that the qualitative immunohistologic demonstration of tumor-associated antigens such as CEA does noe assist in the morphologic definition of pre-malignancies. To accomplish this, either quantitative measurement of tumor-associated antigens or qualitative determination of tumor-specific antigens is required.

126 ▪ Einfluß des psychologischen Faktors bei Ulcera duodeni
Horn, J., A. Fotopoulos, Ch. Herfarth
Iatrika Chronika 5, 281-286 (1979)

127 ▪ Significance of the complement system in acute pancreatitis in rats
Horn-J; Heymer-B; Merkle-N; Burk-R; Herfarth Ch.
Chir-Forum-Exp-Klin-Forsch.1979: 299-301.
The influence of complement system in acute pancreatitis in the rat was examined. Two different experimental procedures were used to induce pancreatitis: distal choledochal ligature and the Pfeffer model as modified by NEVALAINEN. In both procedures an acute pancreatitis developed and complement depression was noted. These results showed that consumption of complement will occur even in pancreatitis induced by other than immunologic models. In a second series the same experimental procedures were used in rats that had been decomplemented by application of cobra venom factor. It was possible to produce an acute pancreatitis of moderate severity.

128 ▪ Intra- und postoperative Blutzucker-regulierung bei Diabetikern mit dem künstlichen endokrinen Pankreas.
Kerner, W., W. Beischer, E.F. Pfeiffer, Ch. Herfarth
Verh. Dtsch. Ges. Inn. Med. 85, 1024-1026 (1979)
Die Insulinbehandlung des operierten Diabetikers hin der intra- und postoperativen Phase ist ein derzeit nur unbefriedigend gelöstes Problem. Da der aktuelle Insulinbedarf unter den Bedingungen des sogenannten Postaggressionsstoffwechsels mit konventionellen Mitteln nur sehr schwierig abzuschätzen ist, müssen im allgemeinen starke Blutzuckerschwankungen hingenommen werden (Galloway et al. 1963; Steinke 1971). Es wurde deshalb untersucht, ob es möglich ist, durch blutzuckergesteuerte Insulininfusion mit einem künstlichen Endokrinen Pankreas unter diesen Bedingungen die normale Blutzuckerhomöostase aufrechtzuerhalten (Pfeiffer et al., 1975, 1977; Kerner et al. 1978; Özyoi et. al. 1979).

129 ▪ Application of an artificial endocrine pancreas in the management of the diabetic surgical patient.
Kerner-W; Beischer-W; Herfarth Ch.; Pfeiffer-EF
Horm-Metab-Res-Suppl.1979(8): 159-61.
Application of the artificial endocrine pancreas in 12 patients undergoing total duodenopancreatectomy and 3 diabetics in whom different operations were performed proved to be safe for the patients with respect to blood glucose control and prevention of ketosis. In the post-operative period, essentially normal blood glucose values were obtained despite high caloric parenteral nutrition.

130 ▪ Gastritis, intestinal metaplasia and dysplasia versus benign ulcer in stomach and duodenum and gastric carcinoma - a histotopographical study.
Meister-H; Holubarsch-C; Haferkamp-O; Schlag-P; Herfarth Ch.
Pathol-Res-Pract.1979 Jan; 164(3): 259-69.
In histological examination of gastrectomy specimens from patients with duodenal ulcer, gastric ulcer, and early and advanced cancer, both chronic atrophic gastritis and intestinal metaplasia were identified in 54% of the cases with duodenal ulcer. At 90 to 100%, respectively, these mucosal changes were approximately twice as frequent with gastric ulcer and early and advanced gastric cancer. Mild dysplasia occurred in 54% of the cases with duodenal ulcer; occurred somewhat more frequently with gastric ulcer, in 75% of the cases; and in almost all cases with early and advanced gastric cancer, at 90% and 100%, respectively. Whereas 27% of the cases with duodenal ulcer, 62% with gastric ulcer, and 90% and 95% of the respective cases with early and advanced gastric cancer showed moderate dysplasia, only severe dysplasia in early gastric cancer (40%) and advanced gastric (81%) was clearly more frequent in comparison to duodenal ulcer (9%) and gastric ulcer (12%). In the cases with duodenal ulcer chronic atrophic gastritis and intestinal metaplasia were limited mostly to the antrum; with gastric ulcer and cancerous stomach disorders, they also occurred in other stomach sections. Mild and moderate dysplasia conformed to the same distribution pattern. Severe dysplasia, which was only detected in two ulcer cases, was not only substantially more frequent in cases with early and advanced gastric cancer, but also showed a clear topographic relationship to cancer localization in the stomach.

131 ▪ Current therapeutical aspects in gastric carcinoma (author's transl)
Merkle-P; Schlag-P; Herfarth Ch.
Zentralbl-Chir.1979; 104(17): 1111-6.

The poor prognosis of gastric carcinoma can be improved by intensification of early diagnostics and adequate surgical measures. To avoid local recurrent tumour growth at the resection lines total gastrectomy is necessary if the tumour is located in the upper and middle third of the stomach as well in the case of diffusely infiltrating tumours in the distal third. To prevent relapses in the regional lymphatics radical lymph node dissection should be performed. Remission rates in advanced gastric cancer are high after combination chemotherapy with 5-fluorouracil and nitrosourea. Postoperative adjuvant chemotherapy seems to be successful according to newer communications. Basic problems of adjuvant chemotherapy in gastric cancer are discussed.

132 ▪ Postoperative blood-sugar regulation in pancreatectomized patients using the artificial „beta cell"
Ozyol-MB; Herfarth Ch.; Kerner-W; Pfeiffer-EF
Chirurg.1979 Apr; 50(4): 227-32.
Seven patients who had undergone total duodenopancreatectomy were connected postoperatively to an artificial ‚beta cell', which is a computer-regulated, glucose-controlled-insulin-infusion-system. Despite high-calorie parenteral nutrition, the apparatus enabled successful regulation of the diabetes that followed removal of the pancreas in our patients during the immediate postoperative period (7 days). The artificial beta cell is capable of exogenously regulating the carbohydrate metabolism of pancreatectomized diabetics, even in the extreme conditions immediately following operation.

133 ▪ Mamma-Carcinom.
Schlag, P., Ch. Herfarth
moderne medizin 7, 158-159 (1979)

134 ▪ Einfluß von Östradiol auf die RNS-Biosynthese von menschlichen Mammacarcinomzellen in vitro.
Schlag, P., G. Geier, J. Veser, D. Breitig, M. Betzler, Ch. Herfarth
Langenbecks Arch. Chir.(Suppl.), Chirurgisches Forum '79, 183-187
Die Möglichkeit der Abgrenzung östrogen-sensitiver Mammacarcinome durch Incorporationsstudien mit radioaktiv markiertem Uridin als Präkursor des RNS-Stoffwechsels wird aufgezeigt. Gegenüber der Hormonreceptoranalyse hat das hier angewandte Verfahren den Vorteil, daß Störungen der Receptorfunktion mit erfaßt werden können. Der Nachteil der Untersuchungen liegt darin, daß hierbei nur die Hormonabhängigkeit proliferierender Zellpopulationen eines Tumors erfaßt werden können. Als östrogen-sensitiv erwiesen sich vor allem die hochdifferenzierten Mammacarcinome. Zu einer Steigerung der RNS-Biosynthese kam es bei den hormonabhängigen Tumoren von Frauen in der Prämenopause, während diese bei Frauen in der Postmenopause durch Östradiol teilweise gehemmt wurde.

135 ▪ Effect of estradiol on RNA biosynthesis of human breast carcinoma cells in vitro
Schlag-P; Geier-G; Veser-J; Breitig-D; Betzler-M; Herfarth Ch.
Chir-Forum-Exp-Klin-Forsch.1979: 183-7.
The possibility of differentiating estrogen-sensitive human breast cancer using incorporation studies with labeled uridine as a precursor of RNA metabolism is described. The purpose of this study was to explore inadequate function of the estrogen receptor as an alternative or supplementary aid in selecting patients for hormonal manipulation. The disadvantage of the test is that only hormone dependence of a proliferating tumor cell population can be evaluated. Highly differentiated breast cancer cells exhibit the greatest estrogen sensitivity. The hormone-dependent tumors of premenopausal women show an increase in RNA synthesis, whereas uridine incorporation appeared to be inhibited in postmenopausal women.

136 ▪ Prognostic aspects of early gastric carcinoma (author's transl)
Schlag-P; Meister-H; Merkle-P; Haferkamp-O; Herfarth Ch.
Dtsch-Med-Wochenschr.1979 May 4; 104(18): 659-62.
The results of treatment of early gastric carcinoma were analysed in 65 patients. In 33 patients the operation was performed 5 years ago. The 5-year-survival rate was 70%. Prognosis was predominantly influenced by the histology of the tumour. Signet ring cell and anaplastic early carcinomas (diffuse type) had a worse prognosis than intestinal (differentiated) forms. Carcinomas localised wholly in the mucosa had no better prognosis than those penetrating into the submucosa. There is no choice of surgical method according to prognostic criteria as the diagnosis „early gastric carcinoma" can be made only postoperatively from the resection material. Bioptic proof of carcinomatous gastric mucosal changes requires full observation of the rules of cancer surgery.

137 ▪ New aspects in the concept of adjuvant and after-care therapy for gastric carcinoma?
Schlag-P; Merkle-P; Herfarth Ch.
Chirurg.1979 Jul; 50(7): 430-5.

Basis and current possibilities of adjuvant therapy in gastric cancer are discussed. The response rate with 5-FU und nitrosoureas for advanced gastric cancer is significantly superior to all other regimens. Based on Japanese experiences a higher survival rate is observed in the curatively resected patients treated with postoperative prophylactic chemotherapy. The drawing of reliable conclusions must await the results of further studies. Efforts for individual chemotherapy by measurement of cell production of recurrences and the necessity of aftercare in gastric cancer patients are explained.

138 ■ Quantitative Bestimmung von Immunkomplexen und Verhalten einer Lymphozytensubpopulation bei Patienten mit malignen Tumoren.
Betzler, M., A. Schiebe, Ch. Herfarth
Langenbecks Arch. Chir. (Suppl.), 309 (1980)

139 ■ Herabgesetzte T-Zell-Kolonienbildung bei Patienten mit malignen Tumoren.
Betzler, M., H.-D. Flad, A.J. Ulmer, Ch. Herfarth
Verh. Dtsch. Ges. Inn. Medizin 86, 175 (1980)

140 ■ Quantitative analysis of immune complexes and assessment of autorosette-forming cells in patients with malignant disease (author's transl)
Betzler-M; Schiebe-A; Herfarth Ch.
Chir-Forum-Exp-Klin-Forsch.1980: 309-13.
Circulating immune complexes were isolated by precipitation with low concentration EDTA and PEG and their components analysed by specific immunoprecipitation in a laser nephelometric system; a good correlation between this method and other classical immune complex assays could be achieved. This method is simple, reproducible and practicable in the clinical routine. Quantitative analysis showed markedly increased levels of IgM and IgA specific immune complexes in cancer patients, especially those in an advanced stage, in comparison with non-malignant control patients. The percentage of autorosette-forming cells was markedly reduced in cancer patients, especially in a progressive disease, in comparison with non-malignant control patients.

141 ■ Chirurgisch-internistische Therapiestudie über die postoperative Rezidivprophylaxe des Morbus Crohn - Durchführung einer partiell randomisierten Studie.
Ewe-K; Herfarth Ch.; Malchow-H
Verh-Dtsch-Ges-Inn-Med.1980; 86: 1327-37.
Die Crohn-Studie II ist eine interdisziplinäre, kontrollierte, partiell randomisierte und doppelblind durchgeführte Multicenter-Studie, an der 19 internistische und chirurgische Kliniken teilnehmen.
Der internistische Teil befaßt sich mit der Frage der Verhütung des postoperativen Rezidivs nach kurativer Resektion wegen M. Crohn durch Salazosulfapyridin versus Placebo. Die Untersuchung der chirurgischen Fragestellung nach der Bedeutung einer sparsamen oder ausgedehnten Resektion auf das Rezidiv ist aus systemimanenten Gründen nicht randomisiert. Beide Operationstaktiken werden aber von etwa der gleichen Anzahl von Kliniken durchgeführt.
Besondere Probleme der Crohn-Studie II betreffen die Frage der „kurativen" Operation, der Erfassung des Frührezidivs der Patientencompliance der Gabe von Salazosulfapyridin bei Colektomierten und die interdisziplinäre Zusammenarbeit.

142 ■ Modified cardiomyotomy using Rapant's method - guaranteed prevention of esophageal reflux in the operative therapy of achalasia?
Heil-T; Mattes-P; Herfarth Ch.
Helv-Chir-Acta.1980 Dec; 47(5): 537-9.
13 patients of 23 who had been treated for achalasia by a modified esophagomyotomy were reexamined by objective assessment of esophageal function with special regard to the problems mentioned above. Pull-through-manometry displayed a decrease of resting tonicity from 37 to 8 mm Hg. In the reflux-provocation-test all patients had a normal test result. In endoscopy normal histological findings raised 70% preoperatively to 83% postoperatively. The esophageal diameter was reduced in 11 of 13 patients. No patient had symptoms to suggest the presence of reflux and relapse.

143 ■ Die „Second-look" Intervention.
Herfarth Ch.
MMW-Munch-Med-Wochenschr.1980 May 2; 122(18): 650.

144 ■ Therapeutische Richtlinien bei postoperativer Peritonitis und Reintervention (Antibiotica, Drainage, Spülung)
Herfarth Ch., Th. Heil
Langenbecks Arch. Chir. 352 (Kongreßbericht), 301-306 (1980)
Die Integrität der Bauchhöhle muß das Ziel der chirurgischen Maßnahmen in der Behandlung der postoperativen Peritonitis sein. Antibiotica, Spülung und Drainage sind wichtige flankierende Maßnahmen von unterschiedlichem Stellenwert. Bestehen hinsichtlich einer parenteralen Antibioticatherapie keine kontroversen Auffassungen, so erscheint die lokale Anwendung nicht mehr vertretbar, seitdem mit Antiseptica wirksame Al-

ternativen zur Verfügung stehen. Die intraoperative Lavage bei diffuser Peritonitis ist allgemein akzeptiert, die postoperative Dauerspülung bei entsprechender Erfahrung praktikabel. Drainagen, bei lokaler Peritonitis sicher sinnvoll, bleiben für die diffuse Peritonitis von begrenzter Wirksamkeit.

145 ▪ The role of the complement system in experimental pancreatitis (author's translation)
Horn-J; Heymer-B; Burk-R; Merkle-N; Herfarth Ch.
Langenbecks-Arch-Chir.1980; 353(1): 9-17.
Two different experimental procedures were used to induce pancreatitis in rats: distal ligature of the common bile duct and the Pfeffer method in modification of Nevalainen. It could be shown that consumption of complement can be demonstrated even in pancreatitis induced by other than immunological models. Further examination in decomplemented rats showed the possibility of inducing acute pancreatitis by the abovementioned models, although of less intensity. Therefore, the complement system will be an important factor for the progress and intensity of the inflammation process.

146 ▪ Stress-ulcer prevention with pirenzepine-a controlled study
Mattes-P; Peros-G; Belohlavek-D; Malfertheiner-P; Herfarth Ch.
Z-Gastroenterol.1980 Jun; 18(6): 325-7.
In polytraumatised or septic patients without adequate medical prophylaxis the incidence-rate of postoperative complications is very high. The incidence-rate of acute mucosal stress lesions is to be expected 100 per cent. The parenteral application of pirenzepine shows in comparison to placebo a clear protective effect measured as incidence-rate of stress lesion (p greater than 0,05) and occurrence of bleeding (p greater than 0,01).

147 ▪ Primärer Hyperparathyreoidismus.
Schäfer, A., Ch. Herfarth, H. Minne, R. Ziegler
Chirurg 51, 625-628 (1980)
In 10 Jahren wurden 109 Patienten wegen eines Hypercalciämiesyndroms operiert. 100mal wurde die Diagnose primärer Hyperparathyreoidismus operativ-histologisch bestätigt. Dabei handelte es sich 10mal um eine hyperparathyreote Krise, die zu einer dringlichen Operation zwang. In 6 weiteren Fällen war die bedrohliche Hypercalciämie paraneoplastisch und einmal durch eine Vitamin-D-Intoxikation bedingt. Das operative Vorgehen ist weitgehend standardisiert, es werden grundsätzlich alle Epithelkörperchen freigelegt. Die meisten Adenome wurden am rechten unteren Schilddrüsenpol gefunden. Von den 16% ektop gelegener vergrößerter Nebenschilddrüsen fanden sich mit 11% die weitaus meisten im vorderen oberen Mediastinum. Bei 12 Patienten wurde mehr als 1 Adenom gefunden, wobei das Maximum 6 hyperplastische Drüsen waren. Rezidive wurden bei 5 Kranken beobachtet. In diesen Fällen kann die selektive Halsvenenkatheterisierung zur Lokalisationsdiagnostik weiterhelfen.

148 ▪ Are nitrite and n-nitroso compounds in gastric juice risk factors for carcionoma in the operated stomach ?
Schlag, P., H. Ulrich, P. Merkle, R. Böckler, M. Peter, Ch. Herfarth
The Lancet 4, 727-730 (1980)
The concentration of nitrite and N-nitroso compounds was examined in the fasting gastric juice of 44 patients operated on for ulcer disease an average of 2.5 years previously and in 26 age-matched patients with healthy stomachs (controls). The concentration of nitrite and N-nitroso compounds in the gastric juice of the vagotomised patients did not differ from that of the controls. On the other hand, significant increases in nitrite concentrations were found in the gastric juice of patients managed by Billroth I or II procedures. The fraction of N-nitroso compounds was significantly increased only in the Billroth II resected stomach. These findings are relevant to the known cancer risk inherent in the gastric stump.

149 ▪ Cytostatic effects on nucleic acid synthesis in primary tumors and lymph node metastases of human breast cancer (author's transl)
Schlag-P; Veser-J; Geier-G; Breitig-D; Herfarth Ch.
Chir-Forum-Exp-Klin-Forsch.1980: 323-7.
Nucleic acid synthesis and influence of cytostatic agents (adriamycin, cyclophosphamide) were investigated in 73 cases of human breast cancer and in 19 cases of correlating lymph node metastases. An interrelationship between nucleic acid synthesis, proliferation and tumor stage could not be proven at the time of the operation. The labeling index, expressing the proliferation of tumor cells, and the incorporation of radiolabeled nucleic acid precursors (3H-thymidine, 3H-uridine) as an indicator of nucleic acid synthesis were higher in the investigated lymph node metastases than in the primary tumor. Nucleic acid synthesis was suppressed in primary and metastatic lesions in the same way by cytostatic agents.

150 ▪ Adjuvant intermittent chemo-immunotherapy of breast cancer. A prospective study.
Schreml-W; Betzler-M; Lang-M; Lohrman-HP; Kubitza-P; Schlag-P; Flad-HD; Herfarth Ch.; Heimpel-H
Eur-J-Cancer.1980; Suppl 1: 165-8.

151 ■ Anterior resection and abdomino-perineal extirpation in patients with rectal cancer: a retrospective analysis (author's transl)
Betzler-M; Herfarth Ch.; Quentmeier-A; Rempen-A; Heymer-B
Langenbecks-Arch-Chir.1981; 353(4): 251-9.
Eighty-seven patients with an abdomino-perineal extirpation of the rectum and 75 patients with an anterior resection of the rectum could be analysed retrospectively. The mean observation period was 36 months for anterior resection and 38 months for abdomino-perineal extirpation. The rate of recurrences, mortality, and post-operative complications of each surgical method was correlated to tumor-localization, -staging, and -grading. The poor prognosis of patients with abdomino-perineal extirpation was mainly due to relatively more cases in advanced tumor stage. In rectal cancer above 7 cm anterior resection should be performed.

152 ■ Das Nebennierenrindenkarzinom: Diagnostik und Therapie.
Fehm, H.L., S.H. Pal, J. Homoki, W. Maier, Ch. Herfarth, E.F. Pfeiffer
Verh. Dtsch. Ges. Inn. Med. 87, 572-574 (1981)
Obgleich durch Trilostan bei diesem Cushing-Kranken eine deutliche Besserung der Hormonsituation erzielt werden kann, muß das Behandlungsergebnis insgesamt als nicht voll befriedigend angesehen werden.
Der unerwartete Testosteronanstieg unter der Trilostangabe läßt sich durch die Senkung des erhöhten Cortisolspiegels erklären, da der bei den meisten Cushing-Kranken beobachtete Hypogonadismus auf die Blockade der Testeronproduktion durch Cortisol zurückgeführt wird. Erst unter höheren Dosen überwiegt die Hemmwirkung von Trilostan auf die Steroidsynthese in den Testes. Auffällig ist außerdem das Verhalten der ACTH-Werte unter Trilostanbehandlung: Im Gegensatz zu eigenen, noch unveröffentlichten Beobachtungen bei Normalpersonen fehlt bei diesem Patienten ein gegenregulatorischer ACTH-Anstieg bei fallenden Cortisolspiegeln. Die ACTH-Werte fallen vielmehr ebenfalls ab. Der gleichzeitige Anstieg der DHEAS-Werte spricht gegen eine Spontanremission der Erkrankung. Uber das ACTH-Verhalten bei Patienten mit M. Cushing unter Trilostan liegen bisher nur vereinzelte Werteangaben vor. Ein gleichsinniges Verhalten von Cortisol und ACTH im Sinne eines positiven Rückkopplungsphänomens wurde bei Cushing-Patienten nach bilateraler Adrenalektomie unter den Akutbedingungen einer Cortisol- oder Dexamethasoninfusion beobachtet. Uber paradoxe Reaktionen im Dexamethasonhemmtest wird bei unbehandelten Cushing-Patienten häufiger berichtet. Unser Patient reagiert jedoch vor Trilostan auf Dexamethason mit dem zu erwartenden, geringen Abfall von ACTH und Cortisol. Erst unter Trilostan kann eine paradoxe Reaktion nachgewiesen werden. Andererseits normalisiert Trilostan die Reaktionsdynamik von ACTH und Cortisol während der Insulinhypoglykämie. Es besteht deshalb die Möglichkeit, daß die Trilostanbehandlung wie die Adrenalektomie bei Patienten mit einem hypothalamo-hypophysären M. Cushing einen positiven Rückkopplungsmechanismus zwischen Cortisol und ACTH demaskieren, der für die Pathophysiologie dieser Erkrankung von grundlegender Bedeutung sein könnte.

153 ■ Incorporation of 3H-glucosamine in the gastric mucosa after gastrectomy.
Heil-T; Baczako-K; Peros-G; Mattes-P; Herfarth Ch.
Scand-J-Gastroenterol-Suppl.1981; 67: 181-2.
By measuring the incorporation of N-actyl-3H-glucosamin, mucus production, and changes in the production of gastric mucus were estimated. It was found, that increased production of mucus is apparently a characteristic of the operated stomach.

154 ■ Gastrectomy with and without duodenal transit: release of glucagon, insulin and somatostatin.
Heil-T; Etzrodt-H; Mattes-P; Peros-G; Herfarth Ch.
Scand-J-Gastroenterol-Suppl.1981; 67: 83-7.
The significance of duodenal passage with respect to the postprandial release of insulin, glucagon and somatostatin was investigated in a series of animal experiments. Duodenal passage is very important for an adequate release of the aforementioned hormones. When duodenal passage is preserved, the emptying rate also influences the release patterns.

155 ■ Limits of tumor surgery
Herfarth Ch.
Strahlentherapie-Sonderb.1981; 76: 33-6.

156 ■ Alternative Operationsverfahren zur subkutanen Mastektomie bei der Behandlung von Präcancerosen und nicht-invasiven Carcinomen der Mamma.
Herfarth Ch., P. Schlag
Krebsmedizin 2, 59 (1981)

157 ■ Rectum extirpation or rectum resection in rectal cancer?
Herfarth Ch.; Betzler-M
Fortschr-Med.1981 Dec 17; 99(47-48): 1973-6.
Rate of recurrences and morbidity of anterior resection and abdomino-perineal extirpation in cancer of the rec-

tum and especially of the midrectum are correlated to tumor localization, -staging and -grading. Regarding stage of the tumor both surgical procedures are equivalent. Poorer prognosis after abdomino-perineal extirpation is mainly due to advanced tumor stage. In cancer of the midrectum anterior resection should be performed.

158 ▪ Morbus Crohn und Colitis ulcerosa - Standortbestimmung: Chirurgische Aspekte
Herfarth Ch.; Heil-T
Chirurg.1981 Dec; 52(12): 749-57.
Mit einer Standortbestimmung der chirurgischen Therapie von M. Crohn und Colitis ulcerosa müssen akzeptierte Behandlungskonzepte auf ihre aktuelle Gültigkeit und Entwicklungen der Zukunft überprüft werden. Eine Reihe von zusammenfassenden Übersichten sind in jüngerer Zeit erschienen, so daß sich diese Arbeit darauf beschränken soll, dem Chirurgen Entscheidungshilfen zu geben, die sich auf eine Auseinandersetzung mit der Literatur und eigene Erfahrungen stützen. Beide Krankheitsbilder sind grundsätzlich unterschiedlich, betrachtet man sie von der Pathogenese oder der konservativen Therapie her. Gerade auch Ziele und Chancen der chirurgischen Therapie differieren stark. Vergleiche und Gegenüberstellung der Therapieindikation auf der einen Seite und teilweise gleiche operative Techniken erlauben jedoch eine gemeinsame Darstellung.

159 ▪ Chirurgische Therapie der chronisch entzündlichen Darmerkrankungen. Indikation und Technik.
Herfarth Ch.; Heil-T
Internist-Berl.1981 Jul; 22(7): 440-8.
Die chronisch entzündlichen Darmerkrankungen - Colitis ulcerosa und Morbus Crohn - erscheinen vom chirurgischen Standpunkt her grundsätzlich unterschiedlich, da Ziele und Chancen einer chirurgischen Behandlung differieren. Die Operation ermöglicht durch die Entfernung des erkrankten Organs in der Behandlung der Colitis ulcerosa die Heilung, beim Morbus Crohn bleibt jedoch trotz Exstirpation von befallenen Darmbezirken eine hohe Rezidivgefahr. Für beide Erkrankungen ist die chirurgische Therapie bis heute den Komplikationen und therapierefraktären Verläufen oder der Karzinomprophylaxe vorbehalten. Der richtige Zeitpunkt einer operativen Therapie bei einem Patienten mit chronisch entzündlicher Darmerkrankung kann nur durch Abstimmung mit dem internistischen Gesprächspartner festgelegt werden. Zwischen beiden sollte Konsens darüber herrschen, daß chirurgische und internistische Therapiekonzepte keine Alternativen, sondern verlaufsbezogene Behandlungsmöglichkeiten darstellen. Für jeden Fall muß die Therapie individuell und situationsadaptiert geplant werden. Vor diesem Hintergrund ist zu prüfen, ob für Indikationskatalog und operative Therapie von Colitis ulcerosa und Morbus Crohn festgefügte chirurgische Konzepte bestehen.

160 ▪ Das Magenkarzinom.
Herfarth Ch.; Merkle-P; Schlag-P
Chirurg.1981 Apr; 52(4): 193-200.
Eine Standortbestimmung der Therapie des Magencarcinoms kann sich nicht nur auf die direkte chirurgische Therapie beziehen. Sie erstreckt sich auch auf die Frage, inwieweit in jüngster Zeit veränderte Kenntnisse der Epidemiologie und neue Definitionen der Risikofaktoren eine intensivere Diagnostik erfordern und prognostische Faktoren Einfluß auf Therapie- und Heilungserfolg haben. Es muß auch auf das Problem eingegangen werden, ob chirurgisch-technische Alternativen gegeben sind. Letzthin müssen die Bedingungen für eine Zusatztherapie erarbeitet werden. Das Magencarcinom ist so ein Musterbeispiel für eine vielschichtige onkologisch-chirurgische Konzeption.

161 ▪ Diaphragma duodenale im Erwachsenenalter - drei Fallberichte.
Klaiber-C; Savarin-I; Akovbiantz-A; Guller-R; Schmid-E; Pilgrim-K; Herfarth Ch.; Krampf-K
Schweiz-Rundsch-Med-Prax.1981 Nov 10; 70(46): 2077-85.
Das Diaphragma duodenale ist im Erwachsenenalter eine seltene Ursache einer chronischen duodenalen Obstruktion.
Über drei Fälle wird berichtet. Ätiologie, Pathologie und diagnostische Probleme werden diskutiert.

162 ▪ Kriterien zur Prognose der oberen Gastrointestinalblutung. Eine retrospektive Analyse.
Merkle, N.M., G. Hupfauf, Ch. Herfarth
Med. Welt 39, 2-4 (1981)
199 Patienten mit oberer gastrointestinaler Blutung wurden retrospektiv untersucht. Die Gesamtmortalität betrug 20,6%. Es wurden klinische Prognosekriterien hinsichtlich ihrer Wertigkeit, gemessen am letalen Ausgang, beurteilt.
Die Höhe der Mortalität korrelierte mit der Zunahme des Alters und der Begleitkrankheiten der Patienten als auch mit der Schwere der Blutung. Je tiefer der initiale Hämatokrit war, desto größer war die Mortalität. Die Mortalität nahm auch mit der Höhe der substituierten Blutkonserven zu. Die präoperative Identifikation der Blutungsquelle stellt einen wichtigen prognostischen Faktor dar. Bei Patienten mit präoperativ nicht verifi-

zierter Blutungsquelle betrug die Mortalität 35% im Gegensatz zu 21% bei präoperativ gesicherter Blutungsquelle. Bezüglich des therapeutischen Vorgehens hatten jene Patienten die schlechteste Prognose (Mortalität 42 %), bei denen nach Versagen einer konservativen Therapie notfallmäßig doch operiert werden mußte.
Die retrospektiv gewonnenen Ergebnisse zeigen, daß einfache klinische Faktoren wie das Alter, die Begleitkrankheiten, die Schwere der Blutung, die frühzeitige Diagnosesicherung und das therapeutische Vorgehen die Mortalität der Patienten mit oberer gastrointestinaler Blutung wesentlich mitbeeinflussen.

163 ■ Criteria in the prognosis of upper gastrointestinal hemorrhage. A retrospective analysis
Merkle-NM; Hupfauf-G; Herfarth Ch.
Med-Welt.1981 Sep 25; 32(39): 1431-3.

164 ■ Diagnostic and therapeutic aspects of gastroduodenal Crohn disease
Merkle-P; Heil-T; Herfarth Ch.
Chirurg.1981 Dec; 52(12): 758-62.
The duodenum or the stomach were involved in 20 (11%) of 177 patients with Crohn's disease. Four patients had no symptoms in the upper gastrointestinal tract, in ten patients pains and gastric disorders recurred. Six patients had severe symptoms caused by stenosis of the stomach or duodenum. The endoscopical and histological findings correlated to the severity of the symptoms. Early pathological changes were identified only by gastroscopy. We have little experience of the medical treatment of Crohn's disease of the duodenum or the stomach. A bypass procedure (gastrojejunostomy combined wih proximal-gastric vagotomy (PGV)) is indicated in all cases of severe gastric or duodenal stenosis.

165 ■ Postoperative individuelle Verlaufskontrollen der natürlichen Killerzell-Aktivität und der CEA-Werte bei Patienten mit gastrointestinalen Carcinomen.
Quentmeier, A., M. Betzler, H.D. Flad, U. Geisenhainer, Ch. Herfarth
Langenbecks Arch. Chir. (Suppl.), 229-233 (1981)
Bei 22 Patienten mit gastrointestinalen Carcinomen wurde neben der prä- und postoperativen CEA-Bestimmung eine Bestimmung der natürlichen Killerzell-Aktivität durchgeführt. Es ergibt sich eine gute Korrelation zwischen klinischem Befund, CEA-Verlauf und NK-Aktivität. Es kann mit beiden Parametern zuverlässig zwischen palliativ und kurativ operierten Patienten unterschieden werden kann. Durch langfristige regelmäßige Bestimmung beider Parameter lassen sich Störfaktoren ausschließen. Inwieweit das Verhalten der NK-Zellaktivität ein sensiblerer Indikator für den postoperativen Verlauf darstellt - Möglichkeit der noch frühzeitigeren Erkennung einer Wiedererkrankung -, muß sich erst in weiteren Untersuchungen über einen längeren Zeitraum sowie an einer größeren Patientenzahl erweisen.

166 ■ Korrelation zwischen proliferationskinetischen in vitro-Untersuchungen und Krankheitsverlauf beim Mammacarcinom-Ansatz zur Individualisierung einer postoperativen Zusatztherapieplanung ?
Schlag, P., W. Schreml, D. Breitig, M. Betzler, Ch. Herfarth
Langenbecks Arch. Chir. (Suppl.), 241-246 (1981)
Prätherapeutische in vitro-Cytostatica-Sensitivitätsaussage und klinischer Verlauf von Mammacarcinom-Patienten unter einer adjuvanten Cyclophosphamid-Adriamycin-Chemotherapie wurden verglichen. Es zeigte sich hierbei ein Zusammenhang zwischen in vitro Cytostatica-Sensitivität und Krankheitsverlauf. Patienten mit in vitro Cytostatica-sensiblen Carcinomen besaßen eine bessere Prognose als solche mit in vitro Cytostatica-resistenten Tumoren. Es ergeben sich somit erste Hinweise, daß mit den angewandten in vitro-Untersuchungen sich Möglichkeiten zur Individualisierung einer postoperativen Chemotherapie beim Mammacarcinom abzeichnen.

167 ■ Nitrite and N-nitroso compounds in the operated stomach.
Schlag-P; Bockler-R; Peter-M; Herfarth Ch.
Scand-J-Gastroenterol-Suppl.1981; 67: 63-9.
The concentration of nitrite and N-nitroso compounds was examined in the fasting gastric juice of 44 patients with regard to the known cancer risk of the operated stomach. All patients had been operated for ulcer disease in average 2.5 years previously. Twenty-six age-matched individuals with healthy stomachs figures as a control group. The concentration of nitrite and N-nitroso compounds in the gastric juice of the vagotomized patients (PGV) did not differ from that of the controls. On the other hand, a significant increase of the nitrite concentration was found in gastric juice of patients resected according to Billroth I or II procedure. The fraction of N-nitroso compounds, however, was significantly elevated in comparison to the other gastric juice samples only in the Billroth II-resected stomach. The importance of the increase of nitrite and N-nitroso compounds for the cancer risk inherent to the gastric stump is discussed.

168 ▪ Surgical aspects of early stomach cancer
Schlag-P; Meister-H; Merkle-P; Herfarth Ch.
Chirurg.1981 Jul; 52(7): 462-6.
The diagnosis of early gastric cancer can be preoperatively suspected, but can be made only by careful histological study of the resection material. In suspicion of early gastric cancer by X-ray or endoscopy the operative procedure cannot be simplified systematically, but the rules of cancer surgery require full observance. The extent of stomach resection will depend on tumor localization, macroscopic tumor appearance and the knowledge of the histological tumor type. Multicentricity and the continuous tumor growth, especially in diffuse type gastric cancer, and possible lymph node metastases must be taken into consideration in the surgical management. Despite differences in survival rates between various histological types of early gastric cancer the prognosis of the patients is highly favourable, given to adequate therapy.

169 ▪ Hormonrezeptoranalyse und Zytostatika-Sensitivitätstestung. Stellenwert in der Zusatztherapieplanung des Mammakarzinoms.
Schlag-P; Schreml-W; Veser-J; Herfarth Ch.
Dtsch-Med-Wochenschr.1981 Dec 25; 106(51-52): 1749-54.
Hormonrezeptoranalyse und Zytostatika-Sensitivitätstestung steuern neue Aspekte in der Zusatztherapieplanung des Mammakarzinoms bei. Während die Hormonrezeptoranalyse zunehmend Eingang in die Therapiewahl beim metastasierenden Mammakarzinom findet und zu einer Optimierung der Behandlung beigetragen hat, wird ihre Bedeutung für die adjuvante Therapie derzeit in Studien weiter untersucht. Der Stellenwert von Zytostatika-Sensitivitätstests ist derzeit noch unklar. Es ist aber denkbar, daß auch diesen Untersuchungen, sobald weitere methodologische Probleme gelöst sind, Bedeutung in der Therapieplanung zufallen kann. Besonders bei unklarem Hormonrezeptorbefund könnte sich zunächst hierdurch eine zusätzliche Entscheidungshilfe ergeben. Unklar sind vor allem die Erfolgsaussichten einer hormonellen Behandlung bei Östradiol-rezeptorpositiven Tumoren ohne Progesteron-Rezeptor und bei Mammakarzinomen mit unter 10 Femtomol gebundenem Östradiol pro Milligramm Cytosol-Protein. Der zusätzliche In-vitro-Nachweis einer Zytostatikaresistenz eines solchen Karzinoms könnte hier ein weiteres Argument für den Versuch einer hormonellen Therapie liefern. Andererseits könnte bei einem fraglichen Hormonrezeptorbefund eine Zytostatika-Sensitivität der Tumorzellen in vitro eher für eine zytostatische Therapie, besonders bei rasch progredientem Tumorwachstum, sprechen.

170 ▪ Sequential scintigraphy after total gastrectomy and gastric replacement.
Sonntag-A; Schlag-P; Herfarth Ch.
Scand-J-Gastroenterol-Suppl.1981; 67: 183-5.
In 24 patients with a substitute stomach according to Hunt-Lawrence-Rodino with additional jejunal plication functional scintigraphic investigations of emptying were performed. Results: 1. the jejunal pouch proved to be a sufficient reservoir in 22 patients. 2. the emptying was continuous in the majority but delayed in all cases. 3. esophageal reflux was absent in all cases under physiological conditions, due to the additional jejunal plication.

171 ▪ Natürliche Killerzell-Aktivität während einer Behandlung mit Fibroblasten-Interferon beim Magencarcinom.
Betzler, M., H.D. Flad, P. Schlag, W. Schreml, Ch. Herfarth
Langenbecks Arch. Chir. (Suppl.) Chirurgisches Forum '82, 111-116 (1982)
Im Rahmen einer prospektiven randomisierten Therapiestudie bei Magencarcinom-Patienten wurde mit und ohne prä-/postoperative intravenöse Fibroblasten-Interferon-Behandlung die natürliche Killerzell-Aktivität im peripheren Blut kontinuierlich bestimmt Die vorläufigen Ergebnisse dieser Untersuchung weisen darauf hin, daß es unter einer intravenösen Applikation von Fibroblasten-Interferon zu einer Steigerung der NK-Aktivität kommt Dieser Befund war ausgeprägter in der präoperativen Behandlungsphase. Die Ergebnisse lassen vermuten, daß die chirurgische Tumorreduktion die NK-Zellaktivität auch bei Patienten unter prä- und postoperativer Interferon-Behandlung beeinflußt. Der Rückgang der NK-Aktivitat unter einer Interferon-Langzeittherapie kann als Erschöpfung des für den Interferon-Mechanismus funktionierenden Targetzellpools angesehen werden.

172 ▪ Adjuvant intermittent chemoimmunotherapy for primary breast cancer: a prospective study with immunologic follow-up.
Betzler-M; Schreml-W; Lang-M; Lohrmann-HP; Flad-HD; Schlag-P; Herfarth Ch.; Heimpel-H
Recent-Results-Cancer-Res.1982; 80: 185-91.
In an interdisciplinary prospective study 50 patients surgically treated for breast cancer were treated with six monthly courses of aggressive adjuvant chemotherapy (adriamycin and cyclophosphamide) and were randomized to receive either immunotherapy with levamisole or no additional therapy. Probability of disease-free survival for the whole group is 54.9% at 42 months. There was no noticeable difference in disease-

free survival for either pre- and postmenopausal women or for patients treated with or without levamisole. The addition of levamisole had no effect on the depression of in vitro immunologic functions during chemotherapy.

173 ▪ Histologische Untersuchung nur in Fachkliniken. Mamma-Diagnostik: Zytologie und Histologie vermehrt ambulant?
Herfarth Ch.
Münch. med. Wschr. 124, 16-17 (1982)

174 ▪ Langzeitergebnisse nach stadiengerechter Mammacarcinom-Operation.
Herfarth Ch.
Verh.Dtsch.KrebsGes. 3, 133-144 (1982)
Discussing stage depending surgery for breast cancer needs premarely a definition of pre- and intraoperative findings and their correlating adequate operative procedures. Using the terminology „stage depending surgery" is a rather clinical approach to determine pre- and intraoperative criteria for the possible local curative or a palliative outcome of surgery. Apart from the clinical staging of breast cancer disease there are other factors influencing the survival rate, which need further assessment (e.g. histological grading, sinushystiocytosis, multicentricity, receptor-sensitivity and tumorsensibility etc.).
Looking through multiple publications concerning the longterm results of different surgical procedures of breast cancer we are convinced, that in stage I and II of breast cancer a modified radical mastectomy is sufficient enough to get local curability and a staging regional nodules. However, one must keep in mind, that at the time of diagnosis a nondetectable spread of the tumor is already existing in some patients limiting the outcome or the success of the surgical procedure.
Apart from the stage depending operative procedure the treatment of breast cancer patients must include a careful follow up and as early as possible beginning of any additional therapy (e.g. hormon-, chemo-, radiotherapy). Defining the different tumorbiological factors, which are influencing the fate of patients undergoing surgery for breast carcinoma needs further investigation.

175 ▪ Lebermetastasen: Was zu tun bleibt.
Herfarth Ch.
MMW-Munch-Med-Wochenschr. 1982 Apr 2; 124(13): 305-6.

176 ▪ Chirurgische Therapie des Echinococcus granulosus der Leber.
Herfarth Ch.; Friedl-P
Aktuelle-Probl-Chir-Orthop. 1982; 23: 111-8.
Die Behandlung der zystischen Echinokokkose ist bisher ausschliesslich operativ. Der Eingriff durch Hydatektomie ist leicht und unkompliziert. Die Operation sollte nicht mit einer perioperativen Letalität belastet sein. Ausgedehnte Eingriffe, z. B. eine partielle Hepatektomie sind für die zystische Echinokokkose nicht erforderlich. Nach unserer Erfahrung hat sich zur Abtötung der Echinokokkuszyste 0,5%iges Silbernitrat bewährt. Durch eine geschlossene äussere Zystendrainage nach Hydatektomie ist die postoperative Morbidität gering und die Hospitalisationszeit kurz. Trotz des chirurgisch kleinen und einfachen Eingriffs erfordert das Vorgehen Erfahrung, so dass man, wenn möglich, Fälle mit zystischer Echinokokkose in einigen Kliniken zur Therapie sammeln sollte.

177 ▪ Problematik des Kurzdarms.
Herfarth Ch.; Riecken-EO
Z-Gastroenterol-Verh. 1982 Apr; 17: 24-37.

178 ▪ Surgical tactics in precancerous conditions and non-invasive cancers of the breast
Herfarth Ch.; Schlag-P
Chirurg. 1982 Jan; 53(1): 29-33.
In the treatment of non-palpable lesions of the breast, geometric localization technique with subcutaneous segmental mastectomy and intraoperative specimen radiography proved to be safe. Permanent sectioning of the whole excised area is recommended to improve the reliability of diagnosis. If breast biopsy establishes proliferative mastopathy with cell atypia or papillary proliferation, a strict clinical follow-up of the patient is adequate. When lobular neoplasia is detected, both breasts are in danger of developing carcinoma. In the treatment of this lesion, the calculated risk of life-long follow-ups may sometimes be an acceptable alternative to the certain cure by (subcutaneous) mastectomy. Yet, for treatment purposes intraductal carcinoma, with its risk of occult infiltration, should be considered potentially invasive.

179 ▪ Das Kurzdarmsyndrom.
Riecken-EO; Herfarth Ch.
Internist-Berl. 1982 Sep; 23(9): 503-8.
Das Kurzdarmsyndrom ist entweder die Folge der Resektion von Dünndarmanteilen, die funktionell wegen Wegfalls spezifischer Leistungen nicht ersetzbar sind und/oder die Folge prinzipiell zwar ersetzbarer Darmanteile, die wegen ihrer Ausdehnung vom verbliebenen Darmrest nicht kompensiert werden können. Bei Resektion spezifscher Resorptionsorte, wie des Ileums (Vitamin B12 und Gallensäuren), kommt es daher bereits

bei relativ kurzem Resektat zu Störungen. Andererseits führt die Entfernung prinzipiell kompensierbarer Darmabschnitte erst nach sehr ausgedehnter Resektion zum Kurzdarmsyndrom, in der Regel erst nach mehr als 50%, denn die Reservekapazität des Dünndarms ist außerordentlich groß (Booth 1961). Ernste Probleme setzen erst dann ein, wenn mehr als zwei Drittel der Darmlänge entfernt werden.
Für die Beurteilung des zu erwartenden Ausfalls ist deshalb die präzise Angabe nicht nur des Resektionsortes, sondern auch der Länge des Resektats und - wegen der großen Variationsbreite der Darmlänge - des verbliebenen Darmrestes von Bedeutung. Die intra operationem gemessene mittlere Länge des Dünndarms liegt bei 4-5 m (Herfarth und Riecken 1982).

180 ■ Simultane Steroidhormon-Receptoranalyse von Primärtumor und Lymphknoten-metastase beim Mammakarzinom.
Schlag, P., J. Veser, D. Breitig, Ch. Herfarth
Langenbecks Arch. Chir. (Suppl.) Chirurgisches Forum '82, 99-103 (1982)
Es wurde überprüft, inwieweit der Steroidhormon-Receptorstatus von Primärtumorgewebe und Lymphknotenmetastase beim Mammacarcinom übereinstimmen. Es zeigte sich, daß teilweise die Receptorkonzentration in den Lymphknotenmetastasen doppelt so hoch war wie im gleichzeitig analysierten Primärtumorgewebe. Dagegen waren qualitative Unterschiede im Receptorstatus (Receptorpositivität bzw. -negativität) zwischen Primärtumor und Lymphknotenmetastase gering und statistisch nicht signifikant. Somit scheint für eine qualitative Hormonreceptorbestimmung die Untersuchung des Primärtumorgewebes in der Regel ausreichend, wobei die Verläßlichkeit der Methode durch simultane Östradiol- und Progesteron-Receptoranalytik verbessert werden kann.

181 ■ Wachstum von Tumorzellkolonien bei menschlichen soliden Tumoren.
Schlag, P., J. Wolfrum, G. Vergani, W. Schreml, Ch. Herfarth
Dtsch. med. Wschr. 107, 1173-1177 (1982)
Das In-vitro-Wachstum von Tumorzellkolonien verschiedener menschlicher solider Karzinome wurde untersucht. Bei 46 von 81 in Einzelzellen aufgearbeiteten Tumorproben konnte eine Zellkoloniebildung in vitro erreicht werden. Der Anteil gebildeter Tumorzellkolonien pro Anzahl kultivierter Tumorzellen (»cloning efficiency«) betrug hierbei 1-8‰. Die Tumorzellkolonien verschiedener Karzinome unterschieden sich in ihrem morphologischen Aussehen, wobei die charakteristischen zytologischen Zelleigenschaften der jeweiligen untersuchten Tumoren auch in vitro gefunden werden konnten. Durch die Anzüchtung von Tumorzellkolonien eröffnet sich die Möglichkeit, Zytostatika-Sensitivitätsuntersuchungen an einer definierten Tumorzellpopulation des jeweiligen individuellen Tumors eines Patienten durchzuführen. Unter dem Einfluß verschiedener Zytostatika ergab sich eine Reduktion der Tumorzellkolonienzahl um mehr als 30% im Vergleich zur unbehandelten Kontrolle bei 27 der 46 getesteten Karzinome.

182 ■ Adjuvant 5-fluorouracil and BCNU chemotherapy in gastric cancer: 3-year results.
Schlag-P; Schreml-W; Gaus-W; Herfarth Ch.; Linder-MM; Queisser-W; Trede-M
Recent-Results-Cancer-Res.1982; 80: 277-83.
One hundred-three patients with a potentially curative operation of a histologically proven gastric cancer were randomly assigned to a control and chemotherapy group after stratification according to tumor stage II and III. Chemotherapy courses with 5-fluorouracil (10 mg/kg/day) and BCNU (40 mg/m2/day) for 5 days were administered eight times in 6-8 week intervals. Age, sex, and tumor location were matched in the chemotherapy and control groups. Five patients declined treatment after randomization. Three years after initiating the study, the tumor has recurred in 38 of the 103 patients. There were 21 recurrences of 54 controls and 14 recurrences of 44 patients who received chemotherapy, and 17 and ten deaths, respectively, due to tumor relapse. The results of our study to data show a high degree of statistical probability that adjuvant chemotherapy with the regime used has no influence on the recurrence-free interval and survival time in gastric cancer.

183 ■ Effect of fibroblast interferon on colony tumor growth of miscellaneous solid human tumors.
Schlag-P; Wolfrum-J; Schreml-W; Herfarth Ch.
Klin-Wochenschr.1982 Dec 1; 60(23): 1455-9.
The antiproliferative effect of fibroblast interferon (IF-beta) on the colony tumor growth of 42 miscellaneous carcinomas (15 gastric, 11 breast, eight colon, five ovarian, three bronchial) and two malignant melanomas were assayed in a semisolid, double-layered agar culture system. Of the 44 evaluable experiments only four tumor specimens (three breast-, one gastric carcinoma) showed at least a 30% inhibition of colony formation due to application of interferon at concentration of 1,000 IU/ml or less. In these cases, a dose response relationship of the interferon effect was obvious. Yet, in the majority of carcinomas investigated, interferon had no antiproliferative influence on colony tumor growth and

was markedly inferior to a simultaneously tested cytostatic agent (adriamycin). Our in vitro results contradict a general direct cytotoxic action of interferon on human solid carcinomas.

184 ▪ Growth of tumour-cell colonies from human solid tumours (author's transl)
Schlag-P; Wolfrum-J; Vergani-G; Schreml-W; Herfarth Ch.
Dtsch-Med-Wochenschr.1982 Aug 6; 107(31-32): 1173-7.
In-vitro growth of tumour-cell colonies of various human solid carcinomas was investigated. Cell-colony formation in-vitro was achieved from single cells in 46 of 81 tumour specimens. The proportion of tumour-cell colonies per number of cultured tumour cells („cloning efficiency") thus was 1-8 per 1000. Tumour-cell colonies of various carcinomas differed in their morphological appearance, with characteristic cytological in-vitro. Growth of tumour-cell colonies opens up the possibility of performing cytostatic drug sensitivity tests on defined tumour-cell populations of a given individual tumour. Under the influence of various cytostatic drugs tumour-cell colony numbers could be reduced by more than 30% in 27 of 46 tested carcinomas compared with untreated controls.

185 ▪ Cooperative Group of Additional Immunoglobulin Therapy in Severe Bacterial Infections: Multicenter Randomized Controlled Trial on the Efficacy of Additional Immunoglobulin Therapy in Cases of Diffuse Fibrino-Purulent Peritonitis - Study Design.
Baginski, B., Ch. Herfarth, H. Intorp, K. Schumacher, J. Seifert (Adv.)
Klin Wochenschr 61, 445-450 (1983)
The efficacy of the therapeutic use of immunoglobulin (Ig) in patients with severe bacterial infections has not yet been proved. To examine this question, a multicenter controlled, randomized study was initiated to show the effect of Ig on patients with diffuse fibrino-purulent peritonitis.
The essentials of the study protocol and a first report of the accrual of patients and the distribution of prognostic factors as seen in these first cases are presented.

186 ▪ Individualisation of primary treatment in colorectal cancer.
Betzler, M., A. Quentmeier, Ch. Herfarth
J. Exp. Clin. Cancer Research 2 (Suppl. 2), 31 (1983)

187 ▪ Modulation of natural killer cell activity in gastric cancer patients during a treatment with fibroblast interferon.
Betzler, M., H.-D. Flad (a.G.), P. Schlag, W. Schreml, Ch. Herfarth
Verh.Dtsch.KrebsGes. 4, 497 (1983)
It has been reported that the spontaneous lytic interaction of effector lymphocytes, isolated from human peripheral blood could be markedly enhanced by exogenous interferon. By isolation of lymphocyte subpopulations it could be demonstrated that the activities of interferon-stimulated and unstimulated effectors were similarily distributed, suggesting that the main effect of interferon was an enhancement of the activity of natural killer cells (NK) or their precursors. There is currently considerable interesting the possibility that exogenous interferon may contribute to host defence against neoplasia by boosting the activity of NK. The aim of this study was to examine if the NK activity can be influenced by an in vivo application of fibroblast interferon (FIF).

188 ▪ Modulation of NK Cell Acitivity in Gastric Cancer Patients by Fibroblast Interferon.
Betzler, M., H.-D. Flad, P. Schlag, W. Schreml, Ch. Herfarth
Eur. Surg. Res. 15, 38 (1983)

189 ▪ Prognosegefährdung durch lokale Therapieverfahren bei frühen kolorektalen Karzinomen ?
Betzler, M., U. Junge, Ch. Herfarth
Acta chir. Austriaca 51, 43 (1983)

190 ▪ Adjuvant chemo(-immuno)-therapy of primary breast cancer with adriamycin - cyclophosphamide (and levamisole).
Betzler, M., W. Schreml, M. Lang (a.G.), P. Schlag, H.-P. Lohrmann, H. Heimpel, Ch. Herfarth
Verh.Dtsch.KrebsGes. 4, 695 (1983)
In June 1976, a Cooperative Group at the University of Ulm initiated a study on adjuvant therapy of breast cancer with the aim, to test a more aggressive cytotoxic regimen, adriamycin-cyclophosphamide, which was reported to show superior results in metastatic breast cancer, in a phase II-study, and to search for a beneficial effect of immunomodulatory therapy by randomizing half of the patients to receive levamisole, which had produced improved survival in advanced breast cancer. Following radical mastectomy for primary breast cancer, 52 patients with no signs of metastases, but with a high risk for recurrence, were treated with six courses of adriamycin (50 mg/m2, i.v.) and cyclophosphamide (500 mg/m2, i.v.) at monthly intervals as adjuvant systemic therapy. The schoduled dose and time regimen could be achieved in over 90% of patients. Half of the patients

were randamized to receive additional unspecific immunotherapy with levamisole on days 14, 15, 21 and 22 of each course and on two consecutive days every week for a total of two years (dose: 150 mg). Probabilities of disease-free/overall survival at 48 months were 0.672/0.798 for all patients; 0.623/0.885 and 0.624/0.706 for the subgroups with and without immunotherapy; 0.689/0.876 and 0.535/0.662 for pre- and postmenopausal patients ($p<0.1$). Immunotherapy did not influence disease-free or overall survival.
Recomparison of the actuarial survival curves with data reported in the literature shows the disease-free survival to be in the lower range of reported data, while overall survival is equivalent to the most favourable reported results. Particular attention was paid to psychological consequences of adjuvant systemic therapy; consistent attention by one specifically trained physician was effective in coping with the emotional problems.

191 ▪ Das „Chirurgische Forum" im Rahmen des Deutschen Chirurgen-Kongresses - Rückblick, Überblick, Ausblick.
Brückner, U.B., Ch. Herfarth
Dtsch. Ges. Chir. - Mitteilungen 2, 63-65 (1983)
1972, zum hundertjährigen Jubiläumskongreß der Deutschen Gesellschaft für Chirurgie, gründete das Präsidium der Gesellschaft unter dem damaligen Präsidenten, Herrn Prof. Dr. med. Dr. h. c. mult. F. Linder, das „Chirurgische Forum" Der Leitgedanke war, eine Einrichtung zu schaffen, in der eine enge Kooperation zwischen der experimentellen und klinischen chirurgischen Forschung gewährleistet ist. Podium dieses Gedankenaustausches sollten eigene einheitliche Sitzungen im Rahmen des Deutschen Chirurgen-Kongresses sein. Der Wunsch bei der Gründung des „Chirurgischen Forums" war aber auch, mit Hilfe dieser initiierten Institution neue Impulse in der chirurgischen Forschung sowie Tätigkeiten jeglicher wissenschaftlicher Art nicht nur zu registrieren, sondern auch zu fördern. Forschergeist, Intuition und die Bereitschaft persönlicher Initiativen für die Forschung sollten angeregt, aber auch unterhalten werden.

192 ▪ Polytrauma - Prioritäten und Behandlungstaktik.
Hartel, W., F. W. Ahnefeld, Ch. Herfarth (Hrsg.)
Notfall Medizin, Bd 11, perimed Fachbuch-Verlagsges. mbH Erlangen 1983

193 ▪ Chirurgische Onkologie.
Herfarth Ch.
Langenbecks Arch. Chir. 361 (Kongreßbericht), 43-47 (1983)
Die chirurgische Onkologie beschäftigt sich mit der Behandlung und nicht allein mit der Operation eines malignen Tumors. Tumorbiologische, tumorpathologische und konservativ-therapeutische Fragen werden in die Planung der Therapiekonzepte miteinbezogen. Für die chirurgische Onkologie ergeben sich mehrere Ansätze.
1. Die Wertigkeit eingeschränkter operativer Verfahren gegenüber radikaleren zu überprüfen,
2. das operative Vorgehen und die allgemeine Therapieplanung zu individualisieren, d.h. sie nicht nur vom Tumorstadium, sondern auch vom Tumortyp abhängig zu machen,
3. eine adäquate Organersatzbildung nach totaler Opferung eines Organs wegen eines Carcinoms,
4. neue Therapiestrategien bei Rezidiven und Metastasen,
5. mit dem operativen Eingriff weitere Behandlungsformen zu überprüfen,
6 .möglichst die biologischen Kriterien des Tumors und die der Abwehrlage des Patienten im Rahmen der Therapie weiter zu definieren.

194 ▪ Der operierte Tumorkranke.
Herfarth Ch.
Therapiewoche 33, 1067-1080 (1983)
Der Wert der nachgehenden Fürsorge für den tumoroperierten Patienten liegt heute mehr in der Erkennung und Therapie von Folgezuständen seitens der Operation. Die Fälle operabler lokoregionärer Rezidive, isolierter Leber- und Lungenmetastasen oder metachroner Zweitkarzinome sind selten. Der Einsatz einer frühzeitigen allgemeinen Zusatztherapie, wie z. B. beim Mammakarzinom, kann möglicherweise Erfolg bringen. Das gleiche gilt für eine gezielte Chemotherapie beim generalisierten Karzinom. Die Möglichkeiten der psychologischen und sozialen Führung sollten in Zukunft mehr genutzt werden. Trotz der Bedenken über die Effizienz der Nachsorge erscheint die regelmäßige ärztliche und psychosoziale Führung des Patienten angezeigt. Hieraus ergibt sich gleichzeitig eine Leistungskontrolle des chirurgisch-onkologischen Konzeptes.

195 ▪ Einführung in die derzeitigen Fragen.
Herfarth Ch.
Verh.Dtsch.KrebsGes. 4, 419-420 (1983)
Das Magencarcinom ist pathologisch-anatomisch definiert. Die Form und die Stadien sind seit BORRMANN in den zwanziger Jahren bekannt, epidemiologisch erscheint diese Tumorform den Rückzug angetreten zu haben. Chirurgisch-technisch ergeben sich seit Jahrzehnten trotz Erweiterung der Radikalität keine Fortschritte für die Überlebenszeit; nur das Magenfrühcarcinom, durch subtilere Röntgendiagnostik

oder Endoskopie vermutet, verspricht bessere Überlebensraten. Zusatztherapie-Verfahren sind erfolglos, allenfalls kann der Internist bei einer sogenannten agastrischen Dystrophie helfen. Insgesamt ein entmutigendes Kapitel der Onkologie. Da das Carcinom des Magens - epidemiologisch gesehen - zurückgeht, lohnt es sich kaum noch damit zu beschäftigen.

196 ■ Magen- und kolorektale Tumoren - Stagnation?
Herfarth Ch.
Schweiz-Med-Wochenschr. 1983 Sep 10; 113(36): 1272-9.

197 ■ Chronisch-entzündliche Darmerkrankungen - Indikation zur Operation.
Herfarth Ch.
Z-Gastroenterol-Verh. 1983 Apr; 18: 27-34.
Indikation und Therapie bei beiden chronisch entzündlichen Darmerkrankungen, Colitis ulcerosa und Morbus Crohn, basieren mehr auf Erfahrungen als auf Standard-Therapieregeln. Die notwendigen therapeutischen Möglichkeiten lassen sich unseres Erachtens nur dann am ehesten lösen, wenn zum einen die interdisziplinären Kontakte voll ausgenützt werden und zum anderen die Kooperation in einer Region es erlaubt, ein größeres Krankengut anzusammeln. Der individuelle Verlauf, für den der Chirurg nur in einer Erkrankungsphase die therapeutische Verantwortung übernimmt, muß von Chirurg und Internist gemeinsam im Auge behalten werden. Vereinfacht man das Problem der Indikationsstellung, so ist gerade beim Morbus Crohn das subjektive Wohlbefinden besonders mit zu bewerten. Der früheren organsparenden, d. h. maßgeschneiderten Operation scheint eine wichtige Rolle in Zukunft zuzukommen.

198 ■ Fehler und Gefahren bei der chirurgischen Therapie des or- ganischen Hyperinsulinismus.
Merkle, P., H. Bindewald, Ch. Herfarth
Langenbecks Arch. Chir. 361 (Kongreßbericht), 571-574 (1983)
Die Analyse von 28 Patienten ergab, daß die Treffsicherheit bei der Identifizierung eines Adenoms durch die intraoperative Exploration größer ist als die der präoperativen Lokalisationsdiagnostik. Nur bei kleinen Adenomen sollte prinzipiell enucleiert werden; bei größeren Adenomen empfehlen wir im Schwanzbereich die Resektion, im Kopf-und Corpusbereich die Anastomosierung des Parenchymdefekts mit einer Roux-Schlinge. Bei nicht auffindbarem Adenom ist die Recxploration nach Durchführung einer transhepatischen Milzvenenkatheterisierung angezeigt.

199 ■ Retrospektive klinische Studien als Basis für die Therapiewahl beim differenzierten Schilddrüsencarcinom.
Meybier-H; Herfarth Ch.; Wahl-RA; Abel-U; Tschaharghane-C
Chirurg. 1983 Apr; 54(4): 203-10.
In Abhängigkeit von der pathohistologischen Diagnose besteht die folgende Reihung bezüglich des Malignitätsgrades; die günstigste Prognose hat das papilläre Carcinom, gefolgt von dem folliculären Carcinom.
Bei papillären Carcinomen erwies sich das Stadium nach den eigenen Untersuchungen für die Länge des rezidivfreien Intervalles und die Dauer des Überlebens als bestimmende Einflußgröße. Für die folliculären Carcinome war das Stadium für die Dauer des Überlebens entscheidend.
Tumorös okkupierte Lymphknoten waren nur bei folliculären Carcinomen für die Dauer des rezidivfreien Intervalles und die Länge des Überlebens von Einfluß.
Sind auch die Therapie-Ergebnisse bei differenzierten Carcinomen mit frühen Tumorstadien nahezu nicht verbesserungsfähig, so sollte doch in Abhängigkeit von der Histologie ein differenziertes chirurgisches Vorgehen gefordert werden. Während auch unter den Bedingungen eines Strumaendemiegebietes beim papillären Carcinom ein eingeschränkt radikaler Eingriff möglich erscheint, bleibt beim follicolären Carcinom das bisher nötige radikale, interdisziplinäre Gesamtkonzept weiterhin bestehen. Angesichts der sehr guten Therapie-Ergebnisse bei frühen Tumorstadien ist die Forderung nach einer Frühdiagnose und frühen Therapie - wie auch auf anderen Gebieten der onkologischen Erkrankungen - am wichtigsten.

200 ■ Importance of serial CEA determinations for early diagnosis of local or systemic recurrence in breast cancer patients.
Quentmeier, A., M. Betzler, D. Schwarz, Ch. Herfarth
Verh. Dtsch. KrebsGes. 4, 685 (1983)
Since 1975 a prospective follow-up study of 315 patients after potentially curative operation for breast cancer has been performed. According to a protocol a clinical examination as well as determinations of haemoglobin, blood sedimentation rate and liver enzyme tests have been done in 3-month intervals, and once a year chest x-ray and mammography. In suspicion of recurrence or metastatic disease special examinations complete the routine program. In addition, since 1978 the determination of CEA has routinely been performed.
The CEA curves of 48 patients with local recurrence or distant metastases are analyzed. The CEA values of patients with local recurrence were only in 9 out of 34 cases markedly elevated in the pathological range. The

CEA increase preceded only in 2 out of those 9 cases the clinical diagnosis for four months. In contrast, in patients with distant metastases or synchronic appearance of local recurrence and distant metastases in 17 out of 25 patients a clear CEA increase could be seen, in 10 patients 6 to 76 weeks (mean 29.1 weeks) before the clinical diagnosis.
These data indicate, that the serial CEA determination is a valuable and helpful marker for early detection of distant metastases in breast cancer patients and that the CEA test plays no important role in the early diagnosis of loco-regional recurrences. Continued increase of CEA values should be followed by intensive clinical search for metastases to initiate as soon as possible systemic treatment.

201 ■ Growth of cell colonies in soft agar of different human solid tumors: application and potential.
Schlag, P., W. Schreml, Ch. Herfarth
Verh.Dtsch.KrebsGes. 4, 146 (1983)

202 ■ Adjuvant chemo(immuno-)-therapy of primary breast cancer with adriamycin-cyclophosphamide (and levamisole)-six-year evaluation.
Schreml-W; Lang-M; Betzler-M; Schlag-P; Lohrmann-HP; Heimpel-H; Herfarth Ch.
Eur-J-Cancer-Clin-Oncol.1983 May; 19(5): 607-13.
In a phase II-type study 52 patients with no signs of metastases but with a high risk of recurrence were treated with 6 courses of adriamycin-cyclophosphamide as adjuvant systemic therapy following modified radical mastectomy of primary breast cancer. Half of the patients were randomized to receive additional immunotherapy with levamisole for 2 yr. The scheduled dose and time regimen could be achieved in over 90% of patients. A comparison of the actuarial disease-free and overall survival with data reported in the literature indicates a similar positive effect of adjuvant systemic therapy as described in adjuvant studies using polychemotherapy regimens. Immunotherapy with levamisole has no effect on disease-free and overall survival but added to general toxicity. Particular attention was paid to psychological consequences of adjuvant systemic therapy; consistent attention by one specifically trained physician during the whole therapy and follow-up period was effective in coping with the emotional problems. The difficulties in treating recurrences after adjuvant therapy became apparent. A high rate of loco-regional recurrences and of cerebral metastases was noted.

203 ■ Evaluation of intestinal bypass operations in Crohn's disease.
Betzler, M., G.E. Feurle, Ch. Herfarth
Dig. Surg. 1, 104 (1984)

204 ■ Die Bedeutung des „Blindsack-Syndroms" nach intestinalen Anastomosen bei Morbus Crohn.
Betzler, M., G.E. Feurle, Ch. Herfarth
Langenbecks Arch. Chir. 364 (Kongreßbericht), 439-441 (1984)
Eine Fallzusammenstellung (n= 13) zeigt, daß bei Patienten mit Morbus Crohn nach intestinalen Bypassoperationen mit nicht peristaltikkonformen Anastomosen zwar Blindsackbildungen auftreten können, daß jedoch für das klinische Beschwerdebild die rezidivbedingte Stenose im Bereich der Anastomose hauptverantwortlich ist. Eine Korrelation zwischen Bypassform und Rezidiverkrankung war nicht nachweisbar. Es scheint, daß das Intervall bis zum symptomatischen Crohn-Rezidiv unter konservativer Therapie nicht kürzer ist im Vergleich zu resezierten Patienten. Eine Umgehungsanastomose mit intestinaler Ausschaltung kann im Einzelfall zumindest auf Zeit angebracht sein.

205 ■ Radical operation and recurrence prevention with azulfidine in Crohn disease: a prospective multicenter study-initial results
Ewe-K; Malchow-H; Herfarth Ch.
Langenbecks-Arch-Chir.1984; 364: 427-30.
The influence of radical versus more restricted operation and Azulfidine prophylaxis was studied in a controlled, partially randomized double blind multicenter trial (16 centres) in 177 patients over 3 years. Early relapse occurred more frequently in the radically operated group (49 vs. 31%) and less frequently under Azulfidine prophylaxis (34 vs. 46%). The radical operation had no advantage over the more restricted procedure and should be abandoned in Crohn's disease.

206 ■ Ausschaltung erkrankter Darmsegmente bei M. Crohn.
Feurle, G.E., M. Betzler, Ch. Herfarth
Verh. Dtsch. Ges. f. Inn. Med. 90, 571-573 (1984)

207 ■ Parathyroid carcinoma
Gottswinter-JM; Ziegler-R; Weise-HJ; Baczako-K; Heymer-B; Herfarth Ch.
Klin-Wochenschr. 1984 Jul 2; 62(13): 613-20.
The parathyroid carcinoma is a rare cause of primary hyperparathyroidism. It deserves special attention in regard to diagnosis and treatment. Within a period of 10 years we observed 117 patients with primary hyperparathyroidism (pHPT) at the University Hospi-

tals of Ulm and Heidelberg. In five patients a parathyroid carcinoma was found, corresponding to an incidence of 4.4%. In four of five patients no clinical signs were evident preoperatively indicating a parathyroid malignancy.

208 ■ Behandlung des Dick- und Mastdarmkrebses. Individualisierte oder standardisierte Nachsorge?
Herfarth Ch.
Der Kassenarzt 24, 39-43 (1984)
Fortschritte in der Behandlung des Dick- und Mastdarmkrebses liegen auf verschiedenen Gebieten der operativen Technik, den begleitenden Verfahren und der Nachsorge. Die Infektinzidenz konnte in der Kolonkarzinomchirurgie durch eine perioperative Kurzzeitantibiotikaprophylaxe erheblich reduziert werden. Durch die No-touch-Isolationstechnik scheint beim Tumorstadium mit Lymphknotenbefall die Überlebenschance verbessert worden zu sein. Bei der Chirurgie des Mastdarmkrebses stehen verschiedene operative Verfahren zur Verfügung, die je nach Tumorsitz, Ausbreitung, Größe und Art des Karzinoms differenziert eingesetzt werden können. Bei zwei Drittel der Patienten ist eine Rektumerhaltung möglich. Der entscheidende Fortschritt in der Nachsorge kolonkarzinomoperierter Patienten ergibt sich aus der engmaschigen Kontrolle des Tumormarkers CEA, der neben den bildgebenden Verfahren als Grundlage für einen Reinterventionseingriff bzw. eine Second-look-Operation herangezogen werden kann.

209 ■ Verletzungen von Thorax, Abdomen und Extremitäten.
Herfarth Ch.
Fortschr Ophthalmol 81, 524-528 (1984)
Hauptproblem in der frühen Phase der Behandlung des Polytraumatisierten ist es, die Dringlichkeit der einzelnen Maßnahmen abzustufen, zu gewichten und Prioritäten zu setzen. Es sind hinsichtlich der Dringlichkeit drei Stufen zu unterscheiden: Die Reanimationsphase und die erste operative Phase. Hierzu ist es notwendig, die Schweregrade der Verletzungen zu definieren. Die Therapie der massiven Blutung und der respiratorischen Insuffizienz steht im Vordergrund. In der zweiten operativen Phase gilt es, für spezielle Verletzungen die Notwendigkeit der frühen Operation abzuwägen. Dies kommt im besonderen für die Thoraxverletzungen mit Zwerchfellruptur, Aortenruptur oder die Verletzungen parenchymatöser Organe beim abdominalen Trauma in Frage. Gefäßverletzungen mit Läsion intrathorakaler oder intraabdomineller Gefäße bzw. mit Ischämie lebenswichtiger Organarterien werden sofort versorgt. Eine aufgeschobene Dringlichkeitsstufe liegt bei Verletzungen von Gliedmaßengefäßen vor. Verletzungen des knöchernen Skeletts stehen in der Regel erst in der Stabilisierungsphase zur Versorgung an. Die Behandlung des Mehrfachverletzten ist der Prüfstein der Kooperation zwischen den einzelnen Fachgebieten in einem Klinikum.

210 ■ Palliative Karzinomeingriffe.
Herfarth Ch.
Münch. med. Wschr. 126, 437 (1984)
Palliative Therapiemaßnahmen bei einem inkurablen Karzinom verfolgen grundsätzlich zwei Ziele: Zum einem sollen bei erwiesener Inkurabilität Tumorsymptom und -Komplikation für die in der Regel kurze Überlebenszeit von 1 bis höchstens 2 Jahren überbrückt werden, um dem Patienten den verbleibenden kurzen Lebensabschnitt noch zu erleichtern. Im weiteren Sinne aber zusätzlich beinhalten heute palliative Therapiemaßnahmen auch Verfahren bei symptomfreien Metastasen. Es wird versucht, durch lokale Metastasenentfernung oder örtliche Chemo- bzw. Strahlentherapie einen Gewinn an Überlebenszeit zu erreichen, indem Tumormasse verkleinert oder eventuell komplett beseitigt wird.

211 ■ Chronic inflammatory bowel diseases
Herfarth Ch.
Langenbecks-Arch-Chir. 1984; 364: 143-7.
Surgical decision making in inflammatory bowel disease also includes aspect of the patient's general condition. If conservative therapy fails surgical therapy in ulcerative colitis and diverticulitis is a curative procedure. In Crohn's disease the situation is principally different. Conservative and surgical treatment being only symptomatical, they cannot lead to a definite cure. Quality of life and disease-free interval must be compared to the general risk, i.e. lethality and morbidity of conservative therapy as well as of surgery. The analysis of our own patients shows a minimal risk after surgery.

212 ■ Splenektomie - Immunologische Aspekte
Herfarth Ch., H. Bindewald
Hefte zur Unfallheilkunde, 163, 33-41 (1984)
Eine Splenektomie ist, wenn möglich, durch einen milzerhaltenden Eingriff zu ersetzen. Allerdings ist die Bedeutung der Milzlosigkeit beim Erwachsenen noch nicht ausreichend erwiesen. Die fehlenden Daten unterstreichen, daß zumindest keine schwerwiegenden Veränderungen auftreten. Auf keinen Fall sollte jedoch durch Milzerhaltung eine höhere Morbidität eingehandelt werden als durch die standardisierte Splenektomie. Für die Milztransplantation sind die funktionellen Spätauswirkungen noch nicht ausreichend belegt.

213 ▪ Immediate postoperative enteral tube feeding following resection of the large intestine. Experiences with a controlled clinical study
Merkle-NM; Wiedeck-H; Herfarth Ch.; Grunert-A
Chirurg. 1984 Apr; 55(4): 267-74.
In einer kontrollierten klinischen Studie wurden die Möglichkeit und Wirksamkeit einer unmittelbar postoperativen enteralen Ernährung nach Colonresektion gegenüber einer konventionellen parenteralen Ernährung überprüft. Hierzu erhielten 20 Patienten vom 1.-5. postoperativen Tag über eine filiforme Jejunalsonde eine kohlenhydrat- und fetthaltige Oligopeptiddiät, während die 20 Patienten der Kontrollgruppe konventionell über einen zentralvenösen Katheter ernährt wurden. Die jejunale Sondenernährung wurde gut vertragen, Nebenwirkungen traten kaum auf. Die gemessenen Laborparameter zeigten in der Regel eine ungestörte Homöostase, die Stickstoftbilanz war in beiden Gruppen ausgeglichen. Die Parameter des Ernährungsstatus unterschieden sich nur gering. Eine enterale Ernährung stellt auch unmittelbar postoperativ nach colonresezierenden Eingriffen eine echte Alternative zur parenteralen Ernährung dar.

214 ▪ The concept of therapy in liver metastases
Gall-FP; Scheele-J; Herfarth Ch.; Rothmund-M; Funovics-J; Siewert-JR
Langenbecks-Arch-Chir. 1985; 365(3): 219-26.

215 ▪ The influence of operation and anesthesy on the tumorgrowth in rats.
Geelhaar, G.H., M. Betzler, M. Zöller, H. Stimmel, H.K. Schackert, Ch. Herfarth
J. Cancer Res. Clin. Oncol. 109, 40 (1985)

216 ▪ Chirurgische Prophylaxe bei Präcancerosen und nicht invasiven Carcinomen der Mamma.
Herfarth Ch.
Langenbecks Arch. Chir. 366 (Kongreßbericht), 513-519 (1985)
Die Präcancerosen und nichtinvasiven Carcinome der Mamma werden in ihrer biologischen Wertigkeit gegenübergestellt. Es handelt sich um die proliferierende Mastopathie mit Zellatypien (sogenannte Mastopathie III), die Milchgangspapillomatose, das nichtinfiltrierende Milchgangscarcinom IDC und das Carcinoma lobulare in situ (CLIS). Während für die meisten Gewebsveränderungen die unterschiedlichen biologischen Wertigkeiten beschrieben sind, ist die Therapiewahl schwierig, da der Verlauf nach Lokalexstirpation nicht ohne weiteres zu beurteilen ist. Es muß im Einzelfall die therapeutische Entscheidung von dem morphologischen Befund, den individuellen Daten des Patienten und den Risikofaktoren abhängig gemacht werden. Grundsätzlich ist bei allen Veränderungen ein konservatives expektatives Vorgehen zu empfehlen, sobald die lokale Veränderung exstirpiert ist. Für das IDC wird ein radikaleres Vorgehen empfohlen, obwohl auch hier eine Reihe von Überlegungen zur Einschränkung der Radikalität diskutiert werden können.

217 ▪ „Übertherapie" in der chirurgischen Karzinombehandlung.
Herfarth Ch.
Münch. med. Wschr. 127, 395-396 (1985)
Es gibt verschiedene Möglichkeiten, in der Tumorchirurgie eine „Übertherapie" zu betreiben. Die „Übertherapie" setzt dann ein, wenn die Grenzen der chirurgischen Therapiemöglichkeit überschritten werden. Dies gilt einmal für die supraradikalen Eingriffe, die keine Verbesserung der Überlebensraten, eher eine höhere Operationsletalität und Morbidität gebracht haben (Mammakarzinom, Monoblock-Ausräumung beim Magenkarzinom). „Übertherapie" kann auch dann betrieben werden, wenn unter bestimmten Bedingungen eine Einschränkung der Radikalität, die grundsätzlich gefordert werden muß, möglich ist (differenziertes Schilddrüsenkarzinom, frühes Kolon-Rektum-Karzinom, Mammakarzinom). Der typische chirurgische Karzinomeingriff ist bei älteren Patienten in manchen Fällen nicht erforderlich. Es gilt, klassische Richtlinien der Karzinomtherapie mit den individuellen Bedingungen des Patienten zur Deckung zu bringen.

218 ▪ Operative Therapie des Mammacarcinoms - eingeschränkte chirurgische Radikalität.
Herfarth Ch.
Verh-Dtsch-Ges-Inn-Med. 1985; 91: 247-55.

219 ▪ Fisteln beim Morbus Crohn -Konservative versus operative Behandlung.
Herfarth Ch.
Z-Gastroenterol-Verh. 1985 Apr; 20: 34-7.
Die Fistel gehört definitionsgemäß zum Morbus Crohn, da die Entzündung der Enteritis granulomatosa sich transmural ohne Beachtung von Grenzmembranen ausbreitet. Es entstehen damit Fisteln in angrenzenden Darmanteilen, Hohlräumen oder sie können nach außen durchbrechen. Die chirurgische Therapie der Fisteln ist eine symptomatische hinsichtlich der Grunderkrankung. Sie kann jedoch bei einer Vielzahl der Fisteln hinsichtlich des Fistelleidens kausal und kurativ sein. Der Chirurg muß für Operationsindikation und Verfahrenswahl die Fisteln nach ihrer Lokalisation und ihrem Krankheitswert differenziert betrachten.

220 ▪ Bösartige Tumoren des Kolons.
Herfarth Ch., P. Hermanek, R. Herrmann, K. zum Winkel
Dt. Ärzteblatt 82, 3701-3703 (1985)

221 ▪ Therapeutische Möglichkeiten bei locoregionären Rezidiven der Carcinome des Gastrointestinaltraktes.
Herfarth Ch.; Schlag-P; Hohenberger-P
Chirurg. 1985 Aug; 56(8): 492-8.
In einem hohen Prozentsatz der Fälle ist das locoregionäre Rezidiv nach Operation von Tumoren des Gastrointestinaltraktes chirurgisch inkurabel. Es gibt jedoch bestimmte örtliche Sondersituationen, die zu einer Operationsindikation führen können. Die Entscheidung zur Operation und das taktisch-technische Vorgehen ist vom Stadium des Rezidivs, seiner Lokalisation und nicht zuletzt von den Befunden des Voreingriffs abhängig zu machen. Jede Sekundäroperation wird so zum individuellen Indikations- und Verfahrensproblem. Leider ist eine übertriebene chirurgische Euphorie für die Behandlung des locoregionären Rezidivs gastrointestinaler Carcinome nicht angezeigt. Die ungünstige Situation der Sekundärtherapie von lokalen Tumorrückfällen im Gastrointestinaltrakt unterstreicht die Forderung, die Regeln der onkologischen Chirurgie beim Primäreingriff einzuhalten, um ein Rezidiv möglichst zu verhindern.

222 ▪ Significance of the nutritional status of surgical patients
Merkle-NM; Schmitz-JE; Grunert-A; Herfarth Ch.
Langenbecks-Arch-Chir. 1985; 365(2): 109-25.
In recent years nutritional status gained greater attention as a surgical risk factor. This study analyzes the frequency of malnutrition in surgical patients with solid and operable tumors, the relation to the type of tumor and stage of the disease. In addition, the clinical value of the measurements carried out is discussed. The analysis was performed in 100 cancer patients (34 gastric cancer, 56 colorectal cancer, and 10 breast cancer). The nutritional assessment included individual dietary habits, ideal weight/height, triceps skinfold, arm muscle circumference, creatinine-height index, serum protein, albumin, prealbumin, cholinesterase, transferrin, total peripheral lymphocytes, and skin tests. The results were compared with international standards or normal plasma concentrations respectively. Most patients suffered from an alternation of the nutritional parameters indicating malnutrition, mostly Kwashiorkor-Marasmus Mix. Patients with gastrointestinal cancer, especially gastric cancer showed more often a decline of the nutritional status than patients with breast cancer. Malnutrition became more severe with advanced disease. The parameters examined revealed varying significance with respect to the assessment of the nutritional status. Some measurements showed little clinical importance; the reasons are discussed.

223 ▪ Reduced nutritional status of the surgical tumor patient-a risk factor for postoperative complications?
Merkle-NM; Schmitz-JE; Grunert-A; Herfarth Ch.
Langenbecks-Arch-Chir. 1985; 365(2): 127-34.
In recent years nutritional status gained greater attention as a surgical risk factor. In 100 patients with solid and operable tumours nutritional assessment with different types of measurements (dietary habits, ideal weight/height, triceps skinfold, arm muscle circumference, creatinine-height index, serum protein, albumin, prealbumin, cholinesterase, transferrin, total peripheral lymphocytes, and skin tests) was performed. Individual abnormal nutritional measurements were compared with the incidence of complications postoperatively, which were found in 32 out of 95 patients. These complications appeared more often in correlation with the decline of nutritional status. However, we could not prove a statistically significant correlation between the examined parameters themselves and the incidence or lack, respectively, of postoperative complications. Possible reasons are discussed.

224 ▪ Chemiluminescence of polymorphonuclear leukocytes in progressive tumor growth.
Schackert, H.K., M. Betzler, G.F. Zimmermann, H.P. Geisen, L. Edler, G.H. Geelhaar, Ch. Herfarth
J. Cancer Res. Clin. Oncol. (Suppl.) 109, 30 (1985)
In an interdisciplinary prospective study 50 patients surgically treated for breast cancer were treated with six monthly courses of aggressive adjuvant chemotherapy (adriamycin and cyclophosphamide) and were randomized to receive either immunotherapy with levamisole or no additional therapy. Probability of disease-free survival for the whole group is 54.9 % at 42 months. There was no noticeable difference in disease-free survival for either pre- and postmenopausal women or for patients treated with or without levamisole. The addition of levamisole had no effect on the depression of in vitro immunologic functions during chemotherapy.

225 ▪ Preoperative chemotherapy in localized cancer of the esophagus with cis-platinum, vindesine and bleomycin.
Schlag-P; Herrmann-R; Fritze-D; Buhr-H; Herfarth Ch.; Schettler-G
Prog-Clin-Biol-Res. 1985; 201: 253-8.

226 ■ Monitoring plasma CEA in the follow-up of colorectal cancer: the validation of a class of diagnostic criteria for early detection of local recurrence and metastases.
Abel U., A. Quentmeier, Ch. Herfarth
Theor Surg 1, 136-142 (1986)
The validity of a class of simple criteria (diagnostic tests) for local recurrence and/or metastases has been assessed in a clinical sample of 68 patients who underwent potentially curative resection for colorectal cancer. These criteria consist of individual cut-off levels of serum CEA which are obtained as a multiple of the mean of preoperative and postoperative CEA values. The use of a uniform multiplier of 2.4 led to an efficient diagnostic test which was not improved by distinguishing subgroups of patients defined by their pre- and postoperative CEA levels. The methodological difficulties inherent in any marker test-based decision criterion are reviewed.

227 ■ Experiments on the efficacy and toxicity of locoregional chemotherapy of liver tumors with 5-fluoro-2'-deoxyuridine (FUDR) and 5-fluorouracil (5-FU) in an animal model.
Bartkowski-R; Berger-MR; Aguiar-JL; Henne-TH; Dorsam-J; Geelhaar-GH; Schlag-P; Herfarth Ch.
J-Cancer-Res-Clin-Oncol.1986; 111(1): 42-6.
For the investigation of locoregional chemotherapy of liver neoplasms we developed a standardized animal model in the rat. Continuous infusion therapy or repeated bolus injections of FUDR or 5-FU were given via the hepatic artery, the portal vein or the vena cava in tumor-bearing animals. The efficacy of the treatment was determined by measuring the tumor volume 3 weeks after tumor cell implantation. For the evaluation of the local and systemic toxicity serum GOT, GPT, and total bilirubin were determined. DNA single strand breaks were assessed in isolated liver and bone marrow cells. Inhibition of colony formation of bone marrow stem cells was determined by CFU-C and CFU-S bioassay. A significant reduction of tumor growth was observed only after continuous infusion of FUDR via the hepatic artery. Systemic toxicity was lowest in this group for both compounds while the local liver toxicity was only slightly elevated.

228 ■ Experiments on the toxicity of locoregional liver chemotherapy with 5-fluoro-2'-deoxyuridine and 5-fluorouracil in an animal model.
Berger-MR; Henne-TH; Aguiar-JL; Bartkowski-R; Dorsam-J; Geelhaar-GH; Schlag-P; Herfarth Ch.; Schmahl-D
Recent-Results-Cancer-Res.1986; 100: 148-56.

229 ■ Immunologie in Diagnose und Behandlung chirurgischer Krankheitsbilder.
Betzler, M., Ch. Herfarth
Dtsch. Ges. Chir. Mitteilungen 5 (1986)
Die Immunologie gewinnt in den verschiedenen medizinischen Disziplinen, so auch in der Chirurgie zunehmendes Interesse. Die Erkenntnisse auf dem Gebiet der Immunabwehr sind in den letzten 15 Jahren beträchtlich gewachsen. Diese Fortschritte sind vor allem durch technologische Entwicklungen auf folgenden Gebieten zu erklären:
1. Charakterisierung von Lymphozyten-Zelloberflächenmarkern (mit Zuordnung dieser Marker zu funktionell unterschiedlichen Lymphozytensubpopulationen),
2. Etablierung neuer Techniken zur Isolierung hochgereinigter Subpopulationen von funktionsreaktiven Zellen des Immunapparates (T-, B-Lymphozyten, Null-Zellen, Makrophagen) und
3. Ausarbeitung neuer Nachweissysteme (Zellklonierung zur Beschreibung funktioneller Eigenschaften und Interaktionen der einzelnen Subpopulationen.
Daraus leitet sich ab, daß parallel mit dem zunehmenden Wissen über das Immunsystem auch die Versuche zunahmen, dieses System sowohl bei der Infekt- und Tumorabwehr wie auch bei der Transplantatabstoßung aktiv zu beeinflussen.

230 ■ Surgical therapy of Crohn disease
Betzler-M; Bindewald-H; Herfarth Ch.
Lebensversicher-Med.1986 Sep 1; 38(5): 126-30.
Die Ätiologie der Crohnschen Erkrankung ist weiterhin unbekannt. Als Faktum kann gelten, daß die meisten Crohn-Patienten während ihres Krankheitsverlaufs operiert werden. Aus der Erfahrung, daß trotz konservativer medikamentöser Therapie im Verlauf der Erkrankung auftretende Komplikationen die Lebensqualität dieser Patienten beeinträchtigen und die chirurgischen Eingriffe erschweren mit Zunahme der postoperativen Komplikationen und Letalität, ist in den letzten Jahren eine Tendenz zur vermehrten Frühoperation feststellbar. Da die Crohn'sche Erkrankung chirurgisch nicht geheilt werden kann, sollte sich die Resektion nur auf die makroskopisch befallenen Darmabschnitte begrenzen. Wegen der hohen Rezidivneigung gilt die Regel der sparsamen, aber auch häufigeren Operation; einem solchen Therapiekonzept sollte die interdisziplinäre Konsensbildung zwischen gastroenterologischem Internist und Chirurg zugrunde liegen.

231 ■ Effect of analgesic drugs on the electromyographic activity of the gastrointestinal tract and sphincter of Oddi and on biliary pressure.

Coelho-JC; Senninger-N; Runkel-N; Herfarth Ch.; Messmer-K
Ann-Surg.1986 Jul; 204(1): 53-8.
Continuous biliary pressure and electromyographic activity of the sphincter of Oddi and gastrointestinal tract were recorded in conscious opossums following administration of analgesic drugs. Morphine, meperidine, and pentazocin increased significantly the duration of the migrating motor complex (MMC) cycle. Periods of 1-2 minutes of intense burst of spike potentials were seen in the sphincter of Oddi and duodenum following administration of morphine (8 experiments), meperidine (6 experiments), and pentazocin (3 experiments). The biliary pressure in the control studies was similar to that following administration of all analgesics in the animals with gallbladder and following instillation of tramadol, metamizol, and acetylsalicylic acid in animals with no gallbladder. However, the biliary pressure was significantly higher following administration of morphine, meperidine, and pentazocin in the animals with no gallbladder. It is concluded from this study that morphine, meperidine, and pentazocin may cause important disturbances in the motility of the sphincter of Oddi and gastrointestinal tract. These myoelectric disturbances may cause an increase in the biliary pressure in animals that have been subjected to cholecystectomy, but not in animals with intact gallbladder. The gallbladder may accommodate the bile produced by the liver during periods of sphincter of Oddi dysfunction and thus impede an increase in the biliary pressure.

232 ▪ The Dilemma of Surgery for Recurrences of Gastrointestinal Tract Carcinoma.
Herfarth Ch.
J. Jpn. Soc. Cancer Ther. 21, 160 (1986)
A high percentage of locoregional recurrences following surgical treatment of tumors of the gastrointestinal tract are not amenable to surgical cure. However, there are certain special local situations that can constitute indications for surgery. The decision to operate on and the selection of strategy and technique must be made with reference to the stage of the recurrence, its site, and last not least the observations recorded at the previous operation.
Each secondary operation presents its own individual problems relating to indication and procedure. Overenthusiasm for surgical treatment of locoregional relapse of gastrointestinal carcinomas is unfortunately inappropriate. The dilemma is evident. The unfavourable situation of local tumor relapses in the gastrointestinal tract stresses the essential necessity of keeping to the rules of oncological surgery at the primary operation to prevent local recurrence as far as possible. The situation is more favorable in colorectal carcinoma than in gastric cancer.

233 ▪ Erweiterte Gastrektomie mit Jejunum-Ersatzmagenbildung beim Magen-Carcinom
Herfarth Ch., M. Betzler, S. Post
Langenbecks Arch. Chir. 369 (Kongreßbericht), 844 (1986)
Für die chiurgische Therapie des Magencarcinoms wird in der Regel die Gastrektomie als Verfahren der Wahl empfohlen; lediglich beim Antrumcarcinom des Magens ist eine Einschränkung der Radikalität bezogen auf das Organ Magen vertretbar. Dementsprechend kann die Radikalität eines solchen Eingriffs für das Organ reduziert werden. sie bleibt jedoch für das Lymphabflußgebiet unverändert. Bei dem gezeigten Fall wird bei einem corpus/fundus-Carcinom des Magens eine erweiterte Gastrektomie demonstriert, wobei entsprechend der japanischen Klassifikation die Präparation der Lymphadenektomie vorgenommen wird. Die Jejunum-Ersatzmagenbildung erfolgt nach der Technik von Hunt-Lawrence-Rodino mit einer gleichzeitigen Jejunoplikation.

234 ▪ Therapeutische Möglichkeiten bei locoregionären Rezidiven der Carcinome des Gastrointestinaltraktes.
Herfarth Ch., P. Schlag, P. Hohenberger
Dtsch. med. Wschr. (China), 268-269 (1986)

235 ▪ Therapeutic Strategies in Primary and Metastatic Liver Cancer
Herfarth Ch., P. Schlag, P. Hohenberger (Hrsg.)
RRCR 100, Springer Berlin Heidelberg New York Tokyo 1986

236 ▪ Perianal involvement in Crohn disease
Herfarth Ch.; Bindewald-H
Chirurg.1986 May; 57(5): 304-8.
Erkrankungen der perianalen Haut und des Analkanals beim Morbus Crohn erfordern in der Regel nur eine konservative Therapie. Asymptomatische Fisteln werden ebenfalls konservativ therapiert. Fisteln mit Beschwerden erfordern eine lokale Incision, ohne daß der Sphincter in den Eingriff mit einbezogen wird. Liegt ein ausgedehntes Fistelsystem vor, so ist die Ruhigstellung durch ein Deviationsstoma zu empfehlen. Nur bei ausgedehntem Rectumbefall und Sphincterzerstörung ist die Proktektomie angezeigt. Die Resektion eines proximalen Darmanteils ist von den klassischen Indikationskriterien beim Morbus Crohn abhängig zu machen. Die

Behandlung der perianalen Erkrankung beim Morbus Crohn gehört mit in das gesamte Therapiekonzept dieser Erkrankung. So ist die chirurgische Therapie des Fistelsystems vom Aktivitätsindex und dem allgemeinen Befallmuster der Erkrankung anhängig zu machen. Letzthin ist eine enge interdisziplinäre Kooperation zwischen Internist und Chirurg für die Behandlung der perianalen Morbus Crohn-Erkrankung entscheidend.

237 ▪ Emergency surgical indications of the colon and rectum-perforation and hemorrhage
Herfarth Ch.; Klar-E
Langenbecks-Arch-Chir.1986; 369: 311-20.
Colorectal perforation per se requires surgical intervention whereas in lower gastrointestinal bleeding localisation of the bleeding point has priority to any therapeutic action. Among the prevailing diagnostic methods coloscopy was found to be clinically most relevant. In profuse bleeding or for the interval detection of angiodysplasia angiography is the means of first choice. Subtotal colectomy has proved advantageous, if resection is necessitated without localisation of the bleeding site. The present operative concept in colonic perforation implies the primary excision of the lesion in diverticular as well as in neoplastic disease.

238 ▪ Die kontinenzerhaltende Proktocolektomie.
Herfarth Ch.; Stern-J
Chirurg.1986 Apr; 57(4): 263-70.

239 ▪ Preoperative chemotherapy in esophageal cancer. Results of a phase II pilot study. Neoadjuvant chemotherapy.
Herrmann, R., P. Schlag, C. Manegold, H. Buhr, Ch. Herfarth, G. Schettler
Colloque INSERM/ John Libbey Eurotext Ltd. 137, 671-675 (1986)
Preoperative chemotherapy with cisplatinum, vindesine and bleomycin was given to 28 patients with localized squamous cell carcinoma of the esophagus. Side effects were moderate and included nausea/vomiting, alopecia, drug fever, diarrhea, renal and bone marrow toxicity. In four patients treatment had to be stopped after one course because of tumor progression (2) or toxicity (2). In 18 patients preoperative chemotherapy was effective in inducing minor or subjective response (5), major or objective response (12) and histologically complete response (1). Of 24 patients who underwent surgery resection was possible in 21 (14 curatively, 7 palliatively). It is concluded that this kind of preoperative chemotherapy is feasible, is effective, does not compromise surgery and may improve resectability rate.

240 ▪ Zur Indikationsstellung operativer Verfahren bei primären und sekundären malignen Lebertumoren.
Hohenberger, P., P. Schlag, Ch. Herfarth
Langenbecks Arch. Chir. 369 (Kongreßbericht) 1986
In der Behandlung von Patienten mit Lebermetastasen colorectaler Carcinome konnte durch Leberresektion in 53 Fällen eine mediane Überlebenszeit von 23 Monaten erreicht werden einschließlich einer Op-Letalität von 7,5 %. Bei 60 Patienten mit nicht resezierbaren Metastasen erzielte die regionale 5-FU-Chemotherapie eine mediane Überlebenszeit von 13 Monaten. Von beiden Behandlungsstrategien proftierten Patienten mit T2-3 NO -Primärtumoren am meisten. Die Indikation zur operativen Behandlung bei Patienten mit nicht colorectalen Primärtumoren sowie bei Patienten mit primärem Lebercarcinom sehr zurückhaltend gestellt werden, da weder Resektion noch regionale Chemotherapie eine effektive Tumorkontrolle erreichen können.

241 ▪ Key role of the CEA test in the diagnosis and surgical therapy of recurrent colorectal cancer
Quentmeier-A; Schlag-P; Herfarth Ch.
Chirurg.1986 Feb; 57(2): 83-7.
Between 1978 and 1984, 87 patients with recurrent colorectal cancer have been operated upon. In 10 of 35 patients with locoregional recurrence and 24 of 52 with distant metastases therapy was potentially curative. Of 87 patients 73 had elevated CEA levels (greater than or equal to 5 ng/ml) at the time of diagnosis. In 65 of 73 patients the CEA increase preceded the recognition of recurrence and in 14 patients the diagnosis could be confirmed only by a second-look operation. Patients with metastases (91.3%) showed CEA elevation more often than those with locoregional recurrence (71.4%). Patients with operable disease had significantly (p less than 0.05) lower CEA values (median 19.7 ng/ml) than those with inoperable recurrent carcinomas (median 36.9 ng/ml).

242 ▪ The predictive role of delayed cutaneous hypersensitivity testing in postoperative complications.
Schackert-HK; Betzler-M; Zimmermann-GF; Decker-R; Geelhaar-GH; Edler-L; Hess-C; Herfarth Ch.
Surg-Gynecol-Obstet.1986 Jun; 162(6): 563-8.
Ten parameters, including delayed cutaneous hypersensitivity testing (DCH), were evaluated with regard to their predictive value in instances of postoperative septic complications. In 302 patients undergoing surgical treatment, 45 complications, including wound infection, abscess, pneumonia and sepsis, were seen postoperatively in 42 patients. When these patients were

compared with 260 patients without complications, hemoglobin, leukocyte count, serum albumin, total protein, blood sedimentation rate, age and sex were found not to contribute to the prediction of postoperative complications. In DCH testing, the complication rate increased from 7.5 per cent in normergic patients to 20.6 per cent in anergic patients. With increasing length and severity of operation, the complication rate increased from 6.5 to 26.4 per cent and from 6.5 to 31.8 per cent, respectively. Only in severe, long lasting operations could DCH testing differentiate the complication risk. Normergic patients had a 8.6 per cent complication rate; hypoergic patients, 36.6 per cent, and anergic patients, 37.5 per cent. The results of DCH testing did not correlate with the complication rate in any of the other operative groups. In conclusion, the predictive value of DCH testing is clearly greater in groups of patients highly affected by the operative trauma. The results of this study show that it is important to consider both host defense mechanisms and environmental factors in the assessment of operative risks.

243 ■ Importance of ultrasound examination for the follow-up of medullary thyroid carcinoma: comparison with other localization methods.
Frank-K; Raue-F; Lorenz-D; Herfarth Ch.; Ziegler-R
Henry-Ford-Hosp-Med-J. 1987; 35(2-3): 122-3.

244 ■ Significance of primary radical surgery for survival following treatment of breast cancer. Problems of interpretation of treatment results of prospective, nonrandomized studies exemplified by the Southwest Germany Breast Cancer Study
Friedl-W; Henningsen-B; Abel-U; Hering-R; Reichel-P; Linder-F; Herfarth Ch.
Chirurg. 1987 Oct; 58(10): 668-74.
In a prospective non-randomised trial 1642 patients were included. After a mean time of 10 years a follow-up analysis was performed. The importance of the radicality of the primary operative therapy of breast cancer should be evaluated. The mean 5 years survival rate was 67.3%, the 10 year survival rate 51.6%. Tumor stage and age had a highly significant influence on the survival rate. Patients with simple mastectomy had a lower survival rate as patients with radical mastectomy. This apparent difference was caused by a different age distribution in the therapy groups. Accordingly the mean life deficiency was the lowest in the simple mastectomy group. In a multiple hazard statistical analysis tumor stage and age showed a highly significant influence on the survival rate. The intraoperative radicality classification showed a significant correlation to the prognoses of the patients. The operative therapy itself had no significant influence on the survival rate of the patients.

245 ■ Intrapelvic reservoir with direct anal anastomosis
Herfarth Ch.
Langenbecks-Arch-Chir. 1987; 372: 391-7.
To reduce the frequency of bowel movements following colectomy and proctomucosectomy today three major types of ileoanal reservoirs are in use: the S-, J- and H-pouch. Approximately 2000 such operations have been performed throughout the world. Although only one postoperative death has been recorded, postoperative morbidity remains high. Our own results as well as a review of the literature confirms: 1) satisfactory sphincter control on continence; 2) retained discrimatory sensitivity; 3) reduction of daily bowel movements 4-7; 4) social rehabilitation. The difficulties of the procedure call for the referral of patients to centers specializing in these techniques.

246 ■ Carcinom-präventive Operationsindikationen bei entzündlichen Darmerkrankungen.
Herfarth Ch., H.F. Otto
Chirurg 58, 221-227 (1987)
Daten, Indikation und Wahl des Therapieverfahrens für Eingriffe aus carcinom-präventiver Sicht sind fest bei der Colitis ulcerosa etabliert. Bild, Verlauf der Erkrankung und endoskopisch-bioptische Befunde liefern klare Kriterien zur Definition der Operationsnotwendigkeit. Das Verfahren der Wahl ist die Proktocolektomie mit Anlage eines prominenten Ileostoma. Eine Colektomie und Proktomucosektomie mit intrapelviner Reservoirbildung und pouch-analer Anastomose ist bei Patienten unter 50-60 Jahren zu empfehlen. Dieses Verfahren sollte jedoch gastroenterologisch-chirurgischen Zentren vorbehalten bleiben, da nur an größeren Operationsserien ausreichend Erfahrung mit dieser Operation gewonnen und zum Nutzen des Patienten angewandt werden kann.
Bei Morbus Crohn gibt es eine Reihe von Überlegungen zur möglichen Entstehung eines Carcinoms auf dem Boden dieser Erkrankung. Folgerungen zu einer routinemäßigen Überwachung von Morbus Crohn-Patienten aus carcinom-präventiver Sicht bestehen jedoch zur Zeit nicht. Es liegen Hinweise dafür vor, daß in ausgeschalteten Darmsegmenten sich ein Carcinom entwickeln kann, ebenso auf dem Boden von sehr lang andauernden Fisteln und narbigen Stenosen. Hieraus läßt sich folgern, daß primär Bypass-Operationen vermieden bzw. Bypass-Situationen bei Langzeitanamnese aufgehoben werden sollten. Die an und für sich schon bestehende Operations-

indikation bei Stenosen und Fisteln läßt sich aus der Überlegung der evtl. Carcinomprophylaxe noch verstärken.

247 ▪ Surgical procedures for gastric substitution.
Herfarth Ch.; Schlag-P; Buhl-K
World-J-Surg.1987 Dec; 11(6): 689-98.
The most serious of the problems that arise after total gastrectomy and reconstruction of a continuous gastrointestinal tract by means of a simple esephagojejunostomy can be ascribed to the lack of primary reservoir formation and to alkaline reflux esophagitis. These difficulties can be overcome by means of pouch formation, low insertion of the bile duct, and jejunal plication. Personal follow-up examinations in patients (over 1 year after gastric substitution) have yielded both subjective and objective findings that are almost identical with those recorded in a subject with intact stomach. The one striking finding to emerge remains an elevated fat excretion.

248 ▪ Kontinenzerhaltung bei Adenomatosis coli und Colitis ulcerosa.
Herfarth, Ch.
Langenbecks Arch. Chir. 372 (Kongreßbericht), 383-384 (1987)
Opferung des Kontinenzorgans zusammen mit dem Mastdarm und dem Colon war bisher die Therapie der Wahl in der Behandlung von Patienten mit einer Adenomatosis coli und bei fortgeschrittenen Formen der Colitis ulcerosa. Es gilt als das allgemein anerkannte Standardverfahren die Proktocolektomie mit Anlage eines prominenten Ileostoma nach Brooke. Die Methode hat sich bewährt und verdient die Bezeichnung „Goldstandard". Es hat aber nicht an Versuchen gefehlt, trotz der Notwendigkeit eines Eingriffs am Rectum die Kontinenz zu erhalten oder eine kontinenzähnliche Situation herzustellen. In diesem Zusammenhang läßt sich der Begriff der direkten von der indirekten Kontinenz trennen. Unter der indirekten Kontinenz versteht sich das sogenannte kontinente Ileostoma, das Kock 1969 beschrieb. Eine relativ große Komplikationsrate der Operation und die Tatsache eines verbleibenden Stoma hat zu einer Beschränkung der Indikation zu diesem Verfahren geführt.

249 ▪ Surgical Strategies in Locoregional Recurrences of Gastrointestinal Carcinoma.
Herfarth, Ch., P. Schlag, P. Hohenberger
World J. Surg. 11, 504-510 (1987)
In contrast to the more standardized treatment of primary gastrointestinal cancers, the therapeutic concept in locoregional recurrences requires very individualized approaches. In most patients cure cannot be obtained and those patients who are cured are cured only by combining surgery with adjunctive treatment modalities. In recurrences of colorectal cancer, tumor biological factors limit surgical efforts. In about 50% of the patients, generalized tumor spread is present at the time of diagnosis of a local relapse. More than 75% of the patients present with symptoms thus calling into question the effect of routine follow-up examinations. The percentage of patients operated on for cure has only slightly increased during the past 25 years. In our series the rate is 26.4%. These patients benefit most, showing a median survival time of 19 months compared to 13 months in nonradical procedures and 6-8 months in palliative interventions. Nodal status of the primary tumor is very important: 27% of the patients with N 0 could be re-resected compared to only 13% with N 1 histological findings.
In gastric cancer, the chance for cure in locoregional recurrences is minimal since the removal of the draining lymph nodes at the primary operation leads to generalized peritoneal carcinomatosis in almost all patients. Only in recurrences in the gastric stump should secondary resection be radical. Less than 10% of patients undergo resection for gastric cancer recurrence. Since even explorative laparotomy yields a high operative mortality, inoperable situations should be identified preoperatively by imaging procedures.
Since encouraging approaches in the treatment of recurrences are lacking, adjuvant pre-, intra-, and postoperative chemo- and radiotherapy at the time of resection of the primary tumor should be evaluated in controlled trials.

250 ▪ Intestinal cyclooxygenase in Crohn's disease
Post, S., M. Betzler, M. Goerig, A. von Herbay, G. Schürmann, Ch. Herfarth
Am. J. Gastroenterol. 82, 955 (1987)

251 ▪ Preoperative chemotherapy in esophageal cancer: an advantage or danger for surgical intervention?
Schlag-P; Herrmann-R; Raeth-U; Lehner-B; Schwarz-V; Herfarth Ch.
Langenbecks-Arch-Chir.1987; 372: 155-60.
42 patients with localized squamous cell carcinoma of the esophagus were treated according to a phase II study with cisplatin, vindesine and bleomycin (Kelsen-Schema) prior to surgery. In 18 of these patients partial remission was achieved and in two cases complete remission. Of the 40 patients which were presented to surgical treatment, 4 were inoperable, in 22 cases the tumor was removed in a potentially curative manner and in 14 patients a palliative resection was performed. The

postoperative mortality was 4 of 36 resected patients. Anastomotic leakage was found in 5 patients and severe cardiopulmonary complications in 4 patients. The side effects of the preoperative treatment were acceptable and seem justified by the high resectability rate and the significant improvement in survival of patients who responded to chemotherapy.

252 ■ Drainage in bile duct surgery-yes or no?
Alexander-Williams-J; Herfarth Ch.; Kern-E; Kremer-B; Schreiber-HW; Schriefers-KH; Siewert-JR
Langenbecks-Arch-Chir.1988; 373(4): 256-62.

253 ■ Chirurgische Therapie beim Morbus Crohn und Colitis ulcerosa - Progressreport.
Betzler, M., Ch. Herfarth
Ergebnisse der Gastroenterologie 1988, Verh. Bd. 24,

254 ■ Tumorinfiltration of the oesophageal resection line does neither influence the healing of the anastomosis nor the rate of stenoses in gastric carcinoma.
Buhl, K., P. Schlag, Ch. Herfarth
Abstracts (No. 37), 10th World Congress CICD, Kopenhagen, 30.8. bis 2.9.1988
In advanced gastric cancer a tumor free oesophageal resection line is often only achieved by simultaneous transthoracic resection of the oesophagus. We analyzed in our own group of patients whether this regimen is justified in palliative cases.
From 10/81 to 10/87 a total number of 434 patients were treated. Resection was performed in 342 patients, among these total gastrectomy was done in 162 patients, proximal resection in 53. In 30 (13.9%) patients the continuity was restored even though the oesophageal resection line was tumorinfiltrated. In none of the cases anastomotic leakage was seen postoperatively. In these furtheron course only one patient developed a malignant stenosis of the anastomosis, which was first treated by laservaporisation, later on by tube implantation. All other patients had no problems with food passage. The lifespan was usually influenced by the advanced tumor disease and generalized metastases. The median survival time in these patients was 11(4-36) months and differed not from the rest of the palliative resected patients.
In summary it can be concluded that tumor infiltration of the oesophageal resection line does not predispose for leakage or stenoses of anastomosis. Therefore an enlargement of the operative procedure with all its complications for example transthoracic resection of the oesophagus is neither necessary nor justified.

255 ■ Einfluß von operativer Radikalität und Sulfasalazine-Prophylaxe auf das post-operative Rezidiv bei M. Crohn („Crohn-Studie II").
Ewe, K., Ch. Herfarth, H. Malchow, J. Jesdinsky
Ergebnisse der Gastroenterologie 1988, Verh. Bd. 24,

256 ■ Treatment strategies for parathyroid neoplasms
Gottswinter-JM; Herfarth Ch.; Ziegler-R
Wien-Med-Wochenschr.1988 Sep 30; 138(18): 459-61.
Parathyroid carcinoma, as a malignant tumour of an endocrine gland, is a rare entity. This causes difficulties in the diagnosis as well in the therapeutic approach. Some clinical courses of this malignant disease are demonstrated. The therapeutic options-surgically and medically-are reported and analysed.

257 ■ Accomplishments of tumor surgery in tumors of the large intestine
Herfarth Ch.
Langenbecks-Arch-Chir. 1988; Suppl 2: 289-95.
In der chirurgischen Primärtherapie des colorectalen Carcinoms führt der an onkologischen Leitlinien der lmphogenen Metastasierung orientierte, radikale Primäreingriff mit radikulärer Lymphadenektomie zu einer hohen Kurationsrate und vermindert die Rate lokaler Tumorrezidive. Durch Standardisierung dieser Eingriffe werden niedrigere Raten an Anastomoseninsuffizienzen und perioperativer Letalität erreicht. Während durch neuere Verfahren, wie PET eine bessere Differenzierung zwischen Rezidiven nach Narben möglich ist, hat sich keine Form perioperativer adjuvanter Behandlung als günstig hinsichtlich der Überlebenszeit bisher bewährt. Intrapelvine Pouchbildungen ermöglichen eine sphinctererhaltende Therapie von Patienten mit Adenomatosis coli und Colitis ulcerosa.

258 ■ Therapy of chronic inflammatory bowel diseases. Differential surgical therapy
Herfarth Ch.
Verh-Dtsch-Ges-Inn-Med.1988; 94: 209-12.
Die Frage, ob in neuerer Zeit ein Wandel in der chirurgischen Behandlung chronisch-entzündlicher Darmerkrankungen stattgefunden hat, muß klar mit ja beantwortet werden. Beim Morbus Crohn ist ein „Crohn-spezifisches Vorgehen" angezeigt. Es beinhaltet prinzipiell „konservatives" chirurgisches Handeln mit zurückhaltender Resektion und bei entsprechender Indikation minimale Chirurgie im Sinne einer Strikturoplastik sowie ein differenziertes Vorgehen bei manifesten Fisteln. Bei der operationsbedürftigen Colitis ulcerosa ist heute meist eine radikale, aber kontinenzerhaltende rechtzeitige ileo-anale Pouch-Operation anzustreben. Die mo-

derne Chirurgie hat die allgemeine Situation der betroffenen Patienten erkennbar verbessert.

259 ▪ Rectum replacement by the small intestine-the intrapelvic reservoir
Herfarth Ch.; Stern-J
Chirurg. 1988 Mar; 59(3): 133-42.

260 ▪ Maintenance of continence after proctocolectomy
Herfarth Ch.; Stern-J
Dtsch-Med-Wochenschr. 1988 Mar 31; 113(13): 519-23.
Totale Entfernung von Kolon und Rektum bleibt als einzige Therapiemöglichkeit bei familiärer Adenomatosis coli und bei schweren Verläufen der Colitis ulcerosa. Indikation ist einerseits die Karzinomprophylaxe, andererseits zusätzlich bei der Colitis ulcerosa der schwere rezidivierende, eventuell auch toxische Verlauf. Als operatives Standardverfahren wird die Proktokolektomie mit Anlage eines endgültigen Ileostoma allgemein anerkannt und gelehrt.
Seit dem Beginn der achtziger Jahre ist zunehmend eine neue Operationsart an Stelle der Proktokolektomie mit Anlage eines endständigen Ileostoma erprobt und an chirurgischen Zentren, vor allem solchen mit großer Erfahrung in der Therapie chronisch entzündlicher Darmerkrankungen, eingeführt worden. Es handelt sich um die Kolektomie mit Teilproktektomie und Mucosektomie des Restrektums bis zur anokutanen Grenze. Die Bildung eines Dünndarmreservoirs mit Verlagerung in das kleine Becken und direkter Anastomose in Höhe der Linea dentata vermeidet die Anlage eines Ileostoma auf Dauer. Basis hierfür sind in die Praxis umgesetzte Erkenntnisse über die Physiologie des Kontinenzorgans, außerordentliche Erfahrungen im letzten Jahrzehnt mit der Anlage eines Dünndarmreservoirs und die Wiederbelebung der taktisch operativen Schritte der sogenannten Durchzugsoperationen. Parks wandte das Verfahren erstmals 1978 an.

261 ▪ Small intestine pouches as a therapeutic principle in stomach and large intestine replacement
Herfarth Ch.; Stern-J; Buhl-K
Z-Gastroenterol. 1988 Aug; 26(8): 397-403.
Small bowel pouches are being utilized in several versions as substitute reservoirs after total gastrectomy and after continence preserving proctocolectomy. Throughout the world, most frequently the pouch is formed by simple duplication of the gut. The principles of reservoir formation, the special functional requirement in the upper and lower GI-tract are delineated. Follow-up studies prove the successful use of gastric and ileoanal pouches.

262 ▪ Das Problem der Ischämie von Leber und Darm.
Herfarth, Ch.
Hefte zur Unfallheilkunde, 200, 345-350 (1988)

263 ▪ Segment- und Keilresektion an der Leber.
Herfarth, Ch.
Langenbecks Arch. Chir. Suppl. II (Kongreßbericht), 603-604 (1988)

264 ▪ Experten nehmen Stellung: Hospiz für terminale Patienten ?
Herfarth, Ch.
Münch. med. Wschr. 130, 278 (1988)

265 ▪ Kontinenzerhaltung nach Proktokolektomie.
Herfarth, Ch., J. Stern
Dtsch. med. Wschr. (China) 113, 538-542 (1988)

266 ▪ Richtlinien zur operativen Therapie maligner Tumoren.
Herfarth, Ch., P. Schlag (Hrsg.)
Demeter Gräfelfing 1988

267 ▪ Liver resection in patients with metastases of colorectal cancers. Results and prognostic factors
Hohenberger-P; Schlag-P; Schwarz-V; Herfarth Ch.
Chirurg. 1988 Jun; 59(6): 410-7.
From October 1981 until July 1987 82 patients underwent hepatic resection for liver metastases of colorectal primary tumors. Operative mortality was 4.8%. This included, the median survival time was 25 months in a group of patients followed-up for at least one year postoperatively. Factors showing statistically significant influence on survival are: node-negative primary tumor, less than four metastases resected, only one liver lobe involved and decrease of CEA below 5 micrograms/ml if preoperatively elevated. Factors showing only a tendency to result in improved survival rates are the grading of the primary tumor and the percentage of liver involvement by tumor. The survival time after liver resection is similar in patients with synchronous and metachronous metastases. Thus, the time interval between the removal of the primary tumor and the detection of liver metastases seems to be gained lifetime.

268 ▪ Endogenous prostaglandine in experimental liver transplantation
Otto, G., S. Post, M. Goerig, N. Senninger, M. Manner, Ch. Herfarth
Abstracts (No. 112), 10th World Congress CICD, Kopenhagen, 30.8. bis 2.9.1988

Following reperfusion there is a dramatic hepatic release of prostaglandin which is not the result of surgical stress (no change during harvesting: B vs.A). Subsequently there is increased synthesis of cyclooxygenase in liver.and surprisingly in gluteal muscle, being highest one day later. The marked elavations in release of these potent mediators and the systemic increase in the synthetizing enzymes could point to an important contribution to:

1. The mediation of intrahepatic damage
2. The systemic effects of these mediators on hemostasis and circulation
3. Generalised dysregulation of the reticulo-endothelial system.

269 ▪ Die chirurgische Therapie des Morbus Crohn.
Post, S., Ch. Herfarth, J. Horn, M. Betzler
Ergebnisse der Gastroenterologie 1988, Verh. Bd. 24,

270 ▪ Immunotherapy in surgical cancer patients
Schackert-HK; Betzler-M; Herfarth Ch.
Chirurg.1988 May; 59(5): 317-22.
Die Therapie der Wahl bei soliden Tumoren stellt bis heute die operative Tumorentfernung dar. Die Erfolge beim colorectalen Carcinom, bei dem in 70% ein potentiell kurativer Eingriff durchgeführt werden kann, sind ein Beispiel für den Stellenwert der Operation. Trotz der Fortschritte auf dem Gebiet der Chirurgie, der Chemotherapie und Strahlenbehandlung des krebskranken Patienten sind die Behandlungsergebnisse unbefriedigend. Tumorrezidive und Metastasen gehen nach potentiell kurativer Operation von minimalen Resttumormengen aus, die zum Zeitpunkt der Operation nicht nachweisbar sind. Es erhebt sich die Frage nach einer adjuvanten Therapieform, die kleine Tumorzellmengen selektiv erkennen und wirksam bekämpfen kann. Die Aktivierung des Immunsystems, dem eine Überwachungsfunktion bezüglich transformierter und gealterter Zellen zugeschrieben wird, scheint ein logischer Ansatzpunkt zu sein. Die heutigen immuntherapeutischen Konzepte bieten Möglichkeiten sowohl für die Bekämpfung von kleinen Resttumormengen als auch von größeren Tumormassen. Immuntherapeutische Maßnahmen wie die Makrophagenaktivierung oder die spezifische Immmuntherapie, sind gegen kleine Tumorzellmengen wirksam. Sie haben minimale Nebenwirkungen und bieten sich als adjuvante Therapie nach Tumorresektion an. Im Rahmen der adoptiven cellulären Immuntherapie - LAK-Zell-therapie - wird über Regressionen von großen Tumoren in ersten klinischen Studien berichtet. Die Methode ist jedoch von erheblichen Nebenwirkungen belastet und bedarf der Weiterentwicklung. Auch bei der Therapie mit monoklonalen Antikörpern und Biological Response Modifier wurde die Regression von großen Tumoren beobachtet. Es ist durchaus möglich, daß diese Konzepte ihre optimale Wirkung erst im Einsatz gegen kleine Tumormengen entfalten. Monoklonale Antikörper haben darüber hinaus Bedeutung in der Tumordiagnostik und in Form der antiidiotypischen Antikörper als Tumorantigenersatz zur aktiv spezifischen Immunisierung gegen Tumoren. Auf dem Gebiet der Biological Response Modifier richtet sich das Interesse neben den Effektorsubstanzen TNF, IL-2 und IFN in zunehmendem Maße auf Tumorwachstumsfaktoren und regulative Substanzen für Lymphocyten und Makrophagen. Rasch wachsende Kenntnisse sind die Basis für neuartige Konzepte in der Immuntherapie. Ein breites Spektrum immuntherapeutischer Maßnahmen hat bereits den Weg aus dem Labor in die Klinik gefunden. Andere Ansätze sind noch in der Entwicklung oder der experimentellen Erprobung. Welche Therapieforrn, alleine oder kombiniert, sich für den einzelnen Tumor als effektiv erweist und ob sie als adjuvante, neoadjuvante oder alleinige Therapie sinnvoll ist, werden die klinischen Studien der nächsten Jahre zeigen. Mit den raschen und stetigen Fortschritten auf dem Gebiet der tumorimmunologischen Forschung und den ersten immuntherapeutischen Erfolgen in der Klinik verknüpft sich die Erwartung, die Immuntherapie als vierte Modalität bei der Behandlung von soliden Tumoren zu etablieren.

271 ▪ Preoperative (neoadjuvant) chemotherapy in squamous cell cancer of the esophagus.
Schlag-P; Herrmann-R; Raeth-U; Lehner-B; Schwarz-V; Herfarth Ch.
Recent-Results-Cancer-Res.1988; 110: 14-20.

272 ▪ Preoperative chemotherapy in esophageal cancer. A phase II study.
Schlag-P; Herrmann-R; Raeth-V; Lehner-B; Schwarz-V; Herfarth Ch.
Acta-Oncol.1988; 27(6b): 811-4.
Forty-two patients with localized squamous cell carcinoma of the esophagus were treated according to a phase II study with cisplatin, vindesine and bleomycin (modified Kelsen schedule) prior to surgery. In 17 of these patients partial remission was achieved and in two cases complete remission. Of the 40 patients who were candidates for surgery, 4 were inoperable. In 22 cases the tumor was removed in a potentially curative manner and in 14 patients a palliative resection was performed. There were 4 post-operative deaths among 36 resected patients. Anastomic leakage occurred in 5 and severe cardiopulmonary complications in 4 patients. The side

effects of the preoperative treatment were acceptable. A high resectability rate and a comparatively high survival rate in patients who responded to chemotherapy suggest that the preoperative treatment employed might be of value.

273 ▪ Intra-arterial 5-fluorouracil chemotherapy in liver metastases of colorectal cancer
Schlag-P; Hohenberger-P; Schwarz-V; Herfarth Ch.
Med-Klin. 1988 Oct 28; 83(21): 705-9, 734.

274 ▪ The influence of different venous anastomotic techniques on early failure rate after experimental pancreas transplantation.
Senninger, N., N. Runkel, G. Frank, J.C.U. Coelho, F.G. Moody, Ch. Herfarth
Abstracts (No. 92), 10th World Congress CICD, Kopenhagen, 30.8. bis 2.9.1988
Pancreas transplantion is hampered by a high vascular occlusion rate leading to an early graft loss within the first week post transplantation. The current study compares different techniques of venous anastomosis with regard to early graft loss due to venous thrombosis. A total of 51 dogs underwent pancreas auto- or allotransplantation according to the following protocol: Group A: Orthotopic segmental (splenic segment) autotransplantation., venous end-to-end anastomosis of the splenic vein, b=12; Group B: Heterotopic segmental autotransplantation, venous splenico-iliac anastomosis end-to-side, n=8, Group C: Heterotopic segmental allotransplantation, otherwise as group B, n=8; Group D: Heterotopic pancreatoduodenal allotransplantation, venous portoiliac anastomosis end-to-side, n=12; Group E. Heterotopic pancreatoduodenal allotransplantation, venous interposition of the draining portal venous sogment in the infrarenal vena cava, n=11. All anastomoses were done using 6-0-prolene. A graft loss due to vascular occlusion within 7 days after transplantation was regarded as due to technical reasons rather than due to rejection. The arterial anastomosis were done with 6-0 prolene, end-to-side to the common iliac artery (Groups B-E) and end-to-end to the splenic artery (Group A). All animals received 3x5000 units of heparin s.c. for 5 days. Arterial thrombosis was uncommon, the only 2 cases (4%) occured in group A. Venous thrombosis rate, however, which led to graft loss within 7 days after transplantation, showed differences among the groups: Whereas thrombosis rate was highest in group A and comparably lower in groups B to D, so far no venous thrombosis occured in the group E with venous interposition: Group A 6/12, Group B 3/8, Group C 2/8, Group D 4/12, Group E 0/11. We conclude from these data one of the crucial technical aims in pancreas transplantation should be to bring the venous anastomosis into a vessel with rapid flow thereby minimizing the high risk of venous thrombosis.

275 ▪ Kontinenzerhaltende Operationen bei Colitis ulcerosa und Adenoatosis Coli - Erfahrungsstand und Ergebnisse einer Umfrage.
Stern, J., Ch. Herfarth
Ergebnisse der Gastroenterologie 1988, Verh. Bd. 24,

276 ▪ Severe pouchitis after ileoanal pouch procedure.
Stern, J., P. Möller, Ch. Herfarth
Abstracts (No. 292), 10th World Congress CICD, Kopenhagen, 30.8. bis 2.9.1988
Pouchitis is one of the most severe complications after ileoanal pouch procedures. In some cases the problem may lead to pouch removal. Predisposing factors are not fully understood.
From 1982-1987 34 patients (ulcerative colitis n=25, familial polyposis n=9) have been treated by ileoanal pouch procedure. In 4 cases septic complications and a severe intractable pouchitis led to exstirpation of the pouch. A careful analysis of the clinical course and an extensive pathomorphological investigation including immune histological examination have been performed. In all 4 patients: The underlying disease has been ulcerative colitis. Elective or emergency surgery preceeded the definitive surgical treatment. After pouch procedure septic complications occured. The morphological findings in the ileal pouch are similar to those of the underlying disease.
Besides a morphological characterization of the pouchitis we try to determine special clinical risk factors.

277 ▪ Heterotopic implantation of the duodenal papilla: Effect of sphincter of oddi cyclic motility in opossums.
Tanaka, M., N. Senninger, N. Runkel, Ch. Herfarth
Abstracts (No. 123), 10th World Congress CICD, Kopenhagen, 30.8. bis 2.9.1988
During fasting, the gastrointestinal tract of most mammalian animals undergoes a cyclic change of motor activity called the migrating motor complex (MMC). Recent studies showed that the sphincter of Oddi (SO) also follows a cyclic pattern of motor activity in phase with the duodenal MMC. The mechanisms to control the coordination of cyclic motility of the SO and the MMC may include extrinsic neural, hormonal, intrinsic neural, and/or myogenic factors, bot are not completely understood. AIM: To determine the role of intrinsic neural snd myogenic continuity between the SO snd duodenum in the control of SO cyclic motility.

METHODS: In 5 opossoms, the duodenal papilla was excised by a circumscribing incision leaving a button of duodenal wall, 6 mm in diameter. All other connections between the SO and duodenum were preserved. The papilla was then reimplanted end-to-side into the jejunum 20 cm distal to the ligament of Treitz. 6 bipolar serosal electrodes were placed on the SO, duodenum and jejunum to measure myoelectric activity. 4 normal opossoms underwent identical implantation of the electrodes and served as controls. After recovery, myoelectric recordings were obtained during fasting and after feeding. RESULTS: After translocation of the papilla into the jejunum, the SO retained the cyclic change in its spike burst activity in coordination with the duodenal MMC; decreasing during phase I (0-2/min) and increasing during phase II and phase III. However, spike burst frequency during phase III (3-6/min) did not differ from that during phase II (3-4 /min). In controls, the spike burst frequency during Phase III was obviously greater than during phase II (10-16/min vs. 2-5/min). The response to feeding and the cberacteristics of the duodenal MMC were not affected by translocation of the papilla. CONCLUSIONS: Intrinsic neural and myogenic continuity between SO and duodenum is not essential for cyclic variations of SO myoelectric activity, but the maximal increase in spike burst frequency during phase III needs this continuity. Heterotopic implantation of the papilla hence results in a loss of Phase III in SO cyclic motility.

278 ▪ Surgical therapy of Crohn disease and ulcerative colitis-progress report
Betzler-M; Herfarth Ch.
Z-Gastroenterol-Verh. 1989 Jul; 24: 51-2.
Die chirurgische Therapie chronisch-entzündlicher Darmerkrankungen entwickelt sich für Morbus Crohn und Colitis ulcerosa in unterschiedlichen Richtungen. Für den Morbus Crohn hat sich eine spezifische organerhaltende Chirurgie bis hin zur minimalen Chirurgie (z.B. Strikturplastik) bewährt, da diese Erkrankung als generalisierte Erkrankungen des Gastrointestinaltraktes anzusehen ist und durch radikalere chirurgische Verfahren nicht geheilt werden kann. Auf der anderen Seite ist die Colitis ulcerosa durch Proktokolektomie heilbar, die in den letzten Jahren zunehmend kontinenzerhaltend mit Proktomukosektomie und ileoanalem Pouch durchgeführt wird. In jedem Fall sollte die chirurgische Sanierung frühzeitig erfolgen, wenn Therapieresistenz auf konservative Maßnahmen besteht. Am eigenen Krankengut seit 1982 mit 297 Morbus-Crohn-Patienten und 61 Colitis ulcerosa-Patienten werden Indikationen und chirurgisch-therapeutische Vorgehen expliziert.

279 ▪ Lebensqualität und funktionelle Ergebnisse verschiedener Resektionsverfahren beim Magenkarzinom.
Buhl, K., P. Schlag, G. Ruoff, Ch. Herfarth
Langenbecks Arch. Chir. (Suppl. II) 1989, 142

280 ▪ Comparison of the Valtrac Biofragmentable Anastomosis Ring with Conventional Suture and Stapled Anastomosis in Colon Surgery. Results of a Prospective, Randomized Clinical Trial.
Corman, M.L., E.D. Prager, Th.G. Hardy jr., M.P. Bubrick, and the Valtrac (BAR) Study Group Ch. Herfarth, M. Betzler
Dis Colon Rectum 32, 183-187 (1989)
In a randomized, prospective study of 438 patients, the safe and efficacy of the Valtrac biofragmentable anastomotic ring (BAR) was compared with stapling and with conventional suture techniques. There was no significant difference in the morbidity, mortality, and clinical course of the patients. The BAR can effect reestablishment of intestinal continuity somewhat more rapidly, bot its major advantage is its uniform applicability to all areas of the intestinal tract, except the low rectum.

281 ▪ Postoperative recurrence of Crohn's disease in relation to radicality of operation and sulfasalazine prophylaxis: a multicenter trial.
Ewe-K; Herfarth Ch.; Malchow-H; Jesdinsky-HJ
Digestion. 1989; 42(4): 224-32.
Recurrence rate is high after operation for Crohn's disease. A multicenter trial was performed to study the effect of radical or nonradical operation and of sulfasalazine prophylaxis versus placebo on postoperative recurrence rate in 232 patients with Crohn's disease. Sixteen medical and surgical centers participated in the study, 7 operating radically and 9 nonradically. The follow-up period lasted 3 years, the allocation to drug treatment was randomized and double blind. Recurrence was significantly less frequent and occurred later in patients who were operated nonradically. Patients on sulfasalazine prophylaxis had a better prognosis than on placebo. This effect was statistically significant in the first 2 years of treatment. Both strategies were additive: nonradical operation and sulfasalazine had the best prognosis, radical operation and placebo was worst. It is concluded that postoperative recurrence is best prevented by resecting nonradically and prescribing 3 g of sulfasalazine daily at least over 2 years.

282 ▪ Intraoperative Sonographie in der Leber- und Pankreaschirurgie.
Flentje, D., H. Bindewald, Ch. Herfarth

Münch. med. Wschr. 131 (1989), 737-740
Bei 51 Operationen im Bereich von Leber und Pankreas konnten durch Anwendung der intraoperativen Ultraschall-Untersuchung in 17 Fällen (33%) wesentliche Zusatzinformationen gewonnen werden. Insbesondere gelang der Nachweis einer Tumorinfiltration oder Kompression der V. cava bzw. der großen Lebervenen und Pfortaderäste. Außerdem wurden präoperativ nicht bekannte Metastasen aufgefunden und die Infiltration von Nachbarorganen sonographisch nachgewiesen. Solche zusätzlichen Befunde, wie auch die exakte intraoperative Lokalisation einer Pankreasgang-Dilatation, beeinflußten in 17 Fällen die operative Verfahrenswahl und Technik. Ein weiterer wichtiger Anwendungsbereich der intraoperativen Sonographie besteht in der Beurteilung von Pankreasprozessen, insbesondere der Lokalisierung von endokrin aktiven Tumoren.

283 ■ Differential diagnosis of villous adenoma and small carcinoma of the rectum as a supposition for sphincter preserving operation.
Glaser, F., P. Friedl, P. Schlag, Ch. Herfarth
Abstract No. 0-0619 in: Book of Abstracts, ECCO 5, 5th European Conference on Clinical Oncology, 3-7 September 1989 South Bank Centre, London
Endorectal ultrasound with a 360° radial scanner produces a echographic pattern which consists in five lines of different echodensity. By possible identification of the mucosa and muscularis propria the assessment of tumor infiltration can be according to the TNM-system.
While it is rather easy to stage T3 and TA-tumors because of their size, it is difficult to distinguish by ultrasound between villous adenoma and small carcinoma of the rectum which are both limited to the mucosa or submucosa.
In these cases critical examination of the echodensity of the tumor is essential, because in contrast to the villous adenoma, he carcinoma always shows an echopoor structure. Since January 1988 we examined 24 patients with villous adenoma and 82 with carcinoma of the rectum by endorectal ultrasound. Among these 24 villous adenomas 5 were sonographically staged as T1-carcinomas, but only 3 histologically confirmed. Of 14 tumors sonographically assessed at stage T1, T3 were correctly staged and one was understaged. 17 of 19 T2-tumors were judged correctly, two were overstaged. In stage T3 and T4 96% of the sonographical diagnosis were confirmed by histology.
Endorectal ultrasound preoperatively can help to clarify the malignancy of a tumor. Accurate diagnosis is imperative for sphincter preserving operations.

284 ■ Endosonography in preoperative assessment of rectal tumors
Glaser-F; Kleikamp-G; Schlag-P; Möller-P; Herfarth Ch.
Chirurg. 1989 Dec; 60(12): 856-61.
Together with digital examination and rectoscopy, the endorectal ultrasound is of great value in the preoperative diagnostics of rectal carcinoma. In 90% of these patients it is possible to determine the depth of infiltration preoperatively. At the same time assessment of lymph node involvement can be made with a sensitivity and specificity of 78%. Thus, endorectal ultrasound gives decisive criteria for the therapeutic plan. Furthermore, endorectal ultrasound represents a fitting instrument for the postoperative follow-up of patients with anterior resection of the rectum. Intramural as well as extrarectal sited recurrences of the tumor can be detected. Whether endosonography will have an influence on the prognosis of rectal carcinoma, remains to be seen.

285 ■ Anastomosis techniques in deep rectal resection
Herfarth Ch.
Langenbecks-Arch-Chir-Suppl-II-Verh-Dtsch-Ges-Chir. 1989: 679-84.
Low anterior resection is defined as a procedure restoring continuity when rectal cancer is located within 12 cm of the dentate line. Rates on anastomotic leakage are similar for stapled and sutured anastomoses. Critical for the success of either procedure are sufficient mobilisation of the left hemicolon to achieve tension-free anastomosis, precise lymphadenectomy according for these standards of surgical oncology and adequate vertical and horizontal dissection of tissue adjacent to the tumor. The local recurrence rate is determined by tumor stage an safety margin.

286 ■ Lymphadenectomy as the primary therapy of colorectal cancers
Herfarth Ch.; Hohenberger-P
Chirurg. 1989 Mar; 60(3): 139-47.
Die radikale Ausräumung des Lymphabflußgebietes zusammen mit der Entfernung des Primärtumors muß beim colorectalen Carcinom als entscheidender chirurgischer Schritt für die Heilung des Patienten angesehen werden. Die Resektion des Primärtumors allein kann Tumorreste belassen. Mit der Dissektion und Exstirpation des zum Primärtumor zugehörigen Lymphabflußgebietes wird die Einschätzung des Ausmaßes der Tumorerkrankung möglich. Gleichzeitig stellt die Lymphknotendissektion zusammen mit der Primärtumorresektion bereits die adäquate radikale Behandlung bei einem regional begrenzten Primärtumor dar.

Lediglich Patienten mit lokal fortgeschrittenem Primärtumor (pT4), juxtaregionären Lymphknotenmetastasen (pN4-TNM 1979) oder Fernmetastasen (pM1) profitieren möglicherweise nicht von einem solchen Vorgehen.

287 ■ Surgery of liver metastasis
Herfarth Ch.; Hohenberger-P
Langenbecks-Arch-Chir-Suppl-II-Verh-Dtsch-Ges-Chir.1989: 263-8.
Technical improvements in liver resection therapy have forced optimism towards an extended indication for treatment. Operative mortality has improved, and a median survival time of 30 months, and 5 year survival rates of about 30% are reported. Perioperative course of CEA, time of onset of liver metastases, intrahepatic distribution and extrahepatic disease are factors of prognostic relevance. However, the intensity of follow-up, statistical artefacts and the time period reported on, severely influence survival curves. Additional therapeutic efforts are necessary to improve the number of patients that may benefit from surgical therapy of colorectal liver metastases.

288 ■ Chirurgie von Kolon und Rektum - Eine chirurgische Spezialität
Herfarth, Ch. (Hrsg.)
MMM 61/1989, Bibliomed 1990

289 ■ Struma maligna - Endokrinologische diagnostische und therapeutische Aspekte.
Herfarth, Ch., R. Ziegler
Krankenhausarzt 62, 466 (1989)
Die neuesten Statistiken über die Häufigkeit des Schildrüsenkarzinoms zeigen auf, daß sich sein Vorkommen praktisch nicht geändert hat -für die Bundesrepublik ist jährlich mit etwa 2000 Fällen zu rechnen, wobei Frauen etwa dreifach höher betroffen sind als Männer. Pro einer Million Einwohner bedeutet dies 30 neue Erkrankungsfälle im Jahr. Die Bedeutung der Frühdiagnose und adäquaten Therapie liegt darin, daß bei der Mehrzahl der Patienten eine Heilung zu erzielen ist, sofern Patienten und Ärzte adäquat agieren und reagieren. Mit dem Ziel, inwieweit beim Magenkarzinom verschiedene Operationsverfahren die funktionellen Ergebnisse bzw. Faktoren der Lebensqualität beeinflussen, wurden 74 kurativ operierte Patienten, 53 nach totaler Gastrektomie (TG), 15 nach distaler (DR) und 6 nach proximaler Resektion (PR) frühestens ein Jahr postoperativ nachuntersucht. Keine relevanten Unterschiede fanden sich dabei zwischen Patienten nach TG und DR, wohingegen die nach PR einen signifikant schlechteren Ernährungsstatus aufwiesen. Sie klagten oft über Sodbrennen, häufig bestand ein ausgeprägtes Krankheitsgefühl und das eigene Wohlbefinden wurde überwiegend nur als mäßig beurteilt.

290 ■ Ergebnisse der Gastroenterologie 1988
Herfarth, Ch., W.F. Caspary (Hrsg.)
Verh. Bd. 24, Demeter Gräfelfing 1989

291 ■ Construction of a decision-making system in the treatment of patients suffering from colorectal liver metastases.
Hohenberger, P., V. Schwarz, P. Schlag, C.O. Köhler, Ch. Herfarth
Theor Surg 4, (1989) 181-189
The treatment of patients with liver metastases of colorectal cancer is hampered by the fact that up to now no clear-cut data really exist that prove the advantage of systemic or regional chemotherapy. Furthermore, only a very limited number of patients remain free of disease after liver resection, revealing even this treatment to be only of palliative intention. The assignment of patients to different treatment modalities is therefore difficult. We established a decision-support system (DSS) for the treatment of these patients, taking into account the surgeon's decision process and many variables found to be of prognostic relevance for survival in a retrospective evaluation of the course of 294 patients treated at our department. The DSS was realised using the decision-table technique. We set up eight decision tables consisting of 80 individual rules. Confronting the system with the data of an individual patient, the physician has to answer a sequence of questions. The result is a proposal for treatment made by the DSS, together with an explanation for the decision. The system was evaluated for its validity on a group of 33 patients treated before with a conformity of 83%. A prospective evaluation by preoperative calling up of the DSS is now in progress.

292 ■ The value of immunoscintigraphy for the operative retreatment of colorectal cancer. Limitations of a new diagnostic method.
Hölting-T; Schlag-P; Steinbacher-M; Kretzschmar-U; Georgi-P; Herfarth Ch.
Cancer.1989 Aug 15; 64(4): 830-3.
In 42 patients with suspected recurrent colorectal cancer, results of conventional diagnostic methods were compared with those of immunoscintigraphy. In 69% of all cases, the intraoperative findings of a second-look operation served for validation, whereas in 31% close follow-up was used. Recurrent tumors were successfully localized in 83% of patients by conventional methods, whereas immunoscintigraphy was expressive in 57% of cases. Immunoscintigraphy was disappointing

especially because of its low sensitivity (23%) and low predictive value (positive, 33%; negative, 37%) with regard to successful diagnosis of extrahepatic tumors compared with the results of conventional methods (77% sensitivity; positive, 94%; negative, 79%). The rate of false-positive results was relatively high with immunoscintigraphy (n = 12), 83% of which were related to extrahepatic recurrent tumors. The value of immunoscintigraphy using an immunococktail of 131-J-labeled F(ab')2 fragments of monoclonal antibodies against CEA, with Ca 19-9 as an additional diagnostic tool for early detection of recurrent colorectal cancer, must therefore be viewed critically.

293 ■ Echographic localization diagnosis of enlarged parathyroid glands
Lorenz-D; Zuna-I; Klein-M; Ziegler-R; Herfarth Ch.; van-Kaick-G
Radiologe. 1989 Jan; 29(1): 18-22.
The authors report on their own experience with the localization of enlarged parathyroid glands by sonography. In a study of 248 patients with hyperparathyroidism, they obtained a sensitivity of 57% and a specificity of 81%, with an overall accuracy of 74%. These results are discussed in detail.

294 ■ Hepatic transplantation in galactosemia.
Otto-G; Herfarth Ch.; Senninger-N; Feist-G; Post-S; Gmelin-K
Transplantation. 1989 May; 47(5): 902-3.

295 ■ Surgical therapy of Crohn disease
Post-S; Herfarth Ch.; Horn-J; Betzler-M
Z-Gastroenterol-Verh. 1989 Jul; 24: 204-5.
Im Video werden einleitend technische Prinzipien sowie spezielle Postulate für die resezierende Crohn-Chirurgie angeführt. Operationsszenen demonstrieren anschließend die Wahl der Resektionsgrenzen, Techniken der Skelettierung und Anastomosierung Fistelversorgung, Netzplastik, Ureterolyse und schließlich an einem Beispiel von Duodenal-Befall die Strikturoplastik. Abschließend werden an Hand graphischer Übersichten die Operationsindikationen, Arten der Eingriffe und Komplikationen bei 380 Operationen dargelegt, die im Zeitraum 10/81-6/88 durchgeführt wurden.

296 ■ Primary hyperparathyroidism-changes in the disease picture
Raue-F; Jacubeit-T; Minne-H; Herfarth Ch.; Ziegler-R
Med-Klin. 1989 Apr 15; 84(4): 178-82.
Two groups of patients with primary hyperparathyroidism, one early group surgically treated operated between 1970 and 1979 (n = 90), and the other late group from 1980 to 1984 were compared concerning signs, symptoms and laboratory parameters in order to find out the changing trends in the clinical spectrum of this disease during these years. The decade of manifestation decreased from the age of sixty to fifty. The most common mode of presentation in the early group were renal (30%), gastrointestinal (27%), and osseous (18%) symptoms of primary hyperparathyroidism, and 21% symptoms due to hypercalcemia. In the later series severity of the typical symptoms decreased, diagnosis was made in nearly half of the patients (47%) by the incidental finding of hypercalcemia on routine biochemical screening. Careful investigation revealed that the severity but not the occurrence of organic and functional manifestations differed between the two groups. Mean serum calcium level decreased from 3.4 mmol/l in the early group to 3.1 mmol/l in the recent series. Parathyroid hormone level was increased in 90% respectively 79% of the patients. The localization of the parathyroids was done in 58% by ultrasound in the late group. Diagnosis was clearly made in 60% of the recent group by the combination of elevated serum calcium and parathyroid hormone levels and two associated symptoms. Diagnosis was more difficult in 10% when serum calcium was elevated and only one symptom was present. There is a trend in symptoms of primary hyperparathyroidism from typical „disease of stones, bones and abdominal groans" to a mild and nearly asymptomatic presentation detected by routine calcium screening.

297 ■ Diagnostic procedure before reoperation in patients with medullary thyroid carcinoma.
Raue-F; Winter-J; Frank-Raue-K; Lorenz-D; Herfarth Ch.; Ziegler-R
Horm-Metab-Res-Suppl. 1989; 21: 31-4.
Elevated calcitonin (CT) levels after primary operation of the medullary thyroid carcinoma (MTC) are a reliable marker for persistence or recurrence of MTC, which first metastasizes in the neck or mediastinal region. The reliability of different localisation methods before reoperation in 28 patients with elevated CT levels was tested by comparing their diagnostic results with the actual finding at reoperation. The diagnostic procedures comprised ultrasonography of the neck, CAT-scan of the neck and mediastinum, selective venous catheterization with CT determinations, and fine needle biopsy. Due to the results of these tests 28 patients were reoperated 48 times. Histological evidence confirmed the presence of suspected tumor that had been diagnosed by: palpation 52%, ultrasonography 78%, CAT-scan 70%, selective venous catheterization 75%, fine needle biopsy 81%. Despite the fact that only 2 out of the 28 patients had

normal CT levels postoperatively, the 5 year survival rate in reoperated patients (86%) improved compared to patients without reintervention (69%). For precise preoperative staging ultrasonography seems to be the most predictable and reliable method. The prognosis of MTC patients with elevated CT-levels in the follow-up period could be improved by frequent reoperations.

298 ▪ Grundlagen der Chirurgie: Chirurgisch-onkologische Therapie (G 43)
Schlag, P., Ch. Herfarth
Mitteilungen der Dtsch. Ges. Chir. 1989, 5
Mit zunehmender Standardisierung und Verfeinerung operativer Techniken konnte in der Tumorchirurgie nicht nur eine drastische Senkung der postoperativen Mortalität erreicht, sondern auch bei einer Vielzahl von bösartigen Tumoren eine Verbesserung der rezidivfreien und Gesamtüberlebenszeit erzielt werden. Dies täuscht jedoch nicht darüber hinweg, daß bei den meisten soliden malignen Tumoren, insbesondere im fortgeschrittenen Stadium, die Heilungsraten nicht befriedigen können und ein weiterer Fortschritt auch nicht durch Ausdehnung radikal-chirurgischer Maßnahmen zu erwarten ist. Ursachen hierfür liegen darin, daß häufig zum Zeitpunkt der Erstoperation ein disseminiertes Tumorstadium vorliegt, wobei dieses nicht nur durch eine bereits nachweisbare manifeste Metastasierung, sondern auch allein durch das Vorhandensein von Mikrometastasen charakterisiert sein kann. Hier kann somit durch operativ und damit lokale Maßnahmen allein keine Heilung erzielt werden, wie dies auch für nicht resektable Tumoren der Fall ist. Für beide Behandlungssituationen bietet sich daher das Konzept einer multimodalen Therapie an. Hierbei werden abhängig von Tumorart und Behandlungsziel differente Behandlungskonzeptionen verfolgt. Zielrichtungen, Einsatzmöglichkeiten und bisherige Ergebnisse dieser Therapiestrategie sollen im folgenden zusammengefaßt dargestellt werden.

299 ▪ Preoperative Chemotherapy in Esophageal Cancer. A phase II study.
Schlag, P., R. Herrmann, V. Raeth, B. Lehner, V. Schwarz, Ch. Herfarth
Acta Oncologica 27, 811-814 (1989)

300 ▪ Gastrointestinale Tumoren des alten Menschen.
Schlag, P., V. Schwarz, Ch. Herfarth
Münch. med. Wschr. 131 (1989), 215-219
Etwa 35% der Patienten mit einem Karzinom des Gastrointestinaltraktes, die in operative Behandlung kommen, sind derzeit älter als 70 Jahre. Die Probleme der chirurgischen Behandlung einer Tumorerkrankung beim alten Menschen beziehen sich auf die Abschätzung von Operationsrisiko und -morbidität, Belastbarkeit und allgemeine Lebenserwartung sowie Lebensqualität des Kranken unter Vergleich verschiedener Behandlungsalternativen. Hohes Alter allein ist keine Kontraindikation für eine Radikaloperation. Prinzipiell bietet die Resektion eines gastrointestinalen Tumors auch im Alter die besten Überlebenschancen. Bei heutzutage relativ niedrigem operativem Risiko sollte vor allem beim Magen- und Kolonkarzinom des alten Patienten der chirurgische Eingriff angestrebt werden. Risikoreichere Operationen, wie sie zur Behandlung eines Ösophagus-, Pankreas- oder Leberzellkarzinoms erforderlich werden, sind im höheren Lebensalter nicht generell abzulehnen, bedürfen aber auch im Hinblick auf die ungünstigere Gesamtprognose einer besonders kritischen Abwägung und Zurückhaltung in der Indikationsstellung.

301 ▪ The new TNM classification and its effect on surgical treatment of stomach cancer
Schlag-P; Buhl-K; Schwarz-V; Möller-P; Herfarth Ch.
Chirurg.1989 Jan; 60(1): 8-15.
Bereits jetzt bestätigt sich, daß die neue TNM-Klassifikation eindeutige Vorteile gegenüber den Richtlinien der 3.Auflage von 1978 aufweist. Besonders hervorzuheben ist hierbei die Einstufung tumorös befallener Lymphknoten der Gruppe 3 als Fernmetastasen und die Unterteilung des Stadiums III in zwei prognostisch unterschiedliche Gruppen. Eine Klassifikation des Magen-Carcinoms nach den neuen TNM-Richtlinien erlaubt damit relevante und verbesserte prognostische Aussagen. Mögliche andere Prognosekriterien, wie die Tumorlokalisation, der histologische Tumortyp, Lymph- oder Gefäßeinbrüche u.a. bleiben im Rahmen des TNM-Systems bisher allerdings unberücksichtigt. Das zukünftige Ziel wird sein, durch multifaktorielle Analyse eine weitere Verbesserung und Ergänzung
der TNM-Klassifikation zu erreichen. Erste Ansätze in dieser Richtung sind bereits unternommen worden. Unabhängig davon wird auch in Zukunft die Relevanz des TNM-Systems wesentlich von der Sorgfalt intraoperativer Befunderhebung abhängen. Dies kann am besten für die Bestimmung der N-Kategorie verdeutlicht werden. Eine sichere Einstufung der lymphogenen Metastasierung ist nur möglich, wenn tatsächlich die Lymphknoten der drei anatomisch definierten Gruppen entfernt und histologisch untersucht werden. Zur Zeit noch bestehende Unterschiede in Berichten über die stadienabhängige Überlebensrate beim Magen-Carcinom können zumindest teilweise darauf beruhen, daß nicht routinemäßig die einzelnen Lymphknotengruppen operativ entfernt bzw. ausreichend zugeordnet wurden. Die

neue TNM-Klassifikation trifft hierzu klare Aussagen und erlaubt damit eine verläßlichere prognostische Abstufung, indem insbesondere fortgeschrittenere Carcinome differenzierter klassifiziert werden. Wie unsere Analyse zeigt, resultieren aber nicht allein hieraus verbesserte, stadienabhängige Überlebenszeiten, sondern diese stehen auch im Zusammenhang mit dem von seiten des TNM-System erforderlichen standardisierten operationstaktischen Vorgehen. Somit ergibt sich, daß die Einhaltung formaler Richtlinien, wie sie der TNM-Klassifzierung zugrunde liegen, nicht nur aus theoretischen Überlegungen sinnvoll ist, sondern unmittelbar zur Verbesserung der Therapieresultate beim Magencarcinom beiträgt.

302 ■ Scar or recurrent rectal cancer. Positron emission tomography is more helpful for diagnosis than immunoscintigraphy.
Schlag-P; Lehner-B; Strauss-LG; Georgi-P; Herfarth Ch.
Arch-Surg.1989 Feb; 124(2): 197-200.
We used positron emission tomography and fludeoxyglucose F 18 to assess metabolic activity of a pelvic mass in 18 patients who had suspected recurrent rectal cancer. Computed tomography could not differentiate tumor from scar. All patients presenting increased uptake of fludeoxyglucose F 18 by the mass were proved by histologic studies to suffer from recurrent tumor. Six of seven patients with low fludeoxyglucose uptake had nonmalignant lesions. Using immunoscintigraphy in 14 patients with elevated carcinoembryonic antigen levels, only four of ten recurrences could be identified by increased antibody accumulation in the mass. On the other hand, two of four benign lesions were interpreted as being recurrent tumor because of high uptake. Therefore, only positron emission tomography seems to be a useful diagnostic tool in the differentiation of recurrent rectal cancer and scar by providing information about the metabolic activity of a mass.

303 ■ Continence preserving operations in ulcerative colitis and adenomatosis coli-status of experiences and results of a survey
Stern-J; Herfarth Ch.
Z-Gastroenterol-Verh.1989 Jul; 24: 247-8.
Seit der ersten Veröffentlichung durch Parks und Nicholls 1978 ist die ileoanale Pouchoperation in der chirurgischen Behandlung schwerer Fälle von Colitis ulcerosa sowie der Adenomatosis coli zunehmend zur Regeloperation geworden. Eine Umfrage an größeren chirurgischen Kliniken der Bundesrepublik Deutschland sollte die derzeitige Situation hier aufzeigen. Die Ergebnisse der Umfrage sind im wesentlichen mit den weltweit publizierten bisherigen Daten zu diesem Thema im Einklang.
Durch die ileoanale Pouchoperation kann in geeigneten Fällen die Kontinuität des Darmes wieder hergestellt werden und ein bleibendes Stoma wird so für den Patienten vermieden. Trotz einer nicht unerheblichen Komplikationsrate ist diese Operation für den betroffenen Patienten besonders attraktiv. Weltweit wird diese Operation in zahlreichen Varianten ausgeführt. Die Umfrage sollte den Stand der Dinge in unserem Lande aufzeigen und die Basis für eine fruchtbare Diskussion legen.

304 ■ New surgical strategies in inflammatory bowel disease.
Betzler, M., Ch. Herfarth
J. R. Coll. Surg. Edinb., 35 (1990), 324
The inflammatory bowel diseases, ulcerative colitis and Crohn's disease, differ not only with respect to pathohistological findings but also in the strategies and effects of surgical treatment. Ulcerative colitis can be cured by resecting the affected colorectal segment and/or the affected mucosa (rectum). In Crohn's disease the resection of involved bowel segments has a high recurrence rate because of the systemic pattern of the disease. The accepted indications for surgery are disease-related complications or cases which cannot be controlled by consequent medical therapy. The experiences in 96 patients with ulcerative colitis, especially of restorative proctocolectomy with pouch-anal anastomosis (n= 72) will be presented. Three different operative strategies in Crohn's disease, sparse resection, minimal surgery (stricturoplasty) and differentiated treatment of internal fistulae, will be reviewed for 498 patients operated in our department from 1982 to August 1989 with 8 rate of internal fistulae of 40%.

305 ■ Quality of life and functional results following different types of resection for gastric carcinoma.
Buhl-K; Schlag-P; Herfarth Ch.
Eur-J-Surg-Oncol.1990 Aug; 16(4): 404-9.
In order to evaluate quality of life and functional results following surgery for gastric cancer we studied 89 patients with no evidence of disease at a minimum of 12 months postoperatively. Patients were treated with total gastrectomy and jejunal pouch reconstruction according to Hunt-Lawrence-Rodino (n = 59), distal gastric resection (n = 21) or proximal gastric resection (n = 9). No significant differences were found between total gastrectomy or distal gastric resection with respect to dumping or heartburn, while patients with proximal

gastric resection suffered from both. The latter group of patients reported both reduced feelings of hunger and appetite, resulting in a reduced nutritional status. Similar differences were observed when patients were assessed for quality of life; feeling well, feeling ill and capacity to work were all reduced in patients with proximal gastric resection, and their scores were lower when scoring systems according to Visick, Karnofsky, Spitzer and Troidl were applied. Psychological-rating scales measuring complaints and distress confirmed the superiority of total gastrectomy with pouch reconstruction or distal gastrectomy compared to proximal gastric resection. We conclude that in terms of postoperative quality of life, distal gastric resection has no advantage over total gastrectomy with pouch reconstruction. Proximal gastric resection incurs bothersome sequelae and should, therefore, be avoided.

306 ■ Clinical management of persistent primary hyperparathyroidism

Buhr-HJ; Flentje-D; Fischer-S; Herfarth Ch.
Langenbecks-Arch-Chir-Suppl-II-Verh-Dtsch-Ges-Chir. 1990: 987-90.

Persistent hypercalcemia following operation for hyperparathyroidism presents a challenge to both the patient and the surgeon. Between 1/79 and 3/90 a total of 351 patients with parathyroid disease were operated and 34 (10%) patients had persistent hyperparathyroidism. Average age was 62 years. 1/3 of pat. was asymptomatic and 1/3 had renal calculi. Preoperative studies were successful in diagnosing the affected side in 34% using CT, in 44% using sonography and in 63% when selective venous catheterization was used. A total of 44 operations were performed in 34 pat. Up to three operations were performed in 24% of patients. Eight of 34 pat. have refused additional surgery. Repeated surgery was successful in 24 pat. In eight pat. ectopic glands were identified and six of these were located in the mediastinum.

307 ■ Intraoperative and postoperative PTH secretion mode in patients with hyperparathyroidism.

Fischer-S; Flentje-D; Kettelhack-C; Schmidt-Gayk-J; Buhr-H; Herfarth Ch.
World-J-Surg. 1990 May-Jun; 14(3): 349-53; discussion 353-4.

The development of a sensitive 2-site immunoradiometric assay which detects only intact human PTH (1-84) enabled us to study kinetics of PTH secretion intraoperatively. In a prospective study, we assessed the PTH (1-84) secretion mode intraoperatively in 54 patients with adenomas, in 14 patients with tertiary hyperparathyroidism (HPT), and in 2 patients with persistent HPT. After the removal of adenomatous or hyperplastic tissue, a significant drop of PTH (1-84) concentration was seen. A 50% decrease in the basal PTH concentration was reached significantly earlier for adenomas than for hyperplasias. In the 2 cases with unrevealing neck exploration, the PTH (1-84) concentrations showed hardly any change. The recovery of PTH secretion was studied in 23 patients, 20 of whom had a single adenoma; in 2 cases, a hyperplasia was present and 1 patient showed the clinical signs of a toxic HPT. We found an initial drop of PTH concentration 4 hours postoperatively below the limit of detection and a rapid recovery within 24 hours postoperatively. The PTH concentration values were well within the normal range after 48-72 hours.

308 ■ Intact parathyroid hormone in primary hyperparathyroidism.

Flentje-D; Schmidt-Gayk-H; Fischer-S; Stern-J; Blind-E; Buhr-H; Herfarth Ch.
Br-J-Surg. 1990 Feb; 77(2): 168-72.

In 49 patients with primary hyperparathyroidism, intact parathyroid hormone (PTH) was measured with a recently developed immunoradiometric assay, and midregional PTH fragments (sequence 44-68) were measured with an established radioimmunoassay technique. In 47 normal subjects, the concentration of intact PTH ranged from 2.0 to 6.8 pmol/l, and in 49 patients with primary hyperparathyroidism it ranged from 6.4 to 80.0 pmol/l. In contrast, midregional PTH fragments were normal in seven of 49 patients with primary hyperparathyroidism. In five healthy controls and in 12 patients with surgically confirmed primary hyperparathyroidism and serum calcium levels below 3.0 mmol/l, a rapid calcium loading test was performed. In healthy controls, intact PTH was in the low normal to subnormal range within 2.5-5.0 min, and had recovered within 15 min of calcium infusion. In patients with primary hyperparathyroidism, the calcium infusion also led to a 30-50 per cent decrease in intact PTH levels within 5.0-7.5 min after injection, with a slow recovery after 10-15 min. In six of the patients with only slightly elevated basal intact PTH, a suppression to the normal range was observed. In 24 patients (16 patients with a solitary adenoma and eight patients with four-gland hyperplasia) the intact PTH levels were followed intraoperatively during parathyroidectomy, revealing a significantly different rate of decline for single adenomas compared with hyperplasia during the first 15 min after removal of the primary enlarged gland. Intact PTH values remained constantly elevated in one patient with primary hyperparathyroidism and an unsuccessful neck exploration. These results confirm that (a) the measurement of intact PTH in patients with primary hyperparathyroidism is superior to the measurement of midregional fragments; (b) PTH secretion in primary hyperparathyroidism is not totally autonomous; and (c) intraoperative monitoring of intact PTH values could be used to monitor the success of surgery.

309 ▪ Influence of endorectal ultrasound on surgical treatment of rectal cancer.
Glaser-F; Friedl-P; von-Ditfurth-B; Schlag-P; Herfarth Ch.
Eur-J-Surg-Oncol. 1990 Aug; 16(4): 304-11.
Refined surgical treatment of carcinoma of the rectum, such as sphincter-preserving operations, pouch anal anastomosis, and pre-operative irradation require exact assessment of tumor and lymph-node involvement before therapy. To improve pre-operative staging we used endorectal ultrasound to determine the depth of tumor infiltration and the presence of lymph-node metastases. A 7.0 MHz transducer (Bruel and Kjaer, Denmark) was used in the pre-operative staging of 110 patients with rectal carcinomas. In 90% of the cases it was possible to perform a correct tumor staging pre-operatively in comparison with histopathology. Sensitivity for detection of perirectal fat infiltration was 96% and the negative predictive value was 96%. Lymph-node involvement was accurately identified in approximately 80% of the cases. Endorectal ultrasound is a highly accurate tool in the pre-operative staging of rectal carcinoma, as well as in the detection of lymph-node involvement. It will identify patients suitable for sphincter-saving procedures or local treatment and define those with a considerable risk of local recurrence, where combined surgery and radiotherapy may be considered.

310 ▪ Preoperative assessment of perirectal lymph nodes by ultrasound
Glaser-F; Layer-G; Zuna-I; van-Kaick-G; Schlag-P; Herfarth Ch.
Chirurg. 1990 Aug; 61(8): 587-91
Endorectal ultrasound is a new technique which is having an increasing impact on the surgical community. Beyond the assessment of tumor penetration depth two kinds of lymph nodes are to be differentiated by ultrasound in the perirectal fat. 1) Inflammatory enlarged lymph nodes which appear hyperechoic, unsharply limited to the surrounding tissue and 2) lymph node metastases which are hypoechoic having the same density as the tumor. Sensitivity and specificity of endorectal ultrasound in the detection of lymph node metastases in 97 patients was 80%, the positive predictive value was 78%, the negative 82%. In an in vitro study we examined 27 lymph nodes of patients with either inflammatory or cancerous colon diseases by computerized B-scan texture analysis. An HP-77020 A realtime electronic sector-scanner was connected with HP-1000 microcomputer which permitted the selection and texture-analysis of a region of interest (ROI). Afterwards the lymph nodes were examined histologically. Independent of size and surrounding fat tissue there was a highly significant difference between inflammatory and cancerous enlarged lymph nodes concerning mean grey level and mean gradient. Tumor infiltrated lymph nodes are hypoechoic with poor contrast within the node whereas inflammatory enlarged nodes are more hyperechoic and show more contrast. Thus, we can state that it is possible by consideration of echogenity and contrast to distinguish sonographically between tumor infiltrated and inflammatory enlarged lymph nodes.

311 ▪ Endorectal ultrasonography for the assessment of invasion of rectal tumours and lymph node involvement.
Glaser-F; Schlag-P; Herfarth Ch.
Br-J-Surg. 1990 Aug; 77(8): 883-7.
Sophisticated therapies for rectal carcinoma, such as sphincter preserving operations, pouch-anal anastomosis, preoperative irradiation or adjuvant chemotherapy, require an exact pretherapy assessment of the tumour and its lymph node involvement. A 7.0 MHz transducer was used before operation in the staging of 117 patients with rectal carcinoma or villous adenoma. In 90 per cent of cases it was possible correctly to stage the tumour before operation. Sensitivity for detection of perirectal fat infiltration was 97 per cent. Lymph node involvement was accurately identified in about 80 per cent of cases. Six carcinomas, which had developed within 31 examined tubulovillous adenomas, were detected by endorectal ultrasonography. No carcinoma remained undetected. Endorectal ultrasonography is a highly accurate tool for the staging of rectal carcinoma before operation and for the detection of lymph node involvement. Malignant change in tubulovillous adenomas are also detectable.

312 ▪ 100th anniversary of the birthday of Karl-Heinrich Bauer.
Herfarth Ch.
Eur-J-Surg-Oncol. 1990 Aug; 16(4): 277-9.
Most fields of medicine and, at the same time, of many natural sciences, are today concerned with the cancer problem. True progress is tied to the progress of many; the more they can do, the less the individual can achieve.

Work sharing and cooperation are required if major tasks are to be fulfilled at a lower expense. The decisive idea, which we all serve is: The idea of cancer prevention is going to be the leading motive of the era of cancer control which we have now entered. This is how the surgeon Professor Karl Heinrich Bauer, the initiator and founder of the Deutsche Krebsforschungszentrum, formulated the aims to be attained with a new national institution for cancer research in the Federal Republic of Germany in his memorandum concerning the „Anstalt für Geschwulstforschung und Geschwulstbehandlung (Institution for Tumor Research and Tumor Therapy) of the University“ in 1959. Five years later, in 1964, the German Cancor Research Centre was finally inaugurated, the foundation of which constituted K. H. Bauer's life-work. The combined forces of a national research centre and the University of Heidelberg opened exciting new perspectives.

313 ■ Surgery of colon and rectal cancer

Herfarth Ch.
Langenbecks-Arch-Chir-Suppl-II-Verh-Dtsch-Ges-Chir.1990: 161-8.

Surgery of colorectal cancer is also surgery of lymph node compartments and tissue planes. It is essential in such surgery to avoid tumor dissemination and inoculation while observing safety margins. If surgical procedures are strictly standardized according to the rules of surgical oncology R0-resection will yield extraordinarily favourable results not only for stage I but also for stages II and III tumors. There are distinct differences between colon and rectal carcinoma in stage II disease, indicating a different biologic behaviour of these tumors. The possibility of further improvement of the good results of R0-resection by adjuvant therapy should be addressed in future studies.

314 ■ Eingeschränkte Radikalität beim Rektumkarzinom

Herfarth, Ch., F. Glaser, P. Schlag
Münch. med. Wschr. 132 (1990), 237-239

315 ■ Clinico-pathological features and surgical management of primary epithelial hepatic malignancies.

Heuschen-UA; Hofmann-WJ; Otto-HF; Schlag-P; Herfarth Ch.
Eur-J-Surg-Oncol.1990 Aug; 16(4): 332-45.

Between January 1983 and January 1990, 89 patients with primary epithelial hepatic malignancy were admitted to the Department of Surgery, University of Heidelberg, for surgical treatment. Histopathologically, tumours were hepatocellular carcinoma (HCC) 75, fimbrolamellar carcinoma (FLC) 1 and cholangiocellular carcinoma (CCC) 13. Concomitant liver cirrhosis was found in 61%. Among the cirrhotic patients, hepatitis-B infection was found in 65% and post-alcoholic cirrhosis in 30%. Pre-operative alpha-fetoprotein serum levels were elevated in 66% of the patients with HCC and none of the patients with CCC or FLC. The resectability rate was 35.9% (32/83). Twenty-six patients underwent curative resection; six were resected palliatively. In 44 patients exploratory laparotomy and biopsy only were performed. Thirteen patients remained without any surgical procedure. The hospital mortality rate after resection was 21.8%. Short-term prognosis depended predominantly on concomitant cirrhosis associated with peri-operative blood loss and extent of hepatic resection. Long-term survival rates after curative resection were 78%, 55% and 21% for 1, 3, and 5 years, respectively. Prognostic factors of long-term survival were investigated by the Kaplan-Meier method.

316 ■ Surgical re-treatment for tumor recurrence following liver resection for colorectal metastases

Hohenberger, P., P. Schlag, Ch. Herfarth
Abstract ESSO Brüssel 1990

After liver resection for colorectal metastases more than 70% of the patients will develop a tumor recurrence. Only few of them will be candidates for again surgical treatment and the impact of surgical efforts on further survivel is still unclear.

From 10/81 to 03/90 we have performed 132 liver resections for colorectal metastases with curative intent. 88 of the patients have developad a tumor recurrence. 24 of them did not receive tumor specific therapy, and the majority of patients were treated by systemic chemotherapy (40.2%, n=37). However, in 22 patients the recorrence was confined to a single organ site, so a surgical approach was indicated.

Recurrences confined to the liver could be resected (RO-resection) in 8 pats. and another 6 receivad intraarterial chemotherapy. Extrahepatic metastases (lung, local recurrence) could be resected in another 8 pats. There were no operative deaths. The survival times following reintervention are from 6 to 28 mos. after resection of recurrent liver mets., and from 4 to 20 mos. after HAI therapy. Pat. with extrahepatic disease resected showed survival times from 8 to 35 mos.

In conclusion, surgical treatment for recurrent disease after resection of colorectal liver metastases may lead to tumor control for rather long time intervals, and should be considered in cases with solitary lesions or those confined to one organ site.

317 ▪ Lectins and immunohistochemistry of colorectal cancer, its recurrences and metastases.
Hohenberger-P; Liewald-F; Schlag-P; Herfarth Ch.
Eur-J-Surg-Oncol. 1990 Aug; 16(4): 289-97.
In 31 patients resected specimens from primary colorectal cancers, corresponding liver metastases and local recurrences were investigated for the staining pattern of lectins (PNL, UEA, WGA, HPA, SBA, RCA) and tissue antigens (CEA, SP, ACT) by immunohistochemistry. Comparison of staining patterns showed a loss of marker expression from normal colonic mucosa to colorectal primary carcinomas, and a tendency to marker loss from the primary tumour to liver metastases. However, even a neo-expression of markers not present in the primary tumour could be observed. For clinical use, serum markers observed in patient follow-up may be valuable even where the findings are negative at the time of primary tumour surgery. In contrast to the heterogenous marker map of primary tumours and metastases, comparison of primary and locally recurrent tumour revealed a staining pattern that was almost always identical. This supports the hypothesis that locoregional recurrences develop from remnant cells of the primary tumour left behind at surgery. There is no support for the thesis that locoregional recurrences arise from mucosal changes at the anastomosis or from suture material.

318 ▪ Tumor recurrence and options for further treatment after resection of liver metastases in patients with colorectal cancer.
Hohenberger-P; Schlag-P; Schwarz-V; Herfarth Ch.
J-Surg-Oncol. 1990 Aug; 44(4): 245-51.
The aim of this study was to evaluate the pattern of recurrence and its impact on therapy in patients undergoing liver resection for colorectal metastases. Within 7 years 105 patients were operated on; 75 patients were followed up for at least 2 years postoperatively with a median follow-up of 30 months (range 24-93 months). The median time interval when patients were free of tumor recurrence was only 9 months. The initial recurrence site was the liver in 47% and the other sites were extrahepatic in 39%. Seventy-one percent of the patients developed disseminated metastases as the disease progressed. The median survival time after diagnosis of tumor recurrence was 14 months and was significantly affected by the type of treatment used for the recurrence. Surgical resection was followed by a 23-month median survival, while systemic and intra-arterial chemotherapy led to a 14- and 15-month median survival time, respectively. Untreated patients had a median survival of only 4 months. It is concluded that liver resection for colorectal secondaries leads to a very limited number of disease-free survivors after 5 years. As a few patients may profit from a surgical treatment even in cases of recurrence, surgery should not be regarded as useless.

319 ▪ Immunohistochemical reclassification of anaplastic carcinoma reveals small and giant cell lymphoma.
Hölting-T; Möller-P; Tschahargane-C; Meybier-H; Buhr-H; Herfarth Ch.
World-J-Surg. 1990 May-Jun; 14(3): 291-4; discussion 295.
Thirty-one cases of thyroid malignancies which were originally classified as anaplastic carcinoma were reexamined immunohistochemically using PAP methods (peroxidase:antiperoxidase) for IgM, IgG, IgA, cytokeratin, calcitonin, lysozyme and alpha-1-antitrypsin. The reclassification results were compared with patient data such as clinical symptoms, treatment modalities, and clinical outcome. Postoperative radiotherapy was carried out in more than 80% of cases, chemotherapy in none. Seven of 31 tumors showed a positive staining for IgM (n = 4), IgG (n = 2), and IgA (n = 1) antibodies. All of these cases were negative for epithelial markers. Surprisingly, not only all small cell tumors (n = 3) but also 4 tissues with predominantly giant cell areas were among those reclassified as primary malignant lymphoma.

320 ▪ Therapeutic effect of isovolemic hemodilution with dextran 60 on the impairment of pancreatic microcirculation in acute biliary pancreatitis.
Klar-E; Herfarth Ch.; Messmer-K
Ann-Surg. 1990 Mar; 211(3): 346-53.
Dextran of different molecular weight (Dx 40, Dx 60/70) has often been evaluated as adjunct treatment of experimental acute pancreatitis. A beneficial effect has been documented by a decrease in its lethality. However, the mechanism of action is poorly understood. A specific effect on the pancreatic microcirculation generally has not been documented and differentiation from unspecific improvement of pancreatic blood flow due to volume expansion has been difficult. This investigation was designed to quantify the effect of dextran on the impairment of pancreatic microcirculation during acute biliary pancreatitis by means of intravital microscopy. Dextran 60 (Dx 60, molecular weight 60,000) was chosen in light of the increase in vascular permeability in the early stage of pancreatitis as demonstrated previously in the same model. Isovolemic hemodilution, i.e., exchange of whole blood for Dx 60 was used as a mode of administration

to achieve instantaneous onset of therapy without changes in intravascular volume. In the control group a progressive reduction of pancreatic capillary perfusion commenced 30 minutes after induction of acute pancreatitis, resulting in cessation of nutritive tissue perfusion after 3 hours. In the animals subjected to hemodilution, stabilization of the pancreatic microcirculation was accomplished throughout the observation period of 6 hours. Because volume-related effects could be excluded by the protocol and by monitoring central venous pressure and hematocrit, a specific effect of hemodilution with DX 60 on the pancreatic microcirculation is indicated by our results.

321 ■ Pancreatic ischaemia in experimental acute pancreatitis: mechanism, significance and therapy.
Klar-E; Messmer-K; Warshaw-AL; Herfarth Ch.
Br-J-Surg.1990 Nov; 77(11): 1205-10.
Much clinical and experimental evidence suggests that pancreatic ischaemia in the early phase of acute pancreatitis is important in the development of pancreatic necrosis. While depletion of intravascular volume has often been assumed to be the main circulatory defect, an additional disturbance of pancreatic microcirculation has been demonstrated experimentally. Possible contributory mechanisms include chemical-induced vasoconstriction, direct injury of vessel wall, intravascular coagulation and increased endothelial permeability resulting in pancreatic oedema, haemoconcentration and impaired venous drainage. Pancreatic ischaemia as a consequence of these local effects seems to be responsible for the transition of mild pancreatitis to parenchymal necrosis. In experimental models the beneficial effect of various drugs and of sympathetic blockade has been ascribed to an improvement in pancreatic perfusion. Although effective volume therapy is generally accepted as the mainstay of conservative treatment in acute pancreatitis, the efficacy of different fluid preparations is still controversial, and simple fluid resuscitation has not been shown to prevent the development of parenchymal necrosis. The specific impairment of pancreatic microcirculation cannot be prevented merely by replenishment of intravascular volume with crystalloids, albumin or plasma despite normalization of macrohaemodynamics. In contrast, partial replacement of blood by dextran preparations has been shown to increase pancreatic perfusion by improving blood fluidity. Isovolaemic haemodilution in conjunction with conventional fluid therapy may provide a new and effective means of protecting the pancreas from secondary injury due to the early ischaemic phase of acute pancreatitis.

322 ■ Synchrone Serum Analyse von löslichen IL-2 Receptoren, T8/CD8 Antigen, TNF-alpha, INF-y, IL-1 und IL-2 im postoperativen Verlauf nach orthotoper Lebertransplantation
Kraus, Th. W., I.L. Noronha, G. Otto, D. Mathias, W. Hofmann, Ch. Herfarth
Chirurgisches Forum '90, Springer Berlin Heidelberg, 1990, 391-396

323 ■ The value of positron emission tomography in the diagnosis of recurrent rectal cancer
Lehner-B; Schlag-P; Strauss-L; Dimitrakopoulou-A; Herfarth Ch.
Zentralbl-Chir.1990; 115(13): 813-7.
In 21 patients with clinically suspected recurrent rectal cancer showing a mass in the pelvic CT scan, Positron Emission Tomography (PET) was performed to measure metabolic rate of the mass. In 13 of the 21 patients an increased F-18-Fluorodeoxyglucose (FDG) uptake in the suspect tissue could be found. All of these patients were proven to suffer recurrent cancer by biopsy. 8 of the 21 patients showed normal uptake and 7 of them revealed scar tissue by histology. Therefore PET could distinguish clearly between cancer and scar tissue.

324 ■ Surgical treatment of soft tissue tumours of the stomach.
Lehnert-T; Sinn-HP; Waldherr-R; Herfarth Ch.
Eur-J-Surg-Oncol.1990 Aug; 16(4): 352-9.
Between 1977 and 1989 46 patients with soft tissue tumors of the stomach were treated at the Department of Surgery, University of Heidelberg. Twenty-one tumors were malignant and 25 benign. Sixteen of 21 malignant and 13 of 25 benign tumors originated from smooth muscle. Surgical therapy consisted of local excision of the tumor with a margin of gastric wall, or partial gastrectomy. One patient required total gastrectomy for complete removal of the tumor. The adjusted 5-year survival of all 21 patients with malignant tumors was 71% calculated by life-table analysis. Prognostic factors were local invasion and distant metastases. None of 15 patients without local invasion or metastasis has died of disease at a mean follow-up of 3.1 +/- 0.7 years (range 0.1 to 5.8 years) and only one of these patients had tumor recurrence. Nucleolar organizer regions (NOR) were determined in 16 malignant tumors of myogenic origin. Low (less than 4.0/nucleus) NOR counts indicated good prognosis with an adjusted 5-year survival of 100% in 11 patients as compared to 30% for five patients with more than 4.0 NOR/nucleus. Complete removal of the tumor together with a 2-cm margin without radical lymphadenectomy appears to be adequate surgical treatment. The indications for adjuvant therapy in

patients with curative surgery and the value of chemotherapy or radiotherapy for treatment of persistent or recurrent disease remain to be established. NOR studies may help to identify patients at high risk.

325 ■ Prognosis and therapy of primary epithelial liver tumors. Evaluating a personal patient sample

Otto-G; Heuschen-U; Hofmann-W; Schlag-P; Herfarth Ch.

Chirurg. 1990 Oct; 61(10): 705-10.

Prognostically relevant factors and treatment were analysed in 103 patients suffering from primary epithelial liver tumors (88 HCC, 15 CCC). Ninety of them underwent operations: 14 liver transplantations, 32 resections, 44 explorative laparotomies. The resection rate was 38%, the 30-day mortality in transplantation 14%, in resection 22%. The 5-year survival after resection was about 25%. Liver transplantation resulted in 50% 1-year and 40% 2-year survival. Long-term prognosis was positively influenced by cirrhosis and formation of a tumor capsule. Indications for operative management depend only on extension of tumor growth and concomiting liver cirrhosis as biology of epithelial liver tumors is poorly understood.

326 ■ Primary hepatic malignancies: resection or liver transplantation?

Otto-G; Heuschen-UA; Hofmann-WJ; Herfarth Ch.

Eur-J-Surg-Oncol. 1990 Aug; 16(4): 346-51.

Liver transplantation in malignancies must be confined to patients with potentially curable disease. The indication is widely accepted, however, in non-resectable tumors or in patients with cirrhosis that excludes major resection. Without treatment prognosis is extremely poor in these patients. In our own experience 12 out of 13 non-cirrhotic patients with hepatocellular carcinoma (HCC) died within 9 months, and 17 out of 19 cirrhotic patients died within the first year of non-curative or explorative surgery. None of our patients with HCC in non-cirrhotic livers has lived longer than 38 months, and those with cirrhotic livers more than 61 months even after curative resection. After liver transplantation 1-year survival rate was 54% in 14 patients with primary hepatic carcinomas (12 HCC, 2 CCC). In cirrhotic patients with large or infiltrating HCC the results of resection are worse than after grafting, at least in the Western World, so liver transplantation must be taken into consideration. The lack of grafts limits treatment by transplantation in these patients. Transplantation is only exceptionally indicated for patients with metastatic liver disease.

327 ■ Monoclonal antibody to interleukin-2 receptor in liver graft rejection.

Otto-G; Thies-J; Mannel-M; Herfarth Ch.; Hofmann-WJ; Schlag-H; Meuer-S

Lancet. 1990 Jun 30; 335(8705): 1596-7.

SIR, -Monoclonal antibodies to interleukin-2 (IL-2) receptor have been used to prevent and treat acute rejection in kidney transplantation. In a pilot study we have evaluated the monoclonal CD25 antibody BT563, in the prevention of acute rejection in liver transplantation.

In six consecutive patients the antibody (10 mg) was infused intravenously 3-5 h before recirculation of the graft. Thereafter 10 mg was given over 24 h for 10 days; subsequently 10 mg was given intravenously every other day for 10 days. The controls were six patients transplanted immediately before the pilot study. Both groups were given methylprednisolone, azathioprine, and cyclosporin. Biopsy in the controls was done only if clinically indicated, whereas the patients on BT563 therapy underwent biopsies on days 7,14, and 21. The indications for treatment of acute rejection were an increase in bilirubin, concomitant with raised transaminases and histopathological changes.

One control died from recurrent tumor after 5 months. The other five are in good health 5-7 months after transplantation. All six patients given BT563 are alive and well at 2-4 months. In five controls seven episodes of rejection were noted while only one episode of rejection was noted (and treated) in those on BT563. (A second patient had a rejection 2 weeks after BT563 treatment was stopped.) 10 of the 18 scheduled biopsies in the BT563 group were histopathologically graded R0; 3 were R0-1, 4 were Rl, and I was Rl-2. During the first 10 days of BT563 administration, mean serum antibody levels (murine IgG) were 2 45 (SD 1 6) mg/ml. During the second 10 days antibody levels fell to 0.30 (0.46) pg/ml due to rising titers of human anti-mouse antibody. Infections were noted in four controls and in three patients on BT563. In the BT563 group pleural and/or abdominal effusions seemed to be more frequent (5 vs. 1) and longer lasting than they were in the controls.

We conclude that BT563 reduces the risk of early rejection after liver transplantation. Histological pointers to rejection (in 8 biopsy specimens) did not correlate with symptoms. Whether the effusions noted are related to BT563 remains unclear. We are now trying to reduce conventional immunosuppression and to define the best regimen for this monoclonal antibody.

328 ■ Prostanoid release in experimental liver transplantation.

Post-S; Goerig-M; Otto-G; Manner-M; Senninger-N; Kommerell-B; Herfarth Ch.

Transplantation. 1990 Mar; 49(3): 490-4.

Prostanoids are biologically active mediators of

inflammation and tissue injury. To investigate the role of prostanoids in orthotopic liver transplantation we used a porcine model and determined prostaglandin E2, 6-keto-prostaglandin F1 alpha, and thromboxane B2 in arterial, portal, and hepatic venous blood during organ harvesting, the recipient operation, and the early postoperative period. There were no significantly increased serum levels during the donor operation or at the end of cold storage. As early as 1 or 5 min after initiation of reperfusion of the transplanted organ, prostanoids in hepatovenous blood increased dramatically (100-500-fold). Changes in arterial and portal blood (10-50-fold) were less pronounced but still statistically significant. In surviving animals these values returned to normal within 24 hr. The hepatic release of metabolites of the arachidonic acid cascade after liver grafting indicates that the synthesis of prostanoids might contribute to morphological and functional alterations of the transplanted graft. In addition, the increased arterial values of circulating prostanoids may potentially participate in severe cardiovascular, hemostatic, and immunological alterations known to occur after liver transplantation.

329 ■ Re-operation for recurrent colorectal cancer: the importance of early diagnosis for resectability and survival.
Quentmeier-A; Schlag-P; Smok-M; Herfarth Ch.
Eur-J-Surg-Oncol. 1990 Aug; 16(4): 319-25.
Between 1978 and 1986, 179 patients with recurrent colorectal cancer were treated and 137 patients were operated a second time.82.1% of the patients showed elevated CEA levels (greater than or equal to 5 ng/ml) at the time of diagnosis. In 58.1% of the patients the CEA increase preceded the recognition of recurrence, and in 13.4% the diagnosis could be confirmed only by a second-look operation. In 46.7% of the re-operated patients a potentially curative resection of the locally recurrent or metastatic disease could be performed. The resectability was significantly lower in patients with symptomatic recurrent disease (34.5%) as compared to asymptomatic patients with CEA-directed positive imaging (52.7%) and the second-look patients (62.5%) respectively. A significant improvement in survival could be achieved especially in the second-look operated patients. Surgical treatment of soft tissue tumors of the stomach.

330 ■ Surgery for benign insulinoma: an international review.
Rothmund-M; Angelini-L; Brunt-LM; Farndon-JR; Geelhoed-G; Grama-D; Herfarth Ch.; Kaplan-EL; Largiader-F; Morino-F; et-al
World-J-Surg. 1990 May-Jun; 14(3): 393-8; discussion 398-9.
In a multiinstitutional review, data on 396 patients with benign solitary or multiple insulinomas operated on in 15 centers were collected. In these 396 patients, 419 laparotomies (375 primary procedures and 44 reoperations) were performed. The rate of unnecessary laparotomies was 1.7%. Complications occurred after 132 operations (31.5%), requiring 27 reinterventions (6.4%). Ten (2%) patients died within 30 days of surgery. The success rate of first procedures in the centers was 94.9%. After reoperation, all but 2 (99.5%) of these patients were cured. The overall cure rate including those patients who had their primary operations elsewhere was 97.5%.

331 ■ Resection of liver metastases in colorectal cancer-competitive analysis of treatment results in synchronous versus metachronous metastases.
Schlag-P; Hohenberger-P; Herfarth Ch.
Eur-J-Surg-Oncol. 1990 Aug; 16(4): 360-5.
One hundred and twenty-two patients underwent liver resection for metastases of colorectal cancer within 8 years. Seventy-four of them were treated for metachronous metastases detected in a median of 18 months after resection of the primary tumor. In another 48 patients the metastases were resected at the same time as the primary cancer. Both groups were analysed for disease-free and overall survival, and for peri-operative morbidity. However, neither the type of hepatic resection nor peri-operative morbidity showed relevant differences in the groups, except for the metachronous group, the only group in which operative mortality occurred (6.7%). Survival was not significantly different, being 32 months in the metachronous and 24 months in the synchronous groups ($P = 0.051$). However, disease-free survival showed significant differences; no patient in the synchronous group experienced a recurrence-free interval of more than 3 years. The median time interval until diagnosis of a recurrence was 10 months after resection of metachronous metastases, but only 6 months in the synchronous group ($P = 0.018$). The pattern of recurrence showed a much higher proportion of patients with disseminated disease in the synchronous group (95% vs 42%). Therefore, liver resection in synchronous colorectal metastases should be handled very restrictively and adjuvant treatment strategies considered in the future.

332 ■ Hepatic arterial infusion (HAI) chemotherapy for liver metastases of colorectal cancer using 5-FU.
Schlag-P; Hohenberger-P; Hölting-T; Buhl-K; Schwarz-

V; Herfarth Ch.
Eur-J-Surg-Oncol.1990 Apr; 16(2): 99-104.
Thirty-three patients with liver metastases of colorectal cancer were treated by intra-arterial 5-FU chemotherapy. The median survival time of all patients was 14 months. A partial remission could be observed in nine patients, and a further 15 patients had stable disease. Patients were treated on an outpatient basis and the toxicity of treatment was mild. We observed no case of sclerosing cholangitis or chemical hepatitis. Intra-arterial 5-FU chemotherapy provided treatment results similar to those reported for FUdR but with less hepatobiliary toxicity.

333 ▪ Computed tomographic detection of liver hemangiomas
Schorn-S; Bode-JC; Hubner-M; Hupp-T; Herfarth Ch.
Dtsch-Med-Wochenschr.1990 Nov 23; 115(47): 1790-4.
A 67-year old woman had noticed increasing growth of hair on the face and extremities for eight months. The testosterone level was raised at 2.6 micrograms/l and 24-hour urinary cortisol excretion was 160 micrograms. Ultrasound scanning showed a tumour measuring 14 x 10 x 10 cm in the left suprarenal, as well as several irregular space-occupying lesions in the liver, some of which were echo-rich. By computed tomography these structures were hypodense and did not concentrate any contrast medium. A provisional diagnosis of suprarenal carcinoma with hepatic metastases was accordingly made. After surgical removal of the suprarenal carcinoma the hormonal parameters unexpectedly returned to normal. Repetition of the computed tomography failed to elucidate the nature of the liver lesions. However, superselective hepatic angiography revealed the typical picture of haemangiomas of the liver. The existing computed tomograms were therefore reviewed. The diagnostic error was found to be due to incorrect timing of the interval between injection of contrast medium and performance of computed tomography.

334 ▪ Interleukinprofil bei chronischen Darmerkrankungen: Präoperativer Status und postoperativer Verlauf von sIL-2R, IL-1 und IL-6 im peripheren Venenblut.
Schürmann, G., M. Betzler, S. Post, B. Endler-Jost, S. Meuer, Ch. Herfarth
Chirurgisches Forum '90, Springer Berlin Heidelberg 1990, 509-515
Bei 10 Patienten mit M. Crohn (MC) und 10 Patienten mit Colitis ulcerosa (UC) wurde präoperativ, 10 Tage postoperativ und bei einem Teil der Patienten 3 Monate postoperativ der lösliche Interleukin-2 Receptor (sIL-2R) IL-1 und IL-6 im Serum analysiert und mit der Leukocytenzahl, Neopterin und C-reaktiven Protein dieser Patienten verglichen. 8 MC-Patienten und 9 UC-Patienten zeigten präoperativ deutlich erhöhte sIL-2R-Serumwerte (MC: 568 + 128, UC: 761 + 355, Kontrollen: < 300 x103 U/ml), die 10 Tage postoperativ nahezu unverändert persistierten. IL-6 war bei je 6 MC/UC-Patienten präoperativ erhöht (MC: 63 + 30, UC: 48 + 13, Kontrollen: < 30 x10^3 cpm) und normalisierte postoperativ in der Hälfte der Fälle. Die Serumbestimmung von IL-2R ist ein empfindlicher Parameter der intestinalen Entzündung. Sie empfiehlt sich auch als Verlaufsparameter bei Therapien, die über eine Blokkade des IL-2/IL-2 Receptorsystems wirken.

335 ▪ Nachweis von Gamma/Delta T-Zellreceptor positiven T-Zellen in Leberbiopsaten nach Lebertransplantation.
Schürmann, G., M. da Silva Lobo, W. Hofmann, G. Otto, Ch. Herfarth, D. Kabelitz
Chirurgisches Forum '90, Springer Berlin Heidelberg 1990, 379-383
Ein zweiter Typ von T-Zellreceptor besitzt statt des alpha/betaein gamma/delta-Heterodimer neben dem CD3-Molekül. In der vorliegenden Studie konnte an in vitro expandierten T-Zellen aus Biopsaten allogener Lebertransplantate gezeigt werden, daß durchschnittlich 7,5% + 1,8 SEM der Transplantat-infiltrierenden T-Zellen T/Delta-positiv sind (13 Biopsate bei 7 Patienten, 1 - 12 Wochen nach Lebertransplantation). Der Anteil T/6 positiver T-Zellen korreliert im Einzelfall nicht mit dem histologischen Grad der Rejektion, er liegt jedoch in Biopsaten ohne Rejektionszeichen durchschnittlich um Faktor 2,8 höher als in Biopsaten mit „milder akuter Rejektlon". Damit bilden T/6 positive Zellen eine quantitativ wichtige Fraktion unter den infiltrierenden T-Zellen nach allogener Lebertransplantation; ihre funktionelle Bedeutung bleibt derzeit offen.

336 ▪ Early liver transplantation for primary hyperoxaluria type 1 in an infant with chronic renal failure.
Schürmann-G; Scharer-K; Wingen-AM; Otto-G; Herfarth Ch.
Nephrol-Dial-Transplant.1990; 5(9): 825-7.
Infantile oxalosis is the most severe form of primary hyperoxaluria type 1, an inborn Die operative Versorgung ist derzeit die einzige Therapie des Rektumkarzinoms, die dem Patienten eine Chance auf Heilung bietet. Für das mittlere und untere Drittel des Rektums stehen eine ganze Reihe von Operationen zur Verfügung, wie die abdomino-sakrale Rektumamputation, die anteriore Rektumresektion und die lo-

kale Exzision. Die Auswahl des geeigneten Verfahrens ist von der Invasionstiefe des Tumors, seiner Erreichbarkeit und Größe und von der Anwesenheit perirektaler Lymphknoten abhängig. Zusätzlich muß der Differenzierungsgrad des Tumors Berücksichtigung finden. Während die Koloskopie die Höhe und Ausdehnung des Tumors intraluminal bestimmt, gibt uns die Anwendung der Endosonographie Auskunft über Invasionstiefe und Lymphknotenmitbeteiligung. Nur durch strengste Selektion geeigneter Patienten unter kontrollierten Studienbedingungen erscheint uns die Anwendung von Verfahren mit eingeschränkter Radikalität angezeigt.
metabolic disorder caused by a deficiency of the hepatic enzyme alanine: glyoxylate aminotransferase (AGT). Renal insufficiency occurs due to excessive production and renal deposits of oxalate. This report concerns a 22-month-old girl with severe type 1 primary hyperoxaluria and chronic renal failure. Liver transplantation was performed successfully as treatment of AGT deficiency. Endogenous creatinine clearance remained stable at about 10 ml/min per 1.73 m2 at 23 months after transplantation. It is suggested that liver transplantation offers potential cure of an otherwise fatal disease. However, it remains questionable if the procedure influences kidney function in the presence of advanced renal disease.

337 ▪ Sphincter of Oddi cyclic motility. Effect of translocation of the papilla in opossums.
Tanaka-M; Senninger-N; Runkel-N; Herfarth Ch.
Gastroenterology. 1990 Feb; 98(2): 347-52.
The role of myoneural continuity between the sphincter of Oddi and duodenum in coordinating sphincter cyclic motility and the duodenal migrating myoelectric complex was studied in conscious opossums. Five animals underwent implantation of the duodenal papilla into the jejunum. Myoelectric recording was obtained from the sphincter, duodenum, and jejunum in these animals and from 5 other animals as controls. The mean spike frequency of the sphincter of controls was 1.6 per min during phase I, 4.2 per min during phase II, 11.0 per min during phase III, and 3.6 per min during phase IV of the duodenal migrating myoelectric complex. After translocation of the papilla, the spike rates during phase II (2.2 per min) and phase III (2.8 per min) were lower than in controls (p less than 0.02), while those during phases I and IV remained unchanged. Feeding disrupted the migrating myoelectric complex and increased sphincter spike activity in both groups; however, the plateau frequency after feeding was lower after the translocation. These data suggest that the duodenum does not control cyclicity of sphincter motility but sphincter-duodenal intrinsic myoneural continuity is important in the increase in sphincter spike activity during phases II and III and after feeding.

338 ▪ Lactic acidosis-recognition and treatment of an important complication of perioperative parenteral nutrition
Wilmanns-C; Witzigmann-H; Schlag-P; Witte-J; Herfarth Ch.
Chirurg. 1990 Mar; 61(3): 183-6.
We report 5 cases of acute vitamin B-1 induced lactic acidosis in surgical patients receiving parenteral nutrition. In all patients treatment with vitamin B-1 induced a dramatical improvement of clinical findings. 4 patients recovered completely, 1 patient died from already developed irreversible cardiocirculatory failure. These cases underline the need for regular vitamin B-1 substitution in patients with parenteral nutrition and preoperatively in alcoholics and in patients, in whom a sufficient food intake can not be assured.

339 ▪ Surgical therapy of Crohn disease-definition of Crohn-specific surgery
Betzler-M; Post-S; Herfarth Ch.
Internist-Berl. 1991 Sep; 32(9): 524-9.
Häufigste elektive Operationsindikationen bei Morbus Crohn sind mit über 80% symptomatische Fisteln und rezidivierende chronische Ileuszustände, die Rate an Notfalleingriffen wegen toxischem Kolon, Perforation, Blutung und mechanischem Ileus liegt bei 5%. Zwar ist die bevorzugte Lokalisation das terminale Ileum, jedoch sind in 2/3 der Fälle Teile des Kolorektums isoliert und begleitend Crohn-befallen. Eine Crohn-Manifestation im oberen Gastrointestinaltrakt findet sich bei unter 5%. Die Karzinominzidenz in diesem Krankengut beträgt 0,6%.
Unter den Fisteln, der klassischen Komplikation des M. Crohn, finden sich bis zu 80% perianale, die häufig sogar asymptomatisch sind. Zur Erhaltung des Kontinezorgans sind zurückhaltende chirurgische Maßnahmen besonders geboten. Dagegen erfordern retroperitoneale „blinde“ Fisteln frühzeitig chirurgische Intervention, ebenso wie enterovesikale und enterogenitale Fisteln.
Die länger dauernde Kortikoidmedikation erhöht die perioperativen Komplikationen gravierend. Die Rezidivrate innerhalb von 10 Jahren nach Resektionsbehandlung beträgt bis zu 40%; die Remissionszeit übertrifft aber deutlich die bei alleiniger konservativer Behandlung.
Nicht allein verbesserte präoperative Diagnostik und operative Technik und Erfahrung haben zu erheblicher Verminderung der Letalität geführt, die in dem hier dargestelltem Krankengut unter 1% lag; auch die Bereitschaft zur Frühoperation dürfte wesentlich dazu beigetragen haben.

340 ▪ Special tumor biology and surgery of C-cell carcinoma
Buhr-HJ; Raue-F; Herfarth Ch.
Chirurg.1991 Jul; 62(7): 529-35.
Das medulläre oder auch C-Zell-Carcinom der Schilddrüse besitzt gegenüber den Schilddrüsencarcinomen besondere biologische Eigenschaften, die herauszustellen sind:
1. Das C-Zell-Carcinom entwickelt sich aus den parafolliculären C-Zellen der Schilddrüse, die dem APUD-Zellsystem zuzuordnen sind.
2. Die Zugehörigkeit zum APUD-Zellsystem erklärt die Produktion von mehreren polypeptischen Hormonen; als wichtigstes ist hier das Calcitonin (CT) zu nennen, das klinisch als exzellenter Tumormarker dient.
3. Das medulläre Schilddrüsencarcinom kann sowohl in einer hereditären wie auch sporadischen Form auftreten.
Das Fehlen wirksamer therapeutischer Alternativen zum chirurgischen Vorgehen zeichnet den hohen Stellenwert des radikalen operativen Vorgehens als einzige mögliche kurative Therapie aus.

341 ▪ Familiäre adenomatöse Polyposis. Paradigma einer therapierbaren genetischen Krankenheit
Friedel, W., G. Möslein, K. Jaeger, Ch. Herfarth, P. Propping
Dtsch. Ärztebl. 88 (1991) 851-860
Die familiäre adenomatöse Polyposis (FAP) ist eine autosomal-dominant erbliche Erkrankung, bei der es zum Auftreten von Hunderten von kolorektalen adenomatösen Polypen kommt. Die zunächst asymptomatischen Polypen können sich bereits im Kindesalter oder erst sehr viel später manifestieren, wobei der Häufigkeitsgipfel der Erstmanifestation zwischen dem 15. und 25. Lebensjahr liegt. Bei der FAP handelt es sich um eine echte Präkanzerose. 1987 ist der für FAP verantwortliche Gen-Ort auf dem langen Arm des Chromosoms Nr. 5 kartiert worden. Die Polyposis coli ist paradigmatisch für eine erbliche Krankheit geworden, die mit genetischen Methoden präsymptomatisch diagnostizierbar und chirurgisch therapierbar ist.

342 ▪ Development of primary treatment of breast cancer 1975-1988 in German language countries
Friedl-W; Linder-F; Herfarth Ch.
Chirurg.1991 Aug; 62(8): suppl 133-40.

343 ▪ The ileum pouch: indications, technics and long-term results
Herfarth Ch.; Stern-J
Dtsch-Med-Wochenschr.1991 Sep 27; 116(39): 1485-90.
Die kontinenzerhaltende Proktokolektomie ist für den Patienten eine sehr günstige Lösung. Der wesentliche Manifestationsort der Grundkrankheit wird dadurch entfernt, und mit geringen Einschränkungen können die Patienten danach wieder ein normales Leben führen. Neben der sozialen, beruflichen und sportlichen Wiedereingliederung ist für Frauen die Möglichkeit einer normalen Schwangerschaft und Geburt gegeben. Die nachbetreuenden Ärzte sollten über spezifisches Wissen bezüglich der funktionellen Situation und der physiologischen und anatomischen Gegebenheiten verfügen. Nur so sind die auch heute noch möglichen postoperativen Komplikationen sicher zu diagnostizieren und fachgerecht zu behandeln. Über echte Langzeitergebnisse wird erst zu einem späteren Zeitpunkt berichtet werden können. Die Erfahrungen der letzten 10 Jahre haben aber gezeigt, daß die Methode der ileoanalen Pouch-Operation bei gegebener Indikation die weitaus attraktivste Behandlungsmöglichkeit darstellt. Die steigenden Operationszahlen belegen diese Tatsache.

344 ▪ Einführung zum Thema „Chronisch-entzündliche Darmerkrankungen"
Herfarth, Ch., W. Dölle
Internist 32, 503-504 (1991)
Keine gastroenterologische Erkrankung fordert die enge Kooperation zwischen dem Internisten und dem Chirurgen derart wie die chronisch-entzündlichen Darmerkrankungen der Colitis ulcerosa und des Morbus Crohn. Beide sind in ihrem klinischen Erscheinungsbild und in ihren therapeutischen Folgerungen durchaus unterschiedlich, wenn nicht sogar aus chirurgisch-therapeutischer Sicht grundsätzlich verschieden. Eine Abstimmung zwischen konservativer Behandlungsperiode und rechtzeitigem operativen Eingriff ist für die Langzeitkonzeption der Therapie dieser chronischen Erkrankungen Voraussetzung. So zeigt auch die Operation nicht das Scheitern der konservativen Therapie an, sondern nur einen Schritt in der Gesamttherapieplanung. Da die Colitis ulcerosa mit dem chirurgischen Eingriff geheilt werden kann, gilt als oberstes Behandlungsprinzip der Funktionserhalt des Kontinenzorgans trotz radikaler Colon- und Rektumentfernung, während für den Morbus Crohn die Regeln der möglichst minimalen Chirurgie zur Beseitigung der Komplikation Bedeutung haben. Für beide Erkrankungen ist jedoch herauszustellen, daß die rechtzeitige Operation, und nicht der Eingriff erst bei schwerer Komplikation der Erkrankung angestrebt werden sollte.
Eine Schlüsselrolle in der Therapieplanung nimmt die morphologische Befundung der Biopsie und des Operationspräparates durch den Pathologen ein. Gerade die Trennunschärfen zwischen der Colitis ulcerosa und der granulomatösen Colitis Crohn bedingen eine

äußerst erfahrene histomorphologische Diagnostik, da die so unterschiedlichen Behandlungsformen - radikal oder minimal - für den Chirurgen hiervon abhängig sind. So gehört der Pathologe von vornherein mit in das interdisziplinäre Therapiekonsil zwischen Internisten und Chirurg.
Eine Reihe von Komplikationen drohen im Langzeitverlauf der Erkrankung: Die Entartung, die unerwünschte starke Nebenwirkung der medikamentösen Therapie, vor allen Dingen der Steroidbehandlung, der Verfall des Allgemeinzustandes mit psychischem Verfall und Desozialisierung sowie schließlich Komplikationen der Erkrankung selbst, die zu schweren septischen Problemen führen können, wie die Abszedierung, Perforation und die schwere eitrige Fistelung.

345 ■ Chronisch-entzündliche Darmerkrankungen
Herfarth, Ch., W. Dölle (Redaktion)
Der Internist 32, Heft 9/1991

346 ■ Regional lymph node recurrence of colorectal cancer. Considerations of etiology and therapy based on angiography findings
Hohenberger-P; Schlag-P; Kretzschmar-U; Herfarth Ch.
Chirurg. 1991 Feb; 62(2): 110-6.
Within a group of 101 patients treated for locally recurrent colorectal cancer 10 of them presented with a recurrence located in the lymphnodes of the primary tumor bed. This „pseudo-recurrence" shows some typical findings as elevated CEA serum levels in asymptomatic patients, and intact anastomosis endoscopically. However, angiography reveals the presence of the inferior mesenteric artery and it branches left behind at operation for the primary tumor. Furthermore, endoluminal ultrasound may be able to detect these situations. Both investigations are a must in patients following resection of a colorectal primary tumor of the left hemicolon or rectum being suspicious for a locoregional recurrence. Detection of a lymphnode recurrence may be of value in planning for a reintervention as it helps to select patients with a better chance for a curative surgical approach.

347 ■ Regional mesenteric recurrence of colorectal cancer after anterior resection or left hemicolectomy: inadequate primary resection demonstrated by angiography of the remaining arterial supply.
Hohenberger-P; Schlag-P; Kretzschmar-U; Herfarth Ch.
Int-J-Colorectal-Dis. 1991 Feb; 6(1): 17-23.
Inferior mesenteric angiography was carried out in 14 patients with locoregional recurrence following sphincter-saving resection of a colorectal primary tumour in the left hemicolon or rectum. The aim was to check the margins of clearance of the lymphatic drainage. All patients had been operated on electively and with curative intent. All patients had a biopsy-proven recurrence and 11 of the 14 patients (79%) showed residual arteries that should have been resected at primary surgery, and at laparotomy for the recurrence incomplete resection of the lymphatic drainage area was confirmed. In 6 patients the recurrence was resected, in 4 of them with no evidence of microscopic residual disease. From these findings it may be argued that the lymph nodes incompletely resected at primary operation may have been the origin of the locoregional recurrence. Angiography may detect this situation, and may be worthwhile when planning a reintervention.

348 ■ Palliation of esophageal cancer-operative resection versus laser and afterloading therapy.
Hölting-T; Friedl-P; Schraube-N; Fritz-P; Schlag-P; Herfarth Ch.
Surg-Endosc. 1991; 5(1): 4-8.
Since 1985, 71 patients with end-stage esophageal cancer have been treated either by surgical (n = 26) or endoscopic laser palliation (n = 45). In 16 of 45 patients treated by endoscopy, additional radiotherapy (extrenal and endoluminal irradiation) was performed. Surgery and Nd:YAG recanalization were initially effective in removing the malignant obstruction in 80% of cases. There were no significant differences in survival in either group. The stenosis-free interval was longer in patients who underwent surgery: 24 weeks; minimal stenosis-free interval: 20 weeks. Local recurrences occurred earlier in the endoscopic study group (mean survival: 36 weeks; minimal stenosis-free interval: 20 weeks). Most stenoses successfully underwent further laser treatment. Although only 35% of patients treated endoscopically underwent additional afterloading therapy, this treatment appears to prolong palliation (mean survival: 38 weeks; minimal stenosis-free interval: 36 weeks). A few patients bled after endoscopy and were treated conservatively. The most important complication in the afterloading group was esophagobronchial perforation, which caused one death in our series. Transient pulmonary problems were the most common complication (31%) in the surgical group with a hospital mortality of 19%. Overall, the improvement in the quality of life after surgery was better. However, our results show that Nd:YAG recanalization and afterloading therapy are effective therapeutic alternatives in patients unfit for surgery.

349 ▪ Management der hypercalcämischen Krise beim Hyperpara- thyreoidismus. 1. Deutscher Interdisziplinärer Kongreß für Intensivmedizin,
Kettelhack, Ch., S. Fischer, H.J. Buhr, Ch. Herfarth
Intensivmedizin und Notfallmedizin 28 (1991) 402
Die hyperkalzämische Krise beim Hyperparathyreoidismus stellt eine lebensgefährliche Komplikation der Erkrankung dar. In der Literatur beträgt die Häufigkeit 2% bis 6% der chirurgisch behandelten Patienten mit einem Hyperparathyreoidismus (HPT). Die Letalität beträgt zwischen 50% und 80%. Hierfür ist in vielen Fällen ein mangelndes Ineinandergreifen von Diagnostik und effizienter medikamentöser Therapie sowie eine Verzögerung der Operation verantwortlich. Diese Problematik wollen wir anhand der von uns behandelten Patienten darstellen.
Patienten: Von den 390 in unserer Klinik seit 1982 behandelten Patienten mit einem Hyperparathyreoidismus kamen 7 mit einer hypercalcämischen Krise zur Aufnahme (1,8%). Bei 1 Patientin trat die Entgleisung während der Schwangerschaft zusammen mit einer akuten Pankreatitis auf. 2 der 7 Patienten sind postoperativ verstorben. Bei beiden Patienten kam es in der präoperativen Phase zu erheblichen Verzögerungen, sodaß die durch die schwere Hypercalcämie verursachten Organveränderungen sehr weit fortgeschritten waren. Hauptbestandteil der medikamentösen Therapie war bei allen Patienten eine forcierte Diurese mit 0,9% NaCl-lnfusionen und Furosemid. Durch Calcitonin-Injektionen konnte der Calciumspiegel zusätzlich gesenkt werden, und bei 2 Patienten kam Clodronat zur Anwendung. Mit dieser Therapie gelang eine Stabilisierung des Calciumspiegels bis zur Operation bei 5 Patienten. Beide Patienten, bei denen eine Stabilisierung des Serum-Calciums nicht gelang, sind perioperativ verstorben.
Folgerungen: Mit Hilfe der modernen Labor- und Röntgendiagnostik kann die Ursache einer hypercalcämischen Krise innerhalb von 74 Stunden gesichert werden. Parallel hierzu muß die intensive medikamentöse Therapie einsetzen, um das exzessiv erhöhte Calcium zu senken. Neben der forcierten Diurese mit Furosemid und Calcitonin-Injektionen stellen hierfür seit einigen Jahren vor allem das Clodronal und in Einzelfällen auch Mithramycin zur Verfügung. Nach der Diagnosesicherung muß eine sofortige Operation angestrebt werden. Nur durch diese enge Abfolge der diagnostischen und therapeutischen Maßnahmen ist eine Verringerung der hohen Letalität diesses Krankheitsbides zu erreichen.

350 ▪ Isovolämische Hämodilution in der Frühphase der akuten Pankreatitis - ein neues Therapiekonzept der Mikrozirkulationsstörung des Pankreas. 1. Deutscher Interdisziplinärer Kongreß für Intensivmedizin
Klar, E., Th. Foitzik, H. Buhr, K. Meßmer, Ch. Herfarth
Intensivmedizin und Notfallmedizin 28 (1991) 436
Die Mirkozirkulationsstörung des Pankreas scheint einen Hauptmechanismus für den Übergang von der ödematösen Pankreatitis in die nekrotisierende Verlaufsform darzustellen. Mittels Intravitalmikroskopie konnte experimentell gezeigt werden, daß durch Hämodilution mit Dextran 60 eine Stabilisierung der Mikrozirkulation des Pankreas bei akuter Pankreatitis erreicht werden kann. Die Ausbildung von Parenchymnekrosen können hierdurch limitiert werden. Ziel der Untersuchung war die Übertragung dieses Therapiekonzeptes in die Klinik.
I. Das experimentell bewährte Therapiekonzept der isovolämischen Hämodilution ist unter klinischen Bedingungen praktikabel.
2. Der experimentell nachgewiesene protektive Effekt auf die Pankreasmorphologie scheint sich klinisch im Vergleich mit historischen Kontrollgruppen zu bestätigen. Diese Ergebnisse müssen durch eine randomisierte Studie gesichert werden.

351 ▪ Arterial steal: an unusual cause for hepatic hypoperfusion after liver transplantation.
Manner-M; Otto-G; Senninger-N; Kraus-T; Goerich-J; Herfarth Ch.
Transpl-Int. 1991 Jun; 4(2): 122-4.
Case reports of two patients with an unusual cause for a rapid increase in transaminases following liver transplantation are described. In the postoperative course, angiography revealed an arterial hypoperfusion of the liver due to a steal phenomenon with blood shunting from the hepatic to the splenic artery. In one case, the underlying pathophysiology was a pre-existing filiform stenosis of the celiac trunk with insufficient recruitment of arterial blood from the superior mesenteric artery via the pancreatic arcade. Adequate liver perfusion was restored by simple ligation of the common hepatic artery. In the other case, angiography showed an arteriovenous fistula formation of the splenic vessels and minimal blood flow through the hepatic vessels. This was successfully corrected by angiographic embolization of the splenic artery with metal coils. After therapeutic intervention, both patients rapidly recovered with excellent liver function.

352 ▪ Influence of major histocompatibility complex class I and II antigens on survival in colorectal carcinoma.
Möller-P; Momburg-F; Koretz-K; Moldenhauer-G; Herfarth Ch.; Otto-HF; Hammerling-GJ; Schlag-P

Cancer-Res.1991 Jan 15; 51(2): 729-36.
HLA-A,B,C and HLA-D molecules present antigenic peptides to the antigen-specific receptor of autologous T-lymphocytes. T-cell-mediated host-versus-tumor response might therefore depend on the presence of these molecules on tumor cells, although the absence of HLA-A,B,C determinants on a cell has been shown to increase its susceptibility to lysis by natural killer cells. To investigate whether the presence or absence of HLA-A,B,C and/or HLA-DR in colorectal carcinoma influences relapse rate and time of tumor-related death, 152 patients who underwent putatively curative surgical treatment were surveyed for a maximum of 65 months (mean, 48 months). As determined by immunohistochemistry, aberrant reduction or loss of HLA-A,B,C/beta 2-microglobulin molecules was more frequent in tumors of the proximal colon than of the rectosigmoid (P = 0.032) and in mucinous carcinomas than in nonmucinous ones (P = 0.022). An abnormal induction of the HLA-D-associated invariant chain (Ii) was more frequent in Dukes' A and B than in stage C (P = 0.046). Reduction/loss of HLA-A,B,C/beta 2-microglobulin was correlated with the absence of HLA-DR (P = 0.024) and Ii (P = 0.005). In contrast to the prognostic role of tumor stage and grade, the presence versus the absence of HLA-A,B,C/beta 2-microglobulin and HLA-DR/Ii molecules was not correlated with recurrence rate or survival. We conclude that in spite of an increasing amount of experimental data suggesting the contrary, the status of HLA-A,B,C and HLA-DR expression in colorectal carcinoma seems to be irrelevant in vivo, regarding survival and growth of residual tumor cells after putatively curative resection of the initial tumor burden.

353 ▪ Leiomyosarcoma of the infra-hepatic vena cava-vascular replacement by expanded PTFE prosthesis with hypothermia of the liver
Otto-G; Glaser-F; Herfarth Ch.
Chirurg.1991 Apr; 62(4): 345-7.

354 ▪ Liver transplantation
Otto-G; Herfarth Ch.
Dtsch-Med-Wochenschr.1991 Apr 12; 116(15): 579-83.
Im Spektrum der therapeutischen Möglichkeiten hat sich die Lebertransplantation heute bei denjenigen Lebererkrankungen bewährt, die einen Ausfall der Leberfunktion erwarten lassen. Die Ein-Jahres-Überlebensrate liegt zwischen 70 und 80%. Bei Malignomen der Leber ist auch nach Transplantation in 75 % mit einem Rezidiv zu rechnen. Wichtig ist die sorgfältige Auswahl der Transplantatempfänger in enger Kooperation mit dem Transplantationszentrum. Postoperative Komplikationen sind auf chirurgische Probleme, bereits zuvor bestehende Erkrankungen des Transplantatempfängers und Infektionen zurückzuführen. Die Probleme der selektiven Immunsuppression und Toleranzinduktion müssen noch gelöst werden.

355 ▪ Anti-CD25 monoclonal antibody prevents early rejection in liver transplantation-a pilot study.
Otto-G; Thies-J; Kabelitz-D; Schlag-H; Hofmann-WJ; Herfarth Ch.; Meuer-S
Transplant-Proc.1991 Feb; 23(1 Pt 2): 1387-9.
Antilymphocyte sera have been of variable potency in preventing allograft rejection. The first monoclonal antibody that has been used prophylactically was OKT3. The interaction of this antibody with the T-cell receptor may result in severe complications. Moreover, its kind of action remains an unspecific way of immunosuppression.
A partial solution of these problems could be the administration of monoclonal anti-CD25 antibodies affecting only those Iymphocytes that are actively involved in graft rejection. Blocking of the high affinity complex of CD25 receptor prevents the proliferation and clonal expansion of cytotoxic Iymphocytes following their exposure to allograft antigens.
Results concerning the prophylactic use of monoclonal IL-2 receptor antibodies have been reported in kidney transplantation. We have used a new anti-CD25 antibody to prevent allograft rejection in liver transplantation.

356 ▪ Monoclonal anti-CD25 for acute rejection after liver transplantation letter
Otto-G; Thies-J; Kraus-T; Manner-M; Herfarth Ch.; Hofmann-WJ; Schlag-H; Meuer-S
Lancet.1991 Jul 20; 338(8760): 195.
SIR,-Antibodies to interleukin-2 receptors (CD25) present a novel approach to the prevention of acute allograft rejection. Last year we reported a pilot study with the monoclonal CD25 antibody BT 563 (Biotest-Pharma) in liver transplantations. This study has now been extended to 19 consecutivc transplantations with modification of both dose of antibody and the basic immunosuppressive regimen.
In a historical control group (n=6, mean age 51) immunosuppression consisted of methylprednisolone 1.5 mg/kg tapered down to 0.1 mg, cyclosporin (blood concentration 300 - 400 ng/ml (monoclonal) for 2 weeks, thereafter 100-200 ng/ml), and azathioprine 1.5 mg/kg for 2 months. Three regimens with BT 563 have been used: (A) n = 6, mean age 43, 10 mg BT 563 per 24 h for 10 days by continuous infusion and 10 mg by intravenous bolus every other day until day 20, plus ad-

ditional immunosuppressive drugs as in controls; (B) n = 3, mean age 40, 5 mg BT 563 per 24 h for 10 days and 5 mg every other day until day 20, plus additional immunosuppression as in controls; and (C) n = 10, mean age 44, 10 mg BT 563 per 24 h for 12 days, plus additional immunosuppressive treatment reduced to 50% of that in controls.
The primary diagnoses, which were comparable in the four groups, were hepatoma 7, chronic hepatitis 8, primary biliary cirrhosis 4, alcoholic cirrhosis 4, fulminant liver failure 1, and echinococcosis 1. The controls had had a biopsy if clinically indicated whereas the patients on BT 563 had planned biopsies on days 7,14, and 21. For histological grading we used the Hannover classification.. An increase in bilirubin and a concomitant rise in aminotransferase activity with histopathological proof of rejection was defined as „complete" relection. However, even though this triad was incomplete some patients were treated for rejection. Of the 25 patients, 22 are alive and well 4-13 months postoperatively; 3 died from recurrent tumour 4-5 months after the transplant. BT 563 did not cause side-effects such as fever, rash, or other symptoms of acute serum sickness. The rate of infection was comparable in controls and BT 563 treated patients; there were five episodes in controls and nine episodes in 7 patients on BT 563. Episodes of complete and incomplete rejection among controls and patients who received BT 563 are shown in the table. All but two episodes were easily controlled with methylprednisolone 3 x 0.5 g; the two steroid-resistant episodes were controlled with OKT3. Even when conventional immunosuppression was much reduced (C) the rate of rejection remained remarkably low among patients who received BT 563. In 15 of the 56 protocol biopsies, histological signs of rejection were noted but they were not accompanied by clinical signs or laboratory abnormalines.

357 ▪ Risks of intestinal anastomoses in Crohn's disease.
Post-S; Betzler-M; von-Ditfurth-B; Schürmann-G; Kuppers-P; Herfarth Ch.
Ann-Surg. 1991 Jan; 213(1): 37-42.
Six hundred fifty-eight intestinal anastomoses in 429 operations for Crohn's disease were studied prospectively during an 8-year period to detect variables connected with perioperative morbidity. Postoperative complications occurred in 9.7% of the patients, 4% had to be reoperated on, and the overall mortality rate was 0.5%. In multivariate analysis by stepwise logistic regression, the only variable significantly ($p = 0.03$) associated with overall rate of complications was long-term corticosteroid therapy. Serious complications were more common in cases of intra-abdominal abscesses ($p = 0.01$) and preoperative steroid medication ($p = 0.03$). The combination of both of these risk factors increased the rate of reoperations from 0.6% (no steroids, no abscess) to 16% (steroids and abscess). No significant association with postoperative complications could be found for age, sex, duration of disease, previous operations, nutritional status, emergency surgery, extent of disease, type, number, and localization of anastomoses, presence of proximal ileo-/colostomy, or histologically inflamed margins of resection.

358 ▪ Rapid increase in the activity of enzymes of eicosanoid synthesis in hepatic and extrahepatic tissues after experimental liver transplantation.
Post-S; Goerig-M; Otto-G; Manner-M; Foltis-C; Hofmann-W; Herfarth Ch.
Transplantation. 1991 May; 51(5): 1058-65.
Previous studies have demonstrated a marked release of prostanoids from hepatic tissue after liver grafting. In addition, eicosanoid synthesis was shown to be regulated at the level of key enzymes. The present study addressed changes of the local availability of these enzymes during and after porcine orthotopic liver transplantation. We determined kinetic parameters of cyclooxygenase (CO), the initial enzyme of prostaglandin synthesis, of prostacyclin and thromboxane synthase (PCS, TXS), two more peripheral enzymes, in microsomal preparations of hepatic and gluteal muscle biopsies, and the activity of 5-lipoxygenase (5-LO), the key enzyme of leukotriene synthesis. Maximal velocity (Vmax) of CO and PCS showed a 4-fold increase both in liver and gluteal muscle tissue 1 hr after reperfusion of the grafted liver and a more than 20-fold increase after 24 hr (P less than 0.001), whereas apparent affinities (Km) remained unchanged. In contrast, Vmax of TXS and the activity of 5-LO disclosed a striking increase only within the hepatic graft (P less than 0.001). No changes of enzymatic activity could be observed during donor operation, cold storage, and 5 min after reperfusion. Results were independent of the duration of preservation (3 hr and 20 hr with Euro-Collins) and the addition of Iloprost, a prostacyclin-analogue. These results suggest that after liver grafting, abnormalities at the level of local enzyme expression in hepatic and extrahepatic tissues might contribute to preservation damage and systemic injury of the host.

359 ▪ Enterostomy in Crohn disease
Post-S; Schürmann-G; Herfarth Ch.
Chirurg. 1991 Apr; 62(4): 306-13.
Indications, technique and prognosis of 129 enterostomies in Crohn's disease are reported. Advanced

perianal or entero-genital fistulas represented the predominant indication (60% of primary, 46% of repeated stomas). 85% of stomas were created in combination with intestinal resections. Preferred type of stoma was a loopileostomy (76% of primary stomas), whereas colostomies were avoided whenever possible because of increased complications. Patients initially presenting with rectal involvement or perianal fistulas were prone to need a stoma during the course of their disease while intraabdominal fistulas, abscesses, age, sex, and longstanding disease where of no prognostic significance. Up to now 50% of all temporary stomas and a third of those created for distal fistulas could be closed. The chance of closure increased significantly with duration of symptoms less than 7 years, not more than one previous operation or absence of rectal involvement.

360 ▪ Outcome after emergency surgery for cancer of the large intestine.
Runkel-NS; Schlag-P; Schwarz-V; Herfarth Ch.
Br-J-Surg. 1991 Feb; 78(2): 183-8.
The data for 77 patients with colorectal cancer who underwent emergency surgery for acute intestinal obstruction (57 patients) or perforation (20 patients) within 24 h of admission were evaluated. The patients were older and had more advanced disease than patients undergoing elective surgery for colorectal cancer. Emergency surgery for carcinoma of the right colon consisted of primary resection in 95 per cent of cases and was followed by a 28 per cent mortality rate. Perforated tumours of the left colon and rectum were managed by primary resection in 82 per cent of cases with a 22 per cent mortality rate. In contrast, obstructing tumours of the left colon and rectum were treated by primary resection in 38 per cent of cases with a 6 per cent mortality rate, and by primary decompression in 62 per cent of cases with a 25 per cent mortality rate. The overall postoperative mortality rate was 23 per cent and increased with advanced tumour disease, perforation and peritonitis. Cardiac decompensation and intraabdominal sepsis were the major causes of death. Although the long-term survival rate following emergency surgery was worse than after elective surgery, improvements in outcome should be achieved by better management of the initial emergency situation.

361 ▪ Surgical possibilities and therapeutic chances in liver metastases
Schlag-P; Hohenberger-P; Herfarth Ch.
Chirurg. 1991 Oct; 62(10): 715-9.
Für eine Reihe von Malignomen ist die Leber erster und lange Zeit einziger Ort der Metastasierung. Bei diesen Tumoren wird der schicksalsmäßige Verlauf der Erkrankung damit oft ausschließlich durch die Lebermetastasierung bestimmt. Die Erfolge cytostatischer Chemotherapie sind meist gering und in aller Regel nur von palliativem Wert. Wegen der tumorbiologischen Besonderheiten und der cytostatisch schlechten Beeinflußbarkeit ist es naheliegend, andere Behandlungsalternativen ins Kalkul zu ziehen. So ist mit der Verbesserung und Verfeinerung der operativen Technik auch die Indikation zur chirurgischen Lebermetastasentherapie zunehmend großzügiger gestellt worden. Gleichzeitig mußten aber auch therapeutische, weil indikatorische Fehlschläge verzeichnet werden. Es ist daher angebracht, die operativen Möglichkeiten unter dem Blinkwinkel ihrer Indikation und Wertigkeit aktuell zu analysieren.

362 ▪ Mononuclear cells in peripheral venous blood of patients with Crohn's disease: preoperative status and postoperative course, influence of duration, activity and extent of disease.
Schürmann-G; Betzler-M; von-Ditfurth-B; Abel-U; Herfarth Ch.
Langenbecks-Arch-Chir. 1991; 376(1): 27-31.
In Crohn's disease (CD) the intestinal lesion is supposed to be the cause of the observed systemic immunologic changes. Based on this assumption, peripheral blood mononuclear cells (PBMC) are of specific interest as a possible indicator of intestinal activity of the disease. From 151 surgical patients CD3+, CD4+, CD8+, B cells, macrophages, leucocytes and the relative number of lymphocytes were analysed preoperatively and 10 days, 3 and 6 months postoperatively. The cell data were correlated with the main clinical data of disease. There was a highly significant preoperative increase of leucocytes, macrophages, CD8+, and B cells in the CD group, and a marked decrease of CD3+, CD4+ cells, and the relative lymphocyte count in the same group. Six months postoperatively, highly elevated macrophages, and leucocytes, and a depressed number of CD4+ cells were the only changes. The preoperative cell data did not correlate with the duration of illness, CDAI, localisation, and extent of the intestinal lesion nor did they correlate with any modality of preoperative drug treatment. Thus, the determination of PBMC characteristics in CD is only of limited value for routine diagnostic purposes. However, the persistence of some pathological values long after operation might be caused by residual microscopic lesions and thus reflect the intestinal process.

363 ▪ Surgical therapy of ulcerative colitis-new technical and pathophysiologic aspects
Stern-J; Buhr-HJ; Herfarth Ch.

Internist-Berl. 1991 Sep; 32(9): 540-8.
An einem großen Krankengut von 178 chirurgisch behandelten Fällen mit Colitis ulcerosa über einen Zeitraum von 10 Jahren war die Anlage eines künstlichen Darmausgangs nur bei etwa jedem 6. Patienten notwendig. Dieses im Gegensatz zu früher bemerkenswerte Ergebnis verdankt man in erster Linie der ileoanalen Pouchoperation, die bei etwa 50% der Fälle zur Anwendung gelangte.
Bei dieser Methode wird der gesamte Dickdarm bis auf einen Rektumstumpf entfernt, zusätzlich noch die Schleimhaut des verbleibenden Stumpfes. Mit Hilfe des terminalen Ileums wird ein Ersatzstuhlreservoir gebildet und mit dem Rektumstumpf anastomosiert.
Wesentliche Kontroindikationen dieser kontinenzerhaltenden ileoanalen Pouchoperation sind ein Rektumkarzinom im mittleren oder unteren Drittel, M. Crohn, Sphinkterinsuffizienz und septische perianale Prozesse.
Die postoperativen Langzeitverläufe sind sehr erfreulich. Die meisten Patienten führen ein normales Leben, halten ihr Körpergewicht und setzen ca. 5 Stuhlentleerungen pro Tag ab. Selbstverständlich ist die sorgfältige Flüssigkeits- und Elektrolytkontrolle. In ca. 20% der Fälle tritt als Komplikation eine Pouchitis ein, die Entzündung des Dünndarmbeutels, bei der im Regelfall konservative Behandlung ausreicht.

364 ■ Assessment of Crohn's disease activity and alpha 1-antitrypsin in faeces
Arndt-B; Schürmann-G; Betzler-M; Herfarth Ch.; Schmidt-Gayk-H
Lancet. 1992 Oct 24; 340(8826): 1037.
Die Handlungsempfehlungen für den onkologisch orientierten Gastroenterologen in der Behandlung von Patienten mit einem Tumorrezidiv eines kolorektalen Karzinoms können zusammengefasst werden:
1. Er sollte auf die adäquate Resektionstherapie im Rahmen der Primärtumoroperation drängen.
2. Es gilt, beim Auftreten lokoregionärer Rezidive durch endoskopische, endosonographische, angiographische und bildgebende Diagnostik die Patienten herauszufinden, bei denen ein begrenztes und resezierbares Tumorrezidiv vorliegt.
3. Es ist insbesondere bei Patienten mit Lebermetastasen eine extensive Abklärung im Hinblick auf eine extrahepatische Tumorausbreitung vorzunehmen.
4. Die Selektionskriterien, die sich aus Tumorbiologie, Tumorausbreitung und laborchemischen Parametern (CEA) ergeben, müssen in die Beratung des Patienten über den zu wählenden Therapieweg und das postoperative Behandlungsregime einfliessen und auch als Argument für Zurückhaltung gegenüber operativen Massnahmen dienen.
5. Schliesslich lassen sich unter Berücksichtigung der gewonnenen Erkenntnisse postoperativ Patientengruppen definieren, bei denen bei günstiger Konstellation zunächst zugewartet werden kann. Patienten, die ein hohes Risiko für ein erneuter Tumorrezidiv tragen, können im Rahmen von Studien eine Zusatztherapie erhalten. Allerdings ist eine effektive Behandlung bisher nicht bekannt, unsere Hoffnungen ruhen derzeit auf einem immuntherapeutischen Ansatz.

365 ■ Chirurgisches Vorgehen bei Morbus Crohn
Betzler-M; Schürmann-G; Herfarth Ch.
Chirurg. 1992 Jan; 63(1): 13-9.
Karesen et al. und Lock et al. forderten, daß die Operationsletalität bei operierten Crohn-Patienten unter 2 % liegen sollte. Die Letalität im eigenen Krankengut beträgt bei 743 laparotomierten Patienten mit intestinaler Crohn-Manifestation 0,5 %.
Die Arbeitsgruppe von Lock konnte in einer kontrollierten Studie nachweisen, daß die Rezidivrate innerhalb von 10 Jahren nach Resektionsbehandlung in Abhängigkeit von der primären Lokalisation am Dünndarm, der Ileocöcalregion oder im Colon 20-40 % beträgt. Ähnliche Zahlen werden von Whelan et al. aus Cleveland über 592 Patienten mit einer mittleren Nachbeobachtungszeit von 13 Jahren berichtet. Die höchste Rezidivrate hatten Patienten mit ileocöcaler Manifestation (53 %) im Vergleich zur Lokalisation im Colon (45 %) und Dünndarm (44 %).
Das Rezidiv-Problem soll jedoch nicht zur chirurgischen Untätigkeit verleiten, denn trotz einer relativ hohen Widererkrankungsrate dauert die Remissionszeit im Vergleich mit konservativen Behandlungsmaßnahmen deutlich länger.

366 ■ Adjuvante Beta-Interferon Therapie bei Magen-Karzinom: Eine randomisierte Pilot-Studie
Buhl, K., P. Schlag, M.M. Linder, G. Geiger, Ch. Herfarth, M. Trede
Onkologie 15 (1992) 300-304
Zielsetzung: Da weder durch adjuvante Chemo- noch durch Radiotherapie beim fortgeschrittenen Magenkarzinom bisher eine Verbesserung der Langzeitprognose erreicht werden konnte, gilt es weitere Therapiemodalitäten zu untersuchen. Zumindest beim Adenokarzinom der Niere wurde für verschiedene Interferone durch In vitro-Studien und zuletzt auch klinisch eine eindeutige antiproliferative Wirkung nachgewiesen.
Methode: Insgesamt 44 Patienten nach kurativer Resektion eines fortgeschrittenen Magenkarzinoms wurden im Rahmen einer prospektiv-randomisierten Phase III-Pilotstudie untersucht. 23 Patienten erhielten über 30

Tage jeweils 4x106 IE Beta-Interferon, wohingegen die 21 Patienten der Kontrollgruppe ausschließlich mit 500 mg Acetylsalicylsäure behandelt wurden.
Ergebnisse: Therapiebedingte Nebenwirkungen wurden bei 13/23 Patienten der Therapiegruppe beobachtet und führten insgesamt 6mal zum vorzeitigen Therapieabbruch. Weder die rezidivfreie Zeit noch die Gesamtüberlebenszeit waren signifikant unterschiedlich. Interessant ist allerdings, daß die Fünf-Jahres-Überlebensrate der mit Beta-Interferon behandelten Patienten, welche systemische Nebenwirkungen zeigten, im Vergleich zu den Patienten ohne Nebenwirkungen deutlich günstiger war (62% vs. 30%). Dieser Unterschied ist jedoch nicht signifikant.
Schlußfolgerung: Relevante Hinweise für einen prognoseverbessernden Effekt von Beta-Interferon nach potentiell kurativer Resektion eines Magenkarzinoms konnten nicht gewonnen werden. Die weitere Prüfung dieser Therapieform erscheint daher unter den gewählten Gegebenheiten nicht erfolgversprechend.

367 ▪ Medulläres Schilddrüsenkarzinom - Extensive Metastasenchirurgie verbessert die Prognose

Buhr, H.J., F. Kallinowski, F. Raue, Ch. Herfarth
Krankenhausarzt 65 (1992) 545-548
Based on oncologic peculiarities, an aggressive surgical strategy was developed to reduce micrometastases in the neck reglon. First results indicate that a significant tumor reduction can be achieved in most cases, curing about 10% of all patients. Consequently, central lymph node compartments should be removed during the initial surgery. In case of recurrence, an extended modifed microsurgical neck dissection has to be performed.

368 ▪ Clinical aspects, diagnosis and surgical therapy of persistent primary hyperparathyroidism

Buhr-HJ; Graf-S; Herfarth Ch.
Chirurg. 1992 Feb; 63(2): 103-8.
Between January 1991 and September 1991 424 patients were operated on for hyperparathyroidism (HPT) at the Department of Surgery, University of Heidelberg. In 8.5% of cases a persistent HPT was present. Our own rate of persistence was 5.4%. Ultrasound revealed the pathology in 44.2% while highly selective venous catheterization identified the correct side in 63.4%. 70% of all patients with persistent HPT required one operative revision, the remaining 30% having up to 3 revisions. 27 patients (75%) were operated on successfully. In 12 of these patients an ectopic adenoma was found. The adenoma was not identified intraoperatively in 2 patients (6.9%). One patient sustained permanent damage to the recurrent laryngeal nerve.

369 ▪ Surgical strategies and methods for the treatment of metastasizing medullary thyroid carcinoma.

Buhr-HJ; Kallinowski-F; Herfarth Ch.
Recent-Results-Cancer-Res. 1992; 125: 147-65.
In our department, we performed 51 neck dissections on 40 patients between May 1988 and May 1991. The mean age was 46 years. So far, 20 patients with 31 neck dissections have been evaluated. In four patients, calcitonin levels were suppressed even after pentagastrin stimulation. Basally suppressed calcitonin values were also found in ten patients who exhibited pathological elevations upon pentagastrin stimulation. In a further four patients, the calcitonin concentrations in the serum were markedly reduced by the extensive lymphadenectomy but still persisted in the pathological range. The rate of permanent complications was bearable in these patients. Most complications were minor and of transient nature. Persistent nerve lesions were observed in 10% of patients. It can be concluded that the microsurgical lymph node dissection can still achieve serological cures or pronounced tumor reductions even after years of suffering from metastasizing C-cell carcinoma. Tisell et al. (1986) reported elevated survival rates after extensive neck dissection. Due to a limited observation period, we can not yet comment on this claim.

370 ▪ Microsurgical lymph node dissection for metastatic asymptomatic C-cell carcinoma.

Buhr-HJ; Kallinowski-F; Raue-F; Herfarth Ch.
Henry-Ford-Hosp-Med-J. 1992; 40(3-4): 268-70.
In persistent, clinically inapparent medullary thyroid carcinoma, microsurgical dissection of all lymph node compartments of the neck was performed. Between August 1988 and September 1991, 28 cases (mean age 43.3 years) were treated with 38 surgical interventions. Twenty patients had the sporadic form and eight patients the familial form. Unilateral neck dissection resulted in normalization of serum calcitonin (CT) levels even after pentagastrin stimulation in two patients whereas 16 patients exhibited abnormal CT stimulation tests. Eight of ten patients who had bilateral neck dissections had positive pentagastrin test results after surgery. The main postoperative complications included loss of local cutaneous sensation, generally temporary, and unilateral recurrent laryngeal nerve paralysis.

371 ▪ The number of granulocytes in time-zero biopsy as a parameter of prognosis of graft

function after LTX
Datsis, K., G. Otto, W.J. Hofmann, N. Senninger, Ch. Herfarth
Abstractband XVIII. Panhellenic Surgical Congress, 1.-5.11.1992

372 ■ Rezidivfreie Überlebenszeit unter Aktiv-Spezifischer Immuntherapie (ASI) bei Patienten nach Resektion colorectaler Lebermetastasen
Dueck, M., P. Schlag, W. Liebrich, P. Hohenberger, Ch.Herfarth, V. Schirrmacher
Chirurgisches Forum '92, Langenbecks Arch Chir (Suppl) 1992, 247-251
Die Rezidivinzidenz unter ASI nach Leberresektion wegen Metastasen colorectaler Carcinome ist 12 Monate postoperativ signifikant geringer als in einer historischen Kontrollgruppe, die anhand einer sorgfältig vorgenommenen matched pair-Gruppe gewonnen wurde. Die Behandlung ist nahezu nebenwirkungsfrei. Aufgrund der Korrelation der positiven DTH-Reaktion zur rezidivfreien Zeit bei fehlender Korrelation von Kontrollsubstanzen und dem Multitest-Merieux-Test zur rezidivfreien Zeit ist ein spezifischer Effekt der Behandlung möglich. Der Vergleich mit einer historischen Kontrollgruppe und die noch zu kurze Nachbeobachtungszeit erlauben jedoch keine endgültige Aussage über Signifikanz und Spezifität der Behandlung. Diese Fragen sind spektive randomisierte Phase III-Studie zu klären.

373 ■ Dedicated intraoperative radiotherapy at the University of Heidelberg - Preliminary Results
Eble, M.J., P. Schlag, A. Köster, F. Kallinowski, Ch. Herfarth, M. Wannenmacher
J Cancer Res Clin Oncol (Suppl) 118 (1992)
Whithin the central operating suite of the Department of Surgery a specially designed operating room was rebuild. A magnetron powered linear accelerator was installed, which produces electron beam energies from 6 to 18 MeV. The secondary collimation is done with chrom plated-brass cones with a field size from 5 -12 cm. After placement of the cone and appropriate shielding of sensitive structures the cone is fixed in position and attached to the operating table. The cone alignement is done using a laser air-docking system. A special operating table transporter was constructed, capable of motions in all directions, to achieve the correct treatment position.
Treatment protocols for combined intraoperative and external pre- or postoperative radiotherapy have been designed and established since the treatment of the first patient in June 1991.
For patients with locally advanced rectal cancer (T3, T4) and recurrent rectal cancer an intraoperative boost of 15 Gy (90%) with microscopic negative or positive margins and 20 Gy for macroscopic residuals will be delivered. External beam radiotherapy is given concomitant with bolus 5-FU and Leucovorin alternativly pre- (T3) or postoperative (T4) up to a total dose of 41.4 Gy (1.8 Gy SD, 90%).
For patients with advanced pancreatic cancer an IORT-boost of 20 Gy (90%) is delivered. Postoperative external beam radiotherapy is done up to a dose of 36 Gy (1.8 Gy SD, 90%) in combination with a continuous infusion of 5-FU (400 mg/m^2/24hr for 5 days/week) over 4 weeks. From June to August this year there were a total of 29 patients who had surgical evaluation and 21 were treated with IORT. There were no intraoperative complications. Preliminary results will be presented.

374 ■ The long-term prognosis of breast cancer. Retrospective study of 973 patients
Friedl-W; Herfarth Ch.
Langenbecks-Arch-Chir. 1992; 377(3): 168-73.
In this study the outcome after 40 years of primary breast cancer therapy was analysed. 973 patients admitted between 1943-1964 were examined. At the time of evaluation 900 (92.5%) of these patients were deceased. The mean survival time was 7.02 years. Tumor stage was the most important prognostic factor. In stage I patients after 40 years 17% of the patients were still alive. In stage II patients the prognosis was significantly worse. After 3.5 years 50% of the patients were dead. Young patients under 40 years of age showed a significantly lower survival rate during the first 5 years after therapy. The histological type did not show any influence on the outcome. In 91.5% of all patients a radical mastectomy was performed. Therefore the different operative procedures can not be compared in this study. 560 patients received postoperative adjuvant radiotherapy. Patients with radiotherapy showed a higher survival rate only during the first 5 years. After this time the survival rate of patients with radiotherapy was significantly lower. This was found already after 2 years in stage I patients. 85% of the deceased patients died with or because of breast cancer. 98.2% of breast cancer related deaths were observed during the first 10 years. After 26 years no breast cancer death was observed. Considering the 7.5% surviving patients at least 22% of the breast cancer patients did not show a breast cancer recurrence over the 40 year period. This demonstrates that the biological characteristics of breast cancer can not be explained by the theory of B. Fisher or the Halsted theory alone.

375 ■ Influence of endorectal ultrasound on surgical treatment of rectal cancer (Abstract)
Glaser, F., P. Schlag, Ch. Herfarth

J Cancer Res, Clin Oncol (Suppl) 118 (1992)
Refined surgical treatment of carcinoma of the rectum such as sphincter preserving operations, pouch anal anastomosis and pre-operative irridation require exact assessment of tumour and lymph node involvement before therapy.
To improve pre-operative staging we used endorectal ultrasound to determine the depth of tumour infiltration and the presence of lymph-node metastases. A 7.0 MHz transducer was used in the pre-operative staging of 150 patients with rectal carcinomas. In 90% of the cases it was possible to perform a correct tumour staging preoperatively in comparison with histopathology. Negative predictive value of perirectal fat infiltration was 96%. Lymph node involvement was accurately identified in 80% of the cases.
Endorectal ultrasound is a highly accurate tool in the pre-operative staging of rectal carcinoma, as well as in the detection of lymph node involvement. It will identify patients suitable for sphincter-saving procedures or local treatment and define those with a considerable risk of local recurrence where combined surgery and radiotherapy may be considered.

376 ■ Radical treatment with limited resection in cancer surgery of the gastrointestinal tract
Herfarth Ch.; Hohenberger-P
Chirurg. 1992 Apr; 63(4): 235-41.
Neue technische Möglichkeiten, insbesondere der Endosonographie, ermöglichen auch im Gastrointestinaltrakt ein Vorgehen unter kurativem Ziel mit minimierter Geweberesektion. Allerdings ist die Voraussetzung einer möglichst exakten präoperativen Kenntnis der Ausbreitung des Tumors, sowohl hinsichtlich der lokalen Infiltrationstiefe als auch der Existenz sowie des Ausmaßes des Lymphknotenbefalls, nur in Teilbereichen gegeben. Für das Oesophagus- und Magencarcinom kann dies nur auf seltene Fälle von auf die Mucosa beschränkten Frühcarcinomen zutreffen. Verminderte perioperative Morbidität ist beim Oesophaguscarcinom mehr durch neue Operationsverfahren als durch eine Minimierung der Geweberesektion zu erwarten. Beim Magencarcinom ist die Dissektion des Rl- und R2-Kompartiments für ein adäquates Staging erforderlich, die Gastrektomie ist gegenüber den subtotalen Resektion nicht mit einer höheren Letalität belastet. Dementsprechend bleibt allenfalls in Einzelfällen eine Indikation für eine endoskopische Therapie bei endosonographisch nachgewiesenen Frühcarcinomen vom Mucosatyp.
Während für das Pankreascarcinom aufgrund der anatomischen Gegebenheiten und tumorbiologischen Besonderheiten sich keine Indikation für ein lokal begrenzt resezierendes Vorgehen ergeben, ist der Stellenwert der Polypektomie als alleiniger Behandlungsmaßnahme in der „low risk"-Situation beim pT1-Tumor des Colons auf dem Boden adenomatöser Polypen unumstritten. Für fortgeschrittene Tumoren bringen Resektionstechniken mit knappen Sicherheitszonen keine Verbesserung hinsichtlich der perioperativen Morbidität. Demgegenüber kann bei exakter perioperativer Diagnostik beim Rectumcarcinom durch transanale Vollwandexcision unter Erfassung der perirectalen Lymphknoten in uT1-, uNO-, Gl/2-Situationen ein kurativer Eingriff unter Erhalt des Rectums erfolgen. Beim Vorliegen einer Lymphangiosis carcinomatosa, von Lymphknotenmetastasen oder bei geringer Tumordifferenzierung ist die zusätzliche Strahlentherapie oder eine konventionelle Rectumresektion erforderlich.

377 ■ Synchronous resection of liver metastases of colorectal cancers
Herfarth Ch.; Hohenberger-P
Langenbecks-Arch-Chir-Suppl-Kongressbd. 1992: 66-72.
From 1981 to 1991, 161 patients underwent liver resection for colorectal secondaries with curative intent. In 57 patients metastases were synchronous to the primary tumor and were resected in 29 cases simultaneously and in 28 patients after a 2-week delay. Median survival of 28 months is similar to the treatment result for metachronous metastases. However, the recurrence-free interval was significantly shorter (7.5 months vs 11.8 months; $p = 0.05$). Radical resection of the primary tumor contributes to the treatment result; segmental resections of colorectum without lymphadenectomy should be avoided. Indication for liver resection should be made in the case of solitary lesions and in patients without extrahepatic disease. The type of resection for the primary tumor or for liver metastases does not influence survival, morbidity, or operative mortality.

378 ■ Unter Einsatz welcher technischer Mittel resezieren Sie an der Leber und wie versorgen Sie die Resektionsfläche ? Umfrage: Resektion und Blutstillung an der Leber, in:
Herfarth, Ch.
chir. praxis 45 (1992) 75-86
Entscheidend für eine saubere Leberresektion ist die Beherrschung der chirurgischen Anatomie. Es ist dann zu differenzieren, ob lediglich eine Teilexzision, eine atypische Teilresektion, eine Segmentresektion oder Hemihepatektomie bzw. eine erweiterte Hemihepatektomie erfolgen soll.

379 ▪ Invited Commentary: „A new technique for the resection of gastric cancer. Modified Appleby's procedure with reconstruction of hepatic artery" by H. Takenaka et al.
Herfarth, Ch.
World J. Surg. 16 (1992) 951

380 ▪ 20 Jahre Chirurgisches Forum - Stand und Ausblick
Herfarth, Ch., A. Quentmeier
Mitteilungen Dtsch Ges Chir 21 (1992) 6364
Leitgedanke des „Chirurgischen Forums" war und ist, eine Plattform zum Erfahrungs- und Gedankenaustausch für Kliniker und Grundlagenwissenschaftler auf dem Gebiet der Chirurgischen Forschung im weitesten Sinne zur Verfügung zu stellen. Zu den Grundlagenwissenschaftlern soll auch der experimentelle Chirurg gerechnet werden, der aufgrund seines engen Kontaktes zur Klinik im „Chirurgischen Forum" eine Schlüsselrolle spielt. Angesprochen werden vor allen Dingen Chirurgen in der Ausbildung mit hohem wissenschaftlichen Interesse, erfahrene akademische Chirurgen und Grundlagenwissenschaftler, die ihr Wissen im klinischen Bereich umsetzen möchten. So sind neben den speziellen Gebieten der Physiologie auch die der Immunologie und Molekularbiologie miteinbezogen. Die Methodenorientierte experimentelle Chirurgie, die Biometrie oder die klinischen Nachbardisziplinen der Chirurgie - wie die Anaesthesiologie oder Innere Medizin - gehören auch in dieses Forum der Zusammenarbeit in der Forschung.

381 ▪ Der Fortschritt bei der Lebendspende fasziniert sehr
Herfarth, Ch., G. Otto
Ärzte Zeitung 37 (1992) 14
Deutlich bessere Chancen als früher haben heute die Patienten nach einer Lebertransplantation. So liegt die Ein-Jahres-Überlebensrate längst nicht mehr bei etwa 30 Prozent wie früher, sondern heute werden bereits 80 bis 90 Prozent erreicht. Dafür gibt es verschiedene Gründe - vom früheren Zeitpunkt der Transplantation angefangen über bessere Methoden bei der Organkonservierung bis hin zu besseren Möglichkeiten der Immunsuppression und der postoperativen Infektabwehr. Über den Stand der Lebertransplantion und deren Zukunftsperspektiven sprach die Mitarbeiterin der ÄRZTE ZEITUNG Christine Schaefer mit Professor Dr. Christian Herfarth und Professor Dr. Gerd Otto von der Universitätsklinik in Heidelberg.

382 ▪ Richtlinien zur operativen Therapie maligner Tumoren
Herfarth, Ch., P. Schlag (Hrsg.)
Demeter 3. Aufl., 1992

383 ▪ Zukünftige Stellung aktueller Methoden in der Chirurgie: Perspektiven der Organtransplantation unter besonderer Berücksichtigung der orthotopen Lebertransplantation
Herfarth, Ch., Th.W. Kraus, G. Otto
Chirurg BDC 31, Suppl. 1 (1992) 47-52
Jeder Zukunftsanalyse über zu erwartende Entwicklungen, Strukturen und Perspektiven der chirurgischen Organtransplantation sollte der Versuch einer Standortdefinition vorausgehen. Die Bestandsaufnahmen aller gegenwärtigen Transplantationsaktivitäten sowie ihrer Ergebnisse, allgemeine Bedarfsberechnungen und die Definition der aktuellen klinischen, organisatorischen als auch wissenschaftlichen Problemkreise stellen Orientierungspunkte für eine derartige Analyse dar.

384 ▪ Reoperation in colorectal carcinoma with curative intention
Hohenberger-P; Schlag-P; Herfarth Ch.
Schweiz-Med-Wochenschr. 1992 Jul 18; 122(29): 1079-86.
From the surgical point of view it may be helpful to adopt the following guidelines in the treatment of patients with metastatic or locally recurrent colorectal cancer: 1. A gastroenterologist concerned with oncological patients should initiate adequate resectional treatment of the primary tumor. 2. In case of locoregional recurrences, every diagnostic effort (endoscopy, intraluminal ultrasound, angiogram, CT-scan, MRI) should be made to select patients with limited and resectable disease. 3. In patients with liver metastases amenable to surgical resection it is mandatory to rule out extrahepatic disease preoperatively as far as possible. 4. Prognostic factors deriving from tumor-biological data, extent of recurrent disease, and laboratory findings (CEA) must be taken into consideration when the decision whether to operate is to be made. These arguments should also be used to support non-operative treatment in patients with a type of recurrence that cannot be cured by surgery. 5. Postoperatively, all information (intraoperatively detected extrahepatic disease, tumor infiltrated resection margins, CEA not returning to normal levels) should be combined to classify patients according to whether they carry a high risk for a second tumor recurrence and should thus undergo additional treatment. In a „low-risk situation", further follow-up seems to be adequate.

385 ■ Diagnosis and treatment of retroperitoneal hematoma in multiple trauma patients.

Hölting-T; Buhr-HJ; Richter-GM; Roeren-T; Friedl-W; Herfarth Ch.

Arch-Orthop-Trauma-Surg.1992; 111(6): 323-6.

From 1984 to 1991 20 multiple trauma patients with pelvic fractures and retroperitoneal bleeding from pelvic vessels underwent angiographic localization and embolization of massively bleeding arterial vessels. Nine patients survived (multiple trauma index grade III, Hanover polytrauma index), three patients with very severe injuries died immediately (multiple trauma index grade IV). After successful control of bleeding by embolization, three other patients died from severe brain injuries and five patients from septic multiorgan failure. The interval to definite localization and treatment of the bleeding source was three times shorter in the group of survivors, and the amount of transfusions needed was less by a factor of three. This underlines the importance of early angiography in multiple trauma patients with pelvic fractures and persisting hemorrhage. Embolization has proven to be effective in the treatment of such injuries.

386 ■ Unterschiede in der Mikrozirkulationsstörung des Pankreas bei akuter ödematöser und nekrotisierender Pankreatitis - Pathophysiologische Grundlage für die Therapie

Klar, E., W. Schratt, Th. Foitzik, H. Buhr, K. Meßmer, Ch.Herfarth

Chirurgisches Forum '92, Langenbecks Arch Chir (Suppl) 1992, 207-210

Die Frühphase sowohl der ödematösen wie der nekrotisierenden Pankreatitis ist charakterisiert durch eine Permeabilitätsstörung der mikrovasculären Gefässe des Pankreas. Die Störung der Mikrozirkulation des Pankreas scheint eine Hauptdeterminante für die Entstehung von Pankreasnekrosen bei akuter Pankreatitis zu sein. Im Gegensatz zur nekrotisierenden Pankreatitis besteht bei ödematöser Pankreatitis eine Hyperämie mit homogener Capillarperfusion.

387 ■ Evaluation of soluble tumor necrosis factor receptors after orthotopic liver transplantation.

Kraus-T; Mehrabi-A; Arnold-J; Wermann-M; Klar-E; Otto-G; Herfarth Ch.; Heilig-B

Transplant-Proc.1992 Dec; 24(6): 2539-41.

TUMOR necrosis factor (TNF) alpha is a pleiotropic cytokine produced by monocytes and/or macrophages which has been shown to play a role in allograft reject ion. Two types of TNF receptors, a 75-kd (sTNFR-A) and a 55-kd (sTNFR-B) type, have recently been characterized, shed by polymorphonuclear cells and lymphocytes upon activation in vitro. Soluble forms of these receptors are detectable in various body fluids and may act as TNF-inhibiting factors. Evidence suggests that high amounts of TNF-binding proteins are found in severe inflammatory responses such as sepsis or rheumatoid arthritis (RA). Elevated levels were also found in malignant disease and in patients under the influence of endotoxin. Clinical application of TNF in human cancer patients may induce high levels of sTNFR.The biological role of sTNFR is not yet fully understood. Data concerning the role of sTNFR after allotransplantation are limited so far.

388 ■ Peri and postoperative plasma kinetics of big endothelin and endothelin 1/2 after liver transplantation.

Kraus-T; Mehrabi-A; Klar-E; Mathias-D; Arnold-J; Otto-G; Herfarth Ch.

Transplant-Proc.1992 Dec; 24(6): 2569-71.

Endothelin (ET) is secreted by vascular endothelial cells of different origin. Three isoforms (ET-1, ET-2, ET-3) that differ slightly in their amino acid sequence have been identified so far. ET-1 is identical in pig and humans and was first isolated from cultured endothelial cells of the porcine aorta. ET-3 is homologous to rat ET. ET-2 differs from ET-1 by only two amino acids. All major ETs are 21-amino acid peptides with a helical structure, stabilized by intrachain disulfide bonds. A complex process leads to the formation and secretion of the biologically active ET-1/2. Big endothelin (Big-ET), the precursor of ET-1/2, is derived from a prepropeptide by proteolysis. ET-1/2 is finally formed by the cleavage of a C-terminal fragment (17 amino acids) from its precursor Big-ET, induced by a converting enzyme. There is no intracellular storage of ET. Endothelial cells only secrete ET-1. Stimulation of ET-1 secretion has been described by various factors such as interleukin-1 (IL-1), thrombin, angiotensin II, oxydated low-density lipoproteins, cold exposure, hypoxia, and possibly cyclosporine (CyA). The function and source of ET-2 and 3 is not understood so far. ET-1 causes a strong and long-1 lasting vasoconstricting response in most arteries and veins and seems to be involved in many regulatory processes. It is also associated with sodium retention and a modulation of the renin-angiotensin-aldosterone system. High plasma levels of ET were found in different states of ischemia, cardiogenic shock, acute renal failure, myocardial infarction, liver cirrhosis, or hemodialysis. A rise of ET has also been demonstrated during cardiac transplantation and in the early postoperative period after orthotopic liver transplantation (OLT).

389 ▪ Successful treatment of complete inferior vena cava thrombosis after liver transplantation by thrombolytic therapy.
Kraus-TW; Rohren-T; Manner-M; Otto-G; Kauffmann-GW; Herfarth Ch.
Br-J-Surg.1992 Jun; 79(6): 568-9.

390 ▪ Advantages and disadvantages of using the hydrogen clearance technique to measure pancreatic blood flow.
Machens-HG; Senninger-N; Runkel-N; Frank-G; von-Kummer-R; Herfarth Ch.
Eur-J-Surg.1992 Feb; 158(2): 113-6.
This study was undertaken to identify the advantages and disadvantages of using the hydrogen clearance technique (HCT) to measure pancreatic blood flow (PBF) in the opossum over short and long periods. An open study was performed on 8 opossums. A total of 72 platinum electrodes were implanted into the pancreas. On the fifth day 41 additional electrodes were implanted. All implantation sites were examined histologically after five days. Measurements of pancreatic blood flow were taken every other day for five days. Three measurements were taken from each electrode and the mean of the three was used for analysis. In the anaesthetized animal mean PBF (SD) was 63.5 (12.8) ml min-1 100 g-1 immediately after electrode implantation and 34.3 (11.4) ml min-1 100 g-1 on the 5th postoperative day. Of the implanted electrodes, 35% failed during the experimental course, mainly as the result of proliferation of scar tissue around the electrodes. Mild to moderate fibroproliferation had taken place around the platinum tips of the remaining 65%. Primary electrode implantation caused no or negligible trauma to the pancreas. We recommend the HCT only for short-term measurements of PBF. Implantation of electrodes for any length of time leads to inflammatory changes around the platinum tips that cause proliferation of scar tissue and lead to failure of the electrodes, misleadingly low PBF recordings, and fewer monoexponential clearance curves.

391 ▪ Früherkennung bei familiärer adenomatöser Polyposis (FAP) - Aufbau eines Polyposis-Zentrums an der Chirurgischen Universitätsklinik Heidelberg
Möslein, G., M. Kadmon, Ch. Herfarth
Hessisches Ärztebl 6 (1992) 279-281
Bei 6-8% der kolorektalen Neoplasien handelt es sich um hereditäre Karzinome. Traditionell wird zwischen den Polyposis-Syndromen und den als Lynch-Syndrom oder HNPCC (hereditary non polyposis colorectal carcinoma) bezeichneten, nicht auf dem Boden einer Polyposis entstehenden kolorektalen Karzinomen unterschieden. Charakteristisch für diese Krankheitsbilder ist der autosomal dominante Erbgang, das frühzeitige Auftreten von Kolonkarzinomen im jungen Erwachsenenalter und die Notwendigkeit einer radikalen prophylaktischen chirurgischen Therapie. Um die Prognose Betroffener zu verbessern, ist eine Früherkennung bei Risikopersonen unerläßlich. Um eine lückenlose Nachsorge bei Betroffenen FAP-Patienten und Vorsorgeuntersuchungen bei Risikopersonen zu gewährleisten, wurde ein EDV-gestütztes Polyposis-Register an der Chirurgischen Universitätsklinik in Heidelberg etabliert. Es erfolgt eine enge interdisziplinäre Zusammenarbeit mit dem Institut für Humangenetik der Universität Bonn und der Augenklinik der Universität Heidelberg.

392 ▪ Familial adenomatous polyposis. Initial experiences with the Heidelberg polyposis register
Möslein-G; Buhr-HJ; Kadmon-M; Herfarth Ch.
Chirurg.1992 Apr; 63(4): 327-33.
In order to enable consequent screening in at risk persons and life-long follow-up in patients, a computer-based polyposis registry was initiated in 1991. It now includes data of 130 FAP patients and 179 risk persons from 87 families, that were seen in our clinic since 1982. 20.5% of the „probands“ (symptomatic patients) had a colorectal carcinoma at the time of diagnosis in contrast to none in the „call-up“ group. The most reliable screening method as yet has proven to be the flexible sigmoidoscopy with histological verification of the adenomatous nature of the polyps. Congenital hypertrophy of the retinal pigment epithelium was only seen in 50% of our patients. The exact localisation of the FAP gene in August 1991 will soon significantly improve the prognostic value of molecular genetic screening procedures. The improved prognostic value of the method will enable early and even prenatal diagnosis. It will not any more be necessary to wait for the phenotypic manifestation (colorectal polyps) in order to be sure of the diagnosis FAP.

393 ▪ Liver transplantation after trans-jugular intrahepatic portosystemic stent shunt
Otto-G; Richter-GM; Theilmann-L; Arnold-J; Senninger-N; Hofmann-WJ; Herfarth Ch.
Chirurg.1992 Sep; 63(9): 730-2.
Every third patient with parenchymal liver disease bleeds from esophageal varices. Treatment of this complication is of special interest with regard to liver transplantation which may become necessary later on. The mesocaval H-shunt excluded, surgical shunting results in technical and hemodynamic problems during transplantation. They may be avoided by the new approach of transjugular intrahepatic portosystemic

stent shunt (TIPSS). We report our experience with liver transplantation in two patients after TIPSS.

394 ■ Effect of blood transfusions on rate of recurrence of Crohn disease

Post-S; Kunhardt-M; Sido-B; Schürmann-G; Herfarth Ch.

Chirurg. 1992 Jan; 63(1): 35-8.

The effect of perioperative blood transfusions on recurrence has been investigated in 261 patients with Crohn's disease who underwent a „curative" operation since 1981. Reoperations were necessary with a rate of approximately 3% per year. By Kaplan-Meier-analysis no difference could be detected between 120 patients with transfusion and 141 without ($p = 0.407$, log rank test). Statistical analysis of potentially interfering covariables revealed a significant effect of age and type of operation on postoperative recurrences. Even after stratification for these parameters it was impossible to confirm the protective influence of transfusions reported by others. However, in some subgroups there was a trend towards an association of blood transfusions with earlier reoperations.

395 ■ The impact of arterialization on hepatic microcirculation and leukocyte accumulation after liver transplantation in the rat.

Post-S; Menger-MD; Rentsch-M; Gonzalez-AP; Herfarth Ch.; Messmer-K

Transplantation. 1992 Nov; 54(5): 789-94.

This study investigated the influence of hepatic arterialization on early graft function, microcirculation, and leukocyte-endothelial interaction after syngeneic orthotopic liver transplantation in Lewis rats. Livers were preserved for 17 hr in UW solution and transplanted without rearterialization (group 1: $n = 10$) or with immediate arterial reconstruction (group 2: $n = 10$). Graft function was analyzed by bile flow; microcirculation was assessed by laser Doppler flowmetry (LDF) and intravital microscopy (IVM). In addition, flow behavior of leukocytes was quantified by IVM after i.v. injection of the WBC marker acridine orange. Improved graft function in group 2 was indicated by increased bile production during the observation period of 90 min after reperfusion (7.18 +/- 0.62 vs. 3.63 +/- 0.63 ml/100 g liver [mean +/- SEM] $P < 0.001$). In arterialized grafts LDF values increased by 22.9 +/- 3.8% upon reperfusion of the hepatic artery ($P = 0.004$). Arterialization increased WBC velocities in sinusoids (group 1: 0.29 +/- 0.02 mm/sec, group 2: 0.34 +/- 0.01 mm/sec, $P < 0.001$) and postsinusoidal venules (0.43 +/- 0.05 vs. 0.64 +/- 0.05 mm/sec, $P = 0.029$). In addition, the number of nonperfused midzonal sinusoids decreased significantly (8.5 +/- 2.2% of all sinusoids analyzed vs. 4.2 +/- 1.3%, $P = 0.048$). However, the marked sinusoidal and venular WBC adherence observed 1 hr after reperfusion was not altered by arterialization. It is concluded that arterial reconstruction in rat liver transplantation improves microvascular perfusion and graft function but this improvement does not relate to WBC accumulation within the graft. We propose that studies on hepatic preservation and postischemic reperfusion in the rat should be based on the physiological model of dual vascularization.

396 ■ Active specific immunotherapy with Newcastle-disease-virus-modified autologous tumor cells following resection of liver metastases in colorectal cancer. First evaluation of clinical response of a phase II-trial.

Schlag-P; Manasterski-M; Gerneth-T; Hohenberger-P; Dueck-M; Herfarth Ch.; Liebrich-W; Schirrmacher-V

Cancer-Immunol-Immunother. 1992; 35(5): 325-30.

A group of 23 colorectal cancer patients were treated by a new type of active specific immunotherapy (ASI) following complete surgical resection of liver metastases (RO resection). For ASI treatment we used a vaccine consisting of 1 x 10(7) autologous, irradiated (200 Gy) metastases-derived tumor cells incubated with 32 hemagglutination units (HU) of Newcastle disease virus (NDV). The adjuvant vaccine therapy was started 2 weeks after surgery and was repeated five times at 14-days intervals followed by one boost 3 months later. The delayed-type hypersensitivity (DTH) skin reactions to the vaccine were measured as well as the DTH reactions to a challenge test of 1 x 10(7) non-virus-modified autologous tumor cells from liver metastases or 1 x 10(7) autologous normal liver cells. In addition 32 HU NDV alone and a standard antigen test (Merieux test) were applied pre- and post-vaccination. The vaccination was well tolerated. In 13 of 23 patients an increasing reactivity against the vaccine was observed during the vaccination procedure. Nine patients (40%) experienced an increased DTH reactivity against autologous tumor cells following vaccination, while 17% or fewer showed an increased reactivity to Merieux test antigens, NDV, or normal liver cells. The increased antitumor response was not correlated to responsiveness to NDV alone, autologous liver cells, enzymes and culture medium used for vaccine preparation or standard antigens (Merieux test). After a follow-up of at least 18 months 61% of the vaccinated patients developed tumor recurrence in comparison to 87% of a matched control groups from the same institution that had been only surgically treated. The results of this phase II trial are encouraging and should stimulate further prospective randomized studies.

397 ▪ Soluble interleukin-2 receptor, interleukin-6 and interleukin-1 beta in patients with Crohn's disease and ulcerative colitis: preoperative levels and postoperative changes of serum concentrations.
Schürmann-G; Betzler-M; Post-S; Herfarth Ch.; Meuer-S
Digestion.1992; 51(1): 51-9.
Crohn's disease (CD) and ulcerative colitis (UC) show an intestinal activation of T cells and macrophages within the inflamed lesions. The aim of the present prospective study was to determine whether circulating interleukins (IL) represent useful markers of immune activation in vivo and to characterize their respective roles in monitoring disease activity. Serum concentrations of the soluble IL-2 receptor (sIL-2R), IL-6 and IL-1 beta were measured in 10 patients with CD and 10 patients with UC before, at day 10 and 2 years after resection of inflamed bowel segments. The data were correlated with neopterin, C-reactive protein and other standard parameters of disease activity. Preoperatively, mean sIL-2R concentration was 495 +/- 62 U/ml (mean +/- SEM; healthy controls; 210 +/- 25 U/ml; p less than 0.02) in CD and 705 +/- 120 U/ml (p less than 0.00002) in UC. The corresponding IL-6 serum concentrations were 37 +/- 6 U/ml in CD (controls: 11 +/- 0.6 U/ml; p less than 0.0036) and 33 +/- 6 U/ml (p less than 0.04) in UC. Two years postoperatively, sIL-2R was still elevated in 6 out of 9 patients in both disease groups. These patients did not differ from the remaining group with respect to disease activity. Serum IL-6, elevated in 7 patients with CD and in 6 patients with UC at day 10 postoperatively, had returned to normal in all patients by this time.

398 ▪ Serum chromogranin A in the diagnosis and follow-up of neuroendocrine tumors of the gastroenteropancreatic tract.
Schürmann-G; Raeth-U; Wiedenmann-B; Buhr-H; Herfarth Ch.
World-J-Surg.1992 Jul-Aug; 16(4): 697-701; discussion 701-2.
Hormonally active neuroendocrine tumors may easily be diagnosed by elevated serum levels of their specific peptides and hormonal products, but there are no reliable markers for neuroendocrine tumors without hormonal activity. Chromogranin A (CgA), a secretory protein of neuroendocrine cells, has recently been characterized as a valuable tissue marker in hormonally active and non-functioning neuroendocrine tumors. This study analyzes the role of CgA as a serum marker for different neuroendocrine tumors. Thirty-three patients with neuroendocrine tumors of the stomach (n = 7), the ileum (n = 18), and the pancreas (n = 8) were investigated. Serum CgA levels were analyzed by radioimmunoassay at the time of diagnosis and during follow-up under different therapeutic regimens. Serum CgA was elevated in 30 (91%) patients. Mean CgA serum levels varied with tumor location (pancreas: 7068 +/- 3008 ng/ml, ileum: 5381 +/- 1740 ng/ml, stomach: 529 +/- 179 ng/ml, x +/- SEM ng/ml) but did not differ between functioning and non-functioning tumors. Eight of 10 patients treated with either somatostatin or interferon-alpha showed changes of CgA concentrations corresponding to tumor growth. We conclude that CgA is a useful broad-spectrum tumor marker in gastroenteropancreatic neuroendocrine tumors. Its determination is especially recommended in tumors without hormonal activity.

399 ▪ Hormonell induzierte Motilitätsänderung des Sphincter Oddi - Bedeutung der intakten myoneuralen Kontinuität zum Duodenum
Senninger, N., M. Tanaka, N. Runkel, Ch. Herfarth
Chirurgisches Forum '92, Langenbecks Arch Chir (Suppl) 1992, 187-191
In einem Opossum-Modell wurde die Hypothese geprüft, daß eine Unterbrechung myoneuraler Verbindungen zwischen Sphincter Oddi und Duodenum die physiologische und hormonell stimulierte cyclische elektrische Aktivität des Sphincters beeinträchtigt. Bei 10 Opossums erfolgte die Implantation von Elektroden in Sphincter Oddi, Duodenum und Jejunum. Opossums dienten als Kontrolle (Gruppe A), während bei 5 die Papilla vateri in das Jejunum transplantiert wurde (Gruppe B). Nach einer Erholungsphase von 7 Tagen begannen Ableitungen der MMCs unter Nüchternbedingungen, nach i.v. Motilin (Bolus von 400 ng/kg) und i.v. Caeruleingabe (Infusion von 500 ng/kg/h für 1 h). Die Translokation des Sphincters beeinträchtigt den gastrointestinalen MMC nicht, hatte aber drei Auswirkungen auf den Sphincter Oddi: 1. eine verringerte Spikefrequenz während Phase III unter Nüchternbedingungen, 2. eine signifikant verminderte Reaktion sowohl auf Motilin als auch 3. auf Caerulein. Wir folgern, daß sowohl die physiologische als auch die hormonell-induzierte Erhöhung der Spikefrequenz im Sphincter Oddi intakte myoneurale Verbindungen zwischen Sphincter und Duodenum zur Voraussetzung hat.

400 ▪ Phänotypische und funktionelle Analyse transplantat- infiltrierender Zellen bei Therapie mit monoklonalem Interleukin-2 Receptor-Antikörper und Ciclosporin A bei der Ratte
Sido, B., M. Dallmann, Ch. Herfarth, P. Morris
Chirurgisches Forum '92, Langenbecks Arch Chir (Suppl) 1992, 313-316

Durch frühzeitige Blockierung der Il-2 Receptor-Expression und der spenderspezifischen cellulären Cytotoxizität ist die synergistische Kombination subtherapeutischer Dosen von NDS-62 und CsA, welche alleine verabreicht unwirksam sind, ein sehr potentes immunsuppressives Regime. Durch Einsparung von CsA und damit Reduktion der Toxizität wird dieses Modell für die Klinik besonders interessant. Da die Natural Killer-Aktivität unter Immunsuppression voll erhalten bleibt, scheint diese für die Transplantatabstoßung von untergeordneter Bedeutung zu sein.

401 ■ Cytomegalovirus infection in liver transplantation: graft infection and clinical relevance.
Sido-B; Hofmann-WJ; Otto-G; Amann-K; Arnold-JC; Herfarth Ch.
Transplant-Proc.1992 Dec; 24(6): 2641-2.
Cytomegalievirus (CMV) infection is one of the most frequent complications after orthotopic liver transplantation (OLT) and can be extremely harmful to graft function and outcome. It is reported to occur in 40% to 70% of cases with clinically manifest CMV disease in 20% to 35%. An increase of liver enzymes can cause considerable diagnostic problems in differentiating CMV hepatitis and an episode of graft rejection. As a potent therapeutic drug is available with gancyclovir, an early diagnosis of the possibly lethal disease is mandatory. The serologic detection of CMV antibodies documents an infection but provides no information about the organs involved and is influenced by immunosuppressive therapy. This study analyzes the incidence of CMV infection in liver biopsies and compares the diagnostic significance of immunohistochemistry and in situ hybridization with that of serologic diagnosis. Diagnosis of CMV infection by biopsy and serology, respectively, will be correlated with symptoms and onset of clinical CMV disease.

402 ■ Hormonal control of opossum sphincter of Oddi motility: role of myoneural continuity to duodenum.
Tanaka-M; Senninger-N; Runkel-N; Herfarth Ch.
J-Surg-Res.1992 Jul; 53(1): 91-7.
Motilin and caerulein are known to affect motility of the sphincter of Oddi (SO) and the gastrointestinal tract. The role of SO-duodenal myoneural continuity in the action of these peptides was studied. Five opossums had translocation of the duodenal papilla into the jejunum, while preserving the blood supply to the SO and duodenum. Serosal electrodes were placed in the SO, duodenum, and jejunum. Five control animals had electrode placement alone. Myoelectric recording was obtained during fasting and after administration of motilin (400 ng/kg) or caerulein (500 ng/kg/hr). Motilin induced premature phase III-like activity in the SO and intestine in controls. After the translocation of the papilla, the spike frequencies during phase II and phase III were significantly lower than in controls, whereas those during phase I and phase IV were not different. Motilin caused premature intestinal phase III and increased SO spike activity. However, the increase in SO spike activity was insufficient to form phase III. Caerulein produced a sustained increase in spike activity in both regions in both groups, but the increase was less in the translocation group than in controls. These data suggest that duodenal activity stimulated by motilin and caerulein participates in the activation of SO motility via intrinsic myoneural pathways.

403 ■ Should laparoscopic cholecystectomy be already regarded as the gold standard in bland cholecystolithiasis?
Trade-M; Troidl-H; Herfarth Ch.; Berger-HG; Feussner-H
Langenbecks-Arch-Chir.1992; 377(3): 190-4.

404 ■ Continence preserving operation after proctocolectomy. Indications, technique and results
Buhr-HJ; Heuschen-UA; Stern-J; Herfarth Ch.
Chirurg.1993 Aug; 64(8): 601-13.

405 ■ Microsurgical neck dissection for occultly metastasizing medullary thyroid carcinoma. Three-year results.
Buhr-HJ; Kallinowski-F; Raue-F; Frank-Raue-K; Herfarth Ch.
Cancer.1993 Dec 15; 72(12): 3685-93.
ABSTRACT BACKGROUND. Medullary thyroid carcinoma (MTC) metastasizes early into the regional lymph nodes, but distant metastases occur late. Modified radical neck dissection might improve the treatment results for occultly metastasizing MTC. METHODS. The authors report 23 patients after a minimal follow-up of 2 years (median, 36 months). There were 11 female and 12 male patients. The mean age was 43 years (+/- 13 years). The surgical technique included the meticulous dissection of all compartments of the neck, resulting in a unilateral or bilateral modified radical neck dissection with the complete removal of the lymphatic and fatty tissue between important anatomical structures. The surgical boundaries extended cranially to the mastoid, caudally to the brachiocephalic vein involving a transcervical mediastinal dissection, and laterally to the edge of the trapezoid muscle. Ten patients were treated

bilaterally and 13 patients unilaterally. RESULTS. The basal calcitonin values of 18 of the 23 patients were postoperatively normalized with 4 patients having normal basal and pentagastrin-stimulated calcitonin levels. Five patients with persistently elevated basal serum calcitonin values had a marked reduction of the postoperative calcitonin levels compared with their preoperative concentrations. However, in these five patients histologic abnormalities precluded a surgical cure. The permanent complication rates were tolerable (4 of 33 neck dissections). CONCLUSIONS. The microsurgically extended neck dissection can reduce basal and pentagastrin-stimulated serum calcitonin values to normal levels even after long intervals following primary thyroidectomy.

406 ▪ Korrelation morphometrischer Parameter in der Nullbiopsie mit der frühen Transplantatfunktion nach Lebertransplantation

Datsis, K., A. Sakata, W.J. Hofmann, G. Otto, Ch. Herfarth

Chirurgisches Forum 1993, Springer Berlin-Heidelberg-New York, 181-185

Bei morphometrischen Untersuchungen der Nullbiopsie zeigten sich keine signifikanten Unterschiede der relativen Volumina und Oberflächen-Volumenverhältnisse von Hepatozyten und Sinusoiden zwischen der Untersuchungsgruppe aus 5 transplantierten Lebern mit einem primären Transplantatversagen im Verlauf der ersten 2 postoperativen Tage und der Kontrollgruppe aus 10 transplantierten Lebern mit einem unauffälligen postoperativen Verlauf. Die Granulozytenzahl pro Leberläppchenvolumen war jedoch in den Nullbiopsien aus den Transplantaten mit einem späteren primären Transplantatversagen signifikant erhöht. Diese Erhöhung wurde durch Granulozyten verursacht, die mit hepatozellulären Nekrosen assoziiert waren, und war in den zentralen Läppchenarealen akzentuiert. Die Granulozytenzahl im Leberläppchen in der Nullbiopsie stellt somit einen prognostischen Parameter für das primäre Transplantatversagen nach Lebertransplantation dar, wobei den mit Nekrosen assoziierten Granulozyten die entscheidende Rolle zukommt. Ob die Nekrosen Ursache oder Folge der Granulozytenakkumulation sind. muß weiter untersucht werden.

407 ▪ The number of granulocytes in „time-zero" biopsy as a parameter of prognosis of graft function after liver transplantation.

Datsis-K; Otto-G; Hofmann-WJ; Herfarth Ch.

Transplant-Proc. 1993 Aug; 25(4): 2657.

Early diagnosis of primary nonfunction (PNF) of a transplanted liver is of crucial importance. Biochemical parameters are relatively unreliable and require a long time to show functional alterations. In contrast, the „time zero" biopsy taken after reperfusion of the graft describes the situation immediately.

Some prognostic significance of the histological appearance of the time-zero biopsy after liver transplantation (LTX) has been described recently. Furthermore, a high number of polymorphnuclear leukocytes (PMNs) in glomeruli is related to subsequent graft loss after kidney transplantation.

In order to evaluate a prognostic factor in the time-zero biopsy after LTX, we correlated the number of PMNs in the time-zero biopsy with further function of the graft.

408 ▪ Grundlagen und Möglichkeiten der intraoperativen Radiotherapie

Eble, M.J., Ch. Herfarth, M. Wannenmacher

DMW 15 (1993) 953-957 (chin. Ausgabe)

409 ▪ Fundamentals and possibilities of intraoperative radiotherapy

Eble-MJ; Herfarth Ch.; Wannenmacher-M

Dtsch-Med-Wochenschr. 1993 Jul 2; 118(26): 981-5.

410 ▪ Methodology, technical prerequisites and postoperative morbidity of intraoperative radiotherapy (IORT) of soft tissue-sarcomas. Heidelberg Krankengut 6/91-9/92

Eble-MJ; Quentmeier-A; Ewerbeck-V; Herfarth Ch.; Wannenmacher-M

Radiologe. 1993 Sep; 33(9): 513-9.

ABSTRACT Since June 1991 the IORT facility has operated a dedicated linear accelerator, which was installed within the central operating theater of the Department of Surgery. As of 9/92 a total of 28 patients suffering from peripheral (n = 20) or centrally (n = 8) located soft tissue sarcomas had been were treated. Thirteen patients revealed a primary and 15 patients a recurrent tumor. Tumor resection with negative margins was performed in 20 patients, positive margins remained in 5 patients, and gross macroscopic residual disease in 3 patients. Combined intraoperative and external beam radiotherapy was applied in 22 patients, using IORT doses of 10-20 Gy and an external beam dose of 26-50 Gy. Three patients were irradiated intraoperatively twice with a time interval of 24 h. After a median follow-up of 9.9 months, 20 patients are disease free. Two patients died 4 and 5 months after the end of therapy with rapidly progressive distant metastases. An infield failure within the external beam target volume was seen in 1 patient and local failure at the field margin of the external field in 3 patients. So far, there have been no IORT infield failures. Follow-up is performed with magnetic resonance imaging. In 3 patients a second operation was necessary because of a severe wound infection, including one patient suffering from osteomyelitis of a neighboring bone. Mild sensory neuropathy occurred in 1 patient 7 months after treatment. Overall only mild and reversible postoperative and posttherapeutic complications were seen.

411 ▪ Intravenöses Kontrastmittel verstärkt die Trypsinogen-Aktivierung und erhöht Pankreaszellnekrosen und Mortalität bei experimenteller Pankreatitis
Foitzik, Th., K. Lewandrowski, C. Fernandez-del Castillo, D.W. Rattner, A.L. Warshaw, Ch. Herfarth
Chirurgisches Forum 1993, Hrsg.: H.M. Becker, H.G. Beger, W. Hartel, Springer Berlin-Heidelberg-New York, 219-222
Die vorliegende Studie untersucht an einem Tiermodell der akut nekrotisierenden Pankreatitis Effekte von ionischem und nicht-ionischem Kontrastmittel (KM) auf die Trypsinogen-Aktivierung, Pathomorphologie des Pankreas und Mortalität. Hintergrund der Untersuchung ist die Frage, ob intravenöses Kontrastmittel, wie es in der Frühphase der akuten Pankreatitis (AP) zur Evaluation von Pankreasnekrosen mittels Computertomographie (CECT) eingesetzt wird, den Verlauf der Erkrankung beeinflußt. Nach Applikation von 2 ml/kg ionischem wie nicht-ionischem KM bei Ratten mit schwerer nekrotisierender Pankreatitis waren Trypsinogen-Aktivationspeptide im Aszites, Pankreaszellnekrosen und Mortalität im Vergleich zu Kontrolltieren, denen anstelle von KM Kochsalz injiziert worden war, signifikant erhöht. Demnach verschlechtert intravenöses KM in der Frühphase der schweren Pankreatitis in diesem Tiermodell den weiteren Krankheitsverlauf. Da KM die Blutzellenaggregation fördert und die Sauerstofffreisetzung aus den Erythrozyten herabsetzen kann, wird die bei schwerer AP verminderte Perfusion und Oxygenation des Pankreas durch das KM möglicherweise weiter verschlechten. Die sich im CECT abzeichnenden Areale verminderter Perfusion könnten sich infolge der KM-Gabe vergrößern oder zu manifesten Nekrosen transformiert werden. Die Ergebnisse der vorliegenden Untersuchung stellen somit den Einsatz der kontrastverstärkten Computertomographie in der Frühphase der akuten Pankreatitis in Frage.

412 ▪ Allgemeine Stressreaktion bei konventioneller und bei laparoskopischer Cholezystektomie
Glaser, F., Ch. Kuntz, F. Klee, H.J. Buhr, G. Sannwald, Ch. Herfarth
Chirurgisches Forum 1993, Hrsg.: H.M. Becker, H.G. Beger, W. Hartel, Springer Berlin-Heidelberg-New York, 45-48
In einer prospektiven, kontrollierten Studie wurden zur Objektivierung des perioperativen Stresses nach LCE und KCE biochemische Stressparameter im Blut von Patienten bestimmt, die wegen symptomatischer Cholezystolithiasis operiert wurden. Ausschlußkriterien waren die akute Cholezystitis, Choledocholithiasis, Pankreatitis und Malignome. Verglichen wurden die Parameter von 40 laparoskopisch und 18 konventionell operierten Patienten. Beide Gruppen waren bezüglich Patientencharakteristika und perioperativen Therapiedaten vergleichbar. Sowohl intra- als auch postoperativ konnte eine reduzierte Stressantwort in der LCE Gruppe, signifikant für IL-lß, IL-6, Adrenalin, Noradrenalin und Glukose, nachgewiesen werden.

413 ▪ Endorectal ultrasound for control of preoperative radiotherapy of rectal cancer.
Glaser-F; Kuntz-C; Schlag-P; Herfarth Ch.
Ann-Surg. 1993 Jan; 217(1): 64-71.
ABSTRACT Endorectal ultrasound (EUS) is known to be a reliable method for preoperative staging of rectal tumors. In this study, EUS was used to select patients with rectal cancer suitable for preoperative radiation therapy. By performing EUS before and after radiation, the aim of the study was to evaluate the role of EUS in monitoring the effects of preoperative radiation therapy. In 17 patients with large T3 or T4 rectal tumors, a complete staging by EUS was done before and after radiation therapy. Beside a shrinkage of the tumor, there was a change of echopattern to more hyperechoic gray levels to be observed in the irradiated tumor. The rectal wall lost its normal architecture, and lymph nodes disappeared or changed their echopattern from echopoor to echorich. There was no down-staging of a tumor seen by EUS. Complete preoperative staging was correct in 13 of 17 patients because of endosonographic examination before and after preoperative radiation therapy. New interpretation criteria are given for evaluation of patients with rectal cancer treated by radiation therapy.

414 ▪ Current Surgical Diagnosis and Management of Carcinoma of the Colon and Rectum
Herfarth, Ch.
Ann Surg 218: Surg. Residents' Newletter Vol 4, No. 9 (1993)
Colorectal carcinoma is a classic example of the diversity of clinical and scientific research in the field of surgical oncology. Several factors must be considered including new diagnostic modalities or diagnostic procedures, strict surgical guidelines, growth pattern, regularity of lymphatic spread along predetermined pathways, characteristic patterns of metastases (including local

and distant metastases), excellent results of primary therapy, and the possibility for preservation of organ function.

415 ■ Leberkrebs: Wann Resektion, wann Verpflanzung?
Herfarth, Ch.
Ärzte-Zeitung 213 (1993) 15
Beim kleinen hepatozellulären Karzinom scheint im Hinblick auf die Überlebensraten der Patienten die Transplantation der Resektion überlegen zu sein. Über diese „interessante Beobachtung" hat Professor Dr. Christian Herfarth aus Heidelberg beim 7. Chirurgentag des Berufsverbandes der Deutschen Chirurgen (BDC) in Mannheim berichtet.
Wie Herfarth sagte, ist das hepatozelluläre Karzinom ein relativ häufiger Tumor, der therapeutisch angegangen werden muß; in größeren Kliniken leiden an diesem Krebs immerhin etwa ein Viertel der Patienten in der leberchirurgischen Abteilung. Es müsse klar festgestellt werden, daß die Ergebnisse der operativen Behandlung beim hepatozellularen Karzinom schlecht seien, besonders bei Zirrhose. So betrage die Drei-Jahres-Überlebensrate bei einem Tl/T2-Tumor etwa 30, bei einem T3/T4Tumor nur noch 15 bis 20 Prozent.

416 ■ Prophylaktisches Operieren bei chronisch-entzündlichen Darmerkrankungen
Herfarth, Ch., J. Stern, G. Schürmann
Dtsch Ärztebl 13 (1993) 948-954
Die prophylaktische Chirurgie bei chronisch-entzündlichen Darmerkrankungen ist somit typisch anwendbar. Bei der Colitis ulcerosa steht sicherlich die Karzinomprophylaxe an der Spitze. Hier spielen Ausdehnung der Erkrankung, Anamnesedauer und histologischer Befund in der Terminierung der Resektion eine wesentliche Rolle. Diesen Patienten kann heute durch die restaurative Proktokolektomie ein relativ sicheres und zunehmend komplikationsarmes Verfahren unter Erhaltung der Kontinenz zukommen. Das Verfahren ist allerdings auf große Zentren zu beschränken. Beim Morbus Crohn spielt die Karzinomprophylaxe noch keine gesicherte Rolle. Hier können duch rechtzeitiges Operieren möglicherweise aber schwere Komplikationen der Erkrankung verhindert werden. Das Problem besteht derzeit darin, das Auftreten der schweren Komplikation mit Notfallindikation prädiktiv zu beurteilen. Risikofaktoren für das Crohn-Rezidiv präoperative Lymphozytopenie, frühes endoskopisch histologisch gesichertes Rezidiv von kurzem akuten Verlauf spielen eine Rolle. Für beide Erkrankungsformen - Colitis ulcerosa, Morbus Crohn - gilt heute eine spezielle Operationstechnik. Auch der rechtzeitige operative Eingriff als prophylaktische Operation muß wegen der Terminierung interdisziplinär geplant werden. Stark vereinfacht gilt jedoch: Eher prophylaktisch, das heißt eher rechtzeitig als restriktiv! Die hohe Verantwortung des Chirurgen in der Indikationsstellung bei prophylaktischen Operationen ist evident. Für den prophylaktischen Eingriff müssen pathophysiologische Überlegungen, genaue Kenntnisse über den natürlichen Verlauf der Erkrankung, deren Beeinflußbarkeit durch konservative Maßnahmen und letzthin das Risiko des Eingriffs mit eventuellen Einbußen einkalkuliert werden. So gehört auch zur Beurteilung der Operationsindikation die psychosoziale Überlegung.

417 ■ Extended resection of liver metastases in colorectal cancer
Hohenberger-P; Schlag-P; Herfarth Ch.
Langenbecks-Arch-Chir. 1993; 378(2): 110-4.
ABSTRACT Over a 10-year period, 166 patients underwent liver resection with curative intent for colorectal secondaries. These included 23 (13.8%) with metastases invading to adjacent organs. Diaphragm (n = 9), major omentum (n = 5), portal vein/inferior vena cava (n = 3), gallbladder/extrahepatic biliary system (n = 3), right adrenal gland (n = 2), and lymph nodes of the hepatoduodenal ligament (n = 1) were resected en bloc together with the metastases. Operative mortality was 4.3% (1/23 patients). Intraoperative findings and the pathologist's report led to the performance of R0 resection in 14 patients, and microscopic residual disease after R1 resection was found in 7 patients; in 2 cases macroscopically visible tumour had to be left behind. Median survival for all patients was 14 months and was significantly less favourable than in patients who had undergone resection of metastases confined to the liver (P = 0.011, long-rank test). The median recurrence-free interval was 6.8 months (P = 0.11). Obviously, patients who had undergone R0 resection and whose CEA serum levels returned to normal after operation benefited the most, and among these a median survival of 17 months was recorded. It is concluded that in patients with liver metastases from colorectal cancer, invasion of the metastases to adjacent organs has significant implications for the prognosis, even if the metastases are resected. It is important to detect this situation preoperatively, to avoid subjecting patients to a treatment that offers little benefit.

418 ■ Biliary complications after prolonged University of Wisconsin preservation of liver allografts.
Kadmon-M; Bleyl-J; Kuppers-B; Otto-G; Herfarth Ch.
Transplant-Proc. 1993 Feb; 25(1 Pt 2): 1651-2.

Postoperative biliary complications represent a 1 major cause of organ morbidity after orthotopic liver transplantation (OLT). They frequently result from stenosis at the site of bile duct anastomosis. In addition, diffuse strictures and dilatations of the intrahepatic and extrahepatic bile ducts often occur after transplantation of ABO nonidentical grafts and are almost inevitable after arterial thrombosis. Furthermore, etiologically undefined alterations of the intrahepatic and partly also of the extrahepatic bile ducts of the graft were occasionally observed by McMaster et al as early as in 1979. Zajko et al reported a relatively low frequency for these changes not exceeding 25% of all biliary complications, whereas Sanchez-Urdazpal et al suggested that they may occur considerably more often. In the present study we examine the possibility that long cold ischemic liver preservation may adversely affect the biliary system in liver allografts that were not damaged by thrombosis or ABO incompatibility.

419 ■ Inhibition by cyclosporin A of adenosine triphosphate-dependent transport from the hepatocyte into bile

Kadmon-M; Klunemann-C; Bohme-M; Ishikawa-T; Gorgas-K; Otto-G; Herfarth Ch.; Keppler-D
Gastroenterology. 1993 May; 104(5): 1507-14.

ABSTRACT BACKGROUND: Immunosuppressive treatment with cyclosporin A may be associated with impaired hepatobiliary elimination of bile salts and with cholestasis. Inhibition by cyclosporin A of the primary-active adenosine triphosphate (ATP)-dependent transport systems responsible for excretion of bile salts and cysteinyl leukotrienes across the hepatocyte canalicular membrane into bile may explain the cholestatic side effect. METHODS: ATP-dependent transport of bile salt and of cysteinyl leukotrienes was studied in human liver plasma membrane vesicles and additionally in rat liver plasma membrane vesicles enriched in canalicular membranes. RESULTS: Inhibition of ATP-dependent taurocholate transport in human liver by 50% was measured at 3 mumol/L cyclosporin A and at 4 mumol/L fujimycin. Kinetic analyses in rat liver indicated non-competitive inhibition by cyclosporin A with respect to ATP and competitive inhibition with respect to taurocholate with inhibition constant (Ki) values of 1.0 and 0.3 mumol/L, respectively. CONCLUSIONS: The ATP-dependent export carriers for bile salts and cysteinyl leukotrienes in the hepatocyte canalicular membrane are novel targets for inhibitory side effects of cyclosporin A. Inhibition of ATP-dependent bile salt transport may induce cholestasis.

420 ■ Medullary carcinoma of the thyroid-therapeutic strategy derived from fifteen years of experience.

Kallinowski-F; Buhr-HJ; Meybier-H; Eberhardt-M; Herfarth Ch.
Surgery. 1993 Sep; 114(3): 491-6.

ABSTRACT BACKGROUND. The purpose of this investigation was to analyze our experience with patients treated for medullary carcinoma of the thyroid to identify prognostic factors and to develop a stage-related treatment strategy that might improve cure rates. METHODS. Between 1970 and 1985 a total of 40 patients with medullary thyroid carcinoma were treated (21 women, 19 men; mean age +/- SEM; 40 +/- 3 years; mean follow-up, 82 +/- 12 months). Initial operation involved total thyroidectomy (28 patients), subtotal resection (11 patients), and a lobectomy (1 patient). The initial lymph node dissection generally consisted of a selective removal of enlarged nodes. Unilateral neck dissection was performed in six cases. Secondary operation for recurrent disease was necessary in 26 patients. RESULTS. At the end of the follow-up period 10 patients were tumor free, 12 patients were scheduled for further treatment, six patients suffered from persistent but clinically occult disease, and 12 patients had died (mean survival time, 68 +/- 7 months). The paramount prognostic factor was the absence or presence of lymph node involvement at the time of primary operation (p = 0.011). Patients with distant metastases died within 2 years of diagnosis. Women, patients younger than 40 years of age, and those elicited by familial screening programs exhibited increased survival times. CONCLUSIONS. Because of the prognostic and therapeutic importance we recommend the total thyroidectomy with a complete dissection of the central lymph node compartment as primary treatment. Patients with lymph node involvement or elevated serum calcitonin levels should subsequently be treated by a modified radical neck dissection of the lateral compartments.

421 ■ Wertigkeit von C3a, Leukozytenzahl, Elastase und Plasmaendotoxin in der Prädikation des Überlebens bei diffuser Peritonitis.

Klar, E., M. Kieser, G. Zilow, K.P. Becker, H. Buhr, Ch. Herfarth
Intensivmedizin und Notfallmedizin 30 (1993), 379

422 ■ Isovolemic hemodilution with dextran 60 as treatment of pancreatic ischemia in acute pancreatitis. Clinical practicability of an experimental concept.

Klar-E; Foitzik-T; Buhr-H; Messmer-K; Herfarth Ch.

Ann-Surg.1993 Apr; 217(4): 369-74.
ABSTRACT OBJECTIVE: This phase-I study transferred the concept of isovolemic hemodilution, which has been proven beneficial in the treatment of experimental acute pancreatitis to the patient. SUMMARY BACKGROUND DATA: Pancreatic ischemia represents one main mechanism in the pathogenesis of necrotizing pancreatitis. Isovolemic hemodilution with dextran 60 has been shown experimentally to limit the progression of pancreatic necrosis by improving pancreatic microcirculation. METHODS: Thirteen patients with clinically severe nonbiliary pancreatitis and CT-classification E according to Balthazar were enrolled. Exclusion criteria were anemia, coronary heart disease, chronic obstructive pulmonary disease, coagulopathies, and secondary referral. The volume of blood to be exchanged for dextran 60 was calculated from a nomogram based on body surface. Isovolemic hemodilution aimed at a hematocrit of 30%. Independent from the exchange procedure conventional fluid resuscitation was performed to adjust the central venous pressure at 6 +/- 2 mm Hg. RESULTS: Whole blood (750-1,700 mL) was exchanged for dextran 60 during 45 to 70 minutes. No adverse effect was encountered; central hemodynamics were not affected. Considering a mean Ranson score of 5, mortality was low (7.7%). Progression of pancreatic necrosis was registered in only two patients subsequently undergoing surgical treatment (15%). CONCLUSIONS: Isovolemic hemodilution is practicable in patients. A randomized trial has to prove whether isovolemic hemodilution can substantially alter the course of acute pancreatitis as anticipated from animal studies.

423 ■ Reticuloendothelial system clearance capacity following liver transplantation as a predictor of early graft function.
Klar-E; Heep-HJ; Eisenhut-M; Kraus-T; Senninger-N; Otto-G; Herfarth Ch.
Transplant-Proc.1993 Aug; 25(4): 2644-5.
In liver transplantation, the clearance capacity of the hepatic reticuloendothelial system (RES) plays a key role in nonspecific host defence with regard to gut-derived toxins, especially after portal decompression. RES failure shortly after reperfusion may compromise the patient, due to a possible spillover of bacterial products from the portal into the systemic circulation. We therefore assessed RES function after reperfusion and during the early postoperative period.

424 ■ Improvement of impaired pancreatic microcirculation by isovolemic hemodilution protects pancreatic morphology inacute biliary pancreatitis.
Klar-E; Mall-G; Messmer-K; Herfarth Ch.; Rattner-DW; Warshaw-AL
Surg-Gynecol-Obstet.1993 Feb; 176(2): 144-50.
ABSTRACT Impairment of the pancreatic microcirculation is a characteristic finding in experimental biliary pancreatitis. Isovolemic hemodilution with dextran 60 has been proven to maintain pancreatic capillary perfusion. To evaluate the significance of this therapeutic approach with respect to histologic changes, intravital microscopic assessment of the microcirculation was combined with a morphometric analysis of the pancreas by means of light microscopy in rabbits (n = 18). Pancreatic capillary perfusion was maintained in the rabbits subjected to hemodilution 30 minutes after the induction of pancreatitis with 54 percent of the capillaries still being perfused at 12 hours, compared with only 16 percent in the control group. The improved capillary perfusion resulted in a significant reduction of those changes considered potentially reversible (cell vacuolization and interstitial edema) that surround zones of necrosis. However, because of the early establishment of necrosis in this model, hemodilution was unsuccessful in preventing all cell death. Hemodilution can limit the progressive extension of pancreatic injury in this model of biliary pancreatitis.

425 ■ Endosonographische Differenzierung eines Rektumadenoms von einem -karzinom mittels computerunterstützter Ultraschallbildanalyse
Kuntz, Ch., F. Glaser, M. Fein, I. Zuna, Ch. Herfarth
Chirurgisches Forum 1993, , 41-44
In einer matched pair Analyse untersuchten wir 27 Patienten unter CyA (n=13) und FK 506 (n=14) Immunsuppression, 6-72 Monate nach Lebertransplantation im Hinblick auf eine mögliche diabetogene Stoffwechsellage. HbA1-Spiegel wurden vor, Glukose-, C-Peptid- und Insulinspiegel vor und in definierten Zeitintervallen nach oraler Glukoseaufnahme bestimmt. Erhöhte HbA1-Werte suggerieren eine höhere diabetische Potenz des FK 506 gegenüber CyA. Signifikante Unterschiede in der Früh- (C-Peptid: 30 min) und Spätphase (Insulin: 120, 180 min) lassen auf eine relevante Sekretionshemmung unter FK 506-Medikation schließen, während in der CyA-Gruppe in erster Linie von einer peripheren Insulinresistenz ausgegangen werden muß.

426 ■ Endorectal ultrasound in diagnosis and therapy planning of broad-base rectal adenomas
Kuntz-C; Glaser-F; Buhr-HJ; Herfarth Ch.
Chirurg.1993 Apr; 64(4): 290-4.
ABSTRACT In this study the value of endorectal

ultrasound in diagnosis and therapy of large rectal adenomas is shown. Between January 1988 and August 1992 93 patients with the primary diagnosis of adenoma proven by biopsy were examined by endorectal ultrasound. Sonographical differentiation of adenoma and carcinoma was done by echo-structure. Enlarged lymph nodes can be detected too. In 34 of 91 patients carcinoma was found by endorectal ultrasound and 28 were verified histologically. Sensitivity of endorectal ultrasound in detection of carcinoma in enlarged adenomas is 96%. Only preoperative endorectal ultrasound could give decisive criteria to take a second biopsy, to avoid mucosectomy in case of a malignoma or give the advice for a radical operation according to the tumor stage. Further staging of adenomas and small carcinomas is excellent by endorectal ultrasound and the right indication of local therapy can be confirmed.

427 ■ Effekt medikamentös bedingter Darmmotilitätsstörungen auf bakterielle Translokation
Küppers, P.M., T.A. Miller, C.Y. Chen, Ch. Herfarth, F.G. Moody
Chirurgisches Forum 1993, 329-332
Morphin und Clonidin führen zu einer vergleichbaren Suppression des intestinalen Transits. Dies führt in unserer Studie zu bakteriellem Überwuchs und dem Auftreten hoher Zahlen teilungsfähiger Keime in den mesenterialen Lymphknoten. Bakterielle Translokation in die Blutbahn oder ferne Organe trat jedoch nur nach Morphin, nicht aber in Zusammenhang mit Clonidinbehandlung auf. Wir folgern, daß bakterieller Überwuchs und vermehrtes Auftreten von Darmkeimen in den lokalen Lymphknoten allein nicht zur Auslösung von Sepsis ausreicht. Dazu ist ein weiterer Faktor notwendig, den Morphin, nicht jedoch Clonidin, aufweist. Dies könnte der immunsuppressive Effekt des Morphins sein, was angesichts der häufigen Anwendung von Opiaten weitere Untersuchungen erfordert.

428 ■ Peptic ulcer surgery in patients with liver cirrhosis.
Lehnert-T; Herfarth Ch.
Ann-Surg.1993 Apr; 217(4): 338-46.
ABSTRACT OBJECTIVE:This study identified risk factors of surgical treatment for gastroduodenal ulcer disease in patients with liver cirrhosis. SUMMARY BACKGROUND DATA: Liver cirrhosis is frequently associated with complicated peptic ulcer disease. Surgery in liver cirrhotics has a high mortality and morbidity especially when abdominal operations are performed. METHODS: Sixty-nine patients undergoing surgery for gastroduodenal ulcer disease between 1972 and 1991 were studied, retrospectively. RESULTS: Ninety percent of patients required emergency surgery for bleeding ulcer (n = 45) or perforation (n = 17). Mortality was 29% for elective patients (n = 7), 35% for patients with perforation and 64% for patients with bleeding. Overall mortality of 69 patients was 54%. Only 15 of 69 patients (22%) had an uncomplicated postoperative course. Postoperative bleeding, septic complications, and renal failure were the most frequent postoperative complications. Bleeding and multiple organ failure were the leading causes of death in 70% of patients. A univariate analysis determined preoperative hemoglobin < 12 g/L ($p < 0.05$), systolic blood pressure < 100 mm Hg ($p < 0.025$), prothrombin time < 60% ($p < 0.05$) and the presence of portal hypertension ($p < 0.01$) as prognostic factors. No significant correlation with survival could be established for excretory liver function (serum bilirubin) and partial thromboplastin time. CONCLUSIONS: To improve treatment results it is recommended (1) to substitute blood products (particularly coagulation factors) early and in sufficient quantities, (2) to diligently search for and to treat septic foci and administer antibiotics in a nonrestrictive manner, and (3) to restrict the operative procedure to the treatment required for control of the ulcer complication.

429 ■ Use of the hydrogen clearance technique for measurements of pancreatic blood flow.
Machens-HG; Senninger-N; Runkel-N; Frank-G; von-Kummer-R; Herfarth Ch.
J-Surg-Res.1993 Aug; 55(2): 122-30.
ABSTRACT The hydrogen clearance technique (HCT) was employed for measurements of local pancreatic blood flow (PBF) in dogs, opossums, and rats under normal conditions and in opossums during biliary pancreatitis. Local PBF (ml/min/100 g) in dogs was 57.6 +/- 10.4, in opossums 60.6 +/- 9.5, and in rats 144.7 +/- 23.4, under resting conditions. Regional distribution of local PBF in dogs showed no statistical differences. Technical aspects of the HCT were described in detail. Under physiological conditions parenchymal trauma following electrode implantation was negligible in nearly all cases. More than 95% of registered clearance curves were monoexponential and showed excellent reproducibility of PBF values in repeated measurements (percentage deviation < or = 6.7). Five days after initiating biliary pancreatitis by common channel ligation in opossums local PBF was 72.1 +/- 14.7 after implantation of new electrodes. Chronically implanted electrodes, however, recorded only 39.7 +/- 15.8, due to massive fibro-proliferative alterations around the implanted electrode tips. We therefore conclude that the HCT as described is a useful tool for measuring local

PBF in acute experimental settings only. Biliary pancreatitis in our model causes no significant alterations of PBF after 5 days.

430 ▪ Is the hydrogen clearance technique a useful tool for measurements of pancreatic blood flow during acute experimental pancreatitis?
Machens-HG; Senninger-N; Runkel-N; Frank-G; von-Kummer-R; Herfarth Ch.
Pancreas.1993 Jan; 8(1): 22-7.
Changes of pancreatic blood flow (PBF) during acute pancreatitis (AP) have been under investigation by means of electromagnetic flowmeters, radioactive microspheres, isotope fractionation, radioactive gas clearance, and venous outflow techniques. All methods, however, have certain drawbacks, which make the application of other techniques desirable. In this study, the hydrogen clearance technique (HCT) was tested for the first time in a well-established foxhound model of AP. PBF, systemic blood pressure, and heart rate were monitored over 90 min after the onset of AP and 60 min after therapeutic infusion of Dextran-40 (10 ml/kg body wt). Our results fully agree with the data found by other techniques in this experimental model. Sixty-five of 73 electrodes implanted into the pancreas of eight foxhounds were found working. From 1,024 registered clearance curves, 876 were identified as mono-exponential. In the other cases, and only then, we found either dislocation of the electrode tips ($n = 6$) or perielectrodal hemorrhage during histological examination ($n = 4$). We believe that the HCT is a feasible and reliable tool for measuring PBF in experimental settings like AP.

431 ▪ Aktivierung von Monozyten und Lymphozyten durch in vitro Gentransfer und Expression von humanem Interleukin-2 (hIL-2) in menschlichen Tumorzellen
Schackert, H.K., A. Mehrabi, A. Buttler, G. Schackert, Ch. Herfarth
Chirurgisches Forum 1993, Springer Berlin-Heidelberg-New York, 105-110
Tumor cells engineered to produce cytokines after gene transfer can mediate antitumor immunity. Interleukin-2 production by tumor cells has been shown to bypass T-helper function in an animal model while tumor cells expressing interleukin-4 are predominantly rejected in a T-cell-independent manner. Both cytokines generate a systemic immune response against parent tumor cells. In an attempt to study the effect of cytokine gene transfer on in vitro cytotoxicity of human monocytes and lymphokine-activated killer cells (LAK), human glioblastoma cell line T1115 was cotransfected with a plasmid containing the human interleukin-2 gene cDNA and pSV2neo. Clone 2 produces 76 U/ hIL-2/10^5 cells/ 24 h and was used in LAK and monocyte assays. Cocultivation of clone 2 cells and effector cells results in strong monocyte and LAK cell cytotoxicity against clone 2 and its parent cell line T1115. Similar cytotoxicity rates can be achieved by addition of 100 U/ hIL-2/ml medium. The advantage of local cytokine production over systemic application in immunotherapy of cancer is high activation of immune effector cells without systemic side effects. Data from animal experiments in conjunction with these in vitro results provide a rationale for potential use of cytokine gene transfer in human tumor cells as a modality for cancer immunotherapy.

432 ▪ Molecular principles of carcinogenesis. Significance for prevention and early detection of solid malignant tumors
Schackert-HK; Gebert-J; Ansorge-W; Herfarth Ch.
Chirurg.1993 Sep; 64(9): 669-77.
Die Carcinogenese ist ein komplexer Prozeß, der von endogenen und exogenen Faktoren beeinflußt wird. Die ursächlichen Ereignisse bei der Krebsentstehung waren bis vor wenigen Jahren nicht bekannt. Erst die moderne molekularbiologische Forschung hat die molekularen Grundlagen der Carcinogenese erhellt und damit neue diagnostische und Behandlungsmöglichkeiten eröffnet. Dies ist von großer Bedeutung, hat doch die chirurgische Therapie vieler solider Tumoren und ganz speziell des colorectalen Carcinoms ein Optimum erreicht. Standardisierung der Operationstechnik und Radikalität der Resektion des Primärtumors und der drainierenden mesenterialen Lymphknoten haben eine deutliche Verbesserung der Überlebensraten ermöglicht. Die Ausweitung der Operationsradikalität ist dagegen mit einer zunehmenden operationsbedingten Morbidität ohne nachweisbare Verbesserung des Überlebens verbunden. Die chirurgische Therapie des colorectalen Carcinoms stößt damit an die Grenzen ihrer Leistungsfähigkeit. Dies wirft die Frage auf, wie sich die Erfolgsrate der chirurgischen Therapie des colorectalen Carcinoms verbessern läßt. Die klinische Erfahrung, daß eine enge Korrelation zwischen Erkrankungsstadium und chirurgischer Kurabilität besteht, läßt vermuten, daß Maßnahmen zur Prävention und/oder Früherkennung des colorectalen Carcinoms zur drastischen Verminderung der Sterblichkeit am colorectalen Carcinom führen muß. Regelmäßiges Screening der Hauptrisikogruppe mittels Endoskopie ist aus personellen und finanziellen Gründen kaum durchführbar und würde junge Patienten mit colorectalen Carcinomen nicht erfassen. Wäre es dagegen möglich, Risikogruppen zu definieren, die mit großer Wahrscheinlichkeit ein colorectales Carcinom auf

dem Boden eines Adenoms entwickeln, dann hätte die coloskopische Untersuchung eine hohe Effizienz als diagnostische und therapeutische Maßnahme. Die Entfernung jeglicher Polypen im Colon wurde ein colorectales Carcinom verhindern oder im frischen Stadium erkennen. Die nachfolgende Operation war mit einer hohen Kurationswahrscheinlichkeit verbunden. Die Ergebnisse der modernen molekularbiologische Forschung leiten einen Paradigmenwechsel in der Biolgie und Medizin ein. Auf dieser Basis entstehen neu Ansätze in der Diagnostik und Therapie maligner Tumoren. Motor dieses Wandels im Verständnis biologisch Prozesse sind Techniken der Molekularbiologie, die in den letzten beiden Jahrzehnten entwickelt wurden.

433 ■ Cytomegalovirus infection of the liver graft early after transplantation: incidence and clinical relevance.

Sido-B; Hofmann-WJ; Otto-G; Amann-K; Arnold-JC; Herfarth Ch.

Transplant-Proc.1993 Aug; 25(4): 2671-2.

About 40% to 70% of all patients after orthotopic liver transplantation (OLT) acquire cytomegalovirus (CMV) infection. Clinically manifest CMV disease develops in half of these patients, involving dysfunction of the liver graft, pneumonia, diarrhea, fever, and leucopenia. An increase in liver enzymes can cause considerable diagnostic problems in differentiating CMV hepatitis and an episode of graft rejection, and consequently in adjusting immunosuppression. Whereas serological detection of anti-CMV antibodies just documents an infection, detection of CMV infection in a liver biopsy confirms involvement of the graft and is independent of immunomodulation. In this study we analyse the diagnostic significance of CMV specific immunohistochemistry and in situ hybridization of liver biopsies in comparison to serological investigation. Diagnosis of CMV infection by biopsy and serology, respectively, are then correlated with onset of clinical CMV disease.

434 ■ Mesenterialzyste: seltene Ursache abdomineller Beschwerden

Sieg, A., A. Malm, N. Runkel, H. Rausch, Ch. Herfarth

Dtsch med Wschr 118 (1993) 1072-1076

435 ■ Fecal Parameters for Assessing the Activity of Crohn's Disease

Arndt, B., H. Schmidt-Gayk, G. Schürmann, M. Betzler, Ch. Herfarth

Klin Lab 40 (1994) 51-60

The aim of this study was to evaluate the diagnostic valence of selected fecal parameters in assessing the intestinal disease activity of patients with Crohn's disease. Five different fecal parameters reflecting certain pathophysiological aspects of intestinal changes in Crohn's disease were analyzed. Hemoglobin and albumin were measured to detect intestinal microhemorrhages, and alpha1-antitrypsin, albumin and lysozyme were determined to assess inflammatory activity. Inflammatory destruction of the intestinal epithelium reduces the epithelial surface of the intestine. The extent of this destruction was determined by measurements of fecal tissue polypeptide antigen. The fecal analyses were performed on 45 surgical patients with an established diagnosis of Crohn's disease and on 40 controls. Four to six stool samples from successive bowel movements were collected per person by means of specimen tubes. Fecal hemoglobin, albumin and alpha1-antitrypsin were measured by radial immunodiffusion according to Mancini. A radioimmunoassay was established for the detection of fecal lysozyme. This assay proved to be much more sensitive than radial immunodiffusion and turbidimetry. Tissue polypeptide antigen was determined by immunoradiometric assay.

436 ■ Chirurgische Therapie von Morbus Crohn und Colitis ulcerosa

Buhr, H.J., Ch. Herfarth

Verdauungskrankheiten 12 (1994) 159-165

Chirurgische Therapie von Morbus Crohn und Colitis ulcerosa. Die Indikation zur operativen Therapie beim Morbus Crohn besteht bei einem therapierefraktären Zustand nach konservativer medikamentöser Therapie sowie bei Auftreten von Komplikationen der Erkrankung. Die chirurgische Strategie hat sich gegenüber früheren Jahren deutlich verändert: Es gilt das Konzept der sparsamen, möglichst organerhaltenden Resektion, also die „minimale Chirurgie". Diese Crohn-spezifische Operationstaktik und -technik gilt für sämtliche Indikationen, also auch für eine differenzierte Fisteltherapie. Die konservative chirurgische Therapie wird am Krankengut der Chirurgischen Universitätsklinik Heidelberg (Januar 1982 bis Mai 1993) bei insgesamt 946 Patienten dargestellt. Bei der Colitis ulcerosa sind die Operationsindikationen genau formuliert. In den letzten 10 Jahren hat sich die ileoanale Pouchoperation als ein attraktives Verfahren gezeigt. Die nicht unbeträchtliche perioperative Problematik macht allerdings die Konzentration der Eingriffe empfehlenswert. Die Wichtigkeit der rechtzeitigen Entscheidung zur Operation ist jedoch von entscheidender Bedeutung. In den letzten 10 Jahren wurde bei über 263 Patienten eine Pouch- Operation vorgenommen.

437 ■ Microsurgical neck dissection for metastasizing medullary thyroid carcinoma. 10.

Arbeitstagg Sektion Calciumregulierende Hormone und Knochenstoffwechsel (CRHUKS)
Buhr, H.J., F. Raue, K. Frank-Raue, Ch. Herfarth
Dtsch Ges Endokrinologie (Abstractband) A 24 (1994)
Management of patients with persistent elevation of stimulated plasma calcitonin (CT) levels following initial operation for medullary thyroid cancer (MTC) is a difficult problem. Surgery is accepted the only method for a potential curative treatment of metastatic MTC. Between 8/1988 and 4/1994 53 patients (mean age 43, 14-65 years) were treated for metastatic MTC 8 patients were admitted for inherited MEN-II-A. 45 patients had sporadic MTC. The postoperative staging consisted of a pentagastrin test, an ultrasound and CT-scan of the neck and mediastinum, and a seletive venous sample. Each side was operated in a separate session of 4 hs mean duration starting with the region of most elevated serum calcitonin (CT) levels. 24 patients underwent surgery of both sides of the neck, whereas 29 patients required an only one side. A pentagastrin testt was performed three months after the operation.
A profound reduction in serum CT levels was detected in all patients. 33 had a normal basal serum CT level but showed a pathological increase after pentagastrin stimulation. No increase was demonstrated in 8 patients, in 12 patients the serum CT level was still elevated after operation. Surgical morbidity consisted only of neurological disorders. Metastatic MTC can be electively treated by microsurgical dissection.

438 ■ Technique and results of the ileoanal pouch after proctocolectomy
Buhr-HJ; Heuschen-UA; Stern-J; Herfarth Ch.
Zentralbl-Chir. 1994; 119(12): 867-77.
Nowadays restorative proctocolectomy and ileal pouch-anal anastomosis represent the standard procedure in the treatment for ulcerative colitis and familial polyposis. Although various pouchdesigns are described, the J-pouch is the one most frequently used. This study reviewed 311 operations of restorative proctocolectomy and ileal pouch-anal anastomosis between January 82 and December 93. The indication was ulcerative colitis in 234 and familial polyposis in 77 cases. In 67% of the cases the standard two-stage procedure involving secondary ileostomy closure was chosen. Due to the complex nature of the operation, postoperative morbidity—which is higher for ulcerative colitis—must not be undermined. Complete exstirpation of the pouch was required in 4.2% of the patients with ulcerative colitis and in one case with familial polyposis. In 12.4% and 1.3% a severe pouchitis was found in ulcerative colitis and familial polyposis respectively. In general postoperative functional results were satisfactory. Continence was established in over 90% of the patients while the mean stool frequency was 6 per day.

439 ■ Frequency analysis of donor-reactive cytotoxic T lymphocyte precursors in in allograft recipients. Lack of correlation with clinical outcome.
Eberspacher-ML; Otto-G; Herfarth Ch.; Kabelitz-D
Transplantation. 1994 Jun 27; 57(12): 1746-52.
The frequency of donor-reactive and of third party-reactive cytotoxic T lymphocyte precursors (CTLp) was determined by limiting dilution analysis in the peripheral blood of 13 liver allograft recipients before (pre-tpx) and at various intervals (4 to 22 months) after (post-tpx) transplantation. In 6 of 13 patients with stable graft function, no change of donor-reactive CTLp occurred within 9 to 17 months post-tpx, and high levels of donor-reactive CTLp (frequencies ranging from 1/1024 to 1/13,295) were maintained. In contrast, a 4-11-fold reduction of donor-reactive CTLp frequencies was observed in 5 patients within 4 to 22 months post-tpx; in 3 of these patients the measured frequency of donor-specific CTLp dropped to biologically irrelevant levels (1/43,800 to 1/150,000). However, a 5-7-fold increase of the post-tpx frequency of donor-reactive CTLp was observed in two additional patients with stable graft function. Taken together, these results demonstrate that the frequency analysis of donor-reactive CTLp in the peripheral blood does not closely correlate with the clinical outcome. Thus, stable liver allograft function after > 1 year of transplantation can be associated with a specific deletion, unaltered levels, or even an increase in the frequency of circulating donor-reactive CTLp.

440 ■ Adjuvant treatment with intraoperative electron (IORT) and external beam radio-(EBRT) or simultanous radiochemotherapy (EBRCHT) in patients with primary rectal carcinoma - Dtsch Krebskongr Hamburg 7.-11.3.1994 (Abstract)
Eble, M.J., F. Kallinowski, J. Wulf, Ch. Herfarth, M. Wannenmacher
J Cancer Res Clin Oncol (Suppl) 120 (1994) R 64
Althought no valid dose effect analysis exists for radiotherapy in pts. with locally advanced rectal carcinomas, radiation doses for carcinomas in general should be in the range of 60 Gy. Nevertheless the small bowel is dose-limiting in most cases. IORT may improve the therapeutic ratio by direct visualization of the tumor bed, appositional treatment and by excluding the dose-limiting sensitive structures. The present clinical study evaluates the morbidity and feasibility of this combined approach in an adjuvant treatment situation.
Since 7/91 a total of 24 pts. with a completely resected

primary rectal carcinoma could be treated with IORT and preoperative (N=4; cT 4 = 2, cT 3/ Masson III/IV = 2) or postoperative radiotherapy (cT 2 N + = 1; cT 3 = 12, cT 4 = 7). Mean IORT and EBRT dose was 12,1 (10 - 18) and 40,9 Gy. In 19 pts. daily bolus 5-FU (400 mg/m2) / Leucovorine (200 mg/m2) was given in the 1st and 4th week simultaneously. EBRT/EBRChT toxicity was scored according to the WHO / EORTC score. Mean follow up is 9 (3-21) months.
Gastrointestinal toxicity was acceptable. Respective grade I nausea and diarrhoe was observed in 2/14 (14%) and grade II and III diarrhea in 2 and 1/14 pts. with EBRCht. The perioperative morbidity was not increased. Respectively 1 pat. suffered from a perineal wound dehiscence, a presacral abscess and a small epifascial dehiscence after abdominoperineal resection (10%). After ant. resection 4 of 18 pts. suffered from radiologically detectable anastomotic leakage (22%), which required a protective stoma in 1 pt.. No late adverse effects (i.e. neuropathy, stenosis of the ureter) were observed so far. All pts. are alive and 20 pts. are disease-free. 4 pts. suffered from distant metastasis, which was already known at time of IORT in 3 pts.
IORT offers a safe technique for boost irradiation of areas at risk for failure after complete tumor resection in pts. with advanced rectal carcinomas.

441 ■ Radio- or radiochemotherapy in locally advanced or recurrent rectal carcinomas

Eble, M.J., J. Wulf, U. Weischedel, Th. Lehnert, Ch. Herfarth, M. Wannenmacher
Joint Meeting Heidelberg Juni 1994, Eur J Surg Oncol 20 (1994) 352 (Abstract)

After a follow-up of one year, the therapeutic efficacy and complication rates of a multimodality concept were evaluated. Locally advanced primary (N = 34) and recurrent rectal cancers (N = 18) were treated with surgery, pre- or postoperative external beam and intraoperative irradiation. 25 patients were additionally treated with 5-FU and leucovorine.
R0-resections were reached in 36 patients. Rl- and R2-resections were obtained in 8 patients each. Postoperatively, secondary healing of the sacral wound was observed in 14 patients. Anastomotic dehiscence occurred in 5 patients. 28 patients with primary and 9 patients with recurrent rectal cancers are free. In conclusion adjuvant chemotherapy is indicated in all patients with resected extranodal metastases, and neoadjuvant chemotherapy is helpful in patients with fixed inguinal nodes.

442 ■ Intraoperative radiotherapy of locally advanced and recurrent rectal cancer

Eble-MJ; Kallinowski-F; Wannenmacher-MF; Herfarth Ch.
Chirurg. 1994 Jul; 65(7): 585-92.

Intraoperative radiotherapy (IORT) offers a technique to increase radiation dose to the residual tumor or tumor bed while sparing neighboring radiosensitive organs. Beyond the mostly employed dedicated electron beam facilities, the afterloading—'flab' technique was also used. In first prospective studies IORT was performed in patients with not completely resected locally advanced (T4) or recurrent tumors after complete external beam radiotherapy (50.4 Gy) as an additional boost dose, using small field sizes. This locally restricted dose escalation yielded higher local control and an increased prognosis. Nerves and ureters were dose limited. In our series IORT was performed for rectal carcinomas stages II and III. After an external beam radio- or radio-chemotherapy with 41.4 Gy, shrinking field boost irradiation was done intraoperatively with moderate doses and larger IORT field sizes. Compared to a historical control with high-dose external beam radiotherapy alone local control rate was increased. Radiogenic neuropathy or stenosis of the ureter was not observed. The impact on prognosis must awaited. Randomized studies are required to clearly describe the role of IORT in rectal carcinoma.

443 ■ Trypsinogen activation peptides in acute pancreatitis. Experimental data and clinical implications

Foitzik-T; Fernandez-del-Castillo-C; Lewandrowski-KB; Rattner-DW; Herfarth Ch.; Warshaw-AL
Chirurg. 1994 Mar; 65(3): 186-9.

Trypsinogen activation peptides (TAP) can be found in patients with acute pancreatitis (AP) as well as in different models of experimental AP. First experience has suggested that early elevation of TAP indicates development of necrotizing AP and that the amount of TAP correlates with the extent of acinar cell necrosis and mortality. It is however unknown whether TAP similarly assess severity of AP in the later course of the disease. The present study monitores TAP in plasma, urine and ascites during the initial development of pancreatic injury and correlates the amount of TAP and the extent of pancreatic necrosis over 48 h in a rodent model of AP. While there was no elevation of TAP in control animals or animals with edemantous AP, significant amounts of TAP im plasma were found as early as 30 min following induction of severe necrotizing AP. Serum amylase returned to normal values within 24 h, TAP maintained at high levels until the end of the 48 h observation period. During the first 24 h TAP paralleled the development of acinar cell necrosis, but decreased thereafter despite further progression of pancreatic injury. Our results provide further evidence suggesting that TAP initially precede morphological changes in AP. Early in the course of the disease TAP parallel development of pancreatic injury.

444 ■ Endogenous porphyrins for laserlight induced fluorescencediagnostics (LIFD) and photodynamic therapy (PDT)

Gahlen, J., J. Stern, G. Graschew, M. Kaus, Ch. Herfarth
Joint Meeting Heidelberg Juni 1994, Eur J Surg Oncol 20 (1994) 395 (Abstract)

Protoporphyrin (Pp IX) is the final intermediate product before haem and an effective natural photosensitizer (PS). It can be stimulated to a phototoxic reaction with light of a special wavelength (630 nm). 5-aminolevulinic acid (ALA) is the last step before Pp IX and can increase the protoporphirin biosythesis after systemic and topical application. ALA may induce the tumor specific accumulation of photosensitizing concentrations of Pp IX which can be used for laserlight induced fluorescence diagnostics (LIFD) and photodynamic therapy (PDT).
We treated one 65-year old female patient with PDT following topical application of 10% isotonic 5-aminolevulinic acid. 6 hours after local application of ALA under a occlusive dressing PDT was performed. An Ar-Dye Laser was used with a wavelength of 630 nm.
24 hours after PDT a superficial tumornecrosis could be observed. The surounding normal skin was without any macroscopic changes and without any inflammation. The histology confirmed a maximum depth of tumor necrosis of 2 mm. After treatment the tumor size was reduced of about 15%. Tissue repair started by granulation from the normal skin edge. Phototoxiticity and pain during and after PDT in the treatment area does not occur.
PDT afler topical application of ALA seems to be alternative palliative treatment of cutaneous metastases. The advantage of this treatment is the prevention of systemic complications regularly seen after conventional PDT. It can be performed on outpatients.

445 ■ Identification of a novel germline mutation in a FAP family.

Gebert-JF; Hahn-M; Kadmon-M; Herfarth Ch.; Schackert-HK
Hum-Mol-Genet. 1994 Jul; 3(7): 1167-8.

Familial adenomatous polyposis (PAP) is a rare autosomal dominant disease accounting for approximately 1% of all colorectal cancers. Affected patients develop numerous polyps in the colon during the second and third decade of life and, if not renoved, one or more of these precancerous polyps ultimately will become malignant. Recently, the FAP gene (APC) has been cloned and sequenced. Examination of more than 400 FAP patients uncovered at least 100 APC mutations in the germline of these patients (3 - 13). The mutation spectrum includes splice mutations, point mutations, insertions and deletions, the majority of them leading to a stop in the translational reading frame. All except five of the germline mutations truncate the APC protein distal to codon 171, a region shown to be sufficient for APC oligomerization. Recent studies suggest that the location of APC mutations might correlate with a certain phenotype. It is therefore important to analyze more FAP patients for mutations in the APC gene. In this report we describe a novel point mutation at codon 1045 of the APC gene in two individuals of a Greek family which show the FAP phenotype.

446 ■ Endorectal ultrasound as a preposition for local treatment of rectal tumors

Glaser, F., Ch. Kuntz, Ch. Herfarth
Joint Meeting Heidelberg Juni 1994, Eur J Surg Oncol 20 (1994) 258-259 (Abstract)

The decision for local treatment of rectal tumors is highly influenced by the depth of tumor penetration and the absence of perirectal lymph nodes. A reliable means of predicting these two criteria would help in comparison with histology. Eight tumors were overstaged and ten understaged in 81 cases of T2 carcinomas. Negative predicitive value for perirectal fat infiltration was 97.8%. Lymph node involvement was predicted with a sensitivity of 78%, specifity of 83%. The negative predictive value was 80.5%, the positive 76.5%. Among 108 patients with villous adenomas 37 carcinomas were detected by endorectal ultrasound and confirmed histologically in 30 cases. Endorectal ultrasound might extend the use of major sphincter-saving procedures, identify patients suitable for local treatment and define those with a considerable risk of local recurrence where combined surgery and radiotherapy might be considered.

447 ■ Local excision of rectal tumors by transanal endoscopic microsurgery

Glaser, F., S. Post, Th. Lehnert, Ch. Herfarth
Joint Meeting Heidelberg Juni 1994, Eur J Surg Oncol 20 (1994) 259 (Abstract)

Using endorectal ultrasound together with preoperative biopsy, the selection of patients with low risk T1-carcinoma of the rectum suitable for local excision became much safer. For local excision of rectal tumors the endoluminal technique of Transanal Endoscopic Microsurgery (TEM) developed by Buess, Tübingen, FRG, has been used. TEM is the treatment of choice for sessile adenomas and low risk T1-carcinomas of the rectum, especially the middle and upper third of the rectum where conventional surgical methods do not reach the tumor. It has a low morbidity and meets the requirements of minimal invasive surgery.

448 ▪ Characterization of germ-line mutations in patients with familial adenomatous polyposis (FAP) by DNA sequence analysis
Hahn, M., J. Gebert, M. Kadmon, Ch. Herfarth, H.K. Schackert
Joint Meeting Heidelberg Juni 1994, Eur J Surg Oncol 20 (1994) 330 (Abstract)
FAP is an autosomal-dominant inherited disease with an incidence of 1: 5000 - 1:10000. The disease is characterized by mutations in the APC gene which is located on chromosome 5 (5q21 - q22). The gene contains at least 15 exons with a coding region of 8532 bp. We analyzed patient-DNA for germ-line mutations in the APC gene. This analysis allows presymptomatic diagnosis of affected families and at risk patients.
DNA of 47 FAP-patients was amplified by PCR from peripheral blood lymphocytes: For direct DNA sequencing of the PCR products, single stranded template DNA was prepared using magnetic beads. Fluorescein-dATP was used as a non-radioactive label in a sanger dideoxy sequencing reaction. The reaction products were analyzed on an automatic-laser-fluorescence sequencer (A.L.F.).
We sequenced 47 unrelated FAP patients in a small region of the APC gene (280 bp of exon 15) and found 4 different mutations in 7 families. Two mutations were 5 bp deletions (Codon 1055: CATAATAGA; Codon 1061: AAACAAAGT), which caused a shift in the reading frame, two other mutations were point mutations (Codon 1041: CAA to TAA; Codon 1045: CAG to TAG) which resulted in stop codons. All mutations resulted in premature truncation of the APC protein.
This direct sequence analysis allows presymptomatic diagnosis of the discase in independent individuals. Genotype/phenotype correlations in APC and other genes involved in the development of colorectal carcinomas may be helpful in predicting phenotype and onset of the disease.

449 ▪ Minimal surgical interventions in intestinal diseases
Herfarth Ch.
Schweiz-Rundsch-Med-Prax. 1994 Nov 1; 83(44): 1229.
Zwei Gruppen minimal-chirurgischer Eingriffe bei Darmerkrankungen sind zu unterscheiden:
1. minimale Eingriffe über einen konventionellen operativen Zugang
2. typische ausgedehnte Operationen über einen minimalen Zugang
Während bei der ersten Gruppe versucht wird, durch ein anderes Krankheitsverständnis - und damit geänderte Technik und Strategie - einen neuen chirurgischen Weg zu beschreiten, ist bei der zweiten Gruppe die operative Taktik und Ausdehnung der Operation im Vergleich zum konventionellen Vorgehen unverändert, und nur der Zugang und das Instrumentarium sind neu.
Unter die minimal-chirurgischen Eingriffe der ersten Gruppe sind die minimale Chirurgie bei Morbus Crohn (nach LEE) bzw. die Strikturoplastik und die Tänotomie der Divertikulitis zu rechnen. Die minimale Chirurgie bei Morbus Crohn hat sich durchgesetzt. Sie hat ihre klare Indikation bei «Skip»-Läsionen und kurzstreckigen Stenosen.

450 ▪ Surgical standards in primary colon cancer
Herfarth Ch.; Runkel-N
Chirurg. 1994 Jun; 65(6): 514-23.
The surgical standards in the treatment of primary cancer of the colon include the radical resection of the tumor-bearing colon with truncal ligation of its vessels. Eradication of the tumor with complete dissection of the lymphatic drainage area increases the chance for cure (R0). The lymphatic dissection determines the extent of colonic resection: right hemicolectomy (ileo-transversostomy) with truncal ligation of the iliocolic and right colonic arteries for carcinomas of the cecum and ascending colon; transverse colectomy (ascendo-descendostomy) with ligation of the middle colic artery for carcinomas in the middle of the transverse colon; left hemicolectomy (transverso-rectostomy) with ligation of the inferior mesenteric artery at the aorta for cancer of the descending and sigmoid colon; extended sigmoid resection (descendo-rectostomy) with central lymphadenectomy and ligation of the inferior mesenteric artery distal to the left colic artery for cancer of the distal sigmoid colon. Carcinomas located in between two drainage areas (lateral transverse colon, hepatic or splenic flexure) are treated by extended hemicolectomies or subtotal colectomies with dissection of two lymphatic drainage areas. The monobloc no-touch isolation technique requires the ligation of vessels prior to the mobilisation of the colon. Exceptions from these standard operations (limited resections) are necessary for metastatic disease or in the acute emergency situation of perforation or obstruction. Application of these surgical principles will ensure the best possible treatment results in primary colonic cancer.

451 ▪ Möglichkeiten und Grenzen der Medizin
Herfarth, Ch., H. J. Buhr (Hrsg.)
Springer Berlin-Heidelberg 1994

452 ▪ Präventive Chirurgie des Gastrointestinaltraktes - neue Aspekte durch molekulare - Diagnostik am Beispiel des kolorektalen Karzinoms

Herfarth, Ch., H.K. Schackert
Münch med Wschr 136 (1994) 192-195
Die chirurgische Therapie kolorektaler Karzinome hat durch zunehmende Standardisierung und Radikalität ein Optimum an Leistungsfähigkeit erreicht. Gezielte Maßnahmen zur Früherkennung und/oder Prävention von Tumoren in Kombination mit konventioneller chirurgischer Therapie könnten jedoch eine weitere Verminderung der Sterblichkeit am kolorektalen Karzinom nach sich ziehen. Die molekulargenetische Forschung legt in zunehmendem Maße die molekularen Grundlagen der Karzinogenese frei. Ein Modell für die zukünftige Kombination von präsymptomatischer molekularer Diagnostik und präventiver Therapie maligner Tumoren ist die familiäre adenomatöse Polyposis (FAP). Ein weiteres Gen für eine familiäre Form des kolorektalen Karzinoms, das Hereditary Nonpolyposis Colorectal Cancer Syndrome (HNPCC), wurde kürzlich identifiziert und steht für die molekulare Diagnostik zur Verfügung. Damit könnten mindestens 15% aller Patienten mit kolorektalem Karzinom präsymptomatisch identifiziert und präventiv therapiert werden.

453 ▪ Chirurgische Standards beim primären Coloncarcinom
Herfarth, Ch., N. Runkel
Chirurg 65 (1994) 514-523
Der chirurgische Standard beim primären Coloncarcinom ist die radikale Resektion des tumortragenden Colons mit zentraler (radiculärer) Gefäßligatur. Die Geschwulsteradikation unter Mitnahme des Lymphabflußgebietes bis zum Stammgefäß erhöht die Chance auf Kuration (R0). Die Lymphadenektomie bestimmt das Ausmaß der Darmresektion: die Hemicolektomie rechts (Ileotransversostomie) mit zentraler Unterbindung der A. ileocolica und der A. colica dextra für Carcinome des Coecum und Colon ascendens, die Transversumresektion (Ascendo-Descendostomie) mit zentralem Absetzen der A. colica media für Carcinome in der Mitte des Colon transversum; die Hemicolektomie links (Transversorectostomie) mit aortennaher Ligatur der A. mesenterica inferior für Carcinome des Colon descendens und Sigmas; die erweiterete Rectum-/Sigmaresektion (Descendo-Rectostomie) mit zentraler Lymphadenektomie und Durchtrennung der A. mesenterica inferior distal des Abgangs der A. colica sinistra für das distale Sigmacarcinom. Beim Tumorsitz im Grenzbereich zweier Lymphabflußgebiete (laterales Colon transversum, Colonflexuren) erfolgt die radikale Lymphadenektomie als erweiterte Hemicolectomie oder subtotale Colektomie. Operationstaktisch wird im Rahmen der Monoblock-"No-touch-isolation"-Methode von zentral (Gefäß) nach peripher (Darm) präpariert. Vom Standard abgegangen werden kann durch die limitierte Resektion beim metastasierten Carcinom und in der Notfallsituation des Ileus oder der Perforation. Die Beachtung dieser chirurgischen Grundregeln verspricht derzeit die besten Langzeitergebnisse.

454 ▪ Colorectal carcinoma in ulcerative colitis - a specific entity
Heuschen, U.A., A. von Herbay, H.J. Buhr, Ch. Herfarth
Joint Meeting Heidelberg Juni 1994, Eur J Surg Oncol 20 (1994) 329(Abstract)
363 patients (median age 37.5 years) with ulcerative colitis (UC) had been operated at our hospital from January 1982 until December 1993. 31 patients (8.5%) had a colorectal carcinoma (median age 41.3 years). Patients with ulcerative colitis associated colorectal carcinoma (UCACA) had an interval of disease which was 7.3 years longer than in patients without. The disease started 5.6 years earlier than in patients without UCACA. Not only epithelial dysplasia (ED) but also primary sclerosing cholangitis (PSC) are highly significant risk factors. 26 of 31 patients with UCACA (83.3%) underwent surgical resection (resection with primary lymphadenectomia was performed in 17 (64.8%), secondary aymphadenectomia in patients 3 (11.5%), none in 6 patients (23.1%). In 7 patients (22.5%) UCACA was found incidentally during surgery. UCACA represents a specific entity: UCACA appears 20 to 30 years earlier than „normal" colorectal carcinoma. Risk factors are ED, PSC, long duration of disease and also ulcerative pancolitis.
Complete colonoscopy with staging biopsies are mandatory before surgery. No partial colectomia in UCACA should be performed for the high risk of multiple carcinoma. Colectomia for prophylaxis is mandatory for UC with ED and should be considered in patients with UC associated PSC.

455 ▪ Ulcerative colitis with associated colorectal carcinoma - indication for preventive surgical proceedings. Dtsch Krebskongr Hamburg 7.-11.3.1994 (Abstract)
Heuschen, U.H., J. Stern, A. von Herbay, H. Buhr, Ch. Herfarth
J Cancer Res Clin Oncol (Suppl) 120 (1994) R 44
Colorectal carcinoma in ulcerative colitis (UC) correlates closely to duration, extension of disease, and the presence of epithelial dysplasia (ED). In the presence of severe ED in patients with UC prophylacvtic proctocolectomy is indicated. Between 1/82 - 8/93 293 patients (mean 36.5 yrs.) with UC underwent surgical treatment:
212 ileoanal pouch anastomoses, 27 ileorectal

anastomoses, 36 ileostomias, 18 partial colectomias. In 19/293 patients (6.4%) (mean 45.4 yrs) there was a colorectal carcinoma. Retrospectively we investigated major characteristics leading to operative treatment in these patients. In 5/19 patients, preoperatively no malignancy was known. 10/19 developed a colorectal carcinoma despite any ED recording to the preoperative endoscopic and histological investigations. The carcinoma was diagnosed after a mean interval of 12.5 yrs after the initial diagnosis of the underlying disease. There was no correlation of clinical severeness and of UC to the development of carcinoma. All carcinomas were located in affected mucosa. In 7/10 cases multiple carcinoma (2-6) occur. In contrast to common colorectal cancer colorectal malignancy in UC occurs 10 yrs earlier. UC patients frequently developed multiple carcinoma. Preventive proctocolectomy should be recommend in patients with a long history and excessive extension of UC, also when ED could not be shown. Resection is always required when ED is proven. The continence preserving ileoanal pouch procedure is an attractive surgical method even in younger patients to prevent colorectal carcinoma in UC.

456 ▪ Pre- and postoperative carcinoembryonic antigen determinations in hepatic resection for colorectal metastases. Predictive value and implications for adjuvant treatment based on multivariate analysis.

Hohenberger-P; Schlag-PM; Gerneth-T; Herfarth Ch.
Ann-Surg. 1994 Feb; 219(2): 135-43.

ABSTRACT OBJECTIVE: The object of this study was to evaluate the prognostic significance of pre- and postoperative serum carcinoembryonic antigen (CEA) levels in the resectional treatment of colorectal hepatic metastases. The main question was whether postoperative CEA levels correlated with survival and the time to recurrence. SUMMARY BACKGROUND DATA: Despite numerous investigations on prognostic factors in colorectal cancer, only sparse data are available to estimate the patient's individual risk for tumor recurrence postoperatively. It is controversial whether preoperative CEA values are of prognostic significance, and after observing the kinetics of CEA decline, elevated CEA levels postoperatively were found to be an ominous sign. CEA therefore could indicate the presence of a tumor burden after resection. METHODS: One hundred sixty-six patients undergoing hepatic resection for colorectal metastases with curative intent were prospectively documented and underwent multivariate analysis for indicators of prognosis. RESULTS: Abnormal preoperative CEA levels were not of prognostic significance compared with values within the normal range (survival, 36 vs. 30 months; $p = 0.12$; disease-free survival, 12 vs. 10 months; $p = 0.82$). The postoperative serum CEA level, however, was the most predictive factor with regard to survival and the disease-free interval. Patients in whom CEA levels were abnormal before surgery and returned into the normal range after resection had significantly better survival times (37 vs. 23 months, $p = 0.0001$) and disease-free survival times (12 vs. 6.2 months, $p = 0.0001$) compared with patients with persistently abnormal values. CONCLUSIONS: Pre- and postoperative determination of the serum CEA level is mandatory to judge whether a curative resection has been performed and whether tumor has been left behind after the operation. Postoperative CEA levels also should be used as a stratification criterion in adjuvant treatment studies after hepatic resection to indicate patients with a high risk of tumor recurrence.

457 ▪ Intraoperative tumor classification in papillary thyroid cancer - a diagnosis dilemma ?

Hölting, Th., H.J. Buhr, Ch. Hefarth
Joint Meeting Heidelberg Juni 1994, Eur J Surg Oncol 20 (1994) 285 (Abstract)

Surgical management of papillary thyroid cancer (PTC) is controversial because of a wide spectrum of clinical behaviour, the lack of reliable prognostic factors and an objective assessment of various treatment modalities. We studied the accuracy of intraoperative tumor classification in PTC and its effect on surgical decision making. In a retrospective study, we analyzed 69 completion thyroidectomies and the value of an intraoperative tumor classification for definite decision making in PTC. In a 34-year period, we performed 182 thyroidectomies for PTC, 69 of which were completion thyroidectomies for

1) inaccurate assessment of the size of solitary tumors ($n = 28$)
2) unilateral ($n = 23$) and
3) bilateral multicentricity ($n = 18$). Residual cancers ($n = 15$) were correlated with the extent of the first operation. After lobectomy, 54% of patients had residual tumors, compared to only 3% after lobectomy, isthmusectomy and contralateral subtotal lobectomy. In conclusion, we favor lobectomy, isthmusectomy and contralateral subtotal lobectomy in PTC smaller than 1.5 cm in diameter and a total thyroidectomy in all other cases.

458 ▪ Growth and invasion in differentiated thyroid carcinoma. Function of different growth factors

Hölting-T; Duh-OY; Clark-OH; Herfarth Ch.
Chirurg. 1994 Dec; 65(12): 1100-6.

Aggressiveness of follicular (FTC) and papillary thyroid cancer (PTC) varies widely. Tumorigenesis is associated with an imbalance of growth-promoting and growth-constraining factors. We investigated the effects of thyrotropin (TSH), epidermal growth factor (EGF) and transforming growth factor beta 1 (TGF-beta 1) on invasion and growth of 3 FTC- and 2 PTC-cell lines. Invasion (penetration through an 8 microns pore membrane, covered by Matrigel) and growth were measured using the MTT-method. EGF (10 ng/ml) and TSH in low concentrations (1 mU/ml) stimulated invasion and growth of FTC and PTC, whereas TGF-beta 1 (10 ng/ml) and TSH in high concentrations (100 mU/ml) were inhibiting. The parental cell line FTC133 was considerably more responsive to all growth factors than the metastatic clones. Invasion of FTC133 was enhanced by 42% (EGF) and 21% (TSH), invasion of FTC236 by 8% (EGF and TSH). Conversely, invasion of FTC133 was inhibited by 32% (TGF-beta 1) and 21% (TSH), invasion of FTC236 by 18% (TGF-beta 1) and 11% (TSH). TSH, EGF and TGF-beta 1 have an important impact on differentiated thyroid cancer cells and metastases may have developed by escaping from the normal control of growth factors.

459 ▪ The Heidelberger Polyposis Register: Extracolonic manifestation in FAP - Dtsch Krebskongr Hamburg 7.-11.3.1994 (Abstract)

Kadmon, M., Ch. Herfarth

J Cancer Res Clin Oncol (Suppl) 120 (1994) R 50

Introduction: In familial polyposis not only the colorectum is affected, but there are several extracolonic manifestations. The Heidelberger Polyposis Register (HPR) enable prospective registration of affected patients at an early stage giving tbe possibility of early preventive restauritive colectomy. Therefore we expect longer interval of survival of the patients with FAP. Extracolonic manifestations will gain more importance in the future concerning the outcomeof the patients. Duodenal carcinomas are the most severe complication after colectomy besides desmoids. Strict postoperative clinical control is necessary.

M. and M.: Based on tbe HPR regular gastro-duodenoscopy was carried out in 123 patients as part of the preventive and postoperative medical check-up program. Duodenal adenomas were found in 48 of 123 patients, 20 of them located at the Papilla Vateri. The average age at the time of diagnosis was 35 y (8-57). In routine biopsy mild or moderate dysplasia occur in 52%, severe dysplasia in 3 cases and a carcinoma of the Papilla Vateri was found in 1 case. Consequently strict endoscopic examination is performed in the patients. 10 of 48 patients with duodenal adenomas were treated surgically (2 polypektomias, 2 excisions of the Papilla Vateri, 4 Whipple's procedures).

Conclusion: The high incidence of diagnosed duodenal adenomas with proven adenoma-carcinoma-sequence and the increasing interval of survival after colectomy will lead to a shift of malignancy occurence from the lower to the upper GI-tract. A lack of sufficient data concerning the frequency of malignancy of duodenal adenomas is tbe reason for missing guidelines in their treatment. Consequent clinical examination in an increasing number of patients basing on the HPR will lead to therapeutic guideline in this problem. Severe duodenal affection, stenosis of the Papilla Vateri caused by adenomas, the presence of severe epithelial dysplasia and malignancy demand a surgical treatment, despite the risk of desmoid development in FAP.

460 ▪ Adjuvant therapy of recurrent rectal carcinomas with intraoperative radiotherapy - Dtsch Krebskongr Hamburg 7.-11.3.1994 (Abstract)

Kallinowski, F., M. Eble, H. Buhr, M. Wannenmacher, Ch. Herfarth

J Cancer Res Clin Oncol (Suppl) 120 (1994) R 64

Intraoperative radiotherapy (IORT) was combined with pre- and postoperative radiation and chemotherapy for the treatment of recurrent rectal cancer in order to maximize the radiation dose delivered to the tumor bed at tolerable side effects.

Between August 1991 and April 1993, 15 patients were treated (10 female, 5 male, age: 60 + 10 years). The patients presented with recurrent rectal cancer (2 cT3, 13 cT4) in the lower (5 pts), middle (8 pts) and upper (2 pts) presacral space. 11 patients received preoperative and 4 patients postoperative external beam radiation treatment (41 :t I Gy, SD: 1.8 - 2 Gy). In 9 patients, concomitant chemotherapy was administered simultaneously (6 preoperative, 3 postoperative, 2 - 6 cycles) using bolus iv 5-FU (400 mg/qm) and Leucovorine (200 mg/qm). Tumor resection was performed in 5 and rectal exstirpation in 10 patients 4 weeks after pretreatment.

Results: Significant downstaging was observed in 4 patients after preoperative radiation (1 pt) and radiochemotherapy (3 pts). Complete resection was obtained in 7 patients with minimal and gross residual disease in 2 and 6 patients. Closure of the sacral wound was delayed in 6 patients. After a mean follow up of 11 months, 10 patients are locally tumorfree (6 R0-resecred). 4 patients developed a tumor recurrence (2 infield). 5 patients exhibited distant metastases 2 of which were already known at the fime of primary treatment. I patient died of the disease. IORT as part of a mulitmodality therapy can be safely delivered to boost radiation doses in recurrent rectal cancer.

461 ▪ Intraoperative radiotherapy for primary and recurrent rectal cancer

Kallinowski, F., M. Eble, H.J. Buhr, M. Wannenmacher, Ch. Herfarth

Joint Meeting Heidelberg Juni 1994, Eur J Surg Oncol 20 (1994) 356-357 (Abstract)

After a follow-up of one year, the therapeutic efficacy and complication rates of a multimodality concept were evaluated. Locally advanced primary (N = 34) and recurrent rectal cancers (N = 18) were treated with surgery, pre- or postoperative external beam and intraoperative irradiation. 25 patients were additionally treated with 5-FU and leucovorine.

R0-resections were reached in 36 patients. Rl- and R2-resections were obtained in 8 patients each. Postoperatively, secondary healing of the sacral wound was observed in 14 patients. Anastomotic dehiscence occurred in 5 patients. 28 patients with primary and 9 patients with recurrent rectal cancers are free. In conclusion adjuvant chemotherapy is indicated in all patients with resected extranodal metastases, and neoadjuvant chemotherapy is helpful in patients with fixed inguinal nodes.

462 ▪ Intraoperative Strahlentherapie fortgeschrittener Rektumkarzinome: prospektive Beobachtungsstudie. Stellungnahme zur Komplikationsrate

Kallinowski, F., M. Eble, H.J. Buhr, M. Wannenmacher, Ch. Herfarth

Langenbecks Arch Chir Suppl (Kongreßbericht) 1994, 330-331

Lokal fortgeschrittene und rezidivierte Rektumkarzinome wurden mit chirurgischer Resektion, Vor- oder Nachbestrahlung, intraoperativer Stahlentherapie (IORT) und Chemotherapie behandelt. Die IORT erlaubt eine lokale Boost-Therapie bei vertretbaren Komplikationsraten. Bei einer Nachbeobachtungszeit von 12-18 Monaten wird die Lokalrezidivrate gesenkt.

463 ▪ Impact of Microcirculatory Flow Pattern Changes on the Development of Acute Edematous and Necrotizing Pancreatitis in Rabbit Pancreas

Klar, E., W. Schratt, T. Foitzik, H. Buhr, Ch. Herfarth, K. Messmer

Digestive Diseases Sciences 39 (1994) 2639-2644

Impairment of pancreatic microcirculation has often been advocated as one pathogenic mechanism in necrotizing pancreatitis. In contrast, data on pancreatic capillary perfusion in edematous pancreatitis are scarce. It was the aim of this experimental study to compare changes in pancreatic microcirculation in edematous and necrotizing pancreatitis. Twelve rabbits were allocated to two groups. Two different models of acute pancreatitis were used. Edematous pancreatitis was elicited by intravenous administration of cerulein (25 µg/kg/hr) (N = 6). Necrotizing pancreatitis of the biliary type was induced by pressure-controlled intraductal infusion of a mixture of taurocholate, trypsin, and blood (N = 6). Pancreatic microcirculation was quantified by means of intravital microscopy assessing functional capillary density, blood cell velocity, and distribution of the plasma marker FITC-dextran 70. Systemic hemodynamics were maintained at baseline values by fluid administration. Regardless of edema or necrosis, pronounced extravasation of FITC-Dextran was recorded in the early stage of pancreatitis. In cerulein-induced pancreatitis, hyperemia developed as indicated by an increase in blood cell velocity in the presence of homogeneous capillary perfusion. In contrast, a progressive reduction of the number of perfused capillaries was detected in necrotizing pancreatitis. In conclusion, pancreatic microvascular perfusion may be regarded as an important pathogenetic factor for the determination of acute pancreatitis.

464 ▪ Impact of microcirculatory flow pattern changes on the development of acute edematous and necrotizing pancreatitis in rabbit pancreas.

Klar-E; Schratt-W; Foitzik-T; Buhr-H; Herfarth Ch.; Messmer-K

Dig-Dis-Sci. 1994 Dec; 39(12): 2639-44.

Impairment of pancreatic microcirculation has often been advocated as one pathogenic mechanism in necrotizing pancreatitis. In contrast, data on pancreatic capillary perfusion in edematous pancreatitis are scarce. It was the aim of this experimental study to compare changes in pancreatic microcirculation in edematous and necrotizing pancreatitis. Twelve rabbits were allocated to two groups. Two different models of acute pancreatitis were used. Edematous pancreatitis was elicited by intravenous administration of cerulein (25 micrograms/kg/hr) (N = 6). Necrotizing pancreatitis of the biliary type was induced by pressure-controlled intraductal infusion of a mixture of taurocholate, trypsin, and blood (N = 6). Pancreatic microcirculation was quantified by means of intravital microscopy assessing functional capillary density, blood cell velocity, and distribution of the plasma marker FITC-dextran 70. Systemic hemodynamics were maintained at baseline values by fluid administration. Regardless of edema or necrosis, pronounced extravasation of FITC-dextran was recorded in the early stage of pancreatitis. In cerulein-induced pancreatitis, hyperemia developed as indicated by an increase in blood cell velocity in the presence of homogeneous capillary perfusion. In contrast, a progressive reduction of the number of perfused capillaries was detected in necrotizing pancreatitis. In conclusion, pancreatic microvascular perfusion may be regarded as an important pathogenetic factor for the determination of acute pancreatitis.

465 ▪ Anal sphincter function after coloanal and colopouchanal anastomosis

Krösen, A.J., J. Stern, J. Gahlen, Ch. Herfarth
Joint Meeting Heidelberg Juni 1994, Eur J Surg Oncol 20 (1994) 263 (Abstract)

The aim of this study is to show the influence of coloanal (CAA) and colopouchanal anastomosis (CPA) on anal sphincter function and continence. There is a significantly raised stool frequency after CAA compared to CPA. This is related to a twofold greater reservoir capacity in CPA-patients. The postoperative decreased resting pressures regain after 1 year preoperative values.

466 ▪ Endo-anal ultrasound. Indications and results

Kuntz-C; Glaser-F; Buhr-HJ; Herfarth Ch.
Chirurg. 1994 Apr; 65(4): 352-7.

Between July 1991 and November 1993 106 patients have been examined by endoanal ultrasound with a 7.0 MHz transducer and a special hard plastic cone which is attached over the transducer. Indications for endoanal ultrasound have been anal carcinoma, perirectal or perianal fistulas, perianal abscesses and sphincter insufficiencies. All anal carcinomas and 2 anal cancer recurrences could be visualized with regard to their size and extension as well as the lymphnode infiltration. 28 of 35 fistulas have been seen by endoanal ultrasound. Endosonographical differentiation in inter- (10), trans- (12) extra- (1) or suprasphincteric (5) was possible in all detected fistulas and confirmed by operation in 27 of 28 cases. 34 cryptogen abscesses could be detected (15 intersphincteric, 12 ischiorectal, 7 pelvirectal) and confirmed by the operative situs with regard to their size and localisation. In 9 patients with a myogen sphincter insufficiency the morphological defect of the sphincter muscle could be localized by endoanal ultrasound and confirmed by the operative situs in all cases.

467 ▪ Hepatic resection for recurrent liver metastases from colorectal cancer

Lamadé, W., P. Hohenberger, U. Hinz, Th. Lehnert, P. Schlag, Ch. Herfarth
Joint Meeting Heidelberg Juni 1994, Eur J Surg Oncol 20 (1994) 317 (Abstract)

Between 1981 and 1992 a total of 879 patients with liver metastases from colorectal cancer were treated at our institution. Liver resection was performed in 227 patients and was deemed potentially curative in 182 patients (62 hemihepatectomies, 31 segmentectomies, 31 bi- and trisegmentectomies, 42 wedge resections and 10 combined resections). 138 of 182 patients developed recurrent metastases and these were isolated to the liver in 123 patients. In 23 of 123 patients a second hepatic resection was performed with curative intention.
Overall perioperative mortality was 2.8 percent (5/182). No patient with second hepatic resection died perioperatively. 5-year overall and recurrence-free survival after the first hepatic resection (n = 182) was 23.5 percent and 14.6 percent, respectively. Median interval between two hepatic resections was 13 months. Median survival after second resection was 24 months. This is comparable to survival of patients with only one hepatic resection (32 months). Median survival after operation of the primary tumor was 41 months for patients with one hepatic resection and 69 months with second resection.
Second hepatic resection for colorectal metastases can be performed at low perioperative risk. Survival after second hepatic resection is comparable to survival after the first resection. With an overall median survival of 69 months after removal of the primary tumor a selected group of patients appears to benefit from repeated hepatic resection of colorectal metastases.

468 ▪ Liver transplantation for hepatocellular carcinoma

Langer, R., N. Senninger, S. Post, E. Klar, N. Runkel, G. Otto, Ch. Herfarth
Joint Meeting Heidelberg Juni 1994, Eur J Surg Oncol 20 (1994) 320-321 (Abstract)

Liver transplantation for irresectable malignant liver tumors has been carried out for the last 30 years. The initial hope, however, for a real cure has only come true in a minority of cases. In the following contribution the data of the Heidelberg liver transplant program will be presented. Special reference will be paid to the questions of indication and prognostic relevant patient criteria.

469 ▪ Chirurgische Therapie gastrointestinaler Sarkome

Lehnert, Th., H.P. Sinn, F. Willeke, Ch. Herfarth
in: Acta Chirurgica Austriaca, Suppl 108 (1994) 27 (Abstract)

470 ▪ Cloning and expression of cytosine deaminase. Approach for an in-situ chemotherapy of colorectal cancer

Lindauer, M., S. Rowley, J. Gebert, A. Mehrabi, Ch. Herfarth, H.K. Schackert
Joint Meeting Heidelberg Juni 1994, Eur J Surg Oncol 20 (1994) 331 (Abstract)
Bacteria and fungi express the enzyme cytosine deaminase (CD) which catalyzes the conversion of 5-fluorocytosine (5-FC) into 5-fluorouracil (5-FU). The toxic product 5-FU interferes with RNA and DNA synthesis of living cells, leading to their killing. Since mammalian cells lack the enzyme cytosine deaminase, this system provides an opportunity for in situ chemotherapy of cancer.
The transfer of cytosine deaminase to human tumor cell lines confers lethal sensitivity to 5-FC. The observed bystander effect makes the system a promising approach for an in situ chemotherapy of cancer.
The aim of this study was to evaluate the effect of radiation dose, radiation technique and simultaneous chemotherapy on prognosis and adverse side effects in patients with a locally advanced rectal carcinoma. Between 4/84-7/93 a total of 185 patients with a primary (n = 114) or recurrent rectal carcinoma (n = 71) were treated pre- or postoperatively with a mean external beam radiotherapy (EBRT) dose of 40.2 Gy combined with an EBRT (n = 137) or intraoperative radiotherapy (IORT) (n = 48) boost dose of resp. 18.3 Gy and 12.1 Gy. Simultaneous chemotherapy with 5-FU and Leucovorine was given in 42% of these patients. After a med. follow up of 22.3 (EBRT) and 14 months (EBRT+IORT) 118 patients were alive. After external beam radiotherapy 5-year overall survival (OS) in pats. with primary and recurrent disease was 49% (n = 85) and 37% (n = 12). 2-year-OS in patients with recurrent disease was improved (83% vs. 46%) after IORT boost irradiation (n = 19). Downstaging was significantly improved after preop. radiochemotherapy with bolus 5-FU and leucovorine, with a pathohistologically confirmed complete remission in 4/11 patients. Overall toxicity was acceptable (WHO grade 1/11). Intestinal side effects were further reduced with the use of the belly board in EBRT and with the combined EBRT/IORT approach.
New radiation techniques for sparing small bowel were able to improve the therapeutic ratio in patients with rectal carcinoma. The impact of increased radiation dose on improved prognosis was seen. Further data from the moderate dose escalation study with IORT must be awaited.

471 ▪ Preneoplastic lesions in diseased livers removed during liver transplantation - Dtsch Krebskongr Hamburg 7.-11.3.1994 (Abstract)
Otto, G., U. Jahr, R. Lange, U.H. Heuschen, Ch. Herfarth, P. Banasch
J Cancer Res Clin Oncol (Suppl) 120 (1994) R 74
Local recurrence contributes to the unsatisfactory outcome after liver resection for hepatocellular carcinoma (HCC). It may be caused either by intrahepatic tumor dissemination or multilocal carcinogenesis. In order to elucidate that issue we investigated festly excised diseased organs for preneoplastic lesions from patients with liver transplantation. Preneoplastic foci are aberrations from normal cellular phenotype which precede malignant lesions in rodents treated with cancerogenic agents.
Multiple specimens from each of 72 human livers were embedded for routine histology and frozen for histochemistry. The following preneoplastic alterations were evaluated: Cellular glycogen content, enzymatic activity of glycogen phosphorylase and adenylate cyclase.
Preneoplastic foci with excessive glycogen storage and enzyme alterations were found in 9/14 livers with chronic active viral hepatitis 6/8 livers with alcoholic cirrhosis and 8/10 livers with HCC.
The high rate of multiple preneoplastic lesions in cirrhotic livers suggests a multilocal genesis of HCC. With regard to our results the benefit from resection for HCC is questionable.

472 ▪ Liver transplantation after surgical shunt or transjugular intrahepatic portasystemic shunt
Otto-G; Datsis-K; Richter-G; Senninger-N; Theilmann-L; Herfarth Ch.
Radiologe. 1994 Apr; 34(4): 187-90.
The goal of this study was to assess the influence of prior treatment of bleeding esophageal varices on liver transplantation. After sclerotherapy the results of liver transplantation were identical to those achieved in patients without previous variceal hemorrhage (74% 1-year survival). The results of liver transplantation to patients who already had surgical shunts were dismal. Four of nine patients with portocaval or Warren shunts were long-term survivors. In comparison, the intraoperative course in five patients with transjugular intrahepatic portosystemic stent shunts (TIPSS) was uneventful and four of these were long-term survivors. This has led us to adopt TIPSS as the treatment modality of choice for patients with bleeding varices awaiting liver transplantation.

473 ▪ Effect of diagnostic imaging techniques on choice of therapy and prognosis of traumatic pancreas and duodenal injuries
Riedl-S; Buhr-HJ; Herfarth Ch.
Langenbecks-Arch-Chir. 1994; 379(1): 38-43.
27 patients with pancreatic and 8 with duodenal injuries were studied, 66% of whom had associated abdominal

injuries. Peritoneal lavage was performed in 10 cases, and ultrasonography in 15. Laparotomy was considered to be indicated on the basis of the results in 9 cases of peritoneal lavage and in 12 cases of ultrasound examination, but in only 1 case and 2 cases, respectively, did the findings constitute the only reason for performing a laparotomy. Pancreatic and duodenal injuries were directly confirmed by ultrasonography and computer tomography only in a minority of cases. The morbidity of pancreatic and duodenal injuries was 66% and 25%, respectively, and lethality, 19% and 25%. Despite modern imaging techniques, clinical examination is of paramount importance for the decision as to whether operative therapy is indicated; delay leads to increased morbidity and lethality.

474 ▪ Familial polyposis (FAP): precancerosis of the upper GI-tract
Timmermanns, G., M. Kadmon, H.J. Buhr, Ch. Herfarth
Joint Meeting Heidelberg Juni 1994, Eur J Surg Oncol 20 (1994) 328 (Abstract)
In familial polyposis not only the colorectum is affected, but there are several extracolonic manifestations. The Heidelberger Polyposis Register (HPR) enables prospective registration of affected patients at an early stage giving the possibility of early preventive restorative colectomy. Therefore we exspect longer interval of survival in patients with FAP. Extracolonic manifestations will gain more importance in the future concerning the outcome of the patients. Duodenal carcinomas are the most severe complications after colectomy besides desmoids. Strict postoperative clinical control is necessary.
Based on the HPR between 1/91 and 8/93 regular gastroduodenoscopy was carried out in 123 patients as part of the preventive and postoperative medical check-up program. Duodenal adenomas were found in 48 of 123 patients, 20 of them located at the Papilla Vateri. The average age at the time of diagnosis was 35y (8-57y). In routine biopsy mild or moderate dysplasia occur in 52%, severe dysplasia in 3 cases and a carcinoma of the Papilla Vateri was found in 1 case. Consequently strict endoscopy examination is performed in the patients. 10 of 48 patients with duodenal adenomas were treated surgically (2 polypectomias, 4 excisions of the Papilla Vateri, 4 Whipple's procedures).
The high incidence of diagnosed duodenal adenomas with proven adenoma-carcinoma-sequence and the increasing interval of survival after colectomy will lead to a shift of malignancy occurrence from the lower to the upper GI-Tract. A lack of sufficient data concerning the frequency of malignancy of duodenal adenomas is the reason for missing guidelines in their treatment. Consequent clinical examination in an increasing number of patients basing on the HPR will lead to therapeutic guideline in this problem. Severe duodenal affection, stenosis of the Papilla Vateri caused by adenomas, the presence of severe epithelial dysplasia and malignancy demand a surgical treatment, despite the risk of desmoid development in FAP.

475 ▪ Which laparoscopic interventions are currently reliable for various indications?
Trede-M; Farthmann-EH; Salm-R; Troidl-H; Feussner-H; Schumpelick-V; Schippers-E; Herfarth Ch.
Langenbecks-Arch-Chir. 1994; 379(5): 310-6.

476 ▪ Cancer and dysplasia in ulcerative colitis: a histologic study of 301 surgical specimen.
von-Herbay-A; Herfarth Ch.; Otto-HF
Z-Gastroenterol. 1994 Jul; 32(7): 382-8.
Patients with ulcerative colitis (UC) have an increased risk to develop colorectal cancer, and epithelial dysplasia is its common precursor lesion. Herein, we present the first study on the relationship of dysplasia and cancer in UC which is based on a systematic histologic screening policy applied to a series of surgical specimen obtained from 301 patients. Cancer was found in 20 patients (prevalence: 7%), and dysplasia without cancer was found in additional 12 patients (prevalence: 4%). All 32 UC patients with cancer or dysplasia without cancer featured at least one high-risk factor for cancer in UC. The median age of UC-cancer patients was 45 years, while the median age of UC-dysplasia patients was 38 years. In all UC-cancer patients evaluable but one (94%), cancer was associated with low- or high-grade dysplasia at the cancer margin. In addition, 71% of UC-cancer patients evaluable had dysplasia at multiple sites. As a consequence, multiple cancers were found in 6 of 20 patients (30%). All multiple cancers occurred in the younger patients, none in the older ($p < 0.05$). In patients without cancer, however, dysplasia was limited to one site in the colon or rectum in the majority of cases (55%). Dysplasia occurred at any site along the colon and rectum, including the anal transition zone, but no consistent pattern of dysplasia sites was found. No dysplasia was found in the rectum of 35% of patients with UC-cancer, and in 45% of patients with dysplasia without cancer, respectively.

477 ▪ Current Results in Surgery for Asymptomatic Primary Hyperparathyroidism.
Willeke, F., H.J. Buhr, M. Schwarzbach, S. Graf, Ch. Herfarth
Dtsch Ges Endokrinologie (Abstractband) A 23 (1994)
Introduction: Surgery for symptomatic

hyperparathyroidism remains the standard in therapy for this disorder. With increasing frequency due to broad serum testing, asymptomatic primary hyperparathyroidism is diagnosed. Indication for surgery in this setting are controversial. For evaluation of surgical safety in this situation we performed a retrospective analysis of our patients being operated for asymptomatic hyperparathyroidism.
Materials and Methods: From January 1988 to December 1993 243 operative interventions for hyperparathyroidism were performed and registered prospectively in our unit. According to the definition of asymptomatic primary hyperparathyroidism published by the NIH-Conference in 1990 65 patients were classified as asymptomatic. 75% of the patients were female with a mean age of 62 years. Laboratory proof of hyperparatyroidism was demanded and cervical sonography performed in 82% of cases. Every patient with a cervical reexploration received a highly selective venous catheterization for adenoma localization.
Results: Successful adenectomy was possible in 61 patients. In four patients no adenoma could be revealed in first exploration giving a rate of persisting adenoma of 6,1%. Localization procedures were correct in 53% for cervical ultrasound and in 78% far selective catherization. Postoperative morbidity included one permanent (1,5%) and one temporary (1,5%) recurrent nerve palsy. Two patients suffered from postoperative hemorrhage that could be controlled by reoperation. With one peranent hyperparathyroidism being well controlled by oral supplementation, 13 patients recovered uneventful from temporary hypoparathyroidism. No postoperative mortality occured.
Conclusions: Surgery for asymptomatic hyperparathyroidism can be performed with reasonable safety. We are lacking studies to compare this invasive therapy with close observation alone.

478 ■ Therapeutical options in advanced recurrent sarcoma - Dtsch Krebskongr Hamburg 7.-11.3.1994 (Abstract)

Willeke, F., M. Eble, C. Kettelhack, Th. Lehnert, Ch. Herfarth

J Cancer Res Clin Oncol (Suppl) 120 (1994) R 26

Objective: Therapy for recurrent sarcoma remains a challenge to every therapist. Advanced tumor stages (UICC: IIB and higher) demand an interdisciplinary approach rather than surgical removal alone. The following study reveals our results with special consideration of the intraoperative radiotherapy (IORT).
Materials and Methods: Between June 1988 and April 1993 we treated 41 patients for recurrent sarcoma of the extremities or the retroperitoneum. These patients were in UICC class IIB or higher and every patient underwent surgical exploration with the gain of radical tumor removal. This could be achieved in 10 of 17 patients (58%) who received IORT and in 11 of 24 patients (45.8%) who were operated without this therapeutical option. Since June 1991 IORT was applied in 17 patients with an average dose of 16 Gy and postoperative supplementation of 46 Gy. We examined perioperative complications and recurrence rate after our therapy.
Results: In 24 patients without IORT 14 developed recurrent sarcoma (60.8%) with a mean follow up of 22 month. One patient died perioperatively and another one due to disseminated disease. In the group of patients with IORT one postoperative death due to pulmonary complications occurred. One patient died during follow up from distant metastasis. Five patients (33%) developed another recurrence (mean follow up 15 month). Perioperative morbidity and mortality were similar in both groups.
Conclusion: 1. Therapy for advanced recurrent sarcoma burdens a high incidence of tumor recurrence. 2. Morbidity and mortality in sarcoma surgery is not influenced by IORT. More data is necessary to assess the value of IORT for the therapy of recunrent sarcoma.

479 ■ Intraoperative radiotherapy (IORT) for retroperitoneal soft tissue sarcoma (RSTS)

Willeke, F., Th. Lehnert, M. Eble, K. Huch, M. Wannenmacher, Ch. Herfarth

Joint Meeting Heidelberg Juni 1994, Eur J Surg Oncol 20 (1994) 297 (Abstract)

Radical RO-removal of retroperitoneal soft tissue sarcoma (RSTS) may be difficult since vital structures limit the extent of resection. We evaluate our experience with intraoperative radiotherapy to improve local tumor control.
Material and methods: Between 06/1988 and 12/1993 we treated 26 patients with retroperitoneal sarcoma. 16 patients presented with local tumor recurrence and 5 patients had distant metastases. Tumor resection was feasible in 23 of 24 patients explored. Resection was deemed curative in 11 and non-curative (R1 or R2) in 12 patients. Six of 11 patients with curative resection and 5 of 12 patients with palliative resections received IORT with a mean dose of 16.8 Gy and postoperative supplementation of 37.5 Gy in a non-randomized fashion.
Results: No complications attributable to IORT were recorded, although one patient treated with IORT died postoperatively of severe pulmonary disease. Eight of twelve patients treated without IORT had clinical evidence of tumor recurrence during 18 months mean follow-up. Three of 10 patients treated with IORT

developed recurrence after 12 months mean follow-up. The overall recurrence rate was 55 percent at 16 months mean follow-up.
Conclusions: IORT can be applied safely to patients with RSTS. Although follow-up was shorter in patients treated with IORT initial results indicate that local tumor control can be improved by intraoperative radiotherapy in patients with retroperitoneal soft tissue sarcoma.

480 ▪ Therapie fortgeschrittener Sarkome unter besonderer Berücksichtigung der intraoperativen Radiotherapie un der hyperthermen Extremitätenperfusion
Willeke, F., Th. Lehnert, M. Eble, M. Schwarzbach, Ch. Herfarth
Acta Chirurgica Austriaca, Suppl 108 (1994) 22 (Abstract)
Fortgeschrittene Weichteilsarkome der UICC-Stadien IIB bis IVA sind durch eine hohe Lokalrezidivrate belastet Der mögliche Wert adjuvanter Therapien im Rahmen chirurgischer Resektionen soll im folgenden anhand unseres Krankengutes besonders in Hinsicht auf die intraoperative Radiotherapie und die Extremitätenperfusion dargestellt werden.
Die Applikation von IORT und Extremitätenperfusion im multimodalen Sarkomtherapiekonzept erscheint nicht durch eine erhöhte operative Morbidität belastet. Nach zwei Jahren Nachbeobachtung zeichnet sich ein Trend zur besseren Tumorkontrolle bei Patienten ab, bei denen eine intraoperative Tumorbettbestrahlung erfolgte.

481 ▪ Dynamic liver scintigraphy: a new way of measuring the function of the reticuloendothelial system of the liver.
Baas-J; Senninger-N; Elser-H; Herfarth Ch.
Eur-Surg-Res. 1995; 27(3): 137-44.
The phagocytic function and biokinetics of the hepatic reticuloendothelial system (RES) were evaluated using a 25-nm diameter colloid (Nanocoll) and a scintillation camera technique in opossums with obstruction of the pancreatic duct (group I) and additional obstruction of the common bile duct (group II). The liver net uptake curve was analysed using natural log regression. The regression curves proved to fit very well ($r > 0.93$) and a parameter R was calculated to describe the curves. In group I there was a slight but significant decrease in the RES function and no morphological change in the pancreas. In group II, RES function was significantly more suppressed than in group I. The opossums developed severe haemorrhagic pancreatitis. The results show that the regression parameter R is well suited to described liver RES function, and suggest that a suppressed liver RES after biliary obstruction could be an important factor in the pathogenesis of biliary pancreatitis.

482 ▪ Reconstruction after gastrectomy and quality of life.
Buhl-K; Lehnert-T; Schlag-P; Herfarth Ch.
World-J-Surg. 1995 Jul-Aug; 19(4): 558-64.
To evaluate quality of life and functional results following surgery for gastric cancer we studied 104 patients with no evidence of disease at a minimum of 12 months postoperatively. Patients were treated with total gastrectomy and jejunal pouch reconstruction according to Hunt-Lawrence-Rodino (n = 59) or simple esophagojejunostomy (n = 24) and distal subtotal gastrectomy (n = 21). No significant differences were found between total gastrectomy with pouch reconstruction and distal gastric resection with respect to dumping or heartburn, whereas patients with total gastrectomy and restoration with esophagojejunostomy suffered from both. The latter group of patients also had reduced nutritional status. Although there is a lack of a proper definition of quality of life, all instruments applied to its measurement indicated improved results for patients with pouch reconstruction and those after distal gastrectomy, but we could not state any significant differences. We conclude that in terms of postoperative functional results as well as quality of distal gastric resection has no advantage over total gastrectomy with pouch reconstruction; hence a reduction of surgical radicality in an attempt to improve postoperative results is not justified. Pouch reconstruction should be considered the treatment of choice for reconstruction after total gastrectomy.

483 ▪ Microsurgical neck dissection for metastasizing medullary thyroid carcinoma.
Buhr-HJ; Kallinowski-F; Raue-F; Frank-Raue-K; Herfarth Ch.
Eur-J-Surg-Oncol. 1995 Apr; 21(2): 195-7.
Surgery is the only accepted method for a potentially curative treatment of metastatic medullary cancer of the thyroid (MCT). Between 5/1988 and 2/94 53 patients (mean age 43, 14-65 years) were treated. A total of 24 patients underwent surgery of both sides of the neck whereas 29 patients required only one side. Six months after surgery, a profound reduction in basal serum calcitonin levels (CT) was detected in all patients. Upon pentagastrin stimulation, CT levels remained suppressed in eight patients. A pathological increase of normalized basal CT values was noted in 33 patients. In 12 patients, basal CT concentrations remained elevated after surgery. We conclude that metastatic MCT can be effectively

treated by microsurgical modified radical neck dissection.

484 ■ Surgical therapy of recurrent Crohn disease
Buhr-HJ; Krösen-AJ; Herfarth Ch.
Chirurg.1995 Aug; 66(8): 764-73.
The surgical therapy of recurrent Crohn's disease requires due to a recurrence rate of 60% after 15 years special precautions. The major principle of therapy is a minimal resecting surgery. This concerns mainly strictures and stenosis. Strictures should be treated by stricturoplasty and stenosis by limited resection. Recurrent fistulas should be treated conservatively. Just in case of interenteric and enterocutaneous fistula with a concomitant short bowel syndrome, in blind ending fistulas with an abscess or in enterovesical fistulas we recommend immediate operation. The therapy of recurrent anorectal Crohn's disease underlies the same rules as the primary therapy. If necessary, proctectomy remains an important option. Also emergency surgery in recurrent Crohn's disease follows the same rules as in elective surgery.

485 ■ Vascular complications following 200 liver transplants.
Datsis-K; Golling-M; Ioannidis-P; Mehrabi-A; Herfarth Ch.; Otto-G
Transplant-Proc.1995 Oct; 27(5): 2607.
Although the results after orthotopic liver transplantation (LTX) have greatly improved in recent years, about 10% of the grafts are still lost from technical surgical complications. While the majority of these complications are associated with the arterial anastomosis fewer are related to the portal vein.
We evaluated the rate of complication caused by different types of arterial reconstructions and the influence of these complications on postoperative morbidity and mortality.

486 ■ The Heidelberg Intensive Care Unit Score. Development of a computer-assisted scoring system for documentation of treatment course and assessment of prognosis in surgical intensive care patients
Foitzik-T; Holle-R; Schall-R; Moesta-T; Buhr-HJ; Herfarth Ch.
Chirurg.1995 May; 66(5): 513-8.
Existing scoring systems have failed to reflect the pathophysiological changes during ICU therapy, and do not provide reliable criteria for the prediction of outcome in surgical patients. The aim of the present project was to establish a comprehensive scoring system for daily evaluation of physiological parameters and therapeutic interventions in a surgical intensive care unit, and to identify score patterns in the course of ICU treatment to be used for prospective clinical decisions. In a prospective study of 123 consecutive patients who required intensive care for more than two consecutive days we documented 10 physiological parameters and a set of 14 therapeutic interventions on a daily basis over a total of 1274 days. Evaluation of the new scoring system, called the Heidelberg Intensive Ward Score (HDWS), included comparison with APACHE II and a set of unfavorable HDWS-patterns at different time points during ICU treatment. All variables were implemented into a notebook computer to be used at bedside. Neither HDWS nor APACHE II obtained on admission differentiated between survivors and non-survivors. In contrast, scores of non survivors were significantly higher than scores of survivors at day 7. At that point, HDWS was superior to APACHE II with respect to the predictive power as assessed by receiver operator characteristic curves. No patient who fulfilled all four unfavorable HDWS-patterns during the first week of ICU treatment survived (but these were only two patients). We conclude that the limited power of scores obtained on admission to predict outcome in surgical patients may be improved by trend analysis of scores over time which also take into account the patients' response to therapy.

487 ■ Improved survival in acute necrotizing pancreatitis despite limiting the indications for surgical debridement.
Foitzik-T; Klar-E; Buhr-HJ; Herfarth Ch.
Eur-J-Surg.1995 Mar; 161(3): 187-92.
OBJECTIVE: To reassess our criteria for the stratification of attacks of acute pancreatitis, and indications for operation in patients with necrotising pancreatitis. DESIGN: Retrospective analysis of casenotes. SETTING: University Hospital, Germany. SUBJECT: 341 Consecutive patients who presented with a first attack of acute pancreatitis between December 1979 and January 1991. MAIN OUTCOME CRITERIA: Morbidity and mortality in relation to clinical (Ranson, Kummerle, Goris) and radiological (Balthazar) criteria. RESULTS: 78 Patients developed necrotising pancreatitis judged radiologically. Mortality was 15/38 (39%) in the period 1980-85 and 6/40 (15%) in the period 1986-1990. During the first period patients were operated on if their unfavourable clinical signs did not start to resolve within 72 hours, whereas in the second period operation was restricted to those patients who developed signs of multiple organ failure. This policy resulted in the number of operations being reduced from 26/38 (68%) to 17/40 (42%), respectively ($p = 0.03$). CONCLUSION: Our data

support the policy of restricting surgical debridement in necrotising pancreatitis to those patients who develop signs of multiple organ failure.

488 ▪ General stress response to conventional and laparoscopic cholecystectomy.
Glaser-F; Sannwald-GA; Buhr-HJ; Kuntz-C; Mayer-H; Klee-F; Herfarth Ch.
Ann-Surg.1995 Apr; 221(4): 372-80.
OBJECTIVE: In many retrospective and prospective observational studies, laparoscopic cholecystectomy (LC) compares favorably with conventional cholecystectomy (CC), with respect to length of hospital stay, postoperative pain, and pulmonary function, indicating a diminished operative trauma. Comparison of laboratory findings (stress hormones, blood glucose, interleukins) are a possibility to objectify stress and tissue trauma of laparoscopic and conventional cholecystectomy. SUMMARY BACKGROUND DATA: Major body injury, surgical or accidental, evokes reproducible hormonal and immunologic responses. The magnitude of many of these changes essentially is proportional to the extent of the injury. METHODS: In a prospective study, biochemical stress parameters were measured in the blood of patients undergoing elective cholecystectomy because of symptomatic cholecystolithiasis. Patients with acute cholecystitis, pancreatitis, choledocholithiasis, or malignant disease were excluded. Values from 40 patients after LC and from 18 patients after CC were compared. Both groups had similar patient characteristics, baseline values, and perioperative care, except for deeper anesthesia during CC. RESULTS: On postoperative day 1, epinephrine ($p = 0,05$), norepinephrine ($p = 0.02$), and glucose ($p = 0.02$) responses were higher after CC. Two days postoperatively, norepinephrine remained higher after CC ($p < 0.01$). Interleukin-1 beta responses were higher during ($p < 0.01$) and 6 hours after CC ($p = 0.03$). Interleukin-6 responses were higher 6 hours ($p = 0.03$), 1 day ($p = 0.02$), and 2 days ($p < 0.01$) after CC. CONCLUSIONS: The results show significant lower values of intraoperatively and postoperatively measured epinephrine, norepinephrine, interleukin-1 beta, and interleukin-6 in patients with laparoscopic cholecystectomy, indicating a minor stress response and tissue trauma in this group of patients. The results correspond to the favorable results of most other trials evaluating clinical aspects of laparoscopic cholecystectomy.

489 ▪ Cyclosporin A und FK 506 - Einfluß auf Glukosemetabolismus und Insulinsekretion nach Lebertransplantation
Golling, M., Frankenberg, M.v., N. Senninger, Ch. Herfarth, G. Otto
Langenbecks Arch Chir (Chir Forum '95) Springer Berlin Heidelberg, 41-44
In einer matched pairs Analyse untersuchten wir 27 Patienten unter CyA- (n= 13) und FK 506 (n= 14) Immunsuppression, 6-72 Monate nach Lebertransplantation im Hinblick auf eine mögliche diabetogene Stoffwechsellage. HbA1-Spiegel wurden vor, Glukose-, C-Peptid- und Insulinspiegel vor und in definierten Zeitintervallen nach oraler Glukoseaufnahme bestimmt. Erhöhte HbA1-Werte suggerieren eine höhere diabetische Potenz des FK 506 gegenüber CyA. Signifikante Unterschiede in der Früh- (C-Peptid: 30 min) und Spätphase (Insulin: 120, 180 min) lassen auf eine relevante Sekretionshemmung unter FK 506-Medikation schließen, während in der CyA-Gruppe in erster Linie von einer peripheren Insulinresistenz ausgegangen werden muß.

490 ▪ Effect of anastomosis reconstruction on vascular complications after liver transplantation
Golling-M; Datsis-K; Ioannidis-P; von-Frankenberg-M; Senninger-N; Herfarth Ch.; Otto-G
Zentralbl-Chir.1995; 120(6): 445-9.
AIM: Besides primary non function (PNF), vascular complications are responsible for the majority of early surgical and interventional therapy following liver transplantation. The purpose of this study was to evaluate the influence of the variety of arterial anastomosis on postoperative morbidity and mortality. METHOD USED: In 179 liver transplantations, vascular (arterial and portal) complications within the first 3 months were analyzed with respect to the type of reconstruction. The arterial anastomoses were divided into 3 groups according to the recipient artery used [Group (I): common hepatic artery (CHA), (II): hepatic artery (HA), (III): aorta]. For statistical analysis comparison of two proportions and the logrank test were used. RESULTS: The reconstruction was done primarily to the recipient CHA (69%, n = 124), less often to the HA (15%, n = 26) or directly to the aorta (16%, n = 29). The portal anastomosis-with the exception of two cases (dacron graft and internal iliac vein interposition)-was always end to end and resulted in four reinterventions (2.2%, kinking: n = 1, thrombosis: n = 3). Arterial complications (11.7%) like thrombosis, stenosis and dissection (n = 17), bleeding (n = 2) and steal phenomenon (n = 2) occurred more frequently. The difference in one year survival between patients with (n = 12/25, 47%) and without (n = 42/53, 79%) vascular complications was significant (chi 2 = 4.72, FG 1, logrank test $p < 0.05$). CONCLUSION: The rate of complications causing surgical or interventional therapy is independent of the choice of arterial reconstruction. The one year

survival rate in patients with vascular complications is significantly decreased.

491 ■ The impact of hepatic function on infection following liver transplantation.
Golling-M; Datsis-K; von-Frankenberg-M; Mehrabi-A; Herfarth Ch.; Otto-G
Transplant-Proc.1995 Oct; 27(5): 2608-9.
Remarkable 1-year survival rates of 80% to >90% have recently been published in liver transplant centers throughout the world. Nevertheless infection in recipients represents the major cause of immediate postoperative morbidity and mortality accounting for 15% to 30% of postoperative deaths.
While various pre-, intra-, and postoperative risk factors such as ICU stay, renal dysfunction, age, operation time and blood loss have been shown to influence the development of deleterious infections following liver transplantation, very little emphasis has been placed on the transplanted liver itself. Our intention, in a retrospective study, was to evaluate the impact of hepatic function on morbidity and mortality associated with infection in the immediate postoperative period.

492 ■ Resections of recurrence in the liver of primary and secondary liver cancers
Herfarth Ch.; Heuschen-UA; Lamade-W; Lehnert-T; Otto-G
Chirurg.1995 Oct; 66(10): 949-58.
1) Only one third of primary hepatic carcinomas and in particular hepatocellular carcinomas are amenable to liver resection. Approximately half of these patients develop tumor recurrences within the first two years accounting for the poor prognosis of this condition. The liver is the site of first failure in about 80 percent of patients. Secondary liver surgery for intrahepatic recurrence is technically possible in about one third of the patients at low operative mortality (< 5 percent). Long-term prognosis following potentially curative liver reresection for hepatosellular carcinoma compares favourably (5-year survival approximately 50 percent) with the prognosis after resection of the primary tumor. For potentially curative treatment liver transplantation is the only alternative to hepatic reresection, while alcohol injection and chemoembolization are merely palliative procedures. II) Liver resection represents the only potentially curative form of treatment for hepatic metastases from colorectal cancer. Operative mortality is generally less than 5 percent and 5-year survival of 20-40 percent can be expected. Secondary hepatic recurrences following hepatic resection of colorectal metastases are amenable to reresection in approximately 10 percent of patients. Selection criteria for reresection are the same as for primary liver reresection. Median survival following secondary liver resection is 32 months and this is identical to the median survival after the first liver resection for colorectal metastases.

493 ■ Anästhesie und Chirurgie - eine Zusammenarbeit auf dem täglichen Prüfstand
Herfarth, Ch.
Anästh Intensivmed 36 (1995) 25-27
Meine erste bewußte Begegnung mit der Anästhesie hatte ich als Schüler 1950. Gräfin Lüttichau, eine Assistentin von K. H. Bauer und Mitarbeiterin von Rudolf Frey, arbeitete für einige Monate an der Chirurgischen Abteilung des Elisabeth-Krankenhauses in Trier, der mein Vater als Chefarzt vorstand. Gräfin Lüttichau war auf Wunsch meines Vaters und mit Zustimmung von K. H. Bauer nach Trier gekommen, um die moderne Narkose, insbesondere die Intubationsnarkose, in Trier einzuführen. Als sie nach Heidelberg zurückkehrte, hatte sie die Chirurgie in diesem kleinen Haus in Trier revolutioniert. Mein Vater berichtete über die noch angenehmere Arbeit im Operationssaal, und ich konnte mich als Praktikant selbst davon überzeugen.
Gräfin Lüttichau blieb neun Wochen in Trier. In dieser Zeit wurde ein Romulus-Narkosegerät angeschafft. Die Umwälzung in einem kleinen Krankenhaus im Jahre 1950 war sicherlich tiefgreifender als heute etwa die Einführung der laparoskopischen Chirurgie. Da war es auch nicht überraschend, daß sich der Ruf des Krankenhauses noch verbesserte.
Die damals erlebte gegenseitige Abhängigkeit und gemeinsame Stärke von Chirurgie und Anästhesie wurde für mich zur prägenden Erinnerung.

494 ■ Therapy of inflammatory bowel disease - update
Herfarth, Ch.
Congress News, Gardiner-Caldwell Publ. (4th U.E.G.W.) 1995, 3

495 ■ Standards in der Chirurgischen Onkologie
Herfarth, Ch.
Dtsch Ges Chir - Mitteilungen 1 (1995) 7-9
Der Standard ist durch die Begriffe Norm, Grundlage und Leitlinie definiert. Von vornherein muß man festhalten, daß Normen, Leitlinien und Grundlagen sich durch neues Wissen verändern können. Dies gilt im besonderen Maße für die Medizin und speziell für die Chirurgie, in dem einmal erkannte sogenannte Wahrheiten oder Standards solange überleben, bis bessere Verfahren bekannt werden. Standards von gestern sind nicht die von heute, und Standards von heute entsprechen nicht immer denen von morgen. Neues Wissen wird stets

Einfluß auf die Entwicklung neuer Verfahren haben. Da uns jedoch auch klar sein muß, daß die Definition eines Standards legal juristische Folgerungen ermöglicht, ist zu überlegen, ob nicht gerade in der Chirurgischen Onkologie anstelle von Standards besser von Grundlagen, Normen und Leitlinien zu sprechen ist. Auch rein von der Semantik her bleibt dann der Weg offen für die Weiterentwicklung des Gebietes.

496 ■ Chirurgische Forschung - Motor des Fortschritts in der Chirurgie
Herfarth, Ch.
Langenbecks Arch Chir Suppl II (Kongreßbericht) 1995, 778-782
Anstelle von Empirie muß klinische Forschung stehen. Die historische Entwicklung zeigt, daß die Grundlagenforschung erst durch den klinischen Durchbruch zum Fortschritt führt. Folgende Tätigkeitsprofile bestimmen die Chirurgische Forschung: Kontrolle und Bewertung eigener Therapien und Durchführung klinischer Studien, Mitwirkung bei interdisziplinären Therapiekonzepten, Entwicklung neuer orginär-chirurgischer Verfahren, Wissensbewertung von Ergebnissen anderer Fachgebiete für die Chirurgie und Aufzeigen von Forschungsbedarf und methodische Übertragung. Die Experimentelle Chirurgie ist nach wie vor unverzichtbar, um anhand adäquater Modelle die Voraussetzung für die Übertragung neuer Verfahren in die Klinik zu ermöglichen (OP= ‚Labor" des Chirurgen). Das aktuellste Beispiel liefert die Molekularbiologie für die Übertragung neuer diagnostischer und therapeutischer Methoden in die Klinik.

497 ■ Colorectal cancer in ulcerative colitis strategy of surgical treatment (Abstract)
Heuschen, U.A., J. Stern, G. Timmermanns, Ch. Herfarth
Gut 37, Suppl. 2 (1995) A 62
Ulcerative colitis (UC) represents a disease with an increased risk for colorectal cancer (CRC). Oncological preventive proctocolectomy is still discussed controversely. Restaurative ileoanal pouch procedure (IAP) represents the surgical therapy of choice. In case of UC-associated CRC problems in surgical strategy arises.
Between January 1982 and December 1994 a total of 443 patients with UC were treated surgically at our hospital (mean age 37.5 years (range 6-74). Restaurative proctocolectomy with IAP was feasible in 301 patients (68%). A total of 34 patients (7.7%) suffered from UC-associated colorectal cancer (mean age 41.3 years (range 19-72) Carcinomas were located in 36% in the rectum, in 34% in the left-sided colon. Advanced tumor stage (T4) was found in 16%, lymph node infiltration in 35 5%. Synchronous multifocal carcinomas (2 to 6 tumors) were found in 32.3%. (11/34). High correlation was found between dysplasia and CRC. Cancer was associated with epithelial dysplasia in 79%. In only 4% ot the patients without CRC dysplasia was detected. Restaurative IAP could be pertormed in 11 of 34 (32 3%) patients with colorectal cancer. In 8 ot 34 patients (23.5%) malignant deterioration was unknown preoperatively. 5-year survival rate (Kaplan-Meyer) was about 54% (78% in a group of well surveilled patients in contrast to 41% in the patients without consequent surveillance.
Preventive proctocolectomy: In contrast to sporadic-CRC UC-associated CRC affects younger patients. Risk factors are: extend of disease, early age ot onset, increased age of onset, duration of disease, epithelial dysplasia and associated PSC. Risk adapted surveillance programs are mandatory. The surgical therapy of choice is proctocolectomy with pelvic pouch procedure (IAP). Proofen dysplasia is a mandatory indication tor proctocolectomy In the case ot manifest CRC: Quality ot oncological surgery depends on preoperative diagnostic procedure. High rate of preoperative unknown cancer demonstrates diagnostic problems especially in endoscopy. Partial resection of the colon should be avoided because of the frequent finding of multifocal carcinomas in UC.

498 ■ Intraoperative tumour classification in papillary thyroid cancer-a diagnostic dilemma.
Hoelting-T; Buhr-HJ; Herfarth Ch.
Eur-J-Surg-Oncol. 1995 Aug; 21(4): 353-6.
The objective of the study was to assess surgical strategy of papillary carcinoma of the thyroid based on residual tumour findings after completion thyroidectomy. We investigated the accuracy of intraoperative tumour classification in papillary thyroid cancers (PTC) and its effect on intraoperative decision-making. In a 34-year period, we performed 182 total thyroidectomies for PTC, 69 of which were completion thyroidectomies. The indications for completion thyroidectomy were (1) inaccurate assessment of the size of solitary tumours (n = 28), (2) unilateral (n = 23) and (3) bilateral multicentricity (n = 18). Fifteen patients had residual cancers (22%), which were significantly correlated with the extent of the first procedure. After initial lobectomy, residual tumours were present in 54% of patients, compared to only 3% after initial lobectomy, isthmusectomy and contralateral subtotal lobectomy. We favour lobectomy, isthmusectomy and contralateral subtotal lobectomy in patients with papillary thyroid cancers smaller than 1.5 cm in diameter and a total thyroidectomy in all other cases.

499 ▪ Transforming Growth Factor b 1 hemmt die Invasion differenzierter Schilddrüsenkarzinome via Modulation der Tumorzelladhäsion und -motalität

Hölting, Th., O.A. Duh, O.H. Clark, Ch. Herfarth
Langenbecks Arch Chir (Chir Forum '95) Springer Berlin Heidelberg, 299-302

Transforming Growth Factor ßl (TGF ßl) hemmt die Invasion follikulärer (FTC) Schilddrüsencarcinomzellen. Wir untersuchten die Mechanismen dieses Effektes. Drei follikuläre Schilddrüsencarcinomzellinien (FTC133: Primärtumor; FTC236: Lymphknoten-; FTC238: Lungenmetastase) wurden analysiert. Der Effekt von TGF ßl auf die Adhäsion der Tumorzellen an Komponenten der extrazellulären Matrix (ECM) und auf die Motilität wurden gemessen. Collagen IV steigert die Adhäsion von FTC133 um 48% ($p < 0,01$), Fibronektin um 30% ($p < 0,02$). Laminin, Collagen I und Matrigel hatten keinen signifikanten Einfluß. TGF ßl (10 ng/ml) stimulierte die basale Adhäsion von FTC133 um 14% (Collagen IV: 21%; Fibronektin: 17%) ($p<0,01$). Collagen IV und Fibronektin stimulierten auch die Motilität der FTC. Im Vergleich zur basalen Migration stimulierte Collagen die Motilität nach 8 Std. um 28% ($p < 0,02$); (Fibronektin: 22% ($p < 0,03$). TGF,B1 (10 ng/ml) hemmte die Motilität von FTC 133 um 39 % (Collagen IV) bzw. 33 % (Laminin) ($p < 0,03$).
TGF ßl hemmt die Invasivität differenzierter Schilddrüsencarcinomzellen. Dieser Effekt wird möglicherweise durch die Regulation von Tumorzelladhäsion und -motilität erreicht.

500 ▪ Growth and invasion of differentiated thyroid gland carcinoma: importance of signal transduction

Hölting-T; Duh-OY; Clark-OH; Herfarth Ch.
Langenbecks-Arch-Chir.1995; 380(2): 96-101.

We investigated the role of three different signal transduction systems adenylate-cyclase (AC), protein kinase C (PKC) and tyrosine kinase (TK) for growth and invasion of a human follicular (FTC133) and a human papillary thyroid cancer cell line (PTC-UC1). Cyclic AMP stimulators and inhibitors had no effect at any concentration. The PKC agonist TPA enhanced both growth and invasion of FTC133 by 15%, whereas staurosporine, a PKC antagonist, inhibited growth by 47% and invasion by 32%. The latter also reversed thyrotropin (TSH) stimulation, but not epidermal growth factor (EFG) stimulation. EGF-stimulated growth and invasion of both cell lines were abolished by EGF-receptor antagonism using a monoclonal antibody. The tyrosine kinase antagonist genistein reversed EGF, but not TSH, stimulation. Pertussis toxin inhibited growth (FTC133: 22%) and invasion (FTC133: 18%). Cholera toxin was less inhibitory. Obviously, signal transduction of differentiated thyroid cancer is complex and systems other than adenylate cyclase are crucial for basal invasion and growth of follicular thyroid cancer cells in culture.

501 ▪ Isovolemic hemodilution with dextran prevents contrast medium induced impairment of pancreatic microcirculation in necrotizing pancreatitis of the rat

Hotz-HG; Schmidt-J; Ryschich-EW; Foitzik-T; Buhr-HJ; Warshaw-AL; Herfarth Ch.; Klar-E
Am-J-Surg.1995 Jan; 169(1): 161-6.

BACKGROUND: Previous studies demonstrated that intravenous contrast medium (CM), as used in contrast enhanced computed tomography, aggravates the impairment of pancreatic microcirculation (PM) characteristic of severe pancreatitis and increases necrosis and mortality in necrotizing pancreatitis (NP) in rats. This study evaluates the use of isovolemic hemodilution, which can enhance the microcirculation in severe pancreatitis, for preventing CM-induced injury. METHODS: NP was induced in 30 dextran-tolerant Wistar rats by intraductal glycodeoxycholic acid and intravenous cerulein for 6 hours. PM was quantified by intravital microscopy using fluorescein isothiocyanate labeled erythrocytes. Based on previous results, areas with low blood flow (< 1.6 nL/min/cap) were identified and baseline recordings of capillary blood flow taken. A reduction of hematocrit to 75% of baseline was achieved by replacement of 5 mL/kg of blood with 25 mL/kg Ringer's lactate (RL) or by exchange of 8 mL/kg of blood for the same amount of dextran 70.6%. Thereafter, the nonionic CM iopamidol (Solutrast, Byk Gulden, Konstanz, Germany) was injected during 1 minute and PM measurements repeated after 30 and 60 minutes. RESULTS: Despite hemodilution with RL, pancreatic capillary perfusion was significantly decreased to 87% of baseline (0.83 +/- 0.04 mL/min/cap; n = 216) 60 minutes after CM infusion ($P < 0.05$). In contrast, capillary blood flow was significantly increased to 161% (1.56 +/- 0.05 nL/min/cap; n = 278) in the group treated with dextran. Moreover, the percentage of capillaries developing complete stasis was significantly lower in the dextran group (2.3 +/- 1.2%) compared to animals diluted with RL (22.3 +/- 4.8%) ($P < 0.002$). CONCLUSION: Isovolemic hemodilution with dextran prevents the additional impairment of pancreatic microcirculation induced by CM in NP.

502 ▪ Hyperoncotic dextran and systemic aprotinin in necrotizing rodent pancreatitis.

Huch-K; Schmidt-J; Schratt-W; Sinn-HP; Buhr-H; Herfarth Ch.; Klar-E
Scand-J-Gastroenterol.1995 Aug; 30(8): 812-6.
BACKGROUND: Dextrans improve pancreatic microcirculation in acute experimental pancreatitis. They could therefore facilitate the transport of a protease inhibitor to ischemic areas of tissue injury and be of additional benefit. METHODS: To compare the effects of dextrans with and without aprotinin, necrotizing pancreatitis was induced in 33 male dextran-resistant Wistar rats by intraductal infusion of low-dose glycodeoxycholic acid (10 mmol/l) followed by intravenous cerulein (5 micrograms/kg/h) for 6 h. Three and four hours after the start of the cerulein infusion the animals received infusions of either Ringer's lactate (RL) (12 ml/kg), 70,000 Da dextran (10%) (DEX-70) (4 ml/kg) alone, or DEX-70 (4 ml/kg) with aprotinin (5000 IU/kg) (DEX-70/A). RESULTS: The death rate was 60% within 9 h in the RL group (6 of 10) but only 10% in the DEX-70 group (1 of 10) ($p < 0.03$; Fisher's exact test) and 23% in the DEX-70/A group (3 of 13). Histomorphometry demonstrated a significant reduction of acinar necrosis in both treatment groups compared with control animals ($p < 0.014$; t test). Total amounts of trypsinogen activation peptides (TAP) in ascites were also significantly lower in these groups ($p < 0.05$; t test). CONCLUSIONS: DEX-70 given 3 h and 4 h after induction of pancreatitis significantly reduced the levels of TAP, limited acinar necrosis, and improved survival rate in acute necrotizing rodent pancreatitis. There was no additional benefit from the combination with aprotinin.

503 ▪ Desmoid tumors in patients with familial adenomatous polyposis (FAP). Clinical and therapeutic observations from the Heidelberg polyposis register.
Kadmon-M; Möslein-G; Buhr-HJ; Herfarth Ch.
Chirurg.1995 Oct; 66(10): 997-1005.
The life-threatening event of early colorectal cancer in FAP patients may effectively be prevented by prophylactic colectomy. Desmoid tumors and periampullary carcinoma are now becoming the most frequent causes of death in FAP patients. Since the establishment of the Heidelberg polyposis registry in January 1991 we evaluated the frequency of desmoid tumors in 171 prospectively reexamined FAP patients. 29 patients (17%) with desmoid tumors were identified. In our series R0-resection with a wide security margin was performed in 12 cases, 3 of which developed a desmoid recurrence, 8 are free of desmoids and one treated for an intraabdominal desmoid states being well but refuses a radiological reevaluation. Tumor debulking was performed in 6 patients and led to an aggressive desmoid progression in 4 patients despite additional postoperative administration of tamoxifen and sulindac. Nonsurgical treatment with tamoxifen and sulindac seemed beneficial in 5 of 7 patients, 4 showed a stagnation of tumor growth, a reduction of an abdominal wall desmoid was documented in one female with a further intraabdominal desmoid. In life-threatening cases chemotherapy and radiation therapy may be considered. In two females radiation therapy resulted in a remarkable tumor reduction. The operative trauma of previous colectomy is considered the most relevant predisposing external factor inducing desmoid growth in FAP patients. 50% (11/22) of the desmoid tumors in our series were diagnosed within the first two years postoperatively, and 72% (18/22) of the desmoids developed within the first four years after colectomy.(ABSTRACT TRUNCATED AT 250 WORDS)

504 ▪ Prävalenz enteropathogener Bakterien und Toxine bei operationspflichtigen chronisch entzündlichen Darmerkrankungen
Kallinowski, F., M. Hofmann, A. Wassmer, J. Heesemann, H.J. Buhr, Ch. Herfarth
Langenbecks Arch Chir (Chir Forum '95) Springer Berlin Heidelberg, 663-667
Die vorliegende Arbeit untersucht das Auftreten enteropathogener Bakterien und Toxine bei chronisch entzündlichen Darmerkrankungen (CED). Es wurden 59 Patienten (33 Männer, 26 Frauen, mittleres Alter: 42 Jahre) in die Untersuchung eingeschlossen: 21 Patienten mit Morbus Crohn, 14 Patienten mit Colitis ulcerosa und 24 Patienten ohne chronisch entzündliche Darmerkrankung. In Bakterienkulturen von Stuhl- und Darmwandbiopsien konnten obligat pathogene Bakterien nicht nachgewiesen werden. Hingegen wurden fakultativ enteropathogene Keime in den Stuhlproben von 61% und in der Darmwand von 53% der Patienten mit chronisch entzündlichen Darmerkrankungen gefunden (Vergleichsgruppe: 68% und 54%).
Aus den Darmproben wurde DNA extrahiert und bakterienspezifische Gensequenzen mittels Polymerasekettenreaktion (PCR) amplifiziert. Dabei konnten atypische Mykobakterien über alle Gruppen hinweg in 85% der Fälle, Mycobacterium paratuberculosis jedoch in keinem der Fälle nachgewiesen werden. Yersinen traten in 63% bei M. Crohn, 46% bei Colitis ulcerosa und 36% der Vergleichsgruppe auf. Shiga-like-Toxin-Gen fand sich in der Stuhlprobe bei einem Colitis ulcerosa Patienten, ebenso EAE-Gen bei zwei weiteren Patienten. Tropheryma whippelii fand sich in keiner Probe.
Die Untersuchung ergab keinen Hinweis auf eine ursächliche Beteiligung von Bakterien an der Ätiopathogenese

chronisch entzündlicher Darmerkrankungen. Es fand sich keine Korrelation zwischen der Prävalenz enteropathogener Bakterien und der Krankheitsaktivität.

505 ▪ Intraoperative radiotherapy for primary and recurrent rectal cancer.

Kallinowski-F; Eble-MJ; Buhr-HJ; Wannenmacher-M; Herfarth Ch.

Eur-J-Surg-Oncol.1995 Apr; 21(2): 191-4.

A total of 40 primary and 20 recurrent adenocarcinomas of the rectum were treated. Intraoperative radiation therapy was combined with pre- or postoperative irradiation and 5-FU and leucovorin treatment. An abdomino-perineal excision was performed in 32 and an anterior resection in 26 cases. A Hartmann's procedure was performed in two patients. Forty-two tumours were completely resected. Residual disease was microscopically detectable in 10 cases. In eight patients, tumour residual was evident macroscopically. Postoperatively, wound infection was observed in six and anastomotic dehiscence in four cases. After a follow-up of 20 months, 46 patients revealed no evidence of disease. Local recurrences and distant metastases were detected in two patients each. Ten patients died of their disease.

506 ▪ Quantification of liver microcirculation by thermodiffusion: first clinical application after transplantation (Abstract)

Klar, E., T. Kraus, M. Bredt, B. Osswald, N. Senninger, Ch. Herfarth, G. Otto

Gut 37, Suppl. 2 (1995) A 63

Experimentally, thermodiffusion has been shown to allow continuous long term monitoring of hepatic microcirculation after liver transplantation. It was the aim of this study to transfer the method to the clinical setting investigating a possible correlation of liver perfusion with graft dysfunction.

Thermodiflusion was proven to be a reliable method for the continuous monitoring of liver perfusion in patients after transplantation. Hepatic perfusion increased on day 1: thereafter reproducible results were recorded in patients with uncomplicated course. Prolonged reperfusion injury or rejection were characterized by secondary impairment of microperfusion.

507 ▪ Notwendigkeit einer Erholungsphase nach in-situ-Leberhiluspräparation zur Verminderung der hepatischen Mikrozirkulationsstörung vor Organkonservierung

Klar, E., Th. Kraus, B. Osswald, L. Fernandes, W. Newman, Ch. Herfarth, G. Otto

Langenbecks Arch Chir (Chir Forum '95) Springer Berlin Heidelberg, 141-143

Beim Schwein resultiert die in-situ Präparation der Leber vor Explantation in einer erheblichen hopatischen Mikrozirkulationsstörung. Die hepatische Mikroperfusion war 2 Minuten nach Abschluß der Präparation deutlich reduziert (59+/- 7 ml/100 g/min) bei gleichzeitig hoher Shuntfraktion (59+/- 6%). Ohne weitere chirurgische Manipulation wurde innerhalb von 10 Minuten eine signifikante Verbesserung der Perfusion auf 75+/- 8 ml/100 g/min bei konstanter Lebergesamtdurchblutung nachgewiesen. Diese Beobachtung gewinnt Bedeutung falls die Perfusion mit Konservierungslösung unmittelbar nach Abschluß der Leberpräparation durchgeführt wird wie im Fall fehlender Herzexplantation. Durch den hohen Shuntfluß könnte die Konservierung dann ineffektiv werden.

508 ▪ Thermodiffusion as a novel method for continuous monitoring of the hepatic microcirculation after liver transplantation.

Klar-E; Kraus-T; Bleyl-J; Newman-W; Bowman-F; von-Kummer-R; Otto-G; Herfarth Ch.

Transplant-Proc.1995 Oct; 27(5): 2610-2.

The continous monitoring of hepatic microcirculation following liver transplantation would be important with regard to pathophysiology and early detection of vascular complications. Multiple techniques have been employed to measure liver blood flow in vivo. However, most of the methods, like indocyanine green clearance and indicator dilution or fractionation techniques are limited by an indirect approach and the lack of repetitive data sampling. Electromagnetic and Doppler flowprobes allow for direct quantification of whole organ blood flow but have the drawback of shortterm intraoperative application, especially in the clinical setting. In a similar fashion the measurement of tissue perfusion by inert gas clearance or laser flowm etry requires open access to the liver precluding chronic application. It was the aim of this study to validate a novel thermodiffusion probe in the continuous monitoring of hepatic perfusion prior to clinical application.

509 ▪ Induction of impaired hepatic microcirculation by in situ hilus preparation in liver explantation

Klar-E; Kraus-T; Osswald-BR; Bleyl-J; Fernandes-L; Mehrabi-A; Newman-W; Gebhard-MM; Herfarth Ch.; Otto-G

Zentralbl-Chir.1995; 120(6): 482-5.

AIM: Usually, in-situ preparation of the hepatic hilar structures is performed prior to the perfusion with preservation solution. Aim of this study was to investigate mechanical effects of liver preparation on the hepatic microcirculation. METHODS: 16 pigs (German landrace) were randomized in two groups. In both groups, laparotomy was performed after intratracheal intubation. Subsequently, a thermal diffusion probe was implanted into the medial left liver lobe for quantification of microperfusion. In group A (n = 8), bile duct, hepatic artery, and portal vein were exposed and the lesser omentum transsected thereafter. Ultrasound-volume-probes were placed around the hepatic artery and portal vein. Simultaneous measurement of hepatic microperfusion and total liver blood flow was performed five minutes after the end of liver preparation. In group B (n = 8) hepatic microperfusion was quantified 45 minutes after laparotomy without further manipulations. RESULTS: By the preparation, liver perfusion was significantly reduced in group A from 78 +/- 13 ml/100g/min to 61 +/- 16 ml/100g/min. After preparation a total liver blood flow of 137 +/- 46 ml/100g/min was recorded indicating a shunt fraction of 51 +/- 21%. In contrast, hepatic microperfusion in group B remained at baseline during the whole observation period (79 +/- 3 ml/100g/min vs. 78 +/- 5 ml/100g/min). CONCLUSION: In-situ liver preparation induces a relevant disturbance of hepatic microcirculation. Preservation perfusion shortly after surgical manipulation could become ineffective because of an increase in shunt flow. If the regeneration period is too short, e.g. lack of heart explantation, the quality of the liver graft could be limited.

510 ■ Effect of CD44v6 on survival in colorectal carcinoma letter; comment
Koretz-K; Möller-P; Lehnert-T; Hinz-U; Otto-HF; Herfarth Ch.
Lancet.1995 Feb 4; 345(8945): 327-8.

511 ■ Endothelin 1/2 and Big-Endothelin Concentration in Bile Samples During the Early Postoperative Period After Liver Transplantation
Kraus, Th., E. Klar, A. Mehrabi, J. Bleyl, M. Aulmann, B.R. Osswald, Ch. Herfarth, G. Otto
Transplantation Proc 27 (1995) 1258-1260
Endothelin 1/2 (ET) has been measured in systemic circulation and found elevated in various disease states and after orthotopic liver transplantation (OLT). Nevertheless, a predominantly paracrine secretion mode of the vasoconstrictory peptides is favoured. ET can also be detected in different extravasal body fluids, such as urine, bronchial lavage fluid, hepatic cyst fluid, and liquor cerebrospinalis. Furthermore, it has been found in the effluent of liver grafts after cold storage and in UW storage solution of kidney allografts. According existing data, possible sources of ET secretion not exclusively include vascular mesenchyme but also epithelium of different localisation. As a strong and sustained constrictory effect of ET on smooth muscle cells and related contractile cells of ubiquitary localisation is apparent, locoregional regulatory functions, which effect parenchymous microcirculatiqn and motility of various physiological ducts or tubes, are postulated and supported by multiple experimental investigations.

512 ■ Validation and differentiation of endothelin 1/2 and big- endothelin immunoreactivity detected in human bile by HPLC (Abstract)
Kraus, Th., M. Schuller, F. Klee, M. Bredt, A. Mehrabi, G. Hartter, A. Mißbichler, Ch. Herfarth
Gut 37, Suppl. 2 (1995) A 100
Hepatic secretion of Endothelin (ET) by sinusoidal and biliary epithelial cells has been documented. High levels of biliary ET, correlating with primary graft function were previously published after liver transplantation {OLT). ET-peptides possess a strong cholestatic effect in vivo. We evaluated biliary ET and big-ET immunoreactivity by RIA (FA Biomedica Vienna) in two clinical collectives (Samples from the gall bladder of 31 patients during cholecystectomy (CC) and T-tube-samples from 21 patients after uncomplicated OLT. ET detected by RIA in bile extracts was compared with ELISA data (FA Biomedica Vienna) and validated with HPLC-technology, using purified ET-1, ET-2, ET-3 and big-ET peptides as references in chromatography. Mean ET/big-ET concentration during CC (ET: 153.7 + 103.7 pg/ml; big-ET: 322.9 + 123.7 pg/ml) was significantly higher compared to values after OLT (ET: 37.3 + 24.5 pg/ml: big-ET: 136.1 + 54.6 pg/ml, $p <$ 0.0003. Plasma levels only ranged from 0.4-5.7 pg/ml (ET). respective 6.0 +35.4 pg/ml (big-ET) and were significantly lower compared to simultaneous biliary ET concentrations in both collectives ($p < 0.00017$. Synchronous ET and big-ET levels in bile samples were correlated by linear regression ($R = 0.8$, $p < 0.0017$. No correlation was found between biliary and systemic ET/big-ET levels nor with the degree of local gall bladder inflammation during CC. Elution profiles of synthetical ET-peptides and biliary extracts were identical in HPLC. ELISA and RIA data in HPLC fraction showed a good correlation. According to the HPLC eluation profile. ET-1 is the dominant ET-peptide in human bite. Interestingly, no big-ET-fragment couid be detected. The elution profile of bile extracts further demonstrated additionai signals (in fraction 29-34) pointing to other ET-propeptides or hepatic ET-metabolites so far not specified.
HPLC bile elution profiles also state the existance of

comparably high amounts of immunoreactive ET and big-ET in human bile. The data suggest to a potential role of ET peptides in the requlation of bile duct motility. High biliary ET levels could contribute to functional cholestatic syndromes, often encountered after OLT. Treatment with ET-antagonists couid improve bile flow under such circumstances.

513 ▪ Prognostic factors in orthotopic liver transplantation (Abstract)

Kriesche, B., S. Post, Ch. Herfarth, G. Otto
Gut 37, Suppl. 2 (1995) A 136

The purpose of this study was to assess pre- and postoperative risk factors in orthotopic liver transplantation (OLT).
The first 50 patients with cirrhosis transplanted at our clinic were included in this retrospective analysis. In 47 patients all required data were available. Laboratory, clinical and intraoperative data as well as Child and Theuer classification were evaluated with regard to patient survival, graft survival and occurrence of acute rejection. Statistical methods: Fisher's exact test, Kaplan-Meier, Cox-model, linear and loglinear regression.
1. Two-year patient and graft survival was 66 and 58%, respectively. 2. The evaluated laboratory parameters, age, sex, previous laparatomies, ascites, encephalopathy. variceal bleeding, cardiorespiratory function, catabolism, duration of cold graft ischemia, preservation solution and portal hypertension did not have any influence on survivel. 3. Infections prior to OLT, amount of intraoperative substitution of red blood cells and plasma and graft quality (as expressed by time zero biopsy) had a high impact on both graft and patient survival ($p = 0.0008$; 0.013; 0.007: 0.0001, respectively) 4. There was a tendency towards improved survival in younger patients without infection and with Theuer-index > 27.
Graft quality, units of red blood cells and plasma required during surgery and pre-existing infections were the only variables with influence on graft and patient survival in OLT.

514 ▪ Analsphinkter-Segmentanalyse nach ileoanaler Pouchanlage durch 3D-vectorvolume-manometry

Krösen, A.J., J. Stern, H.J. Buhr, Ch. Herfarth
Langenbecks Arch Chir (Chir Forum '95) Springer Berlin Heidelberg, 669-672

Bei 50 Patienten wird vor und nach ileoanaler Pouchanlage eine 3D-Vektorvolumenmanometrie durchgehührt. Die manometrischen Daten weisen die bekannte Tatsache einer postoperativen Reduktion des analen Ruhe- und Kontraktionsdrucks nach (Ruhedruck 83,5 +/- 24,4 auf 58,1 +/- 18,0 mmHg; Kontraktionsdruck 204,7 +/- 63,3 auf 173,4 +/- 50,6 mmHg). Außerdem wird eine signifikante Abnahme des Vektorvolumens und eine signifikante Zunahme der radialen Asymmetrie (Ruhe 11,5 +/- 4, 1 auf 18,4 + 7,4 %; Kontraktion 9,6 + 3, 1 auf 13,0 +/- 6,7 %) beobachtet.
Über eine Analsphinkter-Segmentanalyse der proximalen und caudalen Analsphinkteranteile läßt sich keine lokalisierte Schädigung der proximalen Sphinkteranteile feststellen, was eine intraoperative neurogene Sphinkterschädigung impliziert.

515 ▪ Incontinence after ileo-anal pouch anastomosis-diagnostic criteria and therapeutic sequelae

Krösen-AJ; Stern-J; Buhr-HJ; Herfarth Ch.
Chirurg.1995 Apr; 66(4): 385-91.

After ileo-pouch-anal anastomosis (IPAA) there is an increased risk of incontinence due to intraoperative damage of the anal sphincter. We present a new concept to identify a potential incontinence prior to the closure of ileostomy by clinical and anal manometrical examinations. In 11 of 121 (9.1%) patients we diagnosed a potential incontinence. By biofeedback training we could achieve in this way a sufficient continence after the closure of ileostomy. After an average of 5.0 +/- 4.3 months of training rest pressures improved from 19.3 +/- 2.1 mmHg to 33.0 +/- 3.5 mmHg and squeeze pressures from 60.5 +/- 27.7 mmHg to 93.5 +/- 17.3 mmHg. Prior to IPAA patients with potential incontinence show significantly reduced rest pressures of 51.0 +/- 18.4 mmHg.

516 ▪ Endoscopic transanal microsurgery for local excision of rectal tumors (Abstract)

Kuntz, Ch., F. Glaser, Ch. Herfarth
Gut 37, Suppl. 2 (1995) A 62

For local excision of rectal tumors the Endoluminal Technique of transanal endoscopic Microsurgery (TEM) has been used. This study contents the advantages, possibilities and side effects of this technique.
Methods and patients: The operative equipment for TEM consists of a rectoscope with a diameter of 40 mm in two different lengths. A stereocopic endoscope for direct vision is to be brought through the rectoscope. Several surgical instruments which cover all needs of dissection and suturing in the rectum can be placed in the rectum for air-tight working channels in the cover of the rectoscope. A unit for insufflation, rinsing, defined suction and coagolation completes the equipment.
Results: From January 1987 to December 1994 82 patients with rectal tumors were operated by TEM. 60

sessile adenomas, 12 pT1 carcinomas. 6 pT2 and 1 T3 carcinoma. 2 carcinoid tumors and 1 neurofibroma were locally excised. 79% of the tumors were localized in the middle third and 11% in the upper third of the rectum. Histological examination showed in 71 of 82 patients a tumor free resection line. In 11 cases excessive coagulation prevented exact histological classification The mortality rate was 0%. 2 patients had a dehiscence in the running suture. 1 postoperative bleeding occurred In 4 cases a transitory fecal incontinence was observed and 1 Patient developed a rectovaginal fistula. Of the 60 patients with sessile adenomas 1 developed a stenosis of the rectum. Of the 21 patients with a carcinoma only 3 patients had a recurrence after local excision (2 pT1, 1 pT2).
Conolusion: TEM is the treatment of choice for sessile adenomas and low risk T1 - carcinomas of the rectum, especially the middle and upper third of the rectum where conventional surgical methods don't reach the tumor. It has a low morbiditv and meets the requirements of minimal invasive surgery.

517 ▪ Kombinierte Expression von menschlichem Interleukin 2 (hIL-2) und Cytosin Deaminase (CD) - Bedeutung als Sicherheitsfaktor und Ansatz für eine Chemo-Immunotherapie

Kunze, E., J. Gebert, G. Schackert, Ch. Herfarth, S. Kunze, H.K.Schackert

Langenbecks Arch Chir (Chir Forum '95) Springer Berlin Heidelberg, 501-504

Wir haben das Gen für humanes Interleukin-2 (hIL-2) und Cytosin Deaminase (CD) in ein Expressionsplasmid kloniert und nach Transfer in der menschlichen Glioblastomlinie TI I 15 exprimiert.
Ein Plasmidvektor, der die Gene für hIL-2 und CD enthält, hat zwei Einsatzmöglichkeiten. Einerseits kann der Vektor für eine kombinierte Chemo-Immuntherapie genutzt werden. Andererseits ist die Koexpression von Cytosin Deaminase generell ein Sicherheitsfaktor bei der Gentherapie. Zellen, deren hIL-2 Expression unerwünscht wird oder außer Kontrolle gerät, werden durch die Gabe von 5-FC zerstört und die hIL-2 Produktion irreversibel abgeschaltet.

518 ▪ Therapeutic modalities and prognostic factors for primary and secondary liver tumors.

Lehnert-T; Otto-G; Herfarth Ch.

World-J-Surg. 1995 Mar-Apr; 19(2): 252-63.

During the past decade considerable progress has been reported in the treatment of primary and secondary hepatic malignancies. Refined techniques in surgery, transplantation, radiotherapy, and chemotherapy apparently have made the delivery of treatment safer. At the same time improved understanding of tumor biology has been incorporated in treatment strategies. More recently specific and nonspecific, active and passive immunotherapies have excited wide interest, and information from the first randomized studies is now available. We review current treatment options for primary and secondary hepatic malignancies in an attempt to extract plausible treatment guidelines and to identify promising future directions.

519 ▪ Measurement of blood flow in pancreatic exchange capillaries with FITC-labeled erythrocytes.

Mithofer-K; Schmidt-J; Gebhard-MM; Buhr-HJ; Herfarth Ch.; Klar-E

Microvasc-Res. 1995 Jan; 49(1): 33-48.

Characterization of pancreatic capillary blood flow by in vivo microscopy has been limited by technical shortcomings associated with the use of plasma tracers and the lack of quantitative data. Therefore, fluorescent-labeled erythrocytes were evaluated for quantitation of pancreatic capillary blood flow in rats in physiological state and under defined conditions of increased and impaired pancreatic blood flow. Physiological blood flow was 1.21 +/- 0.06 nl/min per capillary with stable capillary perfusion pattern. Reduction of pancreatic blood flow by decreasing systemic arterial pressure to 60 mmHg through controlled hemorrhage produced a profound decrease of volumetric flow to 0.21 +/- 0.05 nl/min ($P < 0.05$). The number of perfused capillaries was reduced to 52 +/- 8% of baseline ($P < 0.001$) and the intermittent perfusion pattern was altered in 26 +/- 5% ($P < 0.001$) of observed capillaries. Stimulation of pancreatic perfusion with intravenous secretin (5 CU/kg/hr) induced a transient decline to 0.94 nl/min ($P < 0.05$) followed by a continuous increase to 2.39 nl/min ($P < 0.001$). The intermittent flow pattern was modified in 15 +/- 3% of capillaries ($P < 0.05$). Fluorescent-labeled erythrocytes provide unique and reliable qualitative and quantitative data about pancreatic microcirculatory changes. Confinement of the fluorescent tracer to erythrocytes prevents extravasation and minimizes phototoxicity, thereby improving intravital analysis of blood flow in pancreatic exchange capillaries.

520 ▪ Restorative proctocolectomy with ileoanal J-pouch in symptomatic children with familial adenomatous polyposis coli(FAP). Indications and results

Möslein-G; Kadmon-M; Friedl-W; Herfarth Ch.

Chirurg. 1995 Jun; 66(6): 612-8.

Familial adenomatous polyposis (FAP) is a genetic

disorder leading to the early development of numerous polyps of the entire colorectum. First polyps usually emerge in puberty and cause symptoms in the third and fourth decade of life when a malignant transformation of the adenomas via an adenoma-carcinoma-sequence has often already occurred. Extracolonic manifestations and age of onset of the disease show a wide range of variability rendering the establishment of unequivocal standards for the timing of diagnostic, prophylactic and therapeutic modalities difficult. We report the cases of two unrelated children who presented with severe symptomatic, pancolonic polyposis already at the age of 3. Molecular diagnostics revealed a ‚new mutation' in one case, the other child had a family history for FAP. Rapid progression of the disease with anemia and slight growth retardation were the indications for prophylactic surgery at the age of 7. The operative procedure performed was restorative proctocolectomy followed by an ileal pouch-anal anastomosis. Both children developed small bowel adhesions that forced us to perform an early closure of the protective ileostomy 3 weeks postoperatively. The subsequent course was uneventful. The children are now thriving and lead a normal social life. After only 3 months their stool frequency ranged between 2 and 5 times daily.

521 ▪ Ischemic type lesions of the bile ducts after liver transplantation: 2 years results

Otto-G; Roeren-T; Golling-M; Datsis-K; Hofmann-WJ; Herfarth Ch.; Theilmann-L

Zentralbl-Chir.1995; 120(6): 450-4.

Ischemic type lesions (ITL) after orthotopic liver transplantation are characterized by bile duct necroses leading to alterations of the ductal lumen, biliary leakage, cast formation and, thereby, to cholestasis. After exclusion of causative factors, such as arterial thrombosis, ABO incompatibility and chronic rejection, ITL occurred in 21 of 165 patients. The rate of ITL after UW preservation was higher (25%) in grafts preserved for > 10 hours in comparison to < 10 hours (7%; $p < 0.05$). Treatment consisted of endoscopic and percutaneous intervention, surgical revision and retransplantation. Retransplantation is indicated in many patients with lesions of extra- and intrahepatic bile ducts (type A). Other methods are of palliative character and may only be successful in type B (extrahepatic) lesions. Morbidity in patients with ITL is considerable. In comparison to patients without ITL, mortality, however, is not increased.

522 ▪ Modes of reperfusion in clinical liver transplantation.

Post-S; Bleyl-J; Golling-M; Herfarth Ch.; Otto-G

Langenbecks-Arch-Chir.1995; 380(1): 53-7.

A retrospective analysis of 60 orthotopic liver transplantations was performed to elucidate the effect of three types of rinse solutions (Ringer's solution, modified Carolina rinse, and autologous blood) and two types of revascularization (simultaneous vs sequential portal and arterial reperfusion) on various parameters of early postoperative graft function. The only statistically significant association revealed by multivariate analysis was a positive correlation between donor age and SGOT/SGPT peak levels postoperatively. In this limited sample no beneficial properties of Carolina rinse and/or simultaneous arterialization were verified. Despite modifications of reperfusion, there were 2 cases of primary nonfunctioning graft. However, these cases were associated with elderly donors, prolonged cold storage and, in 1 case, marked steatosis. Large-scale prospective trials are required to verify or disprove experimental data on the use of varying modes of reperfusion.

523 ▪ Experience with ileostomy and colostomy in Crohn's disease.

Post-S; Herfarth Ch.; Schumacher-H; Golling-M; Schürmann-G; Timmermanns-G

Br-J-Surg.1995 Dec; 82(12): 1629-33.

This study involved 746 patients with Crohn's disease treated surgically within a 13-year interval in whom 227 stomas (159 primary, 68 secondary) were created. The main indication (64 per cent) for primary stoma was severe perianal or genital fistulous disease. Revisional surgery for stomal complications was more common following colostomy than ileostomy (31 versus 5 per cent, $P < 0.01$). Twenty years after the first symptoms of Crohn's disease the cumulative risks of receiving any stoma or a permanent stoma were 41 and 14 per cent respectively. Four parameters were shown by proportional hazards analysis to be independently associated with the risk for any stoma as well as a permanent one; increased risk coincided with rectal inflammation, perianal fistula or abscess, and absence of small intestinal involvement. In addition, long-standing symptomatic disease before the first surgical intervention reduced the risk of a permanent stoma. The long-term chances of closure following temporary stoma were 75 per cent when used for anastomotic protection or avoidance, 79 per cent after postoperative complications, and 40 per cent for perianal or genital fistulas or for rectal inflammation or stenosis. Rectal disease and perianal fistula were the only independent predictors of a low possibility of stoma closure during follow-up.

524 ■ Subjective assessment of quality of life, pain and surgical success after laparotomy for Crohn disease

Post-S; Kunhardt-M; Herfarth Ch.
Chirurg. 1995 Aug; 66(8): 800-6.

239 patients following major surgery for Crohn's disease (mean 8 years after first operation) were interviewed by mailed questionnaire. Main target parameters included reduction of quality of life, intensity/frequency of abdominal pain, and grading of success of the most recent operation for Crohn's disease. These targets were correlated in univariate as well as multivariate statistics with 28 different parameters of general medical history, surgical pretreatment, actual somatic and psychosocial findings. Reduction of quality of life correlated with stool frequency, employment status, rectal involvement, hematochezia, liquid stools, extraintestinal manifestations and time since first operation (all with $p < 0.05$ in multivariate analysis; listed in decreasing levels of significance). Abdominal pain at time of interview was significantly associated with actual intake of corticosteroids, stool frequency, employment status, extraintestinal manifestations, dietary restrictions, and number of previous operations (other than laparotomies). Regarding success of most recent laparotomy important parameters included stool frequency, intake of corticosteroids, number of previous laparotomies, hematochezia, and history of enterostomy. Overall, parameters of disease activity were found to be more important than characteristics of medical history or previous surgery. Despite marked symptoms in many cases 92% of the patients regarded the most recent laparotomy to be fully or partially successful. The results provide direct and indirect evidence that besides momentary disease activity the individual personality profile may be far more important than type and number of previous surgery in coping with this chronic disease.

525 ■ Deletion mapping defines different regions in 1p34.2-pter that may harbor genetic information related to humancolorectal cancer.

Praml-C; Finke-LH; Herfarth Ch.; Schlag-P; Schwab-M; Amler-L
Oncogene. 1995 Oct 5; 11(7): 1357-62.

Cytogenetic and molecular analyses of colorectal cancer cells have revealed deletions at 1p as prominent alterations, suggesting that genetic information on the short arm of chromosome 1 has a role in tumorigenesis. In this study we have used 33 microsatellite markers to fine map deletions at 1p in primary colorectal carcinomas. We found 1p-deletions in 84% of the cases (31/37). High frequencies of loss of heterozygosity (LOH), often the result of small independent interstitial deletions in the same tumor, defined three regions, that may harbor genetic information relevant for colorectal cancer: (i) region A between D1S243 and D1S468 (7cM; 1p36.3); (ii) region B between D1S436 and D1S199 (7cM; 1p35.1-36.31) and (iii) region C between D1S496 and D1S255 (1cM; 1p34.2-35). In addition we identified seven cell lines with LOH at 1p, all of which have deletions that span at least from the distal border of region A to the proximal border of region C.

526 ■ Effekto von subcutan appliziertem rekombinantem humanen Erythropoietin (rhEPO) auf die Zahl präoperataiver Eigenblutspenden beim Rektumkarzinom

Rau, B., F. Willeke, W. Franke, Ch. Herfarth, P.M. Schlag
Langenbecks Arch Chir (Chir Forum '95) Springer Berlin Heidelberg, 259-263

Im Rahmen unserer placebo-kontrollierten randomisierten doppelblind Multizenter-Studie konnten wir zeigen, daß durch subcutan appliziertes rekombinantes humanes Erythropoetin (rhEPO) im Vergleich zu einer Placebo-Kontrollgruppe das Gesamtvolumen der Eigenblutspende signifikant höher (p-Wert 0,0228) in der rhEPO-Gruppe gegenüber der Kontrollgruppe war. Die Patienten erhielten nach Randomisation in der 2 wöchigen Therapiephase von Tag 0 bis Tag 10 200 IU/kg KG rhEPO ($n = 28$) bzw. Placebo ($n = 26$) subkutan. Am Tag 14 erfolgte die Operation in Form der anterioren Rektumresektion ($n = 30$) oder der abdomino perinealen Rektumextirpation ($n = 20$). FremdbluttransPusionen erfolgten in 19% der Patienten der rhEPO-Gruppe gegenüber der Kontrollgruppe mit 39% Fremdbluttransfusionen bei einem vergleichbaren Blutverlust. Unerwünschte Ereignisse, die sich auf das Präparat beziehen lassen, traten nicht auf.

Anhand unserer Ergebnisse besteht die Möglichkeit mit Hilfe von subcutan appliziertem rhEPO das Blutvolumen im Rahmen präoperativer Eigenblutspenden innerhalb von 11 Tagen signifikant zu erhöhen. Hiermit läßt sich das Risiko, das mit einer Fremdbluttransfusion verbunden ist, deutlich reduzieren.

527 ■ Perioperative Tenascin serum levels in ulcerative colitis and total coloproctomucosectomy (Abstract)

Riedl, St., A. Tendara, U. Hinz, P. Möller, H. Bodenmüller, H.J. Buhr, A. Faissner, Ch. Herfarth
Gut 37, Suppl. 2 (1995) A 63

Tenascin (TN) is an extracellolar matrix molecule

mainly produced by fibroblasts. In normal colorectal mucosa TN is expressed in low concentration. Its distribution is restricted to parts of the basal lamina and lamina propria adjacent to the mucosal surface. In infllammatory and neoplastic discuses TN produchon is increased. We investigated serum concentrations of TN in paticnts with ulcerative colitis and determined perioperative TN serum levels in cases of total coloproctomucosectomy.
TN serum levels were analyzed in 54 patients using a double-sided-sandwich ELISA The results were compared to conventional parameters of inflammatory bowel disease and the clinical course. Statistic analyses were performed using Mann-Whitney U-test. and Fisher's exact test.
We found a significantly increased level of TN in the serum of patients with ulcerative colitis compared to normal controls ($p < 0.0001$) Two weeks after total coloproctomucosectomy TN serum levels decreased ($p < 0{,}05$). Twelve weeks postoperatively the TN serum levels were lower (n.s.), but did not reach normal values ($p < 0{,}005$).
This is the first report about increased TN serum levels in patients with ulcerative colitis. The correlations to conventional parameters of inflammatory bowel disease will be further investigated. Total surgical removal of the colon significently reduces TN serum levels. However, postoperative TN serum levels did not reach a normal range. This result may reflect the systemic involvement in cases of ulcerative colitis.

528 ▪ Significance of tenascin serum level as tumor marker in primary colorectal carcinoma.

Riedl-S; Bodenmuller-H; Hinz-U; Holle-R; Möller-P; Schlag-P; Herfarth Ch.; Faissner-A
Int-J-Cancer.1995 Feb 20; 64(1): 65-9.

Tenascin serum levels were evaluated in 118 patients with primary colorectal carcinoma and in a control group of 51 healthy persons in a double-sided sandwich ELISA. The data were correlated with post-operative TNM-staging. Patients with colorectal carcinomas had significantly higher serum levels of tenascin than the control group. At the 95% level of specificity, sensitivity was 25%. Tumor grading obviously had no influence on the level of tenascin in serum. With increasing pT-category, tenascin levels increased as well. In patients with distant metastatic disease, serum tenascin levels were significantly higher than in patients without distant metastases. These data suggest that, in colorectal carcinoma, the preoperative level of serum tenasin reflects the total tumor burden and correlates with metastatic disease. Our observation warrants a prospective study of the relevance of tenascin serum levels with regard to prognosis and as an indicator of relapse.

529 ▪ Bakterielle Translokation durch Hemmung der bilio-pankreatischen Sekretion

Runkel, N., U. Meistermann, N. Senninger, H. Buhr, Ch. Herfarth
Langenbecks Arch Chir (Chir Forum '95) Springer Berlin Heidelberg, 433-436

Die Arbeit untersucht den Einfluß der Inhibition der Sekretion von Galle und Pankreassaft auf den Darm hinsichtlich Motilität (Dünndarmpropulsion), bakterieller Mikroflora und extraintestinaler Translokation von darmständigen Bakterien. Die Inhibition der biliopankreatischen Sekretion wurde bei der Ratte operativ durch Obstruktion oder externe Ableitung der Sekretion erzielt. Die Inhibition der Sekretion führte zu einer drastischen Reduktion der Darmmotilität und signifikanten
Veränderung der intestinalen Bakteriostase mit bakterieller Fehlbesiedlung und extraintestinaler Translokation darmständiger Bakterien. Da die Motilität die intestinale Bakteriostase bekanntermaßen reguliert, zeigen die Ergebnisse zum ersten Mal, daß die biliopankreatische Sekretion ein wichtiger Regulationsmechanismus für Motilität und Mikroflora ist. Da die bakterielle Translokation ein früher Schritt in der Entwicklung der Sepsis ist, muß die Inhibition der biliopankreatischen Sekretion als ein pathogenetischer Faktor der Sepsisentstehung betrachtet werden.

530 ▪ Prätherapeutische Cystostatica Sensibilität-Testung des Mammacarcinoms.

Schlag, P., G. Geier, J. Veser, D. Breitig, M. Betzler, Ch. Herfarth
Langenbecks Arch. Chir. (Suppl.) Chirurgisches Forum '78, 231-234

531 ▪ Dextran induziert eine spezifische Verbesserung der reduzierten Pankreasmikrozirkulation bei nekrotischer Pankreatitis

Schmidt, J., H. Hotz, Th. Foitzik, C. Langer, Ch. Herfarth, E. Klar
Langenbecks Arch Chir (Chir Forum '95) Springer Berlin Heidelberg, 427-432

Frühere Studien haben gezeigt, daß verschiedene Dextrane die azinäre Nekroserate und Mortalität bei nekrotisierender Pankreatitis signifikant reduzieren. Die vorliegende Studie analysiert die Wirkung von Dextranen auf die Pankreasmikrozirkulation bei nekrotisierender Pankreatitis der Ratte.
Die o. g. Dextranpräparationen bewirken eine spezifische Verbesserung der eingeschränkten Pankreasmikro-

zirkulation bei experimenteller nekrotisierender Pankreatitis. Diese Wirkung ist weitgehend unabhängig von Konzentration und Molekulargewicht und bildet die Grundlage der klinischen Anwendung von Dextranen bei Pankreatitiskranken.

532 ▪ Intravenous contrast medium aggravates the impairment of pancreatic microcirculation in necrotizing pancreatitis in therat.
Schmidt-J; Hotz-HG; Foitzik-T; Ryschich-E; Buhr-HJ; Warshaw-AL; Herfarth Ch.; Klar-E
Ann-Surg.1995 Mar; 221(3): 257-64.
BACKGROUND: Previous reports demonstrated that radiographic contrast medium, as used in contrast-enhanced computed tomography, increases acinar necrosis and mortality in experimental pancreatitis. The authors studied the possibility that these changes may be related to an additional impairment of pancreatic microcirculation. METHODS: Fifty Wistar rats had acute pancreatitis induced by intraductal glycodeoxycholic acid (10 mmol/L for 10 min) and intravenous cerulein (5 micrograms/kg/hr for 6 hrs). After rehydration (16 mL/kg), pancreatic capillary perfusion was quantified by means of intravital microscopy at baseline before intravenous infusion of contrast medium (n = 25) or saline (n = 25), and 30 and 60 minutes thereafter. In addition to total capillary flow, capillaries were categorized as high- or low-flow (> or < 1.6 nL/min). RESULTS: Pancreatic capillary flow did not change in either high- or low-flow capillaries after saline infusion. However, contrast medium infusion induced a significant decrease of total capillary flow ($p < 0.001$). Analysis according to the relative flow rate revealed that this was primarily because of a significant additional reduction of perfusion in low-flow capillaries ($p < 0.0001$). Furthermore, complete capillary stasis was observed in 15.9 +/- 3.4% after contrast medium as compared with 3.2 +/- 1.2% after saline infusion ($p < 0.006$). CONCLUSION: Radiographic contrast medium aggravates the impairment of pancreatic microcirculation in experimental necrotizing pancreatitis.

533 ▪ In situ Expression von Zelladhäsionsmolekül P-Selektin bei M.Crohn und Colitis ulcerosa
Schürmann, G., A. Bishop, P. Facer, J. Polak, Ch. Herfarth
Langenbecks Arch Chir (Chir Forum '95) Springer Berlin Heidelberg, 659-661
Die ersten Schritte der Zelladhäsion werden durch induzierbare Adhäsionsmoleküle der Selektin-Familie auf vaskulären Endothelzellen vermittelt, so daß diese Zelladhäsionsmoleküle auch an der Pathogenese von MC und CU beteiligt sein könnten. Wir untersuchten die qualitative und quantitative Immunlokalisation von endothelialem P-Selektin an Gefrierschnitten aus aktiven Entzündungsarealen (MC = 20, CU= 13), aus histologisch unauffälligen Darmgeweben in Entzündungsnähe (MC= 10, CU= 10) und in normalen Darmgeweben (Ileum = 7, Kolon= 14). Im Vergleich zu normalem Darm fanden wir in aktiven Entzündungsgeweben einen signifikanten Anstieg der P-Selektin Immunreaktivität auf Venen ($P<0{,}0001$), Venolen ($P<0{,}0001$) und Kapillaren ($P<0{,}05$). MC und CU verhielten sich diesbezüglich gleich. In histologisch unauffälligem Darm in Entzündungsnähe war die P-Selektin Expression wie bei Gesunden, mit Ausnahme von fokalem P-Selektin Anstieg in der Nachbarschaft kleiner Lymphzellaggregate. Die Rolle von P-Selektin bei der Zelladhäsion und sein dramatischer Anstieg in Entzündungsarealen sprechen für eine Beteiligung von Selektinen an der Entstehung des zellulären Entzündungsinfiltrates. Die - tierexperimentell bereits realisierte - Blockade von P-Selektin wäre demnach ein interessantes therapeutisches Konzept bei aktivem MC und CU.

534 ▪ Glucose metabolism following liver transplantation and immunosuppression with cyclosporine A or FK 506.
Senninger-N; Golling-M; Datsis-K; Sido-B; Herfarth Ch.; Otto-G
Transplant-Proc.1995 Feb; 27(1): 1127-8.

535 ▪ Role of antioxidative glutathione und cysteine in peripheral blood in patients with inflammatory bowel disease (Abstract)
Sido, B., V. Hack, H. Eisenlohr, M. Schykowski, G. Schürmann, Ch. Herfarth, W. Dröge
Gut 37, Suppl. 2 (1995) A 99
Oxidative stress due to chronic inflammation is known to play an important pathophysiologic role in inflammatory bowel disease (IBD). Cysteine and glu tathione are important natural antioxidants with strong influences on immune activity. Aim of this study was to show, whether chronic IBD leads to a shortage of these antioxidative systems in peripheral blood.
30 surgical patients with IBD 118 with Crohns disease, 12 with ulcerative colitis that were admitted for resection of the small or large bowel were included in the study. 30 healthy individuals served as a control group. Total intracellular glutathione (tGSH) and glutathione disulfide (GSSG) were determined enzymatically in peripheral blood mononuclear cells (PBMC). Plasma samples were treated with sulfosalicyclic acid and assayed for cystine, glycine, and glutamate in an aminoacid analyzer. Cysteine was determined

spectrophotometrically as acid-soluble thiol. Values are presented as mean +SD. T-test is used for statistical analysis.
Cysteine lavels were found to be decreased (11.4 +3.5 vs. 13.6 +3.2 μM: P = 0.014), as well as cystine (39.4 +10.8 vs. 52.0 +8.8 μM P < 0.001), whereas glutamate lavels were increased (34.9 +20 vs. 24.3 : +10.5 μM P = 0.01). Glycine levels were not different. Interestingly, tGSH was increased in IBD (26.8 +8.4 vs. 21.6 +7.5 nmol/mg protein P = 0.008) with a smaller fraction of GSSG (2.5 +1.3 vs. 3.4 +1.4 nmol/mg protein: P = 0.007), so that the ratio tGSH/GSSG is 13.5 +7.8 in IBD vs. 7.1 +3.2 in controls (P < 0.001).
Although cysteine and cystine, the limiting precursors for GSH biosynthesis, are decreased and increased glutamate competitively inhibits intracellular uptake of cystine, there is no deficiency of tGSH in IBD. The fraction of oxidized GSSG is smaller in concordance with previous results of decreased glutathione peroxidase activity. These results indicate that there is no depletion of GSH in PBMC that might be indicative of oxidative stress in IBD.

536 ■ Primary sclerosing cholangitis in ulcerative colitis - risk factor for colorectal cancer (Abstract)

Timmermanns, G., U.A. Heuschen, J. Stern, Ch. Herfarth
Gut 37, Suppl. 2 (1995) A 62

An estimated 6-10% of patients with ulcerative colitis (UC) suffer from primary sclerosing cholangitis (PSC). PSC is known as a risk factor of malignancy of the common bile duct. The incidence of carcinomas of the common bile duct ranges between 1.5 and 3.0% in patients with PSC and is significantly increased in comparison to the risk in the general population estimated at 8.5-45/10^5. According to our experience PSC indicates an increased risk for malignancy not only for the common bile duct but also for colorectal cancer. Between January 1982 and December 1994 443 UC patients were treated in our hospital (median age 37.5 y: male:female = 213:230) From an UC-associated PSC suffered 16 of the 443 patients 13 6%: median age 34.6 y; male:female = 10 6). Malignancy of the common bile duct was found in 4 of 16 patients (25%) with UC-associated PSC. UC-associated colorectal cancer developed 34 of totally 443 patients (7.7%). UC-associated PSC correlated with UC-associated colorectal cancer. A total of 7 patients suffered from both UC-associated PSC and UC-associated colorectal cancer. Therefore, 43.7% of the patients with PSC had a colorectal cancer (7/16) and 20.6% (7/34) of the patients with colorectal cancer had a PSC. In a third (32.4%) of the colorectal cancer the disease developed multifocally (11/34) PSC was associated with multifocal colorectal cancer: Multifocal carcinomas were found in 4 of 7 patients (57%) suflering from UC-associated PSC. Whereas in patients without UC-associated PSC colorectal cancer was demonstrable multifocally only in 26% (7/27).
UC-patients with associated PSC exhibit an increased risk to develop malignant tumors involving not only the common bile duct but the colorectum as well. As a consequence every patient with UC has to be examined carefully with regard to PSC. It is mandatory for all UC - patients with PSC to have short term colonoscopic surveillance with random biopsies. Prophylactic proctocolectomy has to be considered early - especially in the presence of other known risk factors as long duration, early onset, extensive disease and epithelial dysplasia.

537 ■ Krebstherapie ist wirksamer geworden und weniger belastend

Wannenmacher, M., P. Drings, Ch. Herfarth
Ärztliche Allgemeine 5, 9 (1995) 15-18

538 ■ Specific advantages of dextran compared to other colloids in the treatmetn of acute necrotizing pancreatitis of the rat.

Werner, J., J. Schmidt, M.M. Gebhard, Ch. Herfarth, E. Klar
Gut 37, Suppl. 2 (1995) A 101

Necrotizing pancreatitis is characterized by a substantial decrease of pancreatic microcirculation. Previous studies have demonstrated a protective effect of dextrans on microcirculation, acinar necrosis and mortality. This study investigates the effect of dextran compared to the standard therapy and alternative colloids.
Necrotizing pancreatitis was induced in 60 dextran-tolerant Wistar rats (dxdx Ph-) by intraductal glycodeoxycholic acid (10 mM/I) and intravenous caerulein (5 μg/kg/h) for 6 hours. Control animals received intraductal and intravenous saline. 6 hours after the intraductal induction of pancreatitis animals were assigned to five groups (n = 10/group): Ringer (32 ml/kg): Gelatine, HAES or Dextran (8 ml/kg). Additionally isovolemic hemodilution (IHD) with dextran was done by infusion of 4 ml/kg dextran before performing the IHD with dextran (8 mlhg). After death or sacrifice at 24 hours acinar necrosis was quantified.
Intravenous infusion or IHD with dextran reduces acinar necrosis and improves survival rate in acute necrotizing pancreatitis. Treatment with Ringer or alternative colloids is significantly less effective.

539 ■ Die intraoperative Strahlentherapie im Behandlungskonzept retroperitonealer Weichteil-

gewebesarkome
Willeke, F., M.J. Eble, Th. Lehnert, M. Schwarzbach, U. Hinz, M. Wannenmacher, Ch. Herfarth
Chirurg 66 (1995) 899-904
Maligne Weichgewebetumoren des Retroperitoneums zeichnen sich durch eine hohe lokale Rezidivrate aus. Für die Applikation einer externen Radiotherapie nach chirurgischer Resektion ist eine verbesserte lokale Tumorkontrolle beschrieben, begrenzt wird diese Methode aber durch umgebende strahlensensible Strukturen. Seit 1991 konnten wir 11 Patienten nach chirurgischer Resektion mit einer intraoperativen Strahlentherapie behandeln. Wir berichten über Morbidität und frühe Nachbeobachtung im Vergleich zu konventionell therapierten Patienten aus dem Zeitraum 1/1988-12/1993. Im Gesamtzeitraum wurden 25 Patienten operiert (Durchschnittsalter 53 Jahre). An histologischen Diagnosen war das Liposarkom führend, zum Therapiezeitpunkt befanden sich 45% der Patienten im UICC Stadium IIB (T2 G2 NO MO), bei 19 % lag bereits eine Fernmetastasierung vor. Makroskopische Tumorfreiheit konnte bei 55 % erreicht werden, 16 % wiesen makroskopische Tumorreste auf und 29 % zeigten in der histologischen Aufarbeitung eine R1-Situation. Bei 11 Patienten wurde eine intraoperative Radiotherapie mit im Mittel 18 Gy appliziert. Eine fraktionierte postoperative Dosisaufsättigung erfolgte mit im Mittel 40,4 Gy bei 8 Patienten. Im Vergleich der mit IORT vs. ohne IORT therapierten Patienten zeigten sich keine Unterschiede hinsichtlich der Verteilung der aus der Literatur bekannten Prognosekriterien. In der Analyse der perioperativen Morbidität sahen wir keine Unterschiede in beiden Gruppen. Bei 14 aufgetretenen Rezidiven mit einer mittleren Nachbeobachtungszeit von 24 Monaten zeigte sich mit einem p = 0,082 ein Trend zur besseren Tumorkontrolle in der IORT-Gruppe. Eine Auswirkung auf das Gesamtüberleben war zum Auswertungszeitpunkt nicht nachweisbar. Die IORT nach chirurgischer Resektion und in Kombination mit postoperativer Dosisaufsättigung bietet einen überzeugenden theoretischen Ansatz zur Verbesserung der lokalen Tumorkontrolle bei Patienten mit retroperitonealen Sarkomen. Eine Auswirkung auf die peri- und postoperative Morbidität wurde nicht beobachtet.

540 ▪ Intraoperative radiotherapy within the treatment concept of retroperitoneal soft tissue sarcomas
Willeke-F; Eble-MJ; Lehnert-T; Schwarzbach-M; Hinz-U; Wannenmacher-M; Herfarth Ch.
Chirurg. 1995 Sep; 66(9): 899-904.
Sarcomas of the retroperitoneum are characterized by a high rate of local recurrence. External beam radiotherapy is known to improve local control after surgical therapy. To increase local dosage of radiotherapy without affection of sensitive structures we applied intraoperative radiotherapy (IORT) since 1991 in a dedicated operative unit. To compare morbidity and tumor control we used a partly historic control group of patients treated since 1988 for retroperitoneal soft tissue sarcoma. 25 patients with a mean age of 53 years were operated. Tumor histology was dominated by liposarcoma and leiomyosarcoma, UICC stage IIB (T2 G2 N0 M0) was present in 45% of cases. Distant metastasis were diagnosed in 19% at therapeutic intervention. Tumor free margins were achieved in 55% while 29% showed microscopic and 16% macroscopic tumor residues after surgical intervention. 11 patients received IORT with a mean of 18 Gy, eight of those patients were treated additionally with a mean of 40,4 Gy externally. There were no differences in distribution of known risk factors for recurrence in the group of patients treated with or without IORT. The analysis showed no difference for perioperative morbidity. Tolerance for IORT and additional external beam radiotherapy was good. Local tumor control tended to be improved by IORT (p = 0.082) while overall survival was not affected at a mean follow-up of 24 months.

541 ▪ Lynch-Syndrom: Molekulare Diagnose und ihre Bedeutung für die chirurgische Therapie
Bähring, J., J. Gebert, B. Leichtweis, F. Fischer, M. Kadmon, K. Koretz, P. Möller, M. v. Knebel Doeberitz, Ch. Herfarth
Langenbecks Arch Chir Suppl I (Forumband) 1996, 435-437
Das Lynch Syndrom (HNPCC) ist ein familiäres Krebsdispositionssyndrom, verursacht durch Keimbahnmutationen in DNA-Reparaturgenen (hMSH2, hMLH1, hPMS1, hPMS2). Molekularbiologisch zeichnen sich im Rahmen dieses Syndroms auftretende Tumoren durch multiple DNA-Replikationsfehler (RER+Phänotyp) aus. Im Laufe eines Jahres wurden 57 Patienten mit kolorektalem Karzinom und anamnestischen Hinweisen auf Vorliegen von HNPCC identifiziert. Sie werden sukzessive einer molekularbiologischen Analyse (Mikrosatelliten-DNA-Analyse, In-vitro-Transkription-Translation und Sequenzanalyse in hMSH2 bzw. hMLH1) unterzogen. Bislang konnte die Untersuchung in 11 Fällen nahezu abgeschlossen werden. 5 Tumoren wurden dem RER+Phänotyp zugeordnet. Bei zwei Patienten konnte die für die Manifestation der Erkrankung relevante Mutation nachgewiesen werden. Drei RER+Patienten wiesen keine Veränderungen in hMSH2 oder hMLH1 auf. Eine genetische Beratung basierend auf molekularen Daten ist zur Zeit nur bei einem Teil

der HNPCC-Patienten möglich. Die Fortführung unserer Studie soll zeigen, inwieweit die molekulare Diagnostik die chirurgische Therapie von HNPCC-Patienten und die Beratung ihrer Verwandten verbessern kann.

542 ▪ Changes in fecal bile acid excretion after proctocolectomy

Bruwer-M; Stern-J; Stiehl-A; Herfarth Ch.
Z-Gastroenterol.1996 Feb; 34(2): 105-10.

To study the effect of total colectomy for fecal bile acid excretion we examined groups of patients with ulcerative colitis and familial adenomatous polyposis coli 4,8 +/- 2.9 years after surgery. Patients after total colectomy showed a significant higher fecal bile acid excretion compared to healthy persons (mean +/- SD: 190.8 +/- 195.2 mumol/d). The highest fecal output occurred in patients with permanent ileostomies (mean +/- SD: 7595.0 +/- 5651.4 mumol/d), it was significantly higher compared to patients with ileoanal pouch anastomosis (mean +/- SD: 2212.8 +/- 2132.8 mumol/d). The daily fecal output of patients with ileorectal anastomosis (mean +/- SD: 4331.8 +/- 6314.7 mumol/d) is between the results of both other groups without any significance. After total colectomy only primary bile acids were found in each group whereas healthy people had almost identically rates of primary and secondary bile acids in their stools.

543 ▪ Lokalisierung potientieller Tumorsuppressor-Gene auf Chromosom 1p34.2-pter mittels Deletionsanalyse bei sporadischen kolorektalen Karzinomen

Finke, L.H., C. Praml, Ch. Herfarth, M. Schwab, L. Amler, P.M. Schlag
Langenbecks Arch Chir Suppl I (Forumband) 1996, 429-433

Gewebeproben kolorektaler Tumore wurden durch Deletionsuntersuchungen von 37 Mikrosatellitenmarkern mittels PCR und Hybridisierung auf Mutationen von Chromosom 1p analysiert. In 31 von 37 der untersuchten Tumore fand sich ein LOH. Drei Zonen in denen am häufigsten Mutationen auftraten wurden identifiziert. Es wird geschlossen, daß diese Zonen Loci für mögliche Tumorsuppressorgene sein könnten, die für das Tumorgeschehen kolorektaler Karzinome bedeutsam sind. Die Homologie der von Muationen betroffenen Region auf Chromosom 1p mit dem Lokus des Mom-1 Gens der Maus wurde als möglicher Modifiziergen-Lokus beschrieben und diskutiert.

544 ▪ Pneumoretroperitoneum in a patient with acute biliary pancreatitis.

Foitzik-T; Quentmeier-A; Klar-E; Buhr-HJ; Herfarth Ch.
Eur-J-Surg.1996 Jun; 162(6): 507-9.

Gas in the retroperitoneum in association with acute pancreatitis usually indicates the presence of an abscess in patients with necrotising disease. In the present case we were confronted with a massive pneumoretroperitoneum in a patient with moderate biliary pancreatitis who recovered after cholecystectomy, operative drainage of the retroperitoneum, and treatment with antibiotics. Clostridium perfringens was cultured from the retroperitoneal tissue. We found only a few published reports about patients with acute pancreatitis who developed a pneumoretroperitoneum or clostridial infection without evidence of intestinal injury. In these cases the source and route of infection was not clear. Our findings suggest that clostridia descended from the gallbladder and reached the retroperitoneum by transmural and transperitoneal migration.

545 ▪ Application of genetic screening in families with hereditary medullary thyroid carcinoma.

Frank-Raue-K; Hoppner-W; Buhr-H; Herfarth Ch.; Ziegler-R; Raue-F
Exp-Clin-Endocrinol-Diabetes.1996; 104 Suppl 4: 108-10.

In 34 families out of 35 with hereditary medullary thyroid cancer a mutation in the RET proto-ongene could be identified. In 84 family members gene carrier state could be proven, in 75 family members gene carrier state could be excluded. The majority of gene carriers (67 out of 84) were symptomatic while 17 gene carriers were diagnosed in a presymptomatic state. 9 of the 17 presymptomatic gene carriers had prophylactic thyroidectomy. On histological examination C-cell hyperplasia or multifocal microcarcinomas could be proven. In one of our families with familial MTC no germline mutation in the RET gene could be detected. In this family pentagastrintests and indirect genotyping are necessary. Four family members of MEN 2A families have had thyroidectomy on the basis of pentagastrin testing and now proved not to be gene carriers. The application of genetic testing in families with hereditary thyroid carcinoma has further improved management in these families - it is the first step in the evaluation of family members at risk.

546 ▪ General stress response in laparoscopic and conventional cholecystectomy

Glaser-F; Kuntz-C; Sannwald-GA; Mayer-H; Herfarth Ch.
Swiss-Surg.1996; Suppl 4: 41-4.

To objectify perioperative stress response to laparoscopic (LCE) and conventional cholecystectomy (CCE) a prospective, controlled trial was planned and biochemical stress parameters were measured in the blood of patients, who underwent elective surgery because of symptomatic cholecystolithiasis. Patients with acute cholecystitis, pancreatitis, choledocholithiasis or malignant disease were excluded from the study. Values from 40 patients after LCE and from 18 patients after CCE were compared. Both groups had statistically similar patient characteristics and perioperative care. The LCE group showed a significantly lower stress response with respect to interleukin 1 beta, interleukin 6, epinephrine, norepinephrine and glucose.

547 ▪ Tacrolimus reduction improves glucose metabolism and insulin secretion after liver transplantation.
Golling-M; Lehmann-T; Senninger-N; Herfarth Ch.; Otto-G
Transplant-Proc. 1996 Dec; 28(6): 3180-2.
Cyclosporine A (CyA) and Tacrolimus (FK 506) have successfully been used as a first-choice immunosuppressant since 1980 and 1989, respectively. CyA primarily inhibits the production of cytokines (de novo synthesis of interleukin-2 [IL-2]) involved in the regulation of T cell activation. Similarly FK 506 affects T cell differentiation and lymphokine production at concentrations 100 times lower than CyA. Some of the documented inhibitory effects are known to be dose-dependent (IL-2, IL-3, interferon gamma, alloantigen-induced IL-2 receptor). In both immunosuppressants, additional effects on macrophages and B cells have been reported.
Our recently published data suggested a higher diabetic potential of FK 506 in comparison with CyA. To verify the longterm influence of both immunosuppressants on glucose homeostasis, we retested our previously examined groups regarding glucose metabolism and insulin secretion after a gradual reduction to FK 506 trough levels to around 5 ng/mL.

548 ▪ Knowledge retrieval as one type of knowledge-based decision support in medicine: results of an evaluation study.
Haux-R; Grothe-W; Runkel-M; Schackert-HK; Windeler-HJ; Winter-A; Wirtz-R; Herfarth Ch.; Kunze-S
Int-J-Biomed-Comput. 1996 Apr; 41(2): 69-85.
We report on a prospective, prolective observational study, supplying information on how physicians and other health care professionals retrieve medical knowledge on-line within the Heidelberg University Hospital information system. Within this hospital information system, on-line access to medical knowledge has been realised by installing a medical knowledge server in the range of about 24 GB and by providing access to it by health care professional workstations in wards, physicians' rooms, etc. During the study, we observed about 96 accesses per working day. The main group of health care professionals retrieving medical knowledge were physicians and medical students. Primary reasons for its utilisation were identified as support for the users' scientific work (50%), own clinical cases (19%), general medical problems (14%) and current clinical problems (13%). Health care professionals had accesses to medical knowledge bases such as MEDLINE (79%), drug bases (,Rote Liste', 6%), and to electronic text books and knowledge base systems as well. Sixty-five percent of accesses to medical knowledge were judged to be successful. In our opinion, medical knowledge retrieval can serve as a first step towards knowledge processing in medicine. We point out the consequences for the management of hospital information systems in order to provide the prerequisites for such a type of knowledge retrieval.

549 ▪ Oncologic surgery-scope and status in surgery
Herfarth Ch.
Langenbecks-Arch-Chir-Suppl-Kongressbd. 1996; 113: 49-55.
The primary goal of oncological surgery still consists of an operation which eradicates the tumor and results in an R0-resection. Comparing the various subspecialties in the different operative fields, oncological surgery unfolds its major activity in the area of visceral and thoracic surgery which is very similar in the related operative fields of gynecology and urology. Intraoperative radiation therapy is now established as an integral part of the treatment, as part of the multimodal chemotherapy currently used. Intraoperative radiation therapy offers a logical therapeutic concept in advanced tumor cases. The development of further improved prognostic factors and the addition of new molecular methods for diagnostics and therapy are probably the key future tasks in surgical oncology.

550 ▪ Tamoxifen antagonizes proliferation and invasion of estrogen receptor-negative metastatic follicular thyroid cancer cellsvia protein kinase C.
Hoelting-T; Duh-QY; Clark-OH; Herfarth-C
Cancer-Lett. 1996 Feb 27; 100(1-2): 89-93.
Tamoxifen inhibits invasion and growth of estrogen-receptor negative follicular thyroid cancer (FTC) cells in vitro and in vivo. To study the mechanisms involved, we documented the effects of tamoxifen and staurosporine on three metastatic FTC-cell lines. TPA (10 ng/ml) enhanced invasion and growth of FTC by 15% ($P < 0.02$). Tamoxifen (1.5 micromol/l) inhibited invasion of FTC133 by 36% (FTC236 30%; FTC238 32%; $P < 0.01$). TPA reversed the tamoxifen-mediated inhibition of

invasion by 35% in FTC133 and 30% in FTC238 ($P < 0.02$). Staurosporine (10 ng/ml) inhibited invasion and growth of all FTC. At 0.1-1 ng/ml it enhanced the inhibitory effects of tamoxifen, but did not further inhibit invasion or growth at higher concentrations. We conclude that the antiproliferative and antiinvasive effects of tamoxifen on follicular thyroid cancer cells are at least partly mediated by an inhibition of protein kinase C.

551 ▪ The regulation of proliferation and invasion in differentiated thyroid cancer by growth factors.
Hoelting-T; Duh-QY; Clark-OH; Herfarth-C
Exp-Clin-Endocrinol-Diabetes. 1996; 104 Suppl 4: 29-31.
Invasion and metastasis are the primary cause of death in patients with follicular thyroid cancer (FTC). The thyroid is a micro-economic system in which proliferation and differentiation was supposed to be under the major control of only a single hormone (thyroid stimulating hormone-TSH). It has shown, however, that a complex network of various growth factors regulates growth and invasion of thyroid cancer cells. A growing literature has established the close association between malignant tumor progression and growth regulatory aberrations in cancer cells. Most of these studies have focused on the phenomenon, that advanced and more aggressive tumors or metastases lost the sensitivity to growth inhibitors, such as transforming growth factor beta. These findings highlight two aberrations of growth regulation which may favour progression of malignant disease and acquisition of metastatic competence: (1) Resistance to growth factor inhibitors and (2) growth autonomy of metastatic follicular thyroid cancer cells.

553 ▪ Somatostatin analog octreotide inhibits the growth of differentiated thyroid cancer cells in vitro, but not in vivo.
Hoelting-T; Duh-QY; Clark-OH; Herfarth Ch.
J-Clin-Endocrinol-Metab. 1996 Jul; 81(7): 2638-41.
Somatostatin and its analogs are antiproliferative in a wide range of normal and neoplastic tissues. In this study we investigated the effect of octreotide (SMS 201-995) on the invasion and growth of three follicular thyroid cancer (FTC) cell lines from one patient in vitro and in vivo. FTC133 was established from the primary tumor, FTC236 from a cervical lymph node metastasis, and FTC238 from a lung metastasis. Invasion was the ability of tumor cells to penetrate 8-microns pore polycarbonate membranes coated with Matrigel. Invasion and proliferation were analyzed using the MTT assay. For in vivo experiments, athymic nude mice were sc inoculated with 500,000 calls of FTC133. The animals were treated twice daily with octreotide sc (100-300 micrograms/kg). RIA studies yielded dose-dependent high plasma levels of octreotide (3.43-6.5 ng/mL). Octreotide had a biphasic effect, enhancing growth at low concentrations (1-10 nmol/mL) and inhibiting it at high concentrations (100 nmol to 1 µmol/mL). Octreotide had also a dose-dependent biphasic effect on the invasion of FTC, inhibiting the invasion of all follicular thyroid cancer lines at high concentrations. However, it affected invasion less than growth. Octreotide (10 nmol/mL) stimulated the invasion of FTC133 by 13%, whereas stimulation was lower in both FTC metastases (FTC236, 6%; FTC238, 7%; $P < 0.01$). At higher concentrations (100 nmol to 1 mumol/mL), octreotide inhibited invasion of FTC133 by 17% (FTC236, 15%; FTC238, 17%; $P < 0.01$). During a 3-week treatment period, octreotide had no antiproliferative effect on the growth of FTC133 cells in nude mice. In conclusion, octreotide at low concentrations stimulates and at high concentrations inhibits the growth and invasion of follicular thyroid cancer cells in culture. However, it has no effect on the growth of FTC cells in animal experiments. Thus, the value of octreotide as an antitumoral agent in follicular thyroid cancer must be critically questioned.

554 ▪ Tubuläre Störung bei metabolischer Acidose nach Proctocolektomie
Huber, F.X., J. Stern, Ch. Herfarth
Mitt Klin Nephrologie XXV (1996) 39-48
In den letzten Jahren setzte sich die kontinenzerhaltende, restaurative Proctocolektomie bei konservativ therapierefraktärer Colitis Ulcerosa (CU) und bei der Familiären Polyposis Coli (FAP) als chirurgisches Standardverfahren durch. Bei Colitis Ulcerosa-Patienten gilt neben zunehmender Aggravation der Symptomatik, das Carzinomrisiko - vor allem bei bioptischem Nachweis von Epitheldysplasien - als OP-Indikation. Die autosomal dominant vererbte Familiäre Adenomatöse Polyposis Coli (FAP) ist eine obligate Präcancerose. Kurativ kann hier wie bei der Colitis Ulcerosa nur die Proctocolektomie sein. Der artifizielle Dünndarmbeutel als Neorektum direkt vor den Sphinkteren wurde von PARKS 1978 klinisch etabliert. Die Operation umfaßt eine ablative Phase mit Omentumablösung, Colektomie und transanaler Mukosektomie. Anschließend folgt die rekonstruktive Phase der ileoanalen Pouchanlage (IAP) mit Mesenterialmobilisierung, J-Pouch-Bildung aus einer Dünndarmschlinge, Pouch-analer Anastomose und abschließender Ileostomaanlage. In der Regel erfolgt drei Monate später nach Überprüfen der Sphinkterfunktion die Ileostomarückverlagerung. Die ileoanale

Pouchanlage (IAP) bei den meist jungen Patienten verbindet größtmögliche Radikalität mit einem erheblichen Gewinn an Lebensqualität im Vergleich zur terminalen Ileostomie.

555 ■ Oxygenation of dog liver transplants as an early indicator of graft failure.
Kallinowski-F; Runkel-NF; Senninger-J; Ye-QF; Bleyl-JU; Otto-G; Herfarth Ch.
Eur-Surg-Res.1996; 28(6): 419-27.
This study examines the potential value of liver oxygenation as a predictor of early graft function. pO2 measurements were performed on 10 pairs of beagle (donor) and foxhound (recipient) dogs during pentobarbital anesthesis. Two different explantation techniques were used: complete preparation and dissection before perfusion and explantation (group A) or rapid perfusion and explantation with detailed preparation of the liver and dissection of vessels ex situ after explantation (group B). In both groups, the technique of liver perfusion with 1,000 ml arterial and 500 ml portovenous application of ice-cold UW solution was equal. Local oxygen partial pressure values were obtained polarographically with miniaturized needle electrodes. The liver oxygenation directly after laparotomy was comparable in both groups (median values around 54 mm Hg). Prior to the infusion of UW solution, a reduction of the tissue oxygenation values to 24 mm Hg was observed in group A ($p < 0.01$ compared to postlaparotomy values). In group B, limited preexplantation surgical dissection resulted in a reduced pO2 decline to 42 mm Hg (n.s.). After transplantation, the reduced tissue oxygenation persisted in the livers of the dogs which were completely dissected in situ (group B) as compared to the preexplantation recipient and the donor liver before instrumentation ($p < 0.01$). In contrast, rapidly perfused livers again exhibited only an insignificant reduction of tissue oxygenation following transplantation. Survival correlated linearly with the liver oxygenation within the observation time after transplantation ($p < 0.01$). A significant survival advantage was found for the rapid perfusion technique ($p < 0.05$). We conclude that the tissue oxygenation might provide valuable information on early graft function.

556 ■ Restorative proctectomy, reconstruction of continuity with or without colon J pouch
Kienle-P; Stern-J; Herfarth Ch.
Langenbecks-Arch-Chir-Suppl-Kongressbd.1996; 113: 262-4.
Of 63 patients undergoing deep anterior resection of the rectum, 39 patients received a straight colo-anal anastomosis (CAA), 24 additionally had a colon-j-pouch (CPA) constructed. Local septic complications occurred in 12.5% of patients after pouch-anal anastomosis compared to 20.5% after colo-anal anastomosis: stool frequency, after pouch-anal anastomosis was 3.3 per 24 h compared to 5.2 per 24 h after straight anastomosis within the first year after ileostomy closure ($p = 0.053$); continence was slightly better in the pouch group (n.s.); and anal manometry showed a significant postoperative decrease only in resting pressure after straight colo-anal anastomosis ($p < 0.001$). Pouch construction should be considered after deep rectal resection, as it seems to improve functional outcome and has fewer local septic complications than straight anastomosis.

557 ■ Necessity of a Recovery Phase After in Situ Liver Preparation to Improve Hepatic Microcirculation Prior to Organ Preservation
Klar, E., T. Kraus, B. Osswald, A. Mehrabi, J. Bleyl, Ch. Herfarth, G. Otto
Transplantation Proceedings 28 (1996) 1867-1868
Commonly surgical dissection of the hepatic hilar structures is performed in situ prior to the perfusion with storage solution. Optimal perfusion of the liver in the initial phase of organ preservation must be considered a main determinant of primary graft function. The aim of this study was to quantify hepatic microcirculation during explantation using a modification of thermodiffusion technology.

558 ■ First clinical realization of continuous monitoring of liver microcirculation after transplantation by thermodiffusion.
Klar-E; Kraus-T; Bredt-M; Osswald-B; Senninger-N; Herfarth Ch.; Otto-G
Transpl-Int.1996; 9 Suppl 1: S140-3.
To date, no method is available for the continuous long-term monitoring of liver microcirculation in patients. Experimentally, thermodiffusion has been validated in the quantification of hepatic perfusion. In an attempt to investigate the practicability of thermodiffusion technology in patients after liver transplantation thermodiffusion probes were inserted into the graft in seven patients during liver transplantation. Continuous monitoring started intraoperatively and was performed until day 7, when the probes were extracted transcutaneously. No probe-related complications (i.e., hemorrhage, infection) were observed. In four patients with normal graft function, liver perfusion recovered within 12 h from the intraoperative reduction to a range between 85 and 93 ml/100 g per min. In contrast, primary graft failure ($n = 1$) was characterized by a constant decrease of hepatic perfusion (< 50 ml/100 g

per min). In prolonged reperfusion injury (n = 1), a second peak of transaminases was paralleled by an impairment of liver microcirculation. In one patient, R2 rejection on day 7 was preceded by a drop in hepatic perfusion 48 h earlier. Thus, thermodiffusion is a safe and reliable method for the continuous quantification of liver microcirculation after transplantation in patients. Measurements are reproducible for at least 7 days. Changes in hepatic perfusion during postoperative complications can be detected. The characteristics of microcirculatory disorders will have to be defined in a larger number of patients.

559 ▪ Necessity of a recovery phase after in situ liver preparation to improve hepatic microcirculation prior to organpreservation.
Klar-E; Kraus-T; Osswald-B; Mehrabi-A; Bleyl-J; Herfarth Ch.; Otto-G
Transplant-Proc.1996 Jun; 28(3): 1867-8.
Commonly surgical dissection of the hepatic hilar structures is performed in situ prior to the perfusion with storage solution. Optimal perfusion of the liver in the initial phase of organ preservation must be considered a main determinant of primary graft function. The aim of this study was to quantify hepatic microcirculation during explantation using a modification of thermodiffusion technology.

560 ▪ Der Einfluß molekularer Diagnostikverfahren auf die chirurgische Therapie maligner Erkrankungen
Knebel Doeberitz von M., J. Gebert, Ch. Herfarth
Chirurg 67 (1996) 967-979
Molekularbiologische Methoden haben in den letzten Jahren die Voraussetzungen für grundsätzliche neue Ansätze in der onkologischen Diagnostik geschaffen. Die Anlage für hereditäre Krebserkrankungen kann auf molekularer Ebene schon in der Keimbahn nachgewiesen werden und ermöglicht die operative Entfernung bestimmter Organe bei betroffenen Personen. noch bevor ein Tumor aufgetreten ist. Einige präneoplastische Läsionen können durch den Nachweis spezifischer molekulargenetischer Veränderungen mit hoher Sensitivität erfaßt werden. Residuale Tumorzellen können an Absetzungsrändern, locoregionären Lymphknoten, dem Knochenmark oder im peripheren Blut mit hoher Sensitivität erfaßt werden. Es zeichnet sich ab, daß diese Verfahren sowohl für neue Krebsfrüherkennungsprogramme als auch für die Indikation zu adjuvanten locoregionären oder systemischen Therapieverfahren bedeutende Konsequenzen haben werden. Dennoch ist bisher für keines dieser Verfahren die klinische Aussagekraft in kontrollierten Studien gezeigt worden. Probleme der Reproduzierbarkeit und der Qualitätssicherung müssen bei diesen sehr sensitiven Verfahren frühzeitig adressiert und gelöst werden. Ziel dieser Übersicht ist es, die Grundlagen einiger dieser neuen Verfahren zu erläutern, um so eine kritische Bewertung ihrer klinischen Aussagekraft zu erleichtern.

561 ▪ Improvement of hepatic microhemodynamics by N-Acetylsteine after warm ischemia
Koeppel, Th. A., J.C. Thies, T. Lehmann, M.-M. Gebhard, Ch. Herfarth, G. Otto, St. Post
Eur Surg Res 28 (1996) 270-277
In this study we investigated the influence of N-acetylcysteine (NAC) on the hepatic microcirculation after warm ischemia by intravital fluorescence microscopy. Clamping of the left liver lobe was performed in 20 male Wistar rats for 70 min. The treatment group (n=10) received 400 mg NAC/kg body weight 20 min prior to clamping. After reperfusion, acinar and sinusoidal perfusions were observed as well as the leukocyte-endothelium interaction. Phagocytic activity was assessed after application of latex beads. NAC reduced the number of nonperfused sinusoids in all acinar zones. A reduction in zone 1 (portal) was achieved from 15.5 to 7.1% ($p < 0.0001$), in zone 2 (midzonal) from 14.6 to 6.1% ($p < 0.0001$) and in zone 3 (central) from 11.9 to 2.9% ($p < 0.0001$). There were no significant differences in leukocyte adherence as well as in phagocytic activity detectable. We conclude that NAC improves hepatic microcirculation after warm ischemia by increasing sinusoidal blood flow.

562 ▪ Impact of N-acetylcysteine on the hepatic microcirculation after orthotopic liver transplantation.
Koeppel-TA; Lehmann-TG; Thies-JC; Gehrcke-R; Gebhard-MM; Herfarth Ch.; Otto-G; Post-S
Transplantation.1996 May 15; 61(9): 1397-402.
Recent observations showed an improvement of hepatic macro- and microhemodynamics as well as survival rates after warm ischemia of the liver following treatment with N-acetylcysteine (NAC). In this study we assessed the influence of NAC on the hepatic microcirculation after orthotopic liver transplantation (OLT) using intravital fluorescence microscopy. OLT with simultaneous arterialization was performed in 16 male Lewis rats following cold storage in University of Wisconsin solution for 24 hr. Within the experimental group (n = 8) donors received NAC (400 mg/kg) 25 min before hepatectomy. In addition, high-dose treatment of recipients with NAC (400 mg/kg) was started with reperfusion. Control animals (n = 8) received an

equivalent amount of Ringer's solution. Intravital fluorescence microscopy was performed 30-90 min after reperfusion assessing acinar and sinusoidal perfusion, leukocyte-endothelium interaction, and phagocytic activity. Treatment with NAC reduced the number of nonperfused sinusoid from 52.4 +/- 0.8% to 15.7 +/- 0.5% (p = 0.0001) (mean +/- SEM). Furthermore, we achieved a significant reduction of leukocytes adhering to sinusoidal endothelium (per mm2 liver surface) from 351.9 +/- 13.0 in controls to 83.6 +/- 4.2 in the experimental group (P = 0.0001). In postsinusoidal venules, treatment with NAC decreased the number of sticking leukocytes (per mm2 endothelium) from 1098.5 +/- 59.6 to 425.9 +/- 37.7 (P = 0.0001). Moreover, bile flow was significantly increased after therapy with NAC (4.3 +/- 1.2 vs. 2.2 +/- 0.7 ml/90 min x 100g liver) (P < 0.05). Phagocytic activity was not influenced by application of NAC. We conclude that high-dose therapy with NAC in OLT attenuates manifestations of microvascular perfusion failure early after reperfusion and should be considered as a means to reduce reperfusion injury.

563 ▪ Continuous measurement of porcine renal cortex microcirculation with enhanced thermal diffusion technology.

Kraus-T; Klar-E; Osswald-BR; Fernandes-L; Mehrabi-A; Gebhard-MM; Herfarth Ch.

J-Surg-Res. 1996 Mar; 61(2): 531-6.

Continuous monitoring of renal cortical blood flow (RCBF) in the perioperative setting of aortic or renal vascular surgery could facilitate the early detection of vascular complications, possibly resulting in a reduction of postoperative renal failure. A new prototype system for measurement of parenchymous organ perfusion based on the principle of thermal diffusion (TD-Thermal Diffusion Electrode, Thermal Technologies Inc., Cambridge, MA, USA) was used for RCBF measurements in the outer cortex of the porcine kidney. We validated the sensitivity of the device to detect renal blood flow impairment, comparing TD flow data with renal artery blood flow values (RABF), measured by ultrasonic flow probes. The hypothesis was tested that acute disturbances of RCBF, induced by a variable degree of renal artery stenosis, can be immediately detected and continuously monitored by TD measurements in the porcine renal cortex. Mean baseline RCBF measured by TD electrodes was 68.1 +/- 25.0 ml/100 g/min. Mean baseline RABF was 102.1 +/- 26.6 ml/min. Controlled induction of a variable degree of renal arterial occlusion by implanted vascular balloon occluders was always followed by an immediate and proportional decline of RCBF, as measured by TD. Flow data obtained with both methods were significantly correlated by linear regression (r=.82, r2=.68; P < 0.0001). Dynamic changes of RABF in the time course of renal artery partial/total occlusion and arterial flow release could be continuously followed by detection of corresponding flow changes of RCBF. We conclude that the TD system investigated in the current study allows a continuous and sensitive determination of porcine renal cortex perfusion. A clinical evaluation of the method, e.g., in the perioperative setting of aortic or renal transplantation surgery, now appears to be justified.

564 ▪ Magnetic resonance tomography, endosonography and hydrosonography in staging stomach carcinoma

Kuntz-C; Dux-M; Frohmuller-S; Herfarth Ch.

Langenbecks-Arch-Chir-Suppl-Kongressbd. 1996; 113: 562-4.

Endosonography (EUS) results in greater accuracy in small gastric cancers (T1, T2) than MRI. The accuracy rate in correct lymph node staging is 82% (EUS) and 76% (MRI). Hydrosonography provides information but no significant staging.

565 ▪ Intraoperative monitoring of the recurrent laryngeal nerve. A new method

Lamade-W; Fogel-W; Rieke-K; Senninger-N; Herfarth Ch.

Chirurg. 1996 Apr; 67(4): 451-4.

Injury of the recurrent laryngeal nerve (RLN) is one of the most frequent complications in thyroid surgery. It leads to a significant morbidity of up to 20%, depending on the type of surgery being performed. We present a new device for intraoperative monitoring of the RLN. The new monitoring system was evaluated in piglets. The system is reliable and easy to use. For the first time even imminent injury to the RLN can undoubtedly be demonstrated by signal changes. It will soon be available for use in humans.

566 ▪ Grundlagen und Wert der Lymphadenektomie beim kolorektalen Karzinom

Lehnert, Th., Ch. Herfarth

Chirurg 67 (1996) 889-899

Die systematische Lymphadenektomie in der Primärtherapie colorectaler Carcinome hat zum Ziel Lymphknotenmetastasen im unmittelbaren Drainagegebiet des Primärtumors zu entfernen. Sie setzt Kenntnisse der normalen Lymphdrainage des Colons und Rectums und der lymphatischen Metastasierungswege voraus. Als Standardresektion oder als erweiterte Resektion ist die systematische Lymphadenektomie auch Grundlage der pathohistologischen Stadienzuordnung. Die korrekte Stadienzuordnung hängt wesentlich von der Intensität der Aufarbeitung der Präparate durch den Pathologen ab. Die Ausdehnung Lymphadenektomie wird von der erreichbaren Prognoseverbesserung einerseits und von der durch die Lymphadenektomie bedingten Komplikationsrate andererseits bestimmt.

567 ▪ Principles and value of lymph node excision in colorectal carcinoma
Lehnert-T; Herfarth Ch.
Chirurg.1996 Sep; 67(9): 889-99.
Systematic lymphadenectomy for colorectal cancer aims to remove potentially metastatic lymph nodes from the tumor's drainage basin. This requires knowledge of normal lymphatic anatomy and metastatic routes. Systematic lymphadenectomy performed as a standard or as an extended resection is a prerequisite for pathologic tumor staging. An intensive search by the pathologist for lymph node metastases is critical for precise staging. Recommendations as to the extent of lymphadenectomy are derived from potential improvement of prognosis and procedure-related complications.

568 ▪ Association of resistance-related protein expression with poor vascularization and low levels of oxygen in human rectalcancer.
Mattern-J; Kallinowski-F; Herfarth Ch.; Volm-M
Int-J-Cancer.1996 Jul 3; 67(1): 20-3.
Rectal carcinomas of previously untreated patients were analyzed for oxygen status using a computerized polarographic needle electrode histograph. Microvessel density and expression of c-jun, vascular endothelial growth factor (VEGF) and several resistance-related proteins (glutathione S-transferase-pi, GST; thymidylate synthase, TS; metallothioneine, MT) were determined using immunohistochemistry. To examine whether a relationship exists between intratumoral vessel density and tumor oxygenation, microvessel counts were determined in a 400x field using factor-VIII-related antigen and were correlated with the corresponding p02 values. Linear regression analysis revealed a significant relationship between vessel density and oxygenation status of the tumors. Expression of c-jun, VEGF and resistance-related proteins was correlated with microvessel counts and p02 values. Significantly lower vessel counts were found in GST- and MT-positive tumors and in tumors with overexpression of c-jun and VEGF than in negative tumors. In addition, significantly lower p02 values were found in c-jun- and VEGF-positive tumors as well as a tendency for p02 values to be lower in tumors where MT, GST and TS were expressed. These data show that expression of c-jun, VEGF, and resistance-related proteins is linked with poor vascularization and low oxygenation status in rectal cancer.

569 ▪ Influence of the anti-CD25 monoclonal antibody BT563 on clinical and biological rejection after orthotopic livertransplantation.
Otto-G; Hofmann-WJ; Gaweco-AS; Seelos-R; Herfarth Ch.; Meuer-S
Transplant-Proc.1996 Dec; 28(6): 3210-1.
Blocking of the high affinity complex of CD25 (interleukin-2 [IL-2]) receptor may prevent acute rejection of allografts by inhibiting proliferation and clonal expansion of cytotoxic lymphocytes. Efficacy of several anti-CD25 antibodies have been tested in clinical settings. We have used the murine monoclonal antibody BT563 (Biotest Pharma GmbH, Dreieich, Germany) in clinical orthotopic liver transplantation (OLT) which binds to the 75-kD high affinity complex of the IL-2 receptor molecule. The antibody was tested in a pilot study followed by a double-blind randomized study (not yet published). The antibody proved to be effective and was tolerated without side effects. In this article we compare the features of rejection after OLT in patients with and without BT563 treatment.

570 ▪ The impact of disease pattern, surgical management, and individual surgeons on the risk for relaparotomy for recurrentCrohn's disease.
Post-S; Herfarth Ch.; Bohm-E; Timmermanns-G; Schumacher-H; Schürmann-G; Golling-M
Ann-Surg.1996 Mar; 223(3): 253-60.
OBJECTIVE: The authors provide a multivariate analysis of a large single-center experience with limited surgery for Crohn's disease. SUMMARY BACKGROUND DATA: During the past decade, the aim of surgery for Crohn's disease has shifted from radical operation, achieving inflammation-free margins of resection, to „minimal surgery," intended to remove just grossly inflamed tissue or performing strictureplasties. METHODS: Seven hundred ninety-three cases of resection and/or strictureplasty in 689 individuals with histologically verified Crohn's disease were followed for a mean period of 50 months (range, 5-166 months). Two different end points were analyzed: 1) any relaparotomy for recurrent (or persistent) Crohn's disease and 2) relaparotomy for site-specific recurrence. More than 30 variables of patient/disease characteristics and surgical management were included in a proportional hazard model. RESULTS: Five parameters were associated independently with the risk for relaparotomy: increased risk coincided with young age at onset of disease, involvement of jejunum, enterocutaneous fistula, or performed strictureplasty, and decreased risk followed

ileocecal resection. Site-specific risks of reoperation were calculated on the basis of 1260 intestinal resections or anastomoses performed in these patients. Young age at onset, duodenal and jejunal involvement, presence of enterocutaneous or perianal fistula, and a single surgeon (of 23) were associated significantly with increased risk of regional recurrence but not strictureplasty or inflammation at margins of resection. CONCLUSIONS: Limited surgery for Crohn's disease is not associated with increased risk of regional recurrence requiring reoperation. However, patients with juvenile onset, proximal small bowel disease, and some types of fistulae are at a considerable risk of experiencing early surgical recurrence.

571 ▪ Cytosine deaminase gene as a potential tool for the genetic therapy of colorectal cancer.
Rowley-S; Lindauer-M; Gebert-JF; Haberkorn-U; Oberdorfer-F; Moebius-U; Herfarth Ch.; Schackert-HK -Surg-Oncol.1996 Jan; 61(1): 42-8.
The bacterial enzyme cytosine deaminase (CD) catalyzes the conversion of 5-fluorocytosine (5-FC) to the lethal 5-fluorouracil (5-FU) and so provides a useful system for selective killing of gene-modified mammalian tumor cells. Cloning of the CD gene from Escherichia coli and expression in human tumor cell lines enabled these cells to convert 3H-labeled 5-FC into 3H-5-FU. Two CD-expressing human tumor cell lines (adenocarcinoma cell line KM12 and glioblastoma cell line T1115) became 200-fold more sensitive to 5-FC than the nonexpressing parental cell lines. At least 90% of the cells are killed within 7 days. CD-expressing cells are able to kill nonexpressing cells when grown in the same culture flask (bystander effect). The CD gene may be used as a suicide system for in situ chemotherapy or as a safety mechanism abrogating the expression of other genes.

572 ▪ Outcome after surgery for biliary pancreatitis
*Runkel-NS; Buhr-HJ; Herfarth Ch.
Eur-J-Surg.1996 Apr; 162(4): 307-13.*
OBJECTIVE: To correlate the results of operations for the treatment of biliary pancreatitis with the timing of the operation. DESIGN: Retrospective study. SETTING: University hospital, Germany. SUBJECTS: 81 Consecutive patients who were operated on for biliary pancreatitis of the 106 who presented to the department between 1981 and 1990. INTERVENTIONS: Cholecystectomy, with or without exploration of the common duct, together with no operation on the pancreas, exploration, or drainage and necrosectomy. MAIN OUTCOME MEASURES: Correlation of outcome with timing of operation after the onset of the pancreatitis (early, within 72 hours; delayed, 3-14 days; or elective, after 14 days). RESULTS: 37 Patients (46%) were operated on early; in 27 (33%) the operation was delayed; and in 17 (21%) it was elective. Timing correlated with outcome-22 patients (59%) of those operated on early developed a complication together with 12 (27%) of those in the delayed and elective groups ($p < 0.005$). The overall mortality was 12% (10/81). Multiple regression analysis showed that the timing of the operation and the severity of the pancreatitis were less important prognostic factors than the patient's age and the extent of pancreatitic operation ($p < 0.005$). The complication rate was 15/56 (27%) after none or exploration of the pancreas, compared with 19/25 (76%) after drainage or necrosectomy ($p < 0.005$). CONCLUSION: Aggressive pancreatic surgery increases the risk of morbidity whereas extent of biliary surgery has no influence. Postponing the biliary operation until after the acute attack reduces the need for early exploration and drainage of the pancreas.

573 ▪ Benefits of various dextrans after delayed therapy in necrotizing pancreatitis of the rat.
*Schmidt-J; Huch-K; Mithofer-K; Hotz-HG; Sinn-HP; Buhr-HJ; Warshaw-AL; Herfarth Ch.; Klar-E
Intensive-Care-Med.1996 Nov; 22(11): 1207-13.*
OBJECTIVE: Ultrahigh-molecular dextran (500,000 Da) has been shown to prevent pancreatic necrosis when given 30 min after induction of pancreatitis. This study should clarify the following: (a) are dextrans still effective after prolongation of the therapy-free interval? (b) what is the impact of the molecular weight of the dextrans? and (c) is their effect influenced by the dextran concentration or by the addition of hypertonic saline? ANIMALS AND INTERVENTIONS: Acute pancreatitis was induced in 70 male dextran-tolerant Wistar rats using intraductal bile-salt infusion and intravenous hyperstimulation. After 3 h, animals were assigned to one of seven groups ($n = 10$ per group) receiving either Ringer solution or different dextrans (10%) including 70,000 Da (DEX-70), 160,000 Da (DEX-160), 300,000 Da (DEX-300) or 500,000 Da (DEX-500). Additional groups included DEX-70 (6%) and DEX-70 (10%) in combination with hypertonic NaCl (7.5%) (HHS-70). Ringer solution was given at 24 ml/kg and all dextrans at 8 ml/kg. MEASUREMENTS AND RESULTS: Trypsinogen activation peptides (TAP) were quantified in ascites and acinar necrosis after death or sacrifice at 9 h. As an index of less pathological trypsinogen activation, the mean TAP levels in ascites were significantly lower in DEX-70 and DEX-160 compared to Ringer controls ($p < 0.05$, t-test). Furthermore, the

amount of acinar necrosis was significantly lower in all dextran groups except the HHS-70 in comparison with Ringer controls ($p < 0.01$, t-test). Finally, mortality was significantly reduced from 60% in Ringer controls to 10 and 0%, respectively, in the groups treated with DEX-70 and DEX-160 ($p < 0.03$, Fisher's Exact test). There was a similar trend in all other groups except the HHS-70. CONCLUSIONS: Despite a therapy-free interval of 3 h, dextrans reduce trypsinogen activation, prevent acinar necrosis, and improve survival in necrotizing rodent pancreatitis. The molecular weight and concentration of dextran are of secondary importance for these beneficial effects.

574 ▪ Surgical procedure for Crohn disease

Schürmann-G; Krieglstein-C; Herfarth Ch.

Dtsch-Med-Wochenschr. 1996 Nov 8; 121(45): 1403-6.

Der Morbus Crohn wurde als Form der idiopathischen chronisch-entzündlichen Darmerkrankungen von den amerikanischen Autoren Crohn, Ginzberg und Oppenheimer 1932 anhand von 52 Fällen erstmals näher charakterisiert. Der maßgebliche Chirurg Dr. A. Berg wollte in der Publikation unerwähnt bleiben; ansonsten wäre er (bei alphabetischer Reihenfolge der Autoren) namengebend gewesen.

Als epidemiologische Charakteristika der Crohn-Krankheit sind das gehäufte Vorkommen in westlichen industrialisierten Ländern, das etwa 1,5fach häufigere Auftreten bei Frauen als bei Männern und das gehäufte Auftreten in der 3. Lebensdekade zu nennen. Die Inzidenz der Crohn-Erkrankung beträgt in Europa etwa 4 - 6, die Prävalenz liegt zwischen 50 und 100 pro 100000 Einwohner.

575 ▪ Results of isolated hyperthermic extremity perfusion in soft tissue sarcomas within the scope of a multimodality treatmentconcept (see comments)

Schwarzbach-M; Lehnert-T; Willeke-F; Hinz-U; Herfarth Ch.

Chirurg. 1996 Dec; 67(12): 1237-43.

Soft-tissue sarcomas (STS) of the extremities are characterized by a high rate of local recurrences. Limb salvage approaches using multimodality therapy protocols have replaced amputation. In order to evaluate isolated hyperthermic limb perfusion (ILP) in a multimodality therapy concept, we reviewed our patients treated using this method. Between January 1982 and December 1995, 25 ILPs, using cisplatin, melphalan and adriamycin, were performed in 22 patients with STS. Forty percent were treated for local recurrences; histology was dominated by malignant fibrous histiocytoma (MFH) and synovial sarcoma. In all, 68% of the STS were classified as UICC stage IIb or IIIa/b. Most of the cases (14) underwent wide or radical resection, 4 patients received intraoperative radiotherapy, and 5 were treated with external beam radiation. Complications were recorded in 32% of the cases. With a median follow-up of 45 months (range 1-143), the 5-year overall survival rate was 81%. The median recurrence-free time was 19 months and the 5-year disease-free survival rate 34%. There were 13 local failures, and distant metastases developed in 36% of the patients. Concerning high-grade sarcomas (UICC stage IIb, IIIa/b), we found local recurrences in 75% of all cases. Five of 11 patients with local failures underwent perfusion after they refused amputation, and 7 incompletely resected STS received ILP without reoperation. All of these demonstrated local recurrence. This rate of local recurrence proved to be different from patients with tumor-free resection margins ($p = 0.0001$, log-rank test). The amputation rate after isolated limb perfusion was 27% (mean 11 months after treatment). Long-term results of ILP showed a considerable local recurrence rate and a low disease-free survival. Perfusion in patients without tumor-free resection margins does not prevent local recurrence. We conclude that ILP with cisplatin, melphalan and adriamycin should be considered carefully and is not an additional treatment strategy of fist choice.

576 ▪ Intraoperative radiotherapy in advanced soft tissue sarcoma of the extremities

Schwarzbach-M; Willeke-F; Eble-M; Lehnert-T; Ewerbeck-V; Wannenmacher-M; Herfarth Ch.

Langenbecks-Arch-Chir-Suppl-Kongressbd. 1996; 113: 214-7.

Radical or wide excision is the treatment of choice for soft-tissue sarcomas (STS) of the extremities. Multimodality therapy made limb-sparing surgery possible. While external beam radiotherapy is well established in this setting, few data are available about intraoperative radiotherapy (IORT). We performed an analysis of 36 patients treated with IORT and external beam radiation following resection of STS of the extremities between 1991 and 1995. Only STS classified as UICC stage IIb, III or IV were included. Operative morbidity was 17%, 14% showed late complications. Within a mean follow-up of 24 months (min. 6), there was one local recurrence in 30 patients treated curatively. The 3-year survival rate of patients treated curatively was 75%; 3-year recurrence-free survival was 65%.

577 ▪ Liver transplantation for hepatocellular carcinoma.

Senninger-N; Langer-R; Klar-E; Otto-G; Kraus-T; Baas-

J; Herfarth Ch.
Transplant-Proc.1996 Jun; 28(3): 1706-7.
About 30 years ago, the first liver transplantation was performed on patients with tumors. Among the first 26 patients of Starzl, there were 12 patients bearing a tumor. Until 1979, 50% of all liver transplanted patients in Great Britain had a tumor. In Germany, during the first 10 years of liver transplantation, 2/3 of the 28 patients had a malignancy. Theoretically, liver transplantation is the only possible cure for tumors that are not surgically resectable. Nevertheless, the percentage of patients transplanted for a tumor declined over the years due to a high rate of recurrence.
In the beginning, patients with widespread tumors were operated on, but the malignancy recurred within two years. The preexistence of extrahepatic metastasis, especially in nearby lymph nodes or infiltrating the diaphragm, seems to be an especially bad sign. But even in tumors that are limited to the liver, the recurrence rate can be as high as 75%.

578 ▪ Pouch-anal cancer after restorative proctocolectomy for familial adenomatous polyposis.
von-Herbay-A; Stern-J; Herfarth Ch.
Am-J-Surg-Pathol. 1996 Aug; 20(8): 995-9.
Familial adenomatous polyposis (FAP) and idiopathic ulcerative colitis are both mucosal diseases that bear a significant risk of developing colorectal cancer. As a consequence, their surgical treatment is currently widely performed by restorative proctocolectomy with pelvic ileal pouch-anal anastomosis (IPAA). Herein we report a new case of cancer after IPAA that developed in a 33-year-old woman with FAP. Pouch-anal cancer was diagnosed 8 years after restorative proctocolectomy, including anorectal mucosectomy, for FAP with manifest cancer in the sigmoid colon. This case observation reemphasizes that the risk of cancer for FAP patients persists as long as any rectal mucosa remains after IPAA surgery.

579 ▪ Effect of molecular diagnostic procedures on surgical therapy of malignant diseases
von-Knebel-Doeberitz-M; Gebert-J; Herfarth Ch.
Chirurg.1996 Oct; 67(10): 967-79.
In the past molecular biological techniques have provided the basis for principally new aspects in the diagnosis of neoplastic diseases. The genetic predisposition to hereditary cancer syndromes can be detected by germ line DNA sequence analysis and offers the opportunity for prophylactic surgery. Some preneoplastic lesions can be detected through the identification of specific molecular alterations in nucleic acid preparations derived from various clinical samples. Residual or disseminated tumor cells can be detected in resection margins, lymph nodes, bone marrow, or peripheral blood with great sensitivity. Most likely, these techniques will strongly influence cancer screening programs and provide a rational basis for adjuvant systemic or regional therapy modalities. However, the clinical value of these techniques has not yet been proven in controlled trials. The problems of reproducibility and quality assurance have to be addressed and solved. This review summarizes the basic principles of some of these new molecular diagnostic techniques to permit a critical assessment of their clinical implications.

580 ▪ pHi value as a prognostic parameter in septic and polytrauma patients
Weitz-J; Kienle-P; Schmidt-H; Klar-E; Martin-E; Herfarth Ch.
Langenbecks-Arch-Chir-Suppl-Kongressbd.1996; 113: 334-7.
In 17 patients in septic shock and in 12 trauma patients (ISS > or = 20) the gastric pHi and systemic oxygen delivery and consumption were measured every 6 h to evaluate the prognostic significance of the pHi and to determine the relationship between the gastric mucosal oxygenation and the systemic oxygen transport parameters. In the trauma patient the initial pHi has a high prognostic significance (mean survivors = 7.38; non-survivors = 7.15; $p < 0.05$), while in the septic group no patient with a pathologic pHi (< 7, 35) > or = 12 h survived. Since we found no correlation between pHi and systemic oxygen transport parameters, other factors have to be of greater importance for gut mucosal oxygenation.

581 ▪ TNF-alpha and endothelin concentration kinetics during normothermic liver ischemia and reperfusion-indications for a potentially protective function of increased TNF level
Bredt-M; Kraus-T; Mehrabi-A; Gebhard-MM; Herfarth Ch.; Klar-E
Langenbecks-Arch-Chir-Suppl-Kongressbd.1997; 114: 681-5.
Plasma kinetics of Endothelin (ET) and TNF-alpha were determined before, during and after critical normothermic hepatic ischemia and reperfusion in a porcine model. Levels were correlated with liver blood flow and survival after reperfusion. Surviving animals presented with lower ET- but elevated TNF-levels compared to non-surviving animals, a better hepatic microcirculation after postischemic reperfusion. While increased ET-concentrations lead an impairment of sinusoidal perfusion, elevation of local TNF-levels could potentially antagonize negative ET-effects by induction of NO-

synthetase or Ito-cell blockage. Whether these assumptions are causative must now be analysed in future investigations.

582 ■ IORT as adjuvant treatment in primary rectal carcinomas: multi-modality treatment.
Eble MJ; Lehnert-T; Herfarth Ch.; Wannenmacher-M
Front-Radiat-Ther-Oncol.1997; 31: 200-3.

583 ■ IORT for extremity sarcomas.
Eble-MJ; Lehnert-T; Schwarzbach-M; Ewerbeck-V; Herfarth Ch.; Wannenmacher-M
Front-Radiat-Ther-Oncol.1997; 31: 146-50.

584 ■ IORT for recurrent rectal carcinoma
Eble-MJ; Treiber-M; Lehnert-T; Herfarth Ch.; Wannenmacher-M
Front-Radiat-Ther-Oncol.1997; 31: 229-33.

585 ■ Results and follow-up in eleven MEN 2A gene carriers after prophylactic thyroidectomy.
Frank-Raue-K; Hoppner-W; Buhr-H; Herfarth Ch.; Raue-F
Exp-Clin-Endocrinol-Diabetes.1997; 105 Suppl 4: 76-8.
In 11 MEN 2A gene carriers prophylactic thyroidectomy was carried out between the age of 4 to 17 years. All gene carriers had pathological basal and/or pentagastrin stimulated serum calcitonin levels. On histological examination in five patients C-cell hyperplasia (CCH) and in 6 patients medullary microcarcinoma (< 1 cm, mostly multifocally) was shown. No patient had lymph node involvement. There was no recurrent laryngeal nerve damage in these 11 patients and no permanent hypoparathyroidism. After prophylactic thyroidectomy all 11 patients were cured, they showed normal basal and pentagastrin stimulated calcitonin levels. In the follow-up (mean 19 months) under thyroxine substitution therapy in 9 of these 11 patients TSH was at least at one examination out of the normal range. In 2 patients TSH was suppressed, in 1 of these FT3 was slightly elevated. In 7 patients TSH was elevated between 4.9 to 147 microU/ml. The application of genetic testing is save concerning diagnostic accuracy. If prophylactic thyroidectomy is done at early ages cure rate is 100%. Despite this encouraging results thyroxine substitution therapy in the follow-up carries some problems concerning optimal dosage and non-compliance. Therefore TSH has to be estimated in the follow-up every 3 months.

586 ■ Mutations of ret-proto-oncogene in thyroid medullary carcinoma
Frank-Raue-K; Hoppner-W; Buhr-H; Herfarth Ch.; Ziegler-R; Raue-F
Dtsch-Med-Wochenschr.1997 Feb 7; 122(6): 143-9.
OBJECTIVE: To determine the importance of the molecular-genetic demonstration of germ-line mutation in the ret protooncogene for therapeutic measures in sporadic and hereditary medullary thyroid carcinoma (MTC). PATIENTS AND METHODS: Several molecular-genetic tests were performed on DNA of 35 families with hereditary and 81 patients with the sporadic form of MTC (isolation of genomic DNA; PCR amplification; DNA sequencing: demonstration of mutation in codon 918 with restriction enzyme FOK 1). RESULTS: A disease risk was demonstrated in 178 individuals among the 35 families, 159 of whom were investigated by molecular-genetic tests: 84 family members were found to be gene carriers. Germ-line mutation had already been suspected on clinical grounds in 76% of the carriers, 24% being discovered in a presymptomatic stage. Six children among the latter were treated prophylactically by thyroidectomy, histological evidence of C-cell hyperplasia being found in all of them, microcarcinomas in three of the older children. There were four patients among the non-carriers on whom thyroidectomy had been performed previously because of a false-positive pentagastrin-test; but germ-line mutation was now excluded. In one family, with familial MTC in two brothers, no mutation in ret-proto-oncogene has been demonstrated. The members of this family must now, as used to be routine, undergo a pentagastrin-test. Three of the 81 patients with „sporadic" MTC had a germ-line mutation, presumably a new one. CONCLUSION: Molecular-genetic tests have further improved the management of families with hereditary MTC and they thus take first place among essential diagnostic procedures. The diagnosis of sporadic MTC can be confirmed by excluding germ-line mutation in the ret-proto-oncogene.

587 ■ Experimental validation of laser light-induced fluorescence diagnosis (LIFD) of dysplasias and early carcinomas of the colon .
Gahlen-J; Stern-J; Pressmar-J; Bohm-J; Born-A; Herfarth Ch.
Langenbecks-Arch-Chir-Suppl-Kongressbd.1997; 114: 141-4.
Laserlight induced Fluorescence Diagnostics (LIFD) is a capable method for detection of a macroscopical not visible dysplasia and colon carcinoma of the rat induced by DMH. Apparently, these dysplasia and carcinoma would have to undergo conventional diagnostic methods. The question, whether the carcinoma or dysplasia should be pointed out is influenced by the PS and the method of application. Systemic photosensibilisation of the whole organism can be avoided by

the local application of ALA without limiting the quality of investigation. Therefore, posttherapeutical avoidance of light is no longer necessary.

588 ■ Prevention of hepatitis B-analysis of cost-effectiveness after liver transplantation

Golling M, Arnold JC, Rudek B, Theilmann L, Herfarth C, Otto G

Langenbecks Arch Chir Suppl Kongressbd 1997;114:1048-1050

HBV recurrence, despite immunoprophylaxis which occurred in 67% of our patients, remains the main problem following liver transplantation for HBV infection. Pretransplant viral replication (HBV-DNA) and probably viral mutation may account to some degree for the failures involved in hyperimmunoglobulin prophylaxis. In order to improve the cost/benefit relationship, only HBV-DNA and HBeAG-negative patients should be selected or preoperatively seroconverted by nucleosides (famciclovir, lamivudine); post-operatively a variable HIG prophylaxis should be administered.

589 ■ Cyclosporine A reduction and withdrawal in liver transplantation: a risk-benefit analysis.

Golling-M; Frankenberg-M v.; Hofmann-WJ; Lohse-A; Herfarth Ch.; Otto-G

Transplant-Proc. 1997 Nov; 29(7): 2819-21.

Despite normal trough levels, side effects following longterm use of cyclosporine A (CyA) occur in approximately 8 to 40% of patients. Most important are renal impairment, hypertension, osteoporosis, and endocrine/metabolic disorders. In selected cases, a dose reduction and even withdrawal would be advantageous. From the reports of the Pittsburgh group on cell migration and chimerism of immunocompetent cells, it was proposed this phenomenon may be associated with longterm stable graft function leading to a donor specific tolerance induction. The aim of this prospective study was to analyze the clinical and laboratory parameters following CyA dose reduction and withdrawal in patients following liver transplantation.

590 ■ Detection of cytosine deaminase in genetically modified tumor cells by specific antibodies.

Haack-K; Moebius-U; Knebel-Doeberitz-MV; Herfarth Ch.; Schackert-HK; Gebert-JF

Hum-Gene-Ther. 1997 Jul 20; 8(11): 1395-401.

Bacterial cytosine deaminase (CD) converts the non-toxic prodrug 5-fluorocytosine (5-FC) into 5-fluorouracil (5-FU), which is toxic for mammalian cells. Therefore, the CD gene is used in cancer gene therapy to achieve high local concentration of a toxic metabolite without significant systemic toxicity. To allow the detection of CD expression at the protein level, we raised both polyclonal rabbit antisera and a monoclonal antibody (mAb) against a histidine-tagged CD fusion protein. The specificity of the polyclonal antisera and the mAb was confirmed by immunohistochemistry, immunoblot analysis, and immunoprecipitation using CD-expressing tumor cell lines. Furthermore, the antibodies can be used for ELISA assays and flow cytometry. Finally, the CD protein could be demonstrated in frozen tissue sections of CD-modified tumors in a rat tumor model using the anti-CD serum. With these antibodies, CD expression can now be monitored throughout in vitro and in vivo gene transfer studies, including clinical protocols relying on the CD suicide gene strategy.

591 ■ Mutational screening using restriction fragment length analysis (RFLA) exemplified by the gene for familial adenomatouspolyposis (APC gene)

Hahn-M; Saeger-HD; Herfarth Ch.; Schackert-HK

Langenbecks-Arch-Chir-Suppl-Kongressbd. 1997; 114: 65-8.

DNA sequencing defines the location and nature of sequence changes but requires a considerable expenditure of work. Our goal was to evaluate efficiency and sensitivity of a screening method, the restriction fragment length analysis (RFLA), in 20 patients with deletions or insertions that had already been characterized by DNA sequencing in the first half of exon 15 in the APC gene. PCR products of 3.2 kb in length encompassing region were amplified in the presence of fluorescence-labelled d-UTP, purified and subsequently digested by restriction endonucleases. Restriction fragments of various lengths were separated on an automated laser fluorescence sequencer (A. L. F.) under denaturing and non-denaturing conditions. Deletions and insertions were detected due to differential migration patterns in comparison to wildtype DNA. Thus, a total of 19 out of 20 deletions and insertions could be detected and localized within defined regions of the gene.

592 ■ European topic-multimodal therapy concept in gastrointestinal tumors-colorectal carcinoma.

Herfarth C

Langenbecks Arch Chir Suppl Kongressbd 1997;114:714-716

Current knowledge of adjuvant treatment of colonic cancer demonstrates the influence of the quality of surgery per se on the oncological therapeutic outcome. The influence of the tumour stages is equivocal.

Chemotherapy (perhaps vaccination treatment) exerts influence in Stage III and potentially in Stage IV.

593 ■ Molekulare Diagnostik und Therapie in der Chirurgie
Herfarth, Ch.
Langenbecks Arch Chir Suppl II (Kongreßbericht) 1997, 277-284

594 ■ Viszeralchirurgie und Koloproktologie - Dualis[illegible] oder Synergie
Herfar[illegible]
Mitteil[illegible] Dtsch Ges Chir 1/1997, 11-17

595 ■ Octreotide reduces blood flow in ischemic areas of the pancreas in acute pancreatitis
Herzog-L; Ryschich-E; Schmidt-J; Gebhard-MM; Herfarth Ch.; Klar-E
Langenbecks-Arch-Chir-Suppl-Kongressbd.1997; 114: 407-11.
Somatostatin and its long acting analogue octreotide have been used in the treatment of acute pancreatitis and related complications. On the other hand, results on the influence of octreotide on pancreatic microcirculation are contradictory so far. A negative correlation between perfusion and parenchymatic damage has been established as well as its influence on the transition from edematous to necrotic pancreatitis. Possible effects of octreotide on pancreatic microcirculation are therefore of eminent importance, considering the unequivocal influence of microcirculation on course and prognosis if acute pancreatitis. We therefore examined the influence of octreotide on the pancreatic microcirculation in the rat in experimentally induced pancreatitis. Male wistar rats had had an acute pancreatitis induced by infusion of GDOC in the hepatopancreatic duct, followed by intravenous infusion of caerulein. Animals of the control group had their duct probed and infused with ringer solution. 5 hrs after induction, both groups received an intravenous bolus of 100 micrograms/kg octreotide. Pancreatic microcirculation was measured immediately before (T 0) and 15 minutes after (T 1) application of octreotide. Hematocrit was also measured.

596 ■ Selective organ metastasis in follicular thyroid gland carcinoma
Hoelting-T; Duh-QY; Clark-OH; Herfarth Ch.
Langenbecks-Arch-Chir-Suppl-Kongressbd.1997; 114: 761-4.
Organ-specificity is a phenomenon of metastasis. We studied a unique model of metastatic human FTC including a primary (FTC133) and 2 metastatic cell lines (FTC236: lymph node; FTC238: lung metastasis) from 1 patient for growth and invasion in medium conditioned with endothelial cells from human lung, liver, brain and cervical lymph nodes. Growth and invasion in and chemotactic migration towards conditioned medium were measured by MTT assays. Medium conditioned with lung endothelial cells and cervical lymph nodes stimulated growth, invasion and chemotactic migration of all FTC. The effects were significantly greater in both metastases. Nonrandom, organ-specific metastasis may be affected by a network of growth and chemotactic factors.

597 ■ Diagnosis and therapy of thyroid carcinoma
Hölting-T; Herfarth Ch.
Dtsch-Med-Wochenschr.1997 Sep 5; 122(36): 1077-80.
Ungeachtet geographischer und endemischer Prädispositionen beträgt die Inzidenz von Knotenbildungen der Schilddrüse etwa 4%. Weniger als 10% der solitären Knoten sind maligne. In den vergangenen Jahren haben die Primärdiagnostik solitärer Schilddrüsenknoten und die Therapie bei Malignomnachweis deutliche Veränderungen erfahren. Im Vordergrund der Kontroverse bleibt ungeachtet aller klinischen Fortschritte und des besseren Verständnisses der Tumorbiologie insbesondere die Notwendigkeit der totalen Thyreoidektomie bei differenzierten Karzinomen.

598 ■ ICPM-independent documentation of new reimbursement forms-method and 1995 results
Huber-FX; Schall-R; Fritz-Krieglstein-C; Gleim-U; Herfarth Ch.
Langenbecks-Arch-Chir.1997; 382(2): 69-73.
The structural health care law (known as the Gesundheitsstrukturgesetz or GSG) of the Federal Republic of Germany has been enacted to replace the covering cost prices by various forms of payment. On the basis of the Godesberg Diagnosis and Therapy Catalogue, a new system has been developed that assesses all new implications of the care benefit law. With the help of intelligent plausibility tests, a particular case (PC) or a special rate (SR) is suggested. The documentation system works without ICPM numbers. The conversion of diagnosis and therapies to ICD-10/ICPM numbers is possible. The results of the first half of 1995 and the second half of 1995 show that only two-fifths of operations can be assessed with PC or SR. Neither emphasis on certain operations nor the more differentiated illnesses are recognised as extra costs by the GSG regulations. Complete and correct documentation is achieved by a strict and stratified control system.

599 ▪ Results and follow-up in eleven MEN 2A gene carriers after prophylactic thyroidectomy
K. Frank-Raue, W. Höppner, H. Buhr, Ch. Herfarth, F. Raue
Exp Clin Endocrinol Diabetes 1997; 105(suppl. 4): 76-78
In 11 MEN 2A gene carriers prophylactic thyroidectomy was carried out between the age of 4 to 17 years. All gene carriers had pathological basal and/or pentagastrin stimulated serum calcitonin levels. On histological examination in five patients C-cell hyperplasia (CCH) and in 6 patients medallary microcarcinoma (<1 cm, mostly multilocally) was shown. No patient had lymph node involvement. There was no recurrent laryngeal nerve damage in these 11 patients and no permanent hypoparathyroidism. After prophylactic thyroidectomy all 11 patients were cured, they showed normal basal and pentagastrin stimulated calcitonin levels.
In the follow-up (mean 19 months) under thyroxine substitution therapy in 9 of these 11 patients TSH was at least at one examination out of the normal range. In 2 patients TSH was suppressed, in 1 of these FT3 was slightly elevated. In 7 patients TSH was elevated between 4,9 to 147 μU/ml.
The application of genetic testing is save concerning diagnostic accuracy if prophylactic thyroidectomy is done at early ages cure rate is 100%. Despite this encouraging results thyroxine substitution therapy in the follow-up carries some problems concerning optimal dosage and non-compliance. Therefore TSH has to be estimated in the follow-up every 3 months.

600 ▪ Computer-based training-a new method in surgical education and continuing education
Kallinowski-F; Mehrabi-A; Gluckstein-C; Benner-A; Lindinger-M; Hashemi-B; Leven-FJ; Herfarth Ch.
Chirurg. 1997 Apr; 68(4): 433-8.
Computer-based training (CBT) programs teach the material of a specific field and at the same time offer various ways of objectively checking the knowledge gained. The interactive use of multimedia components, such as text, graphics, animation, sound, digital slide shows, videos and quizzes, facilitates the learning process. The aim of this study was the development and evaluation of a CBT program for use by surgeons teaching students. Using SuperCard, a teaching module for distal radius fracture (DRF) was developed, containing detailed clinical information. Video clips and vivid animation combine theoretical knowledge with practical experience. Fourth-year medical students (n = 103) were tested after using the module for 90 min. Other students (n = 47) served as the control group. In a 90-min lecture, DRF was discussed. In all evaluated criteria (distinctness, detailed description, presentation of materials, structure, motivation to learn, time saved while learning and memory retention), CBT gained 15-20% better scores than the lecture. Although 87% of the students stated that their experience with computers was limited or insufficient, 100% found the use of CBT systems helpful in student teaching. Most of them suggested the use of such programs as a exam preparation/self study method (90%) or as a supplement to a lecture (40%). Based on these evaluations, it is clear that CBT modules are an appropriate future teaching and learning system that will be well accepted. In conclusion, CBT programs should be integrated into medical education as a valuable supplement. With this aim, CBT systems should be developed and used at universities as an information system for the surgical residency program.

601 ▪ Endosonography, CT and MRI in the diagnostic concept of rectal carcinoma.
Kienle P, Glaser F, Kuntz C, Dux M, Herfarth C
Langenbecks Arch Chir Suppl Kongressbd 1997;114:477-479
The stage-adapted operative treatment of rectal cancer in the context of adjuvant therapy regimes necessitates accurate and, in times of diminishing financial resources, cost-effective preoperative staging. From January 1988, 424 patients with rectal cancer were examined by endosonography. In the same period 28 additional patients were staged by hydro-CT within a prospective study as the endorectal sonography probe could not be passed through the tumor stenosis. Sensitivity and specificity for T and N staging were equal or superior in the endosonography group. Compiled data in the literature for MRI staging of rectal cancer.

602 ▪ Restorative proctectomy. A comparison of direct colo-anal and colon-pouch-anal anastomoses for reconstructingcontinuity
Kienle-P; Stern-J; Herfarth Ch.
Chirurg. 1997 Jun; 68(6): 630-2.
Thirty-nine of 63 patients undergoing deep anterior rectal resection received a straight coloanal anastomosis (CAA); the remaining 24 patients additionally had a colon-j-pouch (CPA) constructed. After pouch-anal anastomosis, local septic complications occurred in 12.5% of patients compared to 20.5% after coloanal anastomosis. Stool frequency after pouch-anal anastomosis was 3.3 per 24 h compared to 5.2 per 24 h after straight anastomosis within the first year after ileostomy closure (P = 0.053). Continence was slightly better in the pouch group (n.s.), and anal manometry showed a significant postoperative decrease only in

resting pressure after straight colonal anastomosis (P < 0.001). This study supports the construction of a colon-j-pouch after deep rectal resection, as the pouch-anal anastomosis has fewer local septic complications and seems to improve functional outcome.

603 ▪ Early assessment of reperfusion injury by intraoperative quantification of hepatic microcirculation in patients.
Klar-E; Bredt-M; Kraus-T; Angelescu-M; Mehrabi-A; Senninger-N; Otto-G; Herfarth Ch.
Transplant-Proc.1997 Feb-Mar; 29(1-2): 362-3.
It is generally accepted that the disturbance of hepatic microcirculation is a main determinant of reperfusion injury after liver transplantation. Despite this fact, the quality of graft reperfusion in patients is usually limited to an optical assessment. We have recently described a new application of thermodiffusion technology for the quantification of hepatic microcirculation experimentally as well as in humans. It was the aim of this study to investigate the value of intraoperative quantification of liver microcirculation in the grading of reperfusion injury.

604 ▪ Extrahepatic biliary obstruction impairs microvascular perfusion and increases leukocyte adhesion in rat liver.
Koeppel-TA; Trauner-M; Baas-JC; Thies-JC; Schlosser-SF; Post-S; Gebhard-MM; Herfarth Ch.; Boyer-JL; Otto-G Hepatology.1997 Nov; 26(5): 1085-91.
To determine if disturbances of the liver microcirculation may be of pathophysiological relevance for liver damage during acute biliary obstruction, we studied the effects of bile duct ligation (BDL) on hepatic microhemodynamics and leukocyte adhesion in rat liver in vivo. Male Wistar rats were subjected to BDL for 3 days and 7 days, respectively. Sham-operated controls underwent laparotomy without BDL. After 3 days, intravital fluorescence microscopy (IVM) and hydrogen gas (H2) clearance were performed to study hepatic microvascular perfusion. Furthermore, leukocyte-endothelial cell interactions were assessed by IVM. Intercellular adhesion molecule 1 (ICAM-1) protein expression was studied by Western blot analysis and tissue immunofluorescence after 3 and 7 days, respectively. Analysis of microvascular perfusion by IVM revealed a marked impairment of sinusoidal perfusion after 3 days. Assessment of H2 clearance confirmed that overall hepatic microvascular perfusion was decreased. In addition, increased leukocyte adhesion in sinusoids and venules could be observed. A concomitant increase of ICAM-1 expression in liver tissue was also noted within the first week after BDL. Our results show that BDL is followed by a marked depression of the hepatic microcirculation and increased leukocyte adhesion in vivo within 3 to 7 days. Together, these findings suggest that deficits in microvascular perfusion and increased neutrophil infiltration may represent a potential source of liver injury during acute biliary obstruction.

605 ▪ Use of information systems for direct surgical patient management.
Krieglstein CF, Schall R, Runkel M, Herfarth C Langenbecks Arch Chir Suppl Kongressbd 1997;114:656-659
The aim of this prospective study was to evaluate the use of a modern computer-based hospital information system for the management of patients in our surgical department. The results showed that the information system was well accepted by the medical staff and found to be useful throughout daily work. In addition, they justify the effort to install and maintain such a system.

606 ▪ Endosonographic diagnosis in preoperative radiotherapy of locally advanced rectal carcinoma
Kuntz-C; Glaser-F; Lehnert-T; Herfarth Ch.
Chirurg.1997 Jan; 68(1): 57-62.
Endorectal ultrasound (EUS) is important for the indication of preoperative radio(chemo)therapy of locally advanced rectal carcinomas. Preoperative radio(chemo)therapy causes an increased echogenity of the ultrasound, which histologically corresponds with increased fibrosis. After preoperative radio(chemo) therapy, the accuracy rate of EUS of tumor infiltration depth (T) and lymph-node status (N) is 75% compared with postoperative histology. With the help of EUS before and after radio(chemo)therapy (n = 28 patients) „downstaging“ was noticed endosonographically in 10 patients (3 times in T and 7 times in N staging) and „upstaging“ in 3 patients (3 times in T and 1 times in N staging). There was no „understaging“ of local tumor infiltration depth after preoperative radio(chemo) therapy.

607 ▪ Transtracheal monitoring of the recurrent laryngeal nerve. Prototype of a new tube
Lamade-W; Meyding-Lamade-U; Hund-E; Senninger-N; Herfarth Ch.
Chirurg.1997 Feb; 68(2): 193-5.
A new sensing device for the continuous intraoperative monitoring of the recurrent laryngeal nerve is presented. It is based on a double ballooned endotracheal tube including stimulating and tracing electrodes. The system is characterised by three advantages: 1) it is atraumatic, 2) it is operating completely outside the operating field (extraterritorially), 3) nerve function is being monitored

continuously from the time of intubation to the time of extubation. The presented system has been evaluated in piglets. First results in humans will be available shortly.

608 ▪ Is transplantation really superior to resection in the treatment of small hepatocellular carcinoma?
Otto-G; Heuschen-U; Hofmann-WJ; Krumm-HG; Hinz-U; Herfarth Ch.
Transplant-Proc.1997 Feb-Mar; 29(1-2): 489-91.
Curative therapeutic approaches for hepatocellular carcinoma (HCC) are liver resection (LR) and liver transplantation (LTX). Whereas for large HCCs LR and LTX result in equally poor survival, reports on liver transplantation in small oligocentric tumors are encouragin g. From the theoretical point of view, this may be caused by lower early and late mortality due to the underlying cirrhosis and to the lower local recurrence rate of the cancer. However, especially comparative assessments of LR versus LTX have been controversi al. In a retrospective analysis of our patients we compared the results of LR and LTX.

609 ▪ Significance of diagnostic imaging for determining surgical indications in solid liver tumors
Otto-G; Richter-GM; Herfarth Ch.
Chirurg.1997 Apr; 68(4): 334-45.
Radiological imaging is essential for the differential-diagnostic appraisal and the assessment of size, number, and localization of neoplastic liver lesions. The results determine the decision for or against operation and the surgical strategy. Moreover, oncological contraindications against surgery are recognized by imaging procedures. Technical refinements of imaging comprise improved quality of ultrasound and of computed tomography and fast sequences in magnetic resonance imaging. Special investigational protocols and specific contrast agents for ultrasonography and magnetic resonance technique are highly relevant for clinical practice. The value of diagnostic procedures is demonstrated by our own experience. The differential use of imaging procedures, technical and methodological performance and the final diagnostic interpretation require a high standard of expertise. Diagnostic accuracy is limited by technical and biological factors.

610 ▪ Rehabilitation of patients with alcoholic liver cirrhosis after orthotopic liver transplantation: a 7-year follow-up
Reeck-UH; Egerer-G; Otto-G; Hoffmann-W; Arnold-JC; Theilmann-L; Conradt-C; Herfarth Ch.; Seitz-HK
Rehabilitation-Stuttg.1997 May; 36(2): 116-20.
Alcoholic liver cirrhosis is the main indication for orthotopic liver transplantation. Since 1988, 52 patients with alcoholic liver cirrhosis have been transplanted at the Department of Surgery of the University of Heidelberg. The survival rates are as follows: 73% of the patients survived for 1 year, 68% for 2 and 3 years, 64% for 4 years, and 57% survived for 5 years. After transplantation, recidivism occurred in 6 patients. Remarkable in this case was the fact that all 6 patients had a relatively short period of abstention prior to surgery (2 to 5 months). In 12 patients, a small carcinoma was found in the cirrhotic liver. This had neither been seen previously by ultrasound nor by computer tomography. In summary, orthotopic liver transplantation is an excellent mode of treatment in end-stage alcoholic liver cirrhosis. However, the patients have to be carefully selected in order to avoid recidivism following transplantation.

611 ▪ Direct measurement of blood flow in small intestine mucosa of the rat with FITC marked erythrocytes
Ruh-J; Ryschich-E; Schmidt-W; Secchi-A; Gebhard-MM; Herfarth Ch.; Klar-E
Langenbecks-Arch-Chir-Suppl-Kongressbd.1997; 114: 455-8.
Pathological conditions such as sepsis, inflammation and ischemia/reperfusion lead to disturbance of intestinal microcirculation. Therefore, we evaluated a method to determine villous perfusion by means of intravital microscopy. Diameter and erythrocyte velocity in the centrally located arteriole of each villus were determined at three different time points. The findings were video-taped for off-line analysis with the help of a specially designed software program, and the mean capillary blood flow was calculated. The preparation was stable during the observation period of 60 min. We conclude that this method is a helpful tool for further investigating changes of mucosal blood flow in acute and chronic states of bowel disease.

612 ▪ Chirurgisches Vorgehen bei Morbus Crohn
Schürmann, G., Ch. Krieglstein, Ch. Herfarth
Dtsch med Wschr 18 (1997) 1645-1648 (chinesische Ausgabe)

613 ▪ Calcium metabolism after thyroidectomy with modified radical neck dissection and parathyroidgland autotransplantation.
Senninger N, Colombo-Benkmann M, Haas S, Frank-Raue K, Herfarth C
Langenbecks Arch Chir Suppl Kongressbd 1997;114:1161-1163

The issue of parathyroid autotransplantation in oncologic thyroid surgery is discussed controversially. In a series of 15 patients who underwent bilateral modified radical neck dissection for thyroid malignancy, parathyroid autotransplantation was carried out. Six months after surgery only one patient was hypoparathyroid, requiring permanent medication, thus autotransplantation is a safe procedure for the prevention of accidental hypoparathyroidism.

614 ■ Glutamine deficiency of the intestine in Crohn disease: basic principles for substitution therapy

Sido-B; Hochlehnert-A; Hack-V; Lipps-H; Droge-W; Herfarth Ch.

Langenbecks-Arch-Chir-Suppl-Kongressbd.1997; 114: 653-6.

The published results provide evidence for impaired glutamine uptake by the ileum and colon from circulation in Crohn's disease. The profound decrease of mucosal glutaminase activity found selectively in the ileum independently of inflammation further aggravates gut glutamine metabolism. Given the fact that glutamine is the key respiratory fuel for the small bowel, it follows that these findings are of great pathophysiological importance. As glutamine supplementation is able to improve intestinal glutamine uptake with a beneficial effect on glutaminase activity in other studies, we propose glutamine supplementation for Crohn's disease patients.

615 ■ Modification of ischemia-/ reperfusion damage after liver transplantation by N-acetylcysteine. Results of the Heidelbergpilot study

Thies-JC; Teklote-J; Clauer-U; Töx-U; Otto-G; Herfarth Ch.

Langenbecks-Arch-Chir-Suppl-Kongressbd.1997; 114: 531-4.

616 ■ Rehabilitation von Patienten mit alkoholischer Leberzirrhose nach orthotoper Lebertransplantation: ein 7jähriges Follow-up

U. H. Reeck, G. Egerer, G. Otto, W. Hoffmann, J. C. Arnold, L. Theilmann, Ch. Conradt, Ch. Herfarth, H. K. Seitz

Rehabilitation 1997; 36(2): 116-120

Zusammenfassung: Die alkoholische Leberzirrhose stellt eine Hauptindikation für die orthotope Lebertransplantation dar. Seit 1988 wurden 52 Patienten mit einer alkoholischen Leberzirrhose in der Chirurgischen Universitätsklinik Heidelberg transplantiert. Die Überlebensraten sind wie folgt: 73 % der Patienten waren nach 1 Jahr noch am Leben, 68% nach 2 und 3 Jahren, 64% nach 4 Jahren und 57 % nach 5 Jahren. Nach Transplantation kam es bei 6 Patienten zu einem Alkoholrezidiv. Bemerkenswert dabei war, daß diese Patienten eine relativ kurze Abstinenzperiode vor der Operation aufwiesen (2-5 Monate). Bei 12 Patienten wurde zusätzlich ein kleines Karzinom in der zirrhotischen Leber festgestellt. Dieses war weder durch Ultraschall noch durch Computertomographie vorher gesehen worden. Zusammenfassend läßt sich sagen, daß die orthotope Lebertransplantation für das Endstadium der alkoholischen Leberzirrhose eine exzellente Behandlungsmethode darstellt. Es ist jedoch notwendig, die Patienten sorgfältig auszusuchen. um Alkoholrezidive nach der Transplantation zu vermeiden.

617 ■ Detection of hematogenous tumor cell dissemination of colorectal carcinomas

Weitz-J; Kienle-P; Lacroix-J; Willeke-F; Lehnert-T; Herfarth Ch.; von-Knebel-Doeberitz-M

Langenbecks-Arch-Chir-Suppl-Kongressbd.1997; 114: 733-6.

The prognosis of patients with colorectal cancer is still poor despite R0-resection. Dissemination of tumor cells appears to be an early event in tumor progression which may happen pre- or intraoperatively and is not detected by current staging methods. The purpose of this study was the development of a system for detection of hematogenic tumor cell dissemination in colorectal cancer. With the established CK 20-RT-PCR we detected tumor cells in the blood of 18/47 patients with colorectal resections with a correlation to tumor stage and in 6/7 patients undergoing liver resections for metastasis. In 8 patients with colorectal resection and 5 patients with liver resection tumor cells could only be detected intraoperatively or intra- and postoperatively, a possible evidence for tumor cell shedding due to surgical manipulation.

618 ■ Outcome of surgical therapy in asymptomatic primary hyperparathyroidism

Willeke-F; Senninger-N; Hinz-U; Raue-F; Lamade-W; Buhr-HJ; Herfarth Ch.

Chirurg.1997 Feb; 68(2): 141-6.

Surgery for symptomatic hyperparathyroidism remains the standard therapy. Asymptomatic primary hyperparathyroidism (pHPT) is being diagnosed with increasing frequency owing to broad serum testing. Indications for surgery in this setting are controversial. For evaluation of surgical safety we performed a retrospective analysis of our patients who were being operated on for asymptomatic pHPT. From January 1988 until August 1995, 243 patients were treated for pHPT and registered prospectively at our unit. Seventy-six patients were classified as asymptomatic. In all, 75% of the patients were female; the mean age was 62 years. In this group, 87% of the patients had cervical sonography in order to localize the adenoma. Highly selective venous catheterization was required in cervical reexplorations. Statistical analysis for potential prognostic factors for the clinical outcome was performed. Successful cervical exploration was possible in 71 patients (94.7%). With 4 patients remaining hypercalcemic, the rate of persistency was 5.2%. Localization procedures were correct in 58% for cervical ultrasound and 77% for selective venous catheterization. Postoperative morbidity included one permanent recurrent laryngeal nerve palsy and 2 patients with hemorrhage who were treated by reoperation. While one case of permanent hypoparathyroidism was well controlled by oral supplementation, 18 patients recovered from temporary hypoparathyroidism. No postoperative mortality occurred. Risk factor analysis revealed only cervical reexplorations for HPT to be associated with a higher morbidity (P = 0.02). Surgery for asymptomatic pHPT can be performed with reasonable safety. Cervical reexplorations in asymptomatic patients should be reserved for special indications. Apart from this small group, all patients should be evaluated for surgery.

619 ▪ Differences in T-cell activation in laparoscopic versus conventional colon resections in the rat

Wunsch-A; Kuntz-C; Bay-F; Hansch-M; Glaser-F; Herfarth Ch.

Langenbecks-Arch-Chir-Suppl-Kongressbd.1997; 114: 267-70.

Laparoscopic operations are said to minimize the operative trauma. Therefore, we investigated in a rat model whether there is less T-cell activation following laparoscopic colon resection in comparison to open surgery. We randomized 20 male Wistar rats prospectively that underwent subsequently a colon resection of approx. 0.5 cm either laparoscopically or by laparotomy. Blood samples were taken preoperatively, immediately postoperatively and on day 1 and 7 after surgery. The peripheral blood lymphocytes were isolated and analysed with regard to the distribution of the surface antigens CD 3, CD 4, CD 8 and CD 71. We found an increased weight loss and a prolonged activation of CD 8-positive cells in the group that had open surgery. There were no significant differences between the groups as far as the other parameters were concerned.

620 ▪ Einfluß der Proktolkolektomie auf die Flüssigkeitsbilanz - konventionelle Ileostomie, ileorektale Anastomose und ileoanale Pouch-Operation im Vergleich

Brüwer M, Stern J, Schmidt-Gayk H, Senninger N, Herfarth C

Z Gastroenterol 1998; 36: 201-208

Das bevorzugte Verfahren zur operativen Behandlung der Colitis ulcerosa (CU) und der familiären adenomatösen Polyposis coli (FAP) ist die ileoanale Pouch-Operation (IAP). Ebenfalls zur Anwendung kommen die ileorektale Anastomose (IRA) und die konventionelle Ileostomie (CPS). Die verschiedenen Operationsverfahren könnten die Ausscheidung von Wasser und Elektrolyten in Stuhl und Urin beeinflussen und zu einem erhöhten Urolithiasisrisiko führen. Wir untersuchten diesbezüglich Patienten (12 IAP, 12 IRA und 8 CPS) mehrere Jahre nach dem operativen Eingriff und verglichen die Befunde mit zwölf gesunden Kontrollen. Stuhl und Urin wurde an zwei aufeinanderfolgenden Tagen über 24 Stunden gesammelt. Bestimmt wurden Volumen und Elektrolytgehalt im Stuhl und im Urin. Das Risiko einer Urolithiasis wurde mit Hilfe von Nomogrammen berechnet.

Stuhlvolumen und fäkaler Natriumverlust (Na+) waren bei allen Operierten signifikant erhöht. Kontinenzerhaltende Operationen hatten jedoch einen signifikant niedrigeren Verlust an Na+ und Stuhl als CPS. Der vermehrte fäkale Na+-Verlust führte nach Kolektomie kompensatorisch zu einer verminderten Na+- Ausscheidung im Urin, verglichen mit Kontrollen. Hinsichtlich des Urinvolumens gab es keine signifikanten Unterschiede. Kein Patient hatte sonographisch oder anamnestisch Hinweise für eine Urolithiasis. Ein potentielles Risiko für die Nierensteinbildung war für alle Therapiegruppen und für die Kontrollen vorhanden.

621 ▪ Intraoperative radiotherapy as adjuvant treatment for stage II/III rectal carcinoma.

Eble MJ, Lehnert T, Herfarth C, Wannenmacher M

Recent Results Cancer Res 1998;146:152-160

HISTORY AND CLINICAL FINDINGS: A 26-year-old man was admitted urgently because of breathing-related pain in the left thorax. This pain had started 3 months before, but had at first improved spontaneously. He had lost 13 kg during those weeks and had no recollection of any injury. Physical examination was unremarkable except for slight pain on upper-abdominal pressure and a palpably enlarged spleen. INVESTIGATIONS: All laboratory tests were normal, including the Quick value (100%), partial thromboplastin time (38 sec) and hemoglobin (14.2 g/dl). Chest radiogram showed a high left diaphragm. Abdominal sonography revealed a 12 x 10 cm moderately echogenic tumour in the spleen, extending from the splenic hilus to the upper splenic pole. Contrast-enhanced computed tomography demonstrated a hypodense tumour from which 300 ml of old blood were removed by needle puncture. Biopsy of the wall of the haematoma revealed pseudocystic transformation. TREATMENT AND COURSE: The pseudocyst again filled with blood in a few days. A drain was inserted and remained for 32 days. Six installations of alcohol achieved complete obliteration of the cystic haematoma, which did not recur. CONCLUSION: Splenic haematoma should be considered in the differential diagnosis of pain in the lower left thorax, even in the absence of a history of injury. Sonographically such a haematoma my imitate a solid tumor. Obliteration of the cavity by alcohol installation can be a successful alternative to surgical treatment.

622 ■ No evidence for cancer-related CD44 splice variants in primary and metastatic colorectal cancer

Givehchian M, Wörner S, Sträter J, Zöller M, Heuschen U, Heuschen G, Lehnert T, Herfarth C, von Knebel Doeberitz M

Eur J Cancer 1998; 34(7): 1099-1104

The expression of alternatively spliced CD44 adhesion molecules has been implicated in the pathogenesis and metastasis of colorectal cancer. Using a new set of primers for exon-specific reverse transcription-polymerase chain reaction (RT-PCR) we delineated the exact exon composition of CD44 mRNAs in normal colorectal mucosa, including isolated colonic crypts, in colorectal carcinomas and in their hepatic metastases. In addition, the surface expression of CD44 isoforms was analysed by immunohistochemistry. We identified by RT-PCR eight variant transcripts expressod in colorectal carcinomas and their metastases, but also constitutively in normal colorectal epithelia. In the normal colorectal epithelium, the surface expression of CD44 standard and variant molecules was restricted to proliferating cells at the bottom of the crypts. Despite expression of these transcripts in colorectal cancers and their metastases, monoclonal antibodies specific for standard or variant epitopes encoded by exons v5 and v6 stained only a few neoplastic lesions. These data point to a differentiation-specific CD44 expression and splicing pattern in proliferating colorectal epithelia. However, they do not support a cancer- or metastasis-specific CD44 splicing pattern. Instead, cell surface avallability of CD44 epitopos was reduced rather than increased in primary tumours and particularly in liver metastases.

623 ■ Gesundheitssystem: „gelenkt" ins Abseits?

Herfarth C

Münchener Medizinische Wochenschrift 1998; 140(19):22-23

In seiner Grundsatzrede holte Ch. Herfarth weit aus: „Humanität und Wissenschaft: Basis und Triebfeder der Chirurgie trotz wechselndem Umfeld" lautete der Titel der Rede, aus der wir Auszüge abdrucken. Herfarth macht sich große Sorgen um die Zukunft der medizinischen Versorgung im allgemeinen und der Chirurgie im speziellen. Unter anderem warnte er davor, weiter Fachärzte zu produzieren, für die kein Bedarf besteht".

624 ■ GSG-konforme Dokumentation operativer Eingriffe an einer Universitätsklinik - 3 Jahre Erfahrung 1994-1996

Huber, F.-X., R. Schall, J. Stern, U. Gleim, Chr. Krieglstein, M. Mieth, Ch. Herfarth

Gesundheitswesen 60 (1998) 27-31

The cost increase in the public health sector is steadily mounting and hence politicians are forced to redefine the economic conditions for regulations. As a. new quality in the area of inpatient hospital care the new German law of structural health care (GSG), valid as of January 1, 1993 replaces the principle of. covering full costs. The GSG law required in our hospital an adjustment of existing EDP structures with integrated automatic remuneration estimate and the. installation of a medical structure of the organisation for complete and correct documentation. Weakpoints of the prescribed obligatory ICPM codes and. inadequate legal regulations result in a lack of separation or wrong integration of the lump sum payment in individual cases (FP) and special compensation. (SE). The summary analysis of the compensation system with a subsequent medical control system showed a primarily inaccurate classification by 12%.. There is as yet no proof for the usefulness of a lump sum payment system resulting in a selection of risks.

625 ■ Biliary endothelin levels in liver transplant recipients do not correlate with total bile acid concentration.

Kraus T, Sauer P, Mehrabi A, Bredt M, Golling M, Schonfuss T, Otto G, Stiehl A, Herfarth C, Klar E

Transplant Proc 1998 May;30(3):836-838

Endothelin (ET) is a potent agonist in the liver and appears to be involved in the regulation of hepatic microcirculation, various aspects of metabolic liver function, hepatic mitogenesis, and possibly bile duct motility. High levels of this vasoactive peptide and its biologic precursor, big-endothelin (big-ET), have recently been described in human bile samples during the early course following liver transplantation. The detection of both ET and big-ET in bile by radioimmunoassay analysis was meanwhile validated by comparison of HPLC elution profiles of biliary ET and purified ET peptides. While the existence of ET in bile secretion is now clearly documented, the exact sources of biliary ET peptides and its physiologic relevance in general and in specific pathophysiologic situations still must be defined in detail. Fresh and uncontaminated human bile secretions can be conveniently obtained during various forms of hepatobiliary surgery. Clinical orthotopic liver transplantation (OLT) can be interpreted as a model of severe hepatic stress, which leads to temporary and potentially reversible disturbances of both endothelial and parenchymal liver function and may involve cellular hepatic damage of variable degree. OLT is therefore often characterized by subsequent alterations of hepatic function during the early postoperative course, when infectious and noninfectious complications are encountered. This allows the clinical analysis of hepatic physiology in a broad spectrum of pathologic states of variable intensity in the total collective, or during the postoperative time course of the individual recipient.

626 ▪ „Managed care" - Ein Beispiel für zukünftige strukturelle Entwicklungen im Gesundheitswesen.
Kraus T, Weber W, Funk H, Klar E, Herfarth C
Chirurg 1998 Apr;69(4):404-411
While the different national health systems merge structurally, cost expansion in health care is a global challenge. Structural reforms have been developed during recent years in the USA which can be summarized as „managed care". They are characterized by the evolution of an economically orientated system, in which units of medical therapy are generally handled like conventional economically goods. In managed-care models, patients are deliberately directed to the most economic forms of therapy. The spectrum of medical interventions as well as diagnostic or therapeutic patterns are predefined by a system of contracted guidelines, which lead to a standardization of processes. Financing and medical executive responsibilities fuse. The autonomy of medical decisions is clearly reduced to enforce and integrated and economically oriented steering of the health system. Leadership is no longer primarily confined to doctors or scientists. It is progressively shifting to financing institutions, managing directors or insurance companies. Structural changes currently are expanding rapidly in the U.S. and have meanwhile led to marked regional reductions of medical costs. Nevertheless, the US model is still far more expensive compared to the German system. Historical development, current concepts of US-managed care, its potential influence and general applicability to the German situation are discussed in an overview.

627 ▪ Monitoring of gastric PCO2 for evaluation of splanchnic mucosal microcirculatory impairment during mesenteric venous occlusion and reperfusion.
Kraus T, Weitz J, Mehrabi A, Bredt M, Golling M, Schonfuss T, Otto G, Gebhard MM, Herfarth C, Klar E
Transplant Proc 1998 May;30(3):833-835
Temporary clamping of the hepatic pedicle (the Pringle Maneuver) is often performed during surgical resection of liver tumors and controlled repair of traumatic parenchymal liver lesions to minimize intraoperative blood loss. Occlusion of both portal vein and hepatic artery are also regularly performed for orthotopic liver transplantation during the anhepatic period if persisting circulatory stability of the recipient allows the negligence of a femoroportojugular shunt insertion. Both surgical situations are characterized by a simultaneous obstruction of hepatic artery and portal venous blood flow, leading to temporary (normo- or hypothermic) hepatic ischemia and gross splanchnic venous congestion. In addition to deliberate local surgical intervention, venous mesenteric flow obstruction can further be induced by mesenteric venous thrombosis. Under all conditions of stress, the splanchnic circulation is the most sensitive to endogenous vasoconstrictors. Major venous outflow obstruction in the splanchnic circulation is regularly followed by local warm mesenteric ischemia. Warm mesenteric ischemia can lead to mucosal damage with secondary bacterial translocation, endotoxemia, and generation of various toxic mediators, which are flushed into systemic circulation after reperfusion, possibly resulting in multiorgan failure.

628 ▪ Hydrosonographie als Alternative oder Ergänzung zur Endosonograpie beim Magencarcinom.
Kuntz C, Dux M, Pollock A, Buhl K, Herfarth C
Chirurg 1998 Apr;69(4):438-442
Transabdominal ultrasound in the hydrotechnique (hydrosonography) was compared with endosonography for the locoregional staging of gastric cancer. For this purpose 52 consecutive patients were examined by endosonography (7.5 and 12 MHz) and hydrosonography (3.75 MHz). Forty-nine of the 52 tumors could be examined by endosonography and 41 by hydrosonography. The T-staging accuracy rate of endosonography was 74% and 46% for hydrosonography. Carcinoma of the cardia are often classified as uT3 and hT3 preoperatively and pT2 postoperatively due to infiltration of the subserosal fat. The N-staging accuracy rate of endosonography was 86% and 61% for hydrosonography. Based on these results, transabdominal ultrasound in the

hydrotechnique (hydrosonography) cannot replace endosonography in gastric cancer staging. However, when performed in conjunction with conventional ultrasound, hydrosonography provides useful information about the local tumor stage, especially in cases of advanced and stenotic tumors.

629 ■ Prospective randomized study of stress and immune response after laparoscopic vs conventional colonic resection.

Kuntz C, Wunsch A, Bay F, Windeler J, Glaser F, Herfarth C

Surg Endosc 1998 Jul;12(7):963-967

Methods: In order to evaluate the stress and immunological response to laparoscopic and conventional colon resection we operated on male Wistar rats (350-380 g), performing either laparoscopic (n = 15) or open colon resection (n = 15). A third group (n = 10) underwent anesthesia only. Immediately before and after surgery as well as 1 and 7 days postoperatively a 1 ml sample of blood was taken from the retrobulbar veinous plexus. Stress (corticosterone) and immune parameters (neopterin and interleukin IL 1-beta) were measured. Furthermore, the body weight as a parameter of postoperative recovery was monitored. Results: The analysis of variance showed significant differences between the three groups over a period of 1 week ($p < 0.0001$ for corticosterone, $p = 0.0854$ for IL 1-beta, $p = 0.0045$ for neopterin). Additionally in a t-test significant differences were found between the laparoscopic and conventional group with regard to corticosterone ($p = 0.08$), to neopterin ($p = 0.045$), and to IL 1-beta ($p = 0.0043$) at the end of the operation. One week after the operation the stress and immune parameters were back to normal levels in each group except IL 1-beta, but the recovery indicated by body weight was different according to the kind of the applied operative procedure: 7 days postoperatively the rats lost 5.99% of their body weight after open surgery and only 2.4% after laparoscopic surgery. After anesthesia only the body weight increased by about 4.8%. Conclusion: Laparoscopic colon resection alters the stress and immune system of healthy rats less than open colon resection. This observation is confirmed by the quicker recovery in laparoscopically operated rats.

630 ■ Multimodal therapy of carcinoma of the colon.

Lehnert T, Herfarth C

Chirurg 1998 Apr;69(4):371-383

A large variety of immunological and cytotoxic adjuvant treatment concepts and application routes have been observed to be effective in colon cancer by randomized trials during the past three decades. Presently adjuvant 5-fluorouracil based chemotherapy is favoured for patients with lymph node metastases (UICC stage III), since this treatment was associated with a 5-10% increase in 5-year survival. Uncertainty persists regarding the optimal use of adjuvant treatment, since marked differences in prognosis have been recognized within stage III and because the impact of surgical treatment on long-term survival has not been thoroughly controlled for in past trials. Current and future studies will have to determine precisely which patients will benefit most from adjuvant treatment and which combination of surgical and adjuvant treatment will be most effective.

631 ■ Multimodal therapy of rectal carcinoma.

Lehnert T, Herfarth C

Chirurg 1998 Apr;69(4):384-392

Multimodal therapy for rectal carcinoma is—in contrast to colon cancer—largely based on adjuvant or neoadjuvant radiotherapy. Although radiotherapy reduces local recurrence rates, overall survival is hardly improved, while on the other hand specific complications of radiotherapy are recognized. Extended neoadjuvant treatment concepts including chemotherapy may improve long-term outcome, but to date this has not been demonstrated conclusively by randomized trials. New developments include intraoperative radiotherapy and the combination of hyperthermia with radiochemotherapy. Initial results from randomized studies are promising, but require confirmation by larger trials. At the same time the importance of optimal surgical treatment has been recognized as a prerequisite for favourable long-term results. Since this aspect has not received due attention in past protocols the optimal combination of surgery with other modalities and their time sequence cannot be determined presently.

632 ■ Quantification of hepatic microcirculation and intrahepatic shunt perfusion during experimental liver transplantation.

Mehrabi A, Kraus T, Otto G, Golling M, Gebhard MM, Herfarth C, Klar E

Transplant Proc 1998 May;30(3):794-796

Disturbances of hepatic microcirculation are often encountered in the early phase following orthotopic liver transplantation (OLT). This phenomenon is thought to be a secondary phenomenon which may either reflect hepatic preservation/reperfusion injury or early thrombotic occlusion of the hepatic artery or portal venous anastomosis. Continuous quantification of hepatic microcirculation could thus theoretically be of help for the early evaluation of graft preservation and detection of thrombotic vascular complications after OLT.

Over the past decade, thermodiffusion (TD) technology has progressed from use as a qualitative indicatorto employment as a minimally invasive instrument allowing for long-term quantification of tissue perfusion. Parenchymal blood flow measurement using TD technology is based on the physical principle described by the bioheat equation. The heating energy required to maintain an artificial temperature increment of 2°C of a fixed tissue volume compared to the temperature of the surrounding tissue is first dependent on both the thermal conductivity of the local tissue (intrinsic conductivity) and is secondarily influenced by the degree of temperature convection due to local blood flow. Local microcirculatory perfusion can therefore be calculated as the difference between effective thermal conductivitv and intrinsic tissue conductivity.

633 ▪ Survival and Recurrence After Liver Transplantation Versus Liver Resection for Hepatocellular Carcinoma A Retrospective Analysis

Otto G, Heuschen U, Hoffmann WJ, Krumm G, Hinz U, Herfarth C,

Ann Surg 1998; 227(3): 424-432

This study compares the results of liver transplantation (LTx) and liver reseclion (LR) for hepatocellular carcinoma (HCC) to test the widespread hypothesis that LTx is the preferable approach for small HCCs.

According to our analysis, the oncological advantage of LTx compared with LR is questionable. This applies especially for small tumors. Superior results of LTx in early stage HCC and particularly in oligocentric tumors may be attributed to incorrect preoperative diagnosis. Nevertheless, LTx is a reasonable treatment for patients with early stage tumors if a LR is impossible because of tumor localization or poor functional hepatic capacity.

634 ▪ Increased Autologous Blood Donation in Rectal Cancer by Recombinant Human Erythropoietin (rhEPO).

Rau B., Schlag P.M., Willeke F., Herfarth Ch., Stephan P., Franke W.

Eur J Canc 1998; 34(7):992-998

A randomised, placebo-controlled trial was conducted to study whether the subcutaneous administration of recombinant human erythropoietin (rhEPO) increases the donated red cell blood volume in patients with rectal cancer. Patients with resectable rectal cencer and a haemoglobin (Hb) level > 12.5/ > 12 g/dl (males/ females) were scheduled to receive pre-operatively either erythropoietin (200 U/ kg body weight daily) (n = 28) or placebo (n = 26) subcutaneously for 11 days. During this period autologous blood was collected. No serious adverse events were attributed to erythropoietin. 20 of 28 patients treated with rhEPO were able to donate >3 units (71%) compared with 11 of 26 control patients (42%). The mean cumulative volume of red cells donated was 29% higher in the patients who received rhEPO (571 versus 444 ml, P= 0.02). The change in the mean reticulocyte value from baseline to the last pre-operadve value was significantly higher in the rhEPO group (10.4 to 61.6‰ versus 11.0 to 20.1‰, P=0.0001). The fall in the mean haematocrit from baseline to the last pre-operadve value was significantly lower in the rhEPO group (41.4 to 37.6% versus 41.8 to 34.8%, P= 0.0004). rhEPO increases the ability of cancer patients to donate autologous blood during a short pre-operative period and enhances the restoration of haematological values after the donation period.

635 ▪ Mucosal Tenascin C Content in Inflammatory and Neoplastic Diseases of the Large Bowel

Riedl S, Kadmon M, Tandara A, Hinz U, Möller P, Herfarth C, Faissner A

Dis Colon Rectum 1998; 41(1): 86-92-

PURPOSE: Tenascin C is a glycoprotein of the extracellular matrix. It is upregulated during embryologic development, wound healing, and under conditions of normal and neoplastic growth. Most available data on tenascin C expression in tissues is based on immunohistologic studies. The present study was designed to quantify tissue concentrations in patients with inflammatory and neoplastic diseases of the large bowel. METHODS: Fifty patients with ulcerative colitis, 19 patients suffering from familiar adenomatous polyposis without malignant transformation, and 69 patients with colorectal carcinoma were investigated. Tenascin C concentrations in tissue extracts were determined by semiquantitative Western blotting. RESULTS: The tenascin C tissue concentration of normal mucosa was 2.6 + 3.4 µg/mg (n = 55), 2.9 + 2.1 µg/ mg in colorectal adenomas (n = 19), 7.5 + 4.7 µg/mg in ulcerative colitis (n = 50), and 18 + 15 µg/mg in colorectal carcinomas (n = 69; mean + standard deviation). In ulcerative colitis, the mucosal tenascin C content correlated with histopathologic disease activity. No differences were found between subgroups of adenomas or carcinomas. CONCLUSIONS: Tenascin C tissue concentrations were not altered in adenomas, slightly elevated in ulcerative colitis, and substantially increased in colorectal carcinomas. Although less useful as a diagnostic parameter, tenascin C tissue levels serve as an instrument for assessing the activity of stromal remodeling in largebowel discases generally. Specifically, they may reflect disease activity in ulcerative colitis.

636 ■ Chronic, pseudocystically altered splenic hematoma as the cause of left-sided chest pain: successful therapy using alcohol instillations.
Rogler G, Volk M, Strotzer M, Herfarth II, Rath II, Scholmerich J, Lock
Dtsch Med Wochenschr 1998 Jun 19;123(25-26):792-797
HISTORY AND CLINICAL FINDINGS: A 26-year-old man was admitted urgently because of breathing-related pain in the left thorax. This pain had started 3 months before, but had at first improved spontaneously. He had lost 13 kg during those weeks and had no recollection of any injury. Physical examination was unremarkable except for slight pain on upper-abdominal pressure and a palpably enlarged spleen. INVESTIGATIONS: All laboratory tests were normal, including the Quick value (100%), partial thromboplastin time (38 sec) and hemoglobin (14.2 g/dl). Chest radiogram showed a high left diaphragm. Abdominal sonography revealed a 12 x 10 cm moderately echogenic tumour in the spleen, extending from the splenic hilus to the upper splenic pole. Contrast-enhanced computed tomography demonstrated a hypodense tumour from which 300 ml of old blood were removed by needle puncture. Biopsy of the wall of the haematoma revealed pseudocystic transformation. TREATMENT AND COURSE: The pseudocyst again filled with blood in a few days. A drain was inserted and remained for 32 days. Six installations of alcohol achieved complete obliteration of the cystic haematoma, which did not recur. CONCLUSION: Splenic haematoma should be considered in the differential diagnosis of pain in the lower left thorax, even in the absence of a history of injury. Sonographically such a haematoma my imitate a solid tumor. Obliteration of the cavity by alcohol installation can be a successful alternative to surgical treatment.

637 ■ Measurement of Blood Flow in the Main Arteriole of the Villi in Rat Small Intestine with FITC-Labeled Erythrocytes.
Ruh J, Ryschich E, Secchi A, Gebhard MM, Glaser F, Klar E, Herfarth C
Microvasc Res 1998 Jul;56(1):62-69
Changes of blood flow in the intestine occur under various pathological conditions. The mucosa of the intestine is especially sensitive to tissue damage resulting in swelling, loss of tissue integrity, and ulceration. Changes of blood supply to the mucosa may contribute to local tissue damage. Therefore, the quantification of the perfusion of the intestinal mucosa in an animal model may help to elucidate the involved pathophysiological mechanisms. In our study, autologous erythrocytes were labeled with fluorescein-isothiocyanate and used for the evaluation of erythrocyte velocity in the main arteriole of the villi in the distal part of the ileum using intravital microscopy. In addition, the arteriolar diameter was determined, and the arteriolar blood flow was calculated. Under stable cardiovascular and respiratory conditions, blood flow ranged between 6.6 +/- 0.3 and 5.9 +/- 0.3 nl/min (means +/- SEM) during the observation period of 120 min. Our results suggest that this approach is a feasible method to quantify blood flow in the main arteriole of the villi and is therefore a suitable method for further investigating changes of mucosal blood flow in acute and chronic states of bowel disease.

638 ■ Calcium metabolism after thyroidectomy with modified radical neck dissection and parathyroid gland autotransplantation.
Senninger N, Colombo-Benkmann M, Haas S, Frank-Raue K, Herfarth C
Langenbecks Arch Chir Suppl Kongressbd 1997;114:1161-1163
The issue of parathyroid autotransplantation in oncologic thyroid surgery is discussed controversially. In a series of 15 patients who underwent bilateral modified radical neck dissection for thyroid malignancy, parathyroid autotransplantation was carried out. Six months after surgery only one patient was hypoparathyroid, requiring permanent medication, thus autotransplantation is a safe procedure for the prevention of accidental hypoparathyroidism.

639 ■ Impairment of intestinal glutathione synthesis in patients with inflammatory bowel disease.
Sido B, Hack V, Hochlehnert A, Lipps H, Herfarth C, Droge W
Gut 1998 Apr;42(4):485-492
BACKGROUND: Reactive oxygen species contribute to tissue injury in inflammatory bowel disease (IBD). The tripeptide glutathione (GSH) is the most important intracellular antioxidant. AIMS: To investigate constituent amino acid plasma levels and the GSH redox status in different compartments in IBD with emphasis on intestinal GSH synthesis in Crohn's disease. METHODS: Precursor amino acid levels were analysed in plasma and intestinal mucosa. Reduced (rGSH) and oxidised glutathione (GSSG) were determined enzymatically in peripheral blood mononuclear cells (PBMC), red blood cells (RBC), muscle, and in non-inflamed and inflamed ileum mucosa. Mucosal enzyme

activity of gamma-glutamylcysteine synthetase (gamma GCS) and gamma-glutamyl transferase (gamma GT) was analysed. Blood of healthy subjects and normal mucosa from a bowel segment resected for tumor growth were used as controls. RESULTS: Abnormally low plasma cysteine and cystine levels were associated with inflammation in IBD ($p < 10(-4)$). Decreased rGSH levels were demonstrated in non-inflamed mucosa ($p < 0.01$) and inflamed mucosa ($p = 10(-6)$) in patients with IBD, while GSSG increased with inflammation ($p = 0.007$) compared with controls. Enzyme activity of gamma GCS was reduced in non-inflamed mucosa ($p < 0.01$) and, along with gamma GT, in inflamed mucosa ($p < 10(-4)$). The GSH content was unchanged in PBMC, RBC, and muscle. CONCLUSIONS: Decreased activity of key enzymes involved in GSH synthesis accompanied by a decreased availability of cyst(e)ine for GSH synthesis contribute to mucosal GSH deficiency in IBD. As the impaired mucosal antioxidative capacity may further promote oxidative damage, GSH deficiency might be a target for therapeutic intervention in IBD.

640 ■ Chirurgische Therapie der Colitis ulcerosa.
Stern J., Heuschen U., Heuschen G., Herfarth Ch.
Chir Gastroenterol 1998; 14:132-139
Die chirurgische Therapie der Colitis ulcerosa hat vor etwa 20 Jahren einen entscheidenden Wandel erfahren. Der Erhalt der natürlichen Kontinenz durch die restaurative Proktokolektomie mit iloanalem Pouch brachte einen wesentlichen Fortschritt. Die klassischen chirurgischen Alternativen wie konventionelle Proktokolektomie mit terminalem Ileostoma und ileorektale Anastamose haben aber weiterhin ihre Bedeutung. Die Indikation zum chirurgischen Eingriff, der günstigste Behandlungszeitpunkt und die Wahl des situationsadäquaten optimalen Verfahrens können zunehmend sicherer bestimmt werden. Die technisch aufwendige ileoanale Pouchoperation hat sich eine hervorragende Stellung erworben und ist in vielen Aspekten untersucht und modifiziert worden. Neben der sicheren chirurgischen Strategie und Technik ist das Verständnis der Folgeprobleme und physiologischen Konsequenzen entscheidend für die Betreuung der betroffenen Patienten. An Hand der eigenen Erfahrung mit 643 chirurgisch behandelten Colitis ulcerosa Patienten werden die wesentlichen Aspekte des modernen chirurgischen Vorgehens aufgezeigt.

641 ■ The efficacy of N-acetylcysteine as a hepatoprotective agent in liver transplantation.
Thies JC, Teklote J, Clauer U, Töx U, Klar E, Hofmann WJ, Herfarth C, Otto G
Transpl Int 1998;11 Suppl 1:S390-S392

642 ■ Adjuvante Behandlung beim Kolonkarzinom
Wein A., C. Riedel, T. Lehnert, R. Wakker, B. Reingruber, W. Teichmann, R. Kohnen, C. Herfarth, W. Hohenberger und E. G. Hahn
Dtsch Med Wschr 1998; 123: 674-680

643 ■ Dissemination of tumor cells in patients undergoing surgery for colorectal cancer.
Weitz J, Kienle P, Lacroix J, Willeke F, Benner A, Lehnert T, Herfarth C, von Knebel Doeberitz M
Clin Cancer Res 1998 Feb;4(2):343-348
The majority of patients with colorectal cancer present at a stage when the primary cancer can be resected with curative intent. However, despite the high resectability rate, about 30-50% of these patients subsequently develop metastatic disease. In these patients, neoplastic cells were disseminated either before or during surgery of the primary cancer. Due to the lack of appropriate detection systems, the extent of pre- and intraoperative hematogenic tumor cell dissemination has not yet been determined. Using a reverse transcription-PCR assay to amplify cytokeratin 20 transcripts, we were able to detect 10 colorectal cancer cells in 10 ml of blood. Blood samples were taken from 65 patients undergoing resection of primary colorectal cancer or liver metastasis of colorectal cancer pre-, intra-, and postoperatively. Circulating tumor cells were detected in 24 of 58 patients with colorectal resections in correlation to the tumor stage and in 6 of 7 patients who underwent hemihepatectomy for liver metastasis. In 8 of 58 patients with colorectal resection and in 5 of 7 patients with hemihepatectomy, tumor cells could only be detected during or during and after surgery. These results demonstrate that hematogenic tumor cell dissemination is a frequent and early event in colorectal cancer. Surgery enhances the release of tumor cells into the circulation. The long-term follow-up of our patient cohort will provide data on the prognostic relevance of circulating tumor cells and might lead to new therapeutic concepts for perioperative prophylaxis of tumor cell implantation or postoperative adjuvant therapy regimens.

644 ■ The relative safety of MRI contrast agent in acute necrotizing pancreatitis.
Werner-J; Schmidt-J; Warshaw-AL; Gebhard-MM; Herfarth Ch.; Klar-E
Ann-Surg. 1998 Jan; 227(1): 105-11.
OBJECTIVE: To validate the safety of gadolinium-diethylenetriamine pentaacetic acid (GD-DTPA) by measuring its effect on pancreatic capillary perfusion and acinar injury in acute pancreatitis. BACKGROUND: Contrast-enhanced computed tomography (CECT) is proposed as a gold standard for early evaluation of acute

necrotizing pancreatitis. However, iodinated contrast media used for CECT have been shown in these circumstances to reduce pancreatic capillary flow and increase necrosis and mortality. Recent reports suggest that post-GD MRI provides images comparable to CECT in the assessment of severe acute pancreatitis. METHODS: Necrotizing pancreatitis was induced in 14 Wistar rats by intraductal glycodeoxycholic acid (10 mM/L) and intravenous caerulein (5 microg/kg/h) over 6 hours. Intravital microscopic quantitation of pancreatic capillary blood flow was performed using fluorescein isothiocyanate-labeled erythrocytes after induction of pancreatitis and 30 and 60 minutes after an intravenous bolus of either Ringer's solution or GD-DTPA (0.2 mL/kg). RESULTS: The two study groups were comparable with regard to mean arterial pressure, heart rate, arterial blood gases, hematocrit, amylase, lipase, and trypsinogen activation peptide production throughout the experiment. GD-DTPA did not reduce capillary flow (1.93 +/- 0.05 nL/capillary/min) compared to animals infused with Ringer's solution (1.90 +/- 0.06 nL/capillary/min). CONCLUSIONS: Intravenous injection of GD-DTPA does not further impair pancreatic microcirculation or increase acinar injury in acute necrotizing pancreatitis. Because of this advantage over CT contrast medium, further development of MRI as a staging tool in acute pancreatitis seems desirable.

645 ■ Analysis of FUS-CHOP fusion transcripts in different types of soft tissue liposarcoma and their diagnostic implications.

Willeke F, Ridder R, Mechtersheimer G, Schwarzbach M, Duwe A, Weitz J, Lehnert T, Herfarth C, von Knebel Doeberitz M

Clin Cancer Res 1998 Jul;4(7):1779-1784

In myxoid and round cell liposarcomas, a specific chromosomal translocation [(12;16)(q13;p11)] results in the expression of chimeric fusion transcripts encompassing parts of the FUS gene (16p11) at their 5' ends and the CHOP gene (12q13) at their 3' ends. Using a reverse transcription-PCR protocol, we determined the prevalence of FUS-CHOP fusion transcripts in a series of liposarcoma samples. Fusion transcripts were detected in 13 of 30 biopsy samples from soft tissue liposarcomas. Expression of fusion transcripts was not restricted to myxoid and round cell liposarcomas, as suggested previously; it was also detected in 1 of 3 well-differentiated and 4 of 14 pleomorphic liposarcomas. Sequence analysis revealed four different FUS-CHOP fusion transcript variants, two of which have not been described before. Furthermore, using FUS-CHOP fusion transcripts as targets in reverse transcription-PCR assays, we detected disseminated tumor cells in peripheral blood or bone marrow in 3 of 5 patients undergoing surgery for soft tissue liposarcoma.

Buchbeiträge

Erkrankungen der Brustdrüse.
Schwaiger, M., Ch. Herfarth
in: Klinik der Frauenheilkunde und Geburtshilfe, Hrsg.: H. Schwalm, G. Döderlein, Urban & Schwarzenberg München- Berlin-Wien 5, 559-636 (1968)

Untersuchungen zur Organkonservierung.
Herfarth, Ch., C. Hirschhäuser, O. Zelder, I. Staib, T. Isselstein
in: Organtransplantation, Immunologie und Klinik, Hrsg.: A. Heymer, D. Ricken, Schattauer Stuttgart-New York, 355-361 (1969)

Stoffwechsel.
Herfarth, Ch., H. Sommerkamp
in: Kurzes Lehrbuch der Allgemeinen Chirurgie, Hrsg.: M. Schwaiger, G. Rodeck, I. Staib, Thieme Stuttgart, 159-180 (1969)

Von der Untersuchung bis zur Indikation Ärztliche Schweigepflicht.
Herfarth, Ch., I. Staib
in: Kurzes Lehrbuch der Allgemeinen Chirurgie, Hrsg.: M. Schwaiger, G. Rodeck, I. Staib, Thieme Stuttgart, 3-4 (1969)

Allgemeine chirurgische Therapie.
Herfarth, Ch.
in: Kurzes Lehrbuch der Allgemeinen Chirurgie, Hrsg.: M. Schwaiger, G. Rodeck, I. Staib, Thieme Stuttgart, 587-626 (1969)

Mamma.
Herfarth, Ch.
in: Chirurgische Differentialdiagnostik. Hrsg.: K.Vossschulte, L. Zukschwerdt, Thieme Stuttgart, 411-422 (1972)

Atemnot bei Erkrankungen des Zwerchfells und des Abdomens.
Herfarth, Ch.
in: Der Notfall: Atemnot. Hrsg.: H.-J. Streicher, J. Rolle, Thieme Stuttgart, 115-119 (1973)

Auswirkung unterschiedlicher Lokalbehandlung auf die Narbenbildung bei kindlichen Verbrennungen.
Dietrich, F.E., Ch. Herfarth, W. Michaelis
in: Plastische und Wiederherstellungs-Chirurgie. Aus Klinik und Forschung. Hrsg.: H. Höhler, Schattauer Stuttgart-New York, 267-277 (1975)

Milz.
Herfarth, Ch.
in: Pathophysiologische Grundlagen der Chirurgie. Hrsg.: T.-O. Lindenschmidt, Thieme Stuttgart, 2. Aufl., 507-515 (1975)

Leber und Gallenwege.
Herfarth, Ch.
in: Pathophysiologische Grundlagen der Chirurgie, Hrsg.: T.-O. Lindenschmidt, Thieme Stuttgart, 2. Aufl., 452-486 (1975)

Gastroenterologische Notfälle II.
Herfarth, Ch., H. Goebell, J. Horn
in: Notfallmedizin, Springer Berlin-Heidelberg-New York 10, 148-156 (1976)

Das akute Abdomen.
Herfarth, Ch., J. Horn
in: Gastroenterologie. Hrsg.: P.H. Clodi, Springer Berlin-Heidelberg-New York, 7-21 (1976)

Grenzsituationen des Hyperparathyreoidismus: ektopischer Adenomsitz und paraneoplastische Parathormonsekretion.
Ziegler, R., H. Minne, F. Raue, F. Nobbe, Ch. Herfarth
Verh. Dtsch. Ges. Innere Medizin 82, 1885-1887 (1976)

Verhalten lymphatischer Subpopulationen unter zytostatischer Therapie.
Flad, H.D., M. Betzler, W. Schreml, H. Müller, H.-P. Lohrmann, Ch. Herfarth, H. Heimpel
in: Adjuvante zytostatische Chemotherapie, Zytostatische Therapie als Rezidivprophylaxe ? (Hämatologie und Bluttransfusion Bd 22), Hrsg.. H. Huber, H.J. Senn, M. Falkensammer; Springer Berlin Heidelberg, 25-40 (1978)

Indikationen beim postoperativen Rezidivulcus.
Herfarth, Ch., N. Merkle
in: Ulcus-Therapie, Springer Berlin Heidelberg New York 371-389 (1978)

Adjuvante intermittierende Chemo-/ Immunotherapie beim Mammacarcinom. Eine prospektive Studie.
Betzler, M., H.-D. Flad, W. Schreml, P. Schlag, Ch. Herfarth
in: Verh. Dtsch. KrebsGes. 2, Hrsg.: A. Georgii; 147 (1979)

Quantitative and Functional Studies of Lymphocyte Subpopulations During Adjuvant Chemo(immuno)therapy in Patients With Breast Cancer.
Betzler, M., H.D. Flad, W. Schreml, H. Müller, R. Huget, H. Heimpel, Ch.Herfarth
in: Immunodiagnosis and Immunotherapy of Malignant Tumors,
Hrsg.: H.D. Flad, Ch. Herfarth, M. Betzler, Springer Berlin Heidelberg, 216-225 (1979)

Immunological changes during a perioperative parenteral hyperalimentation in gastrointestinal cancer.
Betzler, M., M. Gollwitzer, H.D. Flad, Ch. Herfarth
in: Gastric Cancer. eds.: Ch. Herfarth, P. Schlag, Springer Berlin Heidelberg New York, 339-343 (1979)

Amino Acid Metabolism in Cancer.
Fürst, P., J. Bergström, B. Hellström, E. Vinnars, Ch. Herfarth, C. Klippel, N. Merkle, K. Schultis, D. Elwyn, M. Hardy, J. Kinney
in: Nutrition and Metabolism in Cancer (International Workshop Freiburg 1979),
Hrsg.: R. Kluthe, G.-W. Löhr, Thieme Stuttgart New York, 75-89 (1981)

Chirurgische Therapie.
Herfarth, Ch.
in: Kolonkarzinom. Diagnostik, Therapie, Zusatzmaßnahmen. Bd 10: Aktuelle Probleme in Chirurgie und Orthopädie.
Hrsg.: Ch. Herfarth, M. Betzler, Huber Bern Stuttgart Wien, 47-49 (1979)

Chirurgie des frühen Coloncarcinoms.
Herfarth, Ch.
in: Frühe Tumoren in Diagnostik und Therapie.
Hrsg.: A. Georgii, Fischer Stuttgart New York, Verh. Dtsch. KrebsGes. 2, 305-311 (1979)

Crohn-Studien - Zusammenfassender Bericht der gastroenterologischen Arbeitsgruppe II
Malchow, H., W. Dölle, K. Ewe, Ch. Herfarth, H.J. Jesdinsky
Verhandlungsband 14, 107-115 (1979)

Enzyme activities in serum in the injured and postoperative patient.
Merkle, P., Ch. Herfarth
in: Advances in Clinical Enzymology, Karger 143 (1979)

Summing Up
Rother, K., H.-D. Flad, Ch. Herfarth
in: Immunodiagnosis and Immunotherapy of Malignant Tumors. Relevance to Surgery,
Hrsg.: H.-D. Flad, Ch. Herfarth, M. Betzler, Springer Berlin Heidelberg New York, 319-325 (1979)

Neoplasien der Mamma.
Schwaiger, M., Ch. Herfarth
in: Klinik der Frauenheilkunde und Geburtshilfe: Erkrankungen der Brustdrüse.Bd. VII;
Hrsg.: G. Döderlein, K.-H. Wulf, Urban & Schwarzenberg München Wien Baltimore, 669-689 (1979)

Gutartige Erkrankungen der Mamma.
Schwaiger, M., Ch. Herfarth
in: Klinik der Frauenheilkunde und Geburtshilfe. Erkrankungen der Brustdrüse. Bd. VII;
Hrsg.: G. Döderlein, K.-H. Wulf, Urban & Schwarzenberg München Wien Baltimore, 647-667 (1979)

Chirurgische Diagnostik - Zusammenfassende Bewertung
Schwaiger, M., Ch. Herfarth
in: Klinik der Frauenheilkunde und Geburtshilfe. Erkrankungen der Brustdrüse. Bd. VII;
Hrsg.: G. Döderlein, K.-H. Wulf, Urban & Schwarzenberg München Wien Baltimore, 643-646 (1979)

Allgemeine klinische Diagnostik.
Schwaiger, M., Ch. Herfarth
in: Klinik der Frauenheilkunde und Geburtshilfe. Erkrankungen der Brustdrüse. Bd. VII;
Hrsg.: G. Döderlein, K.-H. Wulf, Urban & Schwarzenberg München Wien Baltimore, 581-583 (1979)

Der magenlose Patient - Ersatzmagen nach Gastrektomie - ein berechtigter Begriff ?
Herfarth, Ch., P. Mattes, P. Merkle
in: Das Magenkarzinom - Frühdiagnose und Therapie.
Hrsg.: H.G. Beger, W. Bergemann, H. Oshima, Thieme Stuttgart New York, 295-303 (1980)

Kontrollierte, prospektive Studie über die Wirkung von Pirenzepin beim Streß-Ulcus.
Mattes, P., D. Belohlavek, G. Peros, H.G. Kilian, Ch. Herfarth
in: Die Behandlung des Ulcus pepticum mit Pirenzepin.
Hrsg.: A.L. Blum, R. Hammer, Demeter Gräfelfing, Verh. Bd 15, 239 (1980)

Sekundärer Hyperparathyreoidismus - ein chirurgisches Problem?
Schäfer, A., P. Merkle, Ch. Herfarth, G Holz
in: Fortschritte der endokrinologischen Chirurgie (2. Endokrinologisch-chirurgisches Symposium Mainz 1980),
Hrsg.: M. Rothmund, F. Kümmerle, Thieme Stuttgart New York, 147-148 (1981)

Vorwort zu Antibiotika-Prophylaxe in der Allgemeinen Chirurgie.
Herfarth, Ch., J. Horn, F. Daschner (Hrsg.)
in: Antibiotika-Prophylaxe in der allgemeinen Chirurgie (Aktuelle Probleme in Chirurgie und Orthopädie, Bd 19), Huber Bern Stuttgart Wien (1981)

Allgemeine und spezielle onkologische Aspekte der Nachsorge beim operierten Mammakarzinom.
Herfarth, Ch., M. Betzler, A. Quentmeier
in: Krebsnachsorge (Schriftenreihe des Hartmannbundes),
Hrsg.: Friedrich-Thieding-Stiftung, Deutsche Krebshilfe e.V. Bonn, 13-18 (1981)

Tumorimmunologische und tumorbiologische Untersuchungen beim Mammacarcinom. in: Kombinierte chirurgische und radiologische Therapie maligner Tumoren.
Herfarth, Ch., M. Betzler, P. Schlag
Hrsg.: M. Wannenmacher, H.W. Schreiber, F. Gauwerky, H.A. Ladner, H. Knüfermann, J. Slanina, Urban & Schwarzenberg München-Wien-Baltimore, 57 (1981)

Magenkarzinom: Neue Aspekte der chirurgischen Behandlung und Zusatztherapie.
Herfarth, Ch., P. Merkle, P. Schlag
in: Krebstherapie - Versuch einer erneuten Standortbestimmung: Die Gastro-enterologische Reihe 14, 9-18, Kali-Chemie Pharma GmbH Hannover (1981)

Regionale Enteritis - Morbus Crohn.
Herfarth, Ch., W. Dölle
in: Chirurgische Gastroenterologie 2,
Hrsg.: M. Allgöwer, F. Harder, L.F. Hollender, H.-J. Peiper, J.R. Siewert, A.L. Blum, W. Creutzfeldt, Springer Berlin Heidelberg New York, 644-659 (1981)

Chirurgische Stellungnahme zu operativen Möglichkeiten der Krebsbehandlung.
Herfarth, Ch.
in: Leber - Morphologie - Pathophysiologie - Klinik,
Hrsg.: L. Wannagat, Thieme Stuttgart New York, 435-439 (1981)

Grenzen der Tumorchirurgie.
Herfarth, Ch.
in: Kombinierte chirurgische und radiologische Therapie maligner Tumoren.
Hrsg.: M. Wannenmacher, H.W. Schreiber, F. Gauwerky, H.A. Ladner, H. Knüfermann, J. Slanina, Urban & Schwarzenberg München-Wien-Baltimore, 33-36 (1981)

Surgical Aspects of Early Gastric Cancer.
Schlag, P., R. Decker, P. Merkle, Ch. Herfarth
in: Internat. Congress Series No. 555, Stomach Diseases.
Hrsg.: Y.M.F. van Maercke, E.M.J. Van Moer, P.A.R. Pelckmanns, Excerpta Medica Amsterdam Oxford Princeton, 281-285 (1981)

Einsatzmöglichkeit und Grenzen clonaler Tumorzellkulturen von menschlichen soliden Carcinomen.
Schlag, P., W. Schreml, Ch. Herfarth
in: Tierische Zellkulturen. BMFT-Statusseminar 1981,
Hrsg.: BMFT Bonn 175-190 (1982)

Die Bedeutung der Radikalität in einem integralen Therapiekonzept beim Mammakarzinom.
Betzler, M., Ch. Herfarth
in: Brustkrebs und Brustrekonstruktion,
Hrsg.: H. Bohmert, Thieme Stuttgart New York, 26-32 (1982)

Adjuvant Intermittent Chemoimmunotherapy for Primary Breast Cancer: A Prospective Study with Immunologic Follow-up.
Betzler, M., W. Schreml, M. Lang, H.P. Lohrmann, H.D. Flad, P. Schlag, Ch. Herfarth, H. Heimpel
in: Recent Results in Cancer Research, 80, Springer Berlin Heidelberg, 185-191 (1982)

Modulation of NK cell activity in patients with solid malignancies by surgical tumor reduction and fibroblast interferon.
Flad, H.D., M. Betzler, W. Scholz, P. Schlag, W. Schreml, Ch. Herfarth
in: Human Cancer Immunology,
Hrsg.: B. Serrou, N. Elsevier, (Holland), 4, 195-204 (1982)

Zweiteingriffe.
Heil, Th., Ch. Herfarth
in: Hiatushernie - Achalasie,
Hrsg.: L. Braun, Thieme Stuttgart New York, 75-80 (1982)

Immunologische und tumorbiologische Untersuchungen beim Mammakarzinom - Auswirkungen auf die Therapie ?
Herfarth, Ch., M. Betzler, P. Schlag
in: Klinisch-radiologisches Seminar Bd 12: Das Mammakarzinom,
Hrsg.: W. Frommhold, P. Gerhardt, Thieme Stuttgart New York, 87-100 (1982)

Indikationen beim postoperativen Rezidivulcus nach Vagotomie.
Herfarth, Ch., N. Merkle
in: Ulcus Therapie,
Hrsg.: A.L. Blum, J.R. Siewert, Springer Berlin Heidelberg New York 2. Aufl., 661-671 (1982)

Indikationen beim postoperativen Rezidivulcus.
Herfarth, Ch., N. Merkle
in: Ulcus-Therapie,
Hrsg.: A.L. Blum, J.R. Siewert, Springer Berlin Heidelberg New York, 371-389 (1982)

Vorbeugung und Behandlung des Stressulcus und der durch Intensivbehandlung provozierten Magenblutung.
Herfarth, Ch., N. Merkle
Forschungsbericht aus der Wehrmedizin (BMVg FBWM-82-03),
Hrsg.: Dokumentationszentrum der Bundeswehr im Auftrage des Bundesministeriums der Verteidigung Bonn (DOKZENTBw) (1982)

Chirurgische Therapie des Echinococcus granulosus der Leber.
Herfarth, Ch., P. Friedl
in: Probleme der Echinokokkose unter Berücksichtigung parasitologischer und klinischer Aspekte (Aktuelle Probleme in Chirurgie und Orthopädie Bd 23),
Hrsg.: R. Bähr; Huber Bern Stuttgart Wien, 111-118 (1982)

Die kriegschirurgische Behandlung von Schuß- und Splitterverletzungen des Abdomens.
Herfarth, Ch., Th. Heil
Forschungsbericht aus der Wehrmedizin (BMVg FBWM-82-04),
Hrsg.: Dokumentationszentrum der Bundeswehr im Auftrage des Bundesministeriums der Verteidigung Bonn (DOKZENTBw) (1982)

Second-Look-Eingriff, Begriffserklärung Praktische Onkologie - MMW Taschenbuch, Jahrbuch 1982,
Herfarth, Ch.
Hrsg.: W.M. Gallmeier, U. Bruntsch, E.M. Röttinger, M. Betzler, MMW Medizin Verlag München, 163-164 (1982)

Probleme der experimentellen klinischen Chirurgie.
Herfarth, Ch.
in: Recht und Ethik in der Medizin,
Hrsg.: W. Doerr, W. Jacobs, A. Laufs, Springer Berlin Heidelberg New York 151-156 (1982)

Die Bedeutung der Radikalität für die operative Therapie des Mammakarzinoms.
Herfarth, Ch.
in: Die Erkrankungen der weiblichen Brustdrüse,
Hrsg.: H.-J. Frischbier, Thieme Stuttgart New York, 180-185 (1982)

Akute postoperative Störungen nach Eingriffen am Dünn- und Dickdarm.
Herfarth, Ch., W. Ruf, T. Heil
in: Therapie postoperativer Störungen des Gastrointestinaltraktes,
Hrsg.: L. Demling, G. Lux, W. Domschke, Thieme Stuttgart New York, 24-33(1983)

Neue Möglichkeiten beim anorektalen Carcinom, chirurgische Aspekte.
Herfarth, Ch.
in: Fortschritte der gastroenterologischen Endoskopie,
Hrsg.: H. Henning, Demeter Gräfelfing, 12, 140-143 (1983)

Prioritäten und Behandlungstaktik beim Polytrauma - Abdominalverletzungen.
Herfarth, Ch., E. Kampshoff
in: Polytrauma - Prioritäten und Behandlungstaktik, Notfall Medizin, Bd. 11,
Hrsg.: W. Hartel, F.W. Ahnefeld, Ch. Herfarth, perimed Fachbuch-Verlagsges.mbH Erlangen, 92-108 (1983)

Die Rolle der Operationstoleranz für die Radikaloperation des Rektumkrebspatienten.
Herfarth, Ch., N.M. Merkle
in: Rektumkarzinom - Sphinktererhaltende Operationsverfahren, Indikation, Technik und Prognose,
Hrsg.: M. Reifferscheid, Thieme Stuttgart New York, 30-33 (1983)

Chirurgie des Mammakarzinoms.
Schwaiger, M., Ch. Herfarth
in: Chirurgie im Wandel der Zeit 1945-1983, Hrsg.: H.W. Schreiber, G. Carstensen, 164-172 (1983)

Operationsindikation und Erfolgsbeurteilung bei der Colitis ulcerosa.
Betzler, M., Ch. Herfarth
in: Der chronisch Kranke in der Gastroenterologie, Hrsg.: H. Goebell, J. Hotz, E.H. Farthmann, Springer Berlin Heidelberg New York Tokyo, Kap. 35, 354-359 (1984)

Postoperative Syndrome (Kurzdarm)
Buhr, H.J., Ch. Herfarth
in: Der chronisch Kranke in der Gastroenterologie, Hrsg.: H. Goebell, J. Hotz, E.H. Farthmann, Springer Berlin Heidelberg New York Tokyo, Kap. 39, 384-390 (1984)

Chronobiological Investigation of Zymosan Induced and Luminol Amplified Chemiluminescence of PMN Leukocytes in Healthy Adults.
Geelhaar, G.H., M. Betzler, G.F. Zimmermann, H.K. Schackert, H.-P. Geisen, L. Edler, Ch. Herfarth
in: Analytical Applications of Bioluminescence and Chemiluminescence, ed.: L.J.Kricka, P.E. Stanley, G.H.G. Thorpe, T.P. Whitehead, Academic Press Inc. London Orlando San Diego New York Toronto Montreal Sydney Tokyo, 435-437 (1984)

Chronisch-entzündliche Darmerkrankungen: Konsequenzen und praktisches Vorgehen.
Goebell, H., Ch. Herfarth
in: Der chronisch Kranke in der Gastroenterologie, Hrsg.: H. Goebell, J. Hotz, E.H. Farthmann, Springer Berlin Heidelberg New York Tokyo, Kap. 40, 391-402 (1984)

Operationsindikation und Erfolgsbeurteilung bei Morbus Crohn.
Heil, Th., Ch. Herfarth
in: Der chronisch Kranke in der Gastroenterologie, Hrsg.: H. Goebell, J. Hotz, E.H. Farthmann, Springer Berlin Heidelberg New York Tokyo, Kap. 36, 360-366 (1984)

Besonderheiten bei Randomisation und Patientenaufklärung im Rahmen chirurgisch-onkologischer Therapiestudien.
Herfarth, Ch., P. Schlag
in: Recht & Medizin, Randomisation und Aufklärung bei klinischen Studien in der Onkologie, Hrsg.: K. zum Winkel, W. Doerr, R. Herrmann, B.-R. Kern, A. Laufs, Springer Berlin Heidelberg New York Tokyo, 33-38 (1984)

Alternative Verfahren zur subkutanen Mastektomie in der Behandlung der Präkanzerosen und nichtinvasiven Karzinome (Carcinoma in situ) der Mamma.
Herfarth, Ch., P. Schlag
in: Neue Konzepte der Diagnostik und Therapie des Mammakarzinoms, Hrsg.: F. Kubli, D. von Fournier, Springer Berlin Heidelberg New York Tokyo, 86-92 (1984)

Perioperative Zymosan Induced Chemiluminescence of Polymorphonuclear Leukocytes in Surgical Cancer Patients.
Schackert, H.K., M. Betzler, G.F. Zimmermann, H.-P. Geisen, L. Edler, G.H. Geelhaar, Ch. Herfarth
in: Analytical Applications of Bioluminescence and Chemiluminescence, ed.: L.J.Kricka, P.E. Stanley, G.H.G. Thorpe, T.P. Whitehead, Academic Press Inc. London Orlando San Diego New York Toronto Montreal Sydney Tokyo, 351-355 (1984)

Beziehung zwischen Ausdehnung des operativen Primäreingriffs und Häufigkeit lokoregionärer Rezidive.
Schlag, P., Ch. Herfarth
in: Das Magenkarzinom. Methodik klinischer Studien und therapeutische Ansätze. Hrsg.: H. Rohde, H. Troidl, Thieme Stuttgart New York, 138-142 (1984)

Operative Therapie und Überwachung von Vorstadien des Mamma-Carcinoms.
Schlag, P., Ch. Herfarth
in: Diagnostik und Therapie von Vorstadien gynäkologischer Malignome. 5. Oberaudorfer Gespräche, Klinisch-onkologisches Seminar, Bd. 4, Hrsg.: D. Schmähl, Thieme Stuttgart New York, 157-163 (1984)

Adjuvant 5-FU/BCNU in Gastric Carcinoma.
Schreml, W., P. Schlag, Ch. Herfarth, U. Abel, H.-P. Lohrmann, F. Linder, W. Queisser, M. Trede, B. Brass
in: Adjuvant Therapy of Cancer IV, ed.: St.E. Jones, S.E. Salmon, Grune & Stratton, Inc., 441-448 (1984)

Indikation und Verfahrenswahl beim Ulcus pepticum jejuni nach Magenresektion.
Herfarth, Ch., G. Geelhaar

in: 20 Jahre nicht resezierende Ulkuschirurgie. Rückblick und Ausblick.
Hrsg.: L. Schweiberer, F. Eitel, W. Zuckschwerdt München Bern Wien, 133-142 (1985)

Therapie der Ulkusperforation.
Herfarth, Ch.
in: Komplikationen der Ulkuskrankheit.
Hrsg.: E. Ungeheuer, Urban & Schwarzenberg München Wien Baltimore, 45-51 (1985)

Immunologie und Diagnose und Behandlung chirurgischer Krankheitsbilder.
Betzler, M., Ch. Herfarth
in: Grundlagen der Chirurgie.
Hrsg.: M. Reifferscheid, Demeter München, 19 (1987)

Indikationen zur Shuntoperation.
Farthmann, E.H., Ch. Herfarth, H. Kasper, R. Margreiter, M. Schmid, H. Selmair
in: Chirurgische Gastroenterologie mit interdisziplinären Gesprächen.
Hrsg.: A. Akovbiantz, H. Denck, K.-J. Paquet, C.E. Zöckler, TM Hameln, 113-116 (1987)

Das Lokalrezidiv gastrointestinaler Tumoren. Chirurgische Behandlungsstrategie.
Herfarth, Ch., P. Schlag, P. Hohenberger
in: Das Tumorrezidiv. Therapeutische Möglichkeiten.
Hrsg.: P. Schlag, Weinheim: Edition Medizin, VCH, 51-60 (1987)

Surgery of the Stomach.
Becker, H.D., Ch. Herfarth, W. Lierse, H.W. Schreiber (Hrsg.)
Springer Berlin Heidelberg New York 1988

Gastrotomy, Gastroenterostomy, Gastrostomy, Local Excisions of the Gastric Wall, Diverticula.
Herfarth, Ch., E. Kraas, H.W. Schreiber
in: Surgery of the Stomach.
Hrsg.: H.D.Becker, Ch. Herfarth, W. Lierse, H.W. Schreiber, Springer Berlin Heidelberg New York, 22-34 (1988)

Palliative Procedures for Unresectable Gastric Carcinoma.
Herfarth, Ch., H.W. Schreiber
in: Surgery of the Stomach.
Hrsg.: H.D. Becker, Ch. Herfarth, W. Lierse, H.W. Schreiber, Springer Berlin Heidelberg New York, 160-166 (1988)

Kontinenzerhaltende Operationen am Rektum.
Herfarth, Ch., J. Stern
in: Jahrbuch der Chirurgie,
Hrsg.: H. Bünte, Th. Junginger, A. Holzgreve, Regensberg & Biermann, Wissenschaftliche Verlagsgesellschaft mbH Münster, 1, 71-80 (1988)

Tumoren des Gastrointestinaltraktes: Kolon-Karzinom.
Herfarth, Ch., P. Schlag
in: Richtlinien zur operativen Therapie maligner Tumoren,
Hrsg.: Ch. Herfarth, P. Schlag, Demeter Gräfelfing, 53-57 (1988)

Gastric reconstruction.
Herfarth, Ch.
in: Surgery of the Stomach.
Hrsg.: H.D. Becker, Ch. Herfarth, W. Lierse, H.W. Schreiber, Springer Berlin Heidelberg New York, 130-159 (1988)

New Trends in Surgical Oncology.
Herfarth, Ch.
in: Cancer Therapy: New Trends.
Hrsg.: AGF - Arbeitsgemeinschaft der Großforschungseinrichtungen Koordinierungsausschuß Krebsforschung, Bad Godesberg, 7-9 (1988)

Tumoren des Gastrointestinaltraktes: Ösophagus-Karzinom.
Schlag, P., Ch. Herfarth
in: Richtlinien zur operativen Therapie maligner Tumoren,
Hrsg.: Ch. Herfarth, P. Schlag, Demeter Gräfelfing, 35-38 (1988)

Operative Strategie bei Präkanzerosen und präinvasiven Karzinomen der Mamma.
Friedl, W., P. Schlag, Ch. Herfarth
in: Brustkrebs - Organerhaltung und Rekonstruktion
Hrsg.: H. Bohmert, Thieme Stuttgart New York 1989, 569-573

Current state of surgery in Crohn's disease.
Herfarth, Ch., M. Betzler
in: Clinical Research in Gastroenterology 2, ed.: S. Matern, Kluwer Academisch Publishers Dordrecht-Boston-London 1989, 87-94

Advances in Surgical Oncology
Herfarth, Ch., P. Schlag
in: Cancer Therapy - New Trends, Ed.: P. Bannasch,

Springer Berlin Heidelberg New York Tokyo 1989, 3-7

Modifizierte Ösophagojejunoplicatio.
Herfarth, Ch.
in: Breitner Chirurgische Operationslehre, Bd IV: Chirurgie des Abdomens - 2 - Ösophagus, Magen und Duodenum,
Hrsg.: J.R. Siewert, Urban & Schwarzenberg München Wien Baltimore 1989, 174-177

Liver Infusion Chemotherapy
Schlag, P., Ch. Herfarth
in: Surgical Oncology. A European Handbook Eds.: U.Veronesi, Springer Berlin Heidelberg New York Tokyo 1989, 188-199

Follow-up Care and Surgery for Recurrent Gastric Cancer.
Schlag, P., K. Buhl, Ch. Herfarth
in: Gastric Carcinoma. Eds.: J. Hotz, H.-J. Meyer, H.-J. Schmoll, Springer Berlin Heidelberg New York Tokyo 1989, 98-196

Inkontinenz bei ileoanaler Anastomose.
Stern, J., Ch. Herfarth
in: Interdisziplinäre Gastroenterologie: Chronische Obstipation und Stuhlinkontinenz.
Hrsg.: S.A. Müller-Lissner, L.M.A. Akkermans, Springer Berlin Heidelberg 1989. 349-364

Chirurgische Strategie beim differenzierten Schilddrüsencarcinom
Buhr, H., Th. Hölting, Ch. Herfarth
in: Chirurgie 1990: Aktueller Stand und Perspektiven, Hrsg.: H.B. Reith, TM 1990, 39-44

Leistungen der präoperativen Diagnostik für die Indikationsstellung beim Pankreaskarzinom.
Herfarth, Ch., G. Schürmann, P. Hohenberger, St. Schneider
in: Aktuelle Pankreaschirurgie,
Hrsg.: M. Trede, H.D. Saeger: Springer Berlin Heidelberg 1990, 13-26

Colitis ulcerosa - Adenomatosis coli - Funktionserhaltende Therapie
Herfarth, Ch., J. Stern (Hrsg.)
Springer Berlin Heidelberg 1990

Krebschirurgie heute Symposium Geburtstag von K.H. Bauer am 26-9-1990 in Heidelberg,
Herfarth, Ch.
in: In memoriam Karl Heinrich Bauer - Feier aus Anlaß des Geburtstages am 26.September 1990,
Hrsg.: F. Linder, Springer Berlin-Heidelberg 1991, 43-50

K.H. Bauer - Werk und Wirkung - ein rationaler Zugang Symposium Geburtstag von K.H. Bauer am 26-9-1990 in Heidelberg,
Herfarth, Ch.
in: In memoriam Karl Heinrich Bauer - Feier aus Anlaß des Geburtstages am 26. September 1990,
Hrsg.: F. Linder, Springer Berlin-Heidelberg 1991, 7-11

Hyperthyroidism due to metastatic follicular thyroid carcinoma.
Raue, F., H. Scherübl, Ch. Herfarth, P. Georgi, R. Ziegler
in: The various types of hyperthyroidism. Ed. Reiwein, Scriba, Urban & Schwarzenberg 1990, 317-318

Reduced surgical radicality by new diagnostic procedures and new technological modalities
Herfarth, Ch., P. Hohenberger, F. Glaser
Accomplishmemnts in Cancer Research 1991 Prize Year General Motors Cancer Research Foundation, ed.: J.G. Fortner, J.E.Rhoads, J.B. Lippincott Company Philadelphia 1992, 225-238

Ergebnisse operativer Therapie und Prognosefaktoren bei Patienten mit Lebermetastasen kolorektaler Karzinome.
Herfarth, Ch., P. Hohenberger, P. Schlag
in: Neue Entwicklungen in der Therapie von Lebertumoren, Ch. Herfarth, P. Schlag (Hrsg.) Springer Berlin-Heidelberg, 301-309 (1991)

Neue Entwicklungen in der Therapie von Lebertumoren.
Herfarth, Ch., P. Schlag (Hrsg.)
Springer Berlin-Heidelberg 1991

Die Änderung der gastrointestinalen Transitzeit im Rahmen der ileoanalen Pouchoperation. Eine Verlaufsstudie mit dem H -Atemtest zu vier klinisch-anatomisch differenten Situationen
Herrmann, S., J. Stern, R. Raedsch, Ch. Herfarth
in: Chirurgisches Forum 1991 f. experim. u. klinische Forschung,
Hrsg.: W. Hartel, H.G. Beger, E. Ungeheuer, Springer Berlin-Heidelberg, 459-463

Resektion versus Transplantation bei primären malignen Lebertumoren
Otto, G., U. Heuschen, W.J. Hofmann, P. Schlag, Ch.

Herfarth
in: Neue Entwicklungen in der Therapie von Lebertumoren, Ch. Herfarth, P. Schlag (Hrsg.) Springer Berlin-Heidelberg, 265-276 (1991)

Surgical strategies and methods for the treatment of metastasizing medullary thyroid carcinoma.
Buhr, H.J., F. Kallinowski, Ch. Herfarth
in: F. Raue (Ed.): Medullary Thyroid Carcinoma, RRCR 125 (1992) 147-165

Zur Qualitätssicherung wissenschaftlicher Publikationen (Editorial)
Herfarth, Ch., G. Schürmann
Jahrbuch der Chirurgie, Biermann Münster (1992), 13-18

Gallenblase und Gallenwegssystem
Herfarth, Ch., N. Senninger
in: M. Allgöwer, J.R. Siewert (Hrsg.): Chirurgie, Springer-Lehrbuch, 5. Aufl. Springer Berlin-Heidelberg 1992, 763-781

Leber
Herfarth, Ch., N. Senninger
in: M. Allgöwer, J.R. Siewert (Hrsg.): Chirurgie, Springer-Lehrbuch, 5.Aufl. Springer Berlin-Heidelberg 1992, 755-761

Tumoren des Gastrointestinaltraktes - Kolon-Karzinom
Herfarth, Ch., P. Schlag
in: Richtlinien zur operativen Therapie maligner Tumoren
Hrsg.: Ch. Herfarth, P. Schlag, Demeter, 3. Aufl. (1992) 93-97

Chirurgische Therapie der Struma unter besonderer Berücksichtigung ihrer dystopen Lage
Herfarth, Ch., T. Hupp
in: Schilddrüse 1991 „Therapie der struma“ 10. Konferenz über die menschliche Schilddrüse, Heidelberg (Henning-Symposium),
Hrsg.: H.-D. Röher, B. Weinheimer, Walter de Gruyter Berlin-New York 1992, 153-160

Autologe Bluttransfusion - Juristische und medizinische Aspekte
Martin, E., Ch. Herfarth, H.J. Buhr, J. Motsch (Hrsg.)
Kaden Heidelberg 1992

Tumoren des Gastrointestinaltraktes - Ösophagus-Karzinom
Schlag, P., Ch. Herfarth
in: Richtlinien zur operativen Therapie maligner Tumoren
Hrsg.: Ch. Herfarth, P. Schlag, Demeter, 3. Aufl. (1992) 75-78

Recurrent Crohn - impact of surgical strategy
Buhr, H.J., F. Kallinowski, S. Post, Ch. Herfarth
in: Inflammatory Bowel Diseases: Pathophysiology as Basis of Treatment
Hrsg.: J. Schölmerich, H. Goebell, W. Kruis, W. Hohenberger, V. Gross, Kluwer Academic Publ. Dordrecht-Boston-London 1993, 383-388

Schnelle und umfassende Zurverfügungstellung medizinischen Wissens am Arbeitsplatz des Arztes: Fiktion oder Realität?
Grothe, W., R. Haux, H.K. Schackert, Ch. Herfarth
in: Medizinische Informatik - ein integrierender Teil arztunterstützender Technologien,
Hrsg.: S.J. Pöppl, H.-G. Lipinski, T. Mansky, MMV Medizin Verlag München 1994, 145-152

Therapeutischer Gefäßverschluß benigner Erkrankungen - Klinische Indikation - Allgemeiner Teil
Herfarth, Ch., G. W. Kauffmann
in: Gefäßintervention,
Hrsg.: G.W. Kauffmann, G.M. Richter, Springer Berlin-Heidelberg, 1994, 85-86

Indikationsrichtlinien und Therapiekonzepte bei Präkanzerosen des Kolorektums
Herfarth, Ch., J. Stern, U. Heuschen, M. Kadmon
in R. Häring (Hrsg.): Krebsrisikoerkrankungen des Verdauungstraktes Blackwell Berlin 1994, 275-281

Indikationsrichtlinien und Therapiekonzepte bei Präkanzerosen des Kolorektums
Herfarth, Ch., J. Stern, U. Heuschen, M. Kadmon
in: Krebsrisikoerkrankungen des Verdauungstraktes, Hrsg.: R. Häring Blackwell Berlin 1994, 275-281

Stand und Perspektiven der chirurgischen Therapie chronisch-entzündlicher Darmerkrankungen
Herfarth, Ch., S. Post, J. Stern
in: K.-H. Meyer zum Büschenfelde, G. Paumgartner, J. Schölmerich: Perspektiven Gastroenterologie - Fakten, Entwicklungen, Erwartungen: Festschrift für Dr.Dr. H. Falk anläßlich seines 70. Geburtstags, Urban & Schwarzenberg München 1994, 96-104

Der Mißerfolg in der Chirurgie ist eine Tragödie
Herfarth, Ch.
Interview - in: Klinik intern 3, 4 (1994)

Chirurgie und Wisssenschaft - eine bleibende Herausforderung
Herfarth, Ch.
in: Möglichkeiten und Grenzen der Medizin, Hrsg.: Ch. Herfarth, H.J.Buhr, Springer Berlin-Heidelberg, 1994, 121-130

Das Heidelberger Polyposis-Register - Drastische Prognoseverbesserung der obligaten Präkanzerose FAP
Kadmon, M., G. Timmermanns, G. Möslein, H.J. Buhr, Ch. Herfarth
in R. Häring (Hrsg.): Krebsrisikoerkrankungen des Verdauungstraktes Blackwell Berlin 1994, 314-321

Lebertransplantation bei akutem Leberversagen
Post, S., K. Datsis, N. Senninger, G. Otto, Ch. Herfarth
in: Jahrbuch der Gastroenterologie 1994, Hrsg.:G. Strohmeyer, C. Niederau, Biermann Zülpich 1994, 139-146

Das Heidelberger Polyposis-Register - Extrakolonische Manifestationen der familiären adenomatösen Polyposis im oberen GI-Trakt
Timmermanns, G., M. Kadmon, G. Möslein, H.J. Buhr, Ch. Herfarth
in R. Häring (Hrsg.): Krebsrisikoerkrankungen des Verdauungstraktes Blackwell Berlin 1994, 109-115

Zugriff auf medizinisches Wissen über klinische Arbeitsplatzsysteme und medizinische Wissens-server: Erfahrungen und Konsequenzen für das Management von Krankenhaus-informationssystemen
Haux, R., W. Grothe, M. Runkel, H.K. Schackert, J. Windeler, A. Winter, R. Wirtz, Ch. Herfarth, S. Kunze
in: Trampisch, H.J., S. Lange (Hrsg.): Medizinische Forschung - Ärztliches Handeln, MMV Medizin Verlag München 1995, 334-340

Current status and perspectives of surgical treatment of chronic inflammatory bowel disease
Herfarth, Ch., St. Post, J. Stern
in: Perspectives in Gastroenterology, Meyer zum Büschenfelde, K.-H., G. Paumgartner, J. Schölmerich (ed.): Urban & Schwarzenberg München 1995, 109-116

Fritz Linder - seine Ausstrahlungen auf die Heidelberger Chirurgie
Herfarth, Ch.
in: Doerr, W., Ch. Herfarth, M. Trede (Hrsg.), Springer Berlin Heidelberg 1995, 41-47

Pros und cons of the ileoanal pouch
Stern, J., U.A. Heuschen, Ch. Herfarth
in: Fleig, W.E. (ed.): Inflammatory Bowel Diseases: New Developments and Standards, Kluwer Academic Publ. Dordrecht 1995, 271-279

Die Signaltransduktion beim differenzierten Schilddrüsenkarzinom in vitro.
Hölting, Th., Ch. Herfarth
in: Schilddrüse 1995: Schilddrüsenerkrankungen in verschiedenen Lebens- abschnitten, Hrsg.: K.-H. Usadel, B. Weinheimer, de Gruyter Berlin-New York 1996,504—505, 506-508, 520

Indication for Resective Surgery
Herfarth, Ch., E. Klar
in: Cancer of Pancreas, Beger, H.G., M. Büchler, M. Schoenberg (ed.) Universität Ulm 1996, 335-340

Index

(Nr. des Eintrags)